海外遗珍

Chinese Cultural Relics Lost Overseas

典藏版

叶佩兰 主编

山东友谊出版社 · 济南

图书在版编目（CIP）数据

海外遗珍 ：典藏版 / 叶佩兰编著. -- 济南 ：山东友谊出版社，2022.3

ISBN 978-7-5516-2490-9

Ⅰ.①海… Ⅱ.①叶… Ⅲ.①历史文物－介绍－中国 Ⅳ.①K87

中国版本图书馆CIP数据核字（2022）第027357号

海外遗珍（典藏版）

HAIWAI YI ZHEN（DIANCANG BAN）

策划统筹：何慧颖　王　震
责任编辑：孙　锋　肖　杉　肖　静
装帧设计：阮建锋

主管单位：山东出版传媒股份有限公司
出 版 者：山东友谊出版社
地址：济南市英雄山路 189 号　邮政编码：250002
电话：出版管理部（0531）82098756
市场营销部（0531）82098035（传真）
网址：www.sdyouyi.com.cn
印　　刷：济南乾丰云印刷科技有限公司

开本： 787 mm × 1092 mm　1/16
印张： 55　**字数：** 550 千字
版次： 2022 年 3 月第 1 版　**印次：** 2022 年 3 月第 1 次印刷
定价： 468.00 元

海外遗珍

Chinese Cultural Relics Lost Overseas

典藏版

叶佩兰 主编

山东友谊出版社 · 济南

图书在版编目（CIP）数据

海外遗珍 ：典藏版 / 叶佩兰编著. -- 济南 ：山东友谊出版社，2022.3

ISBN 978-7-5516-2490-9

Ⅰ.①海… Ⅱ.①叶… Ⅲ.①历史文物－介绍－中国 Ⅳ.①K87

中国版本图书馆CIP数据核字（2022）第027357号

海外遗珍（典藏版）

HAIWAI YI ZHEN（DIANCANG BAN）

策划统筹：何慧颖　王　震
责任编辑：孙　锋　肖　杉　肖　静
装帧设计：阮建锋

主管单位：山东出版传媒股份有限公司
出 版 者：山东友谊出版社
地址：济南市英雄山路 189 号　邮政编码：250002
电话：出版管理部（0531）82098756
市场营销部（0531）82098035（传真）
网址：www.sdyouyi.com.cn
印　　刷：济南乾丰云印刷科技有限公司

开本：787 mm × 1092 mm　1/16
印张：55　字数：550 千字
版次：2022 年 3 月第 1 版　印次：2022 年 3 月第 1 次印刷
定价：468.00 元

2019年3月23日，在中国国家主席习近平和意大利总理孔特共同见证下，意大利返还796件套中国文物艺术品。当天，中意双方代表在意大利罗马签署、交换了中国流失文物艺术品返还证书。这796件文物艺术品主要是源自我国陕西、山西、河南和江苏等地区的出土与传世文物，时代跨度从新石器时代至明清民国时期，具有较高的历史、文化和科学价值。这段新闻中，有一个关键词就是“流失文物”，我们所要说的话题就是关于流失文物的。

中国作为四大文明古国之一，五千多年文明从未断裂，因而留下了浩如烟海、丰富多彩的历史文化遗产。文物作为文化的载体，是中华五千多年文明的积淀和化身，是五千多年中华历史文化的再现和印证。中国的文物，不仅仅存在于中国本土，可以说，最珍贵的文物已经遍布世界各个国家，海外各大博物馆中几乎都有中国文物的身影。

海外博物馆收藏的中国文物，并不能全部称之为流失文物。这是因为海外的中国文物走出中国的时期不同。第一个时期是鸦片战争以前，这一时期主要是通过贸易和朝贡，伴随着商队、使团流向海外的文物。比如海外博物馆收藏的中国瓷器中，有很大一部分是中国的外销瓷，其年代跨度从南北朝时期到清朝中后期，这一部分文物可以说是纯粹意义上的商品。而中国和朝鲜、日本的关系中，朝贡、遣唐使也携带回了大量的文物，如日本正仓院收藏的唐代文物就是如此。第二个时期，是鸦片战争之后中国近现代这一时间段。鸦片战争之后，中国的国门被西方列强的坚船利炮打开，中国逐渐沦为半殖民地半封建社会，东西方列强在对中国进行殖民掠夺的同时，也开始了对中国珍贵文物的野蛮掠夺。

根据中国文物学会的统计，目前流失海外的中国文物数量超过了千万件，几乎涵盖了所有的中国文物种类，陶瓷器、玉器、青铜器、书法、绘画、雕塑、漆器等等。其中国宝级的文物就达百余万件。而联合国教科文组织统计的权威结果显示，全球47个国家的200多家博物馆中，藏有中国文物164万件，而海外民间收藏的中国文物则是馆藏文物的十倍之巨。

流失海外的中国文物，主要集中在英国、法国、美国和日本等国家。如英国的不列颠博物馆（大英博物馆），其收藏的中国文物就有2.3万件，其中《女史箴图》、康侯簋、邢侯簋、双羊尊等都是国宝级别的。而法国的枫丹白露宫中国馆，更是法国皇帝拿破仑三世的欧也妮皇后为了存放抢劫自圆明园的文物而兴建的。枫丹白露宫中国馆的文物包括历代名画、金银首饰、瓷器、宝石、金银器等共计3万多件，其中国宝级文物就包括《永乐大典》的真本、《圆明园四十景图册》等。而巴黎亚洲艺术博物馆收藏的虎食人卣，更是商代文物中的珍品。在美国，有世界公认的七大收藏中国文物的中心，这些博物馆拥有大量的青铜器、书画、瓷器、玉器、漆器等中国文物。如美国大都会艺术博物馆收藏的柉禁、齐侯四器、唐代小楷《灵飞经》、黄庭坚草书《廉颇蔺相如列传》、李唐《晋文公复国图卷》等都是国宝级文物。而美国国立亚洲艺术博物馆收藏的国宝级文物则有人面纹盉、子乍弄鸟尊、智君子鉴、康侯方鼎、康侯刀等，此外还收藏了来自洛阳金村大墓的大量流失文物。波士顿美术博物馆收藏的国宝级文物有《历代帝王图卷》《捣练图卷》《五色鹦鹉图卷》《北齐校书图卷》等。和中国一衣带水的日本，更是收藏中国流失海外文物的重地，其所收藏的中国文物，内容无所不包，如王羲之、颜真卿、苏轼、黄庭坚、米芾、蔡襄等人的书法，吴道子、梁令瓒、李公麟等人的绘画，几乎都是重量级的国宝。

近现代以来，文物流失海外主要通过以下四个渠道，一是鸦片战争之后东西方列强对中国文物的掠夺；二是鸦片战争之后来华的外国人打着“文化考察”的旗号掠夺盗取中国文物；三是内外文物贩子相互勾结盗掘掠夺中国文物，或者以极低的价格购买中国文物瞒天过海偷运出境；四是

2019年3月23日，在中国国家主席习近平和意大利总理孔特共同见证下，意大利返还796件套中国文物艺术品。当天，中意双方代表在意大利罗马签署、交换了中国流失文物艺术品返还证书。这796件文物艺术品主要是源自我国陕西、山西、河南和江苏等地区的出土与传世文物，时代跨度从新石器时代至明清民国时期，具有较高的历史、文化和科学价值。这段新闻中，有一个关键词就是“流失文物”，我们所要说的话题就是关于流失文物的。

中国作为四大文明古国之一，五千多年文明从未断裂，因而留下了浩如烟海、丰富多彩的历史文化遗产。文物作为文化的载体，是中华五千多年文明的积淀和化身，是五千多年中华历史文化的再现和印证。中国的文物，不仅仅存在于中国本土，可以说，最珍贵的文物已经遍布世界各个国家，海外各大博物馆中几乎都有中国文物的身影。

海外博物馆收藏的中国文物，并不能全部称之为流失文物。这是因为海外的中国文物走出中国的时期不同。第一个时期是鸦片战争以前，这一时期主要是通过贸易和朝贡，伴随着商队、使团流向海外的文物。比如海外博物馆收藏的中国瓷器中，有很大一部分是中国的外销瓷，其年代跨度从南北朝时期到清朝中后期，这一部分文物可以说是纯粹意义上的商品。而中国和朝鲜、日本的关系中，朝贡、遣唐使也携带回了大量的文物，如日本正仓院收藏的唐代文物就是如此。第二个时期，是鸦片战争之后中国近现代这一时间段。鸦片战争之后，中国的国门被西方列强的坚船利炮打开，中国逐渐沦为半殖民地半封建社会，东西方列强在对中国进行殖民掠夺的同时，也开始了对中国珍贵文物的野蛮掠夺。

根据中国文物学会的统计，目前流失海外的中国文物数量超过了千万件，几乎涵盖了所有的中国文物种类，陶瓷器、玉器、青铜器、书法、绘画、雕塑、漆器等等。其中国宝级的文物就达百余万件。而联合国教科文组织统计的权威结果显示，全球47个国家的200多家博物馆中，藏有中国文物164万件，而海外民间收藏的中国文物则是馆藏文物的十倍之巨。

流失海外的中国文物，主要集中在英国、法国、美国和日本等国家。如英国的不列颠博物馆（大英博物馆），其收藏的中国文物就有2.3万件，其中《女史箴图》、康侯簋、邢侯簋、双羊尊等都是国宝级别的。而法国的枫丹白露宫中国馆，更是法国皇帝拿破仑三世的欧也妮皇后为了存放抢劫自圆明园的文物而兴建的。枫丹白露宫中国馆的文物包括历代名画、金银首饰、瓷器、宝石、金银器等共计3万多件，其中国宝级文物就包括《永乐大典》的真本、《圆明园四十景图册》等。而巴黎亚洲艺术博物馆收藏的虎食人卣，更是商代文物中的珍品。在美国，有世界公认的七大收藏中国文物的中心，这些博物馆拥有大量的青铜器、书画、瓷器、玉器、漆器等中国文物。如美国大都会艺术博物馆收藏的柉禁、齐侯四器、唐代小楷《灵飞经》、黄庭坚草书《廉颇蔺相如列传》、李唐《晋文公复国图卷》等都是国宝级文物。而美国国立亚洲艺术博物馆收藏的国宝级文物则有人面纹盉、子乍弄鸟尊、智君子鉴、康侯方鼎、康侯刀等，此外还收藏了来自洛阳金村大墓的大量流失文物。波士顿美术博物馆收藏的国宝级文物有《历代帝王图卷》《捣练图卷》《五色鹦鹉图卷》《北齐校书图卷》等。和中国一衣带水的日本，更是收藏中国流失海外文物的重地，其所收藏的中国文物，内容无所不包，如王羲之、颜真卿、苏轼、黄庭坚、米芾、蔡襄等人的书法，吴道子、梁令瓒、李公麟等人的绘画，几乎都是重量级的国宝。

近现代以来，文物流失海外主要通过以下四个渠道，一是鸦片战争之后东西方列强对中国文物的掠夺；二是鸦片战争之后来华的外国人打着“文化考察”的旗号掠夺盗取中国文物；三是内外文物贩子相互勾结盗掘掠夺中国文物，或者以极低的价格购买中国文物瞒天过海偷运出境；四是抗日战争期间中国文物的大量外流。

第一条渠道的典型代表是八国联军侵华期间，侵略者进入北京城之后大肆劫掠宫廷珍宝，这次洗劫，使中国“自元明以来之积蓄，上自典章文物，下至国宝奇珍，扫地遂尽”。这次洗劫，就连侵略者自己也承认，“北京已经成为强盗的世界”。第二条渠道，据史料记载，从1876年到1928年，打着“文化考察”旗号进入西北地区的列强探险队就达42支之多，他们在未经中国政府的允许下，非法发掘文物古迹，肆意破坏文化遗址，盗窃文物，造成了大量文物流失，这其中以英国人斯坦因和法国人伯希和盗取敦煌藏经洞最为严重。而美国人华尔纳以特制油布按揭敦煌壁画则最为恶劣。此后日本人、俄国人相继把魔掌伸向敦煌，经过几番劫掠，流失在英国、法国、俄国和日本的敦煌文物竟然比中国多出13800件。此外，美国、韩国、瑞典、奥地利、德国也有敦煌文物的收藏。第三种渠道导致的文物流失则更为恶劣，如宝鸡斗鸡台文物就是军阀党玉琨盗掘之后几经周转流失海外的，洛阳龙门石窟的浮雕《帝后礼佛图》和昭陵六骏中的两件浮雕则是内外勾结盗取的典型。此外，如洛阳金村大墓一经发掘，竟吸引了大量的海外文物贩子在当地进行收购，其流失数量十分惊人。第四种渠道是在抗日战争期间，日本侵略者除了鲸吞大量中国资源之外，还劫掠大量的中国文物，据保守估计，日本在整个抗战期间，掠夺的中国文化财产达1879箱360万件，此外被日本侵略者破坏的古迹竟达741处。

这些事实说明，中国文物流失海外的高潮是在鸦片战争之后。人们去海外旅游，欣赏收藏在海外博物馆的中国文物的时候，可曾想到，这些文物背负着怎样的惨痛经历。对于流失海外的文物，从政府到民间，我们一直在努力，让这些文物重回故土，最具代表性的就是圆明园铜兽首的回归。然而，更多的文物很难再回故土，中国人想要了解流失海外的文物也是难上加难。

习近平总书记对文物工作作出重要指示："文物承载灿烂文明，传承历史文化，维系民族精神，是老祖宗留给我们的宝贵遗产，是加强社会主义精神文明建设的深厚滋养。"无论是国内博物馆收藏的文物，还是流失海外的文物，全部都是"老祖宗留给我们的宝贵遗产"。因此我们应该让更多的人了解中国文物，让更多的人了解遗失海外的国宝文物，这就是我们编撰《海外遗珍（典藏版）》这部书的初衷。

《海外遗珍（典藏版）》这部书旨在介绍流失海外的国宝级珍贵文物，全书共分八章，分别介绍瓷器、玉器、青铜器、漆器、家具、竹木牙角匏器、书法和绘画，所遴选的文物以国宝级别的文物为主，详细介绍每一件文物的馆藏地、尺寸、质地、制作者、入藏号和艺术特色等内容，让读者能够从多角度对文物进行欣赏，了解文物的每一个独特之处。全书共遴选文物近800件，这些文物来自美国的大都会艺术博物馆、克利夫兰艺术博物馆、美国国立亚洲艺术博物馆、波士顿美术馆、芝加哥艺术学院、洛杉矶艺术博物馆、明尼阿波利斯艺术博物馆、普林斯顿大学艺术博物馆、哈佛艺术博物馆、旧金山亚洲艺术博物馆，英国的不列颠博物馆、维多利亚与阿尔伯特博物馆，法国的巴黎亚洲艺术博物馆，荷兰国家博物馆，日本的东京国立博物馆、九州国立博物馆、大阪市立美术馆等。这些博物馆、学院、美术馆等是收藏中国流失海外文物的重地。

由于时间仓促，篇幅有限，许多珍贵的文物依然没有遴选进来，这不能不说是一件憾事。编者希望以此为契机，向广大读者介绍流失海外的中国文物，同时，也希望得到广大读者的批评指正。

目录

瓷器

小口双耳尖底瓶…………………………… 2
彩陶旋纹壶………………………………… 4
彩陶几何纹鼓形器………………………… 5
蛋壳黑陶高柄杯…………………………… 6
白陶几何纹双系罍………………………… 8
原始青瓷提梁壶………………………… 10
彩绘云气纹茧形壶……………………… 11
彩绘陶舞俑……………………………… 12
陶牛车…………………………………… 14
彩绘陶舞俑（一对）…………………… 15
绿釉两层陶望楼………………………… 16
青瓷贴花铺首双鱼纹盆………………… 18
青瓷羊形烛台…………………………… 20
青瓷鸡首盘口壶………………………… 21
黑瓷鸡首壶……………………………… 22
青瓷羊形插座…………………………… 24
黄釉印花盘……………………………… 26
白瓷双龙柄瓶…………………………… 27
白釉武士俑……………………………… 28
三彩凤纹凤首壶………………………… 30
三彩陪葬俑一组………………………… 32
三彩侍女俑……………………………… 34
邢窑白釉凤首壶………………………… 36
黄道窑花瓷龙首壶……………………… 38
长沙窑模印贴花褐斑注子……………… 40
汝窑青釉撇口碗………………………… 42
汝窑青釉盘……………………………… 44
汝窑天青釉莲花盏托…………………… 46
汝窑青釉水仙盆………………………… 47
官窑青釉花口盘………………………… 48
官窑青釉琮式瓶………………………… 50
官窑青釉双耳炉………………………… 52
钧窑天蓝釉碗…………………………… 54
钧窑玫瑰紫碗…………………………… 55
钧窑月白釉紫斑长颈瓶………………… 56
钧窑玫瑰紫菱花口水仙盆……………… 58
定窑白釉碗……………………………… 60
定窑白釉印夔龙纹“奉华”款盘……… 63
定窑白釉“会稽”款葵瓣式盘………… 65
定窑白釉提梁壶………………………… 66
定窑酱釉盏托及盏……………………… 67

定窑黑釉斗笠碗…………………………… 68
定窑白地酱彩缠枝牡丹纹瓶……………… 69
定窑酱釉描金牡丹纹碗…………………… 70
磁州窑珍珠地“家国永安”熙宁四年枕… 73
磁州窑绞胎碗……………………………… 74
磁州窑白地剔黑缠枝牡丹纹梅瓶……… 76
磁州窑黑彩仁和馆人物纹四系瓶……… 78
磁州窑竹禽图伏虎枕…………………… 80
磁州窑白地黑彩孩儿枕………………… 82
磁州窑黑釉铁锈花罐…………………… 84
耀州窑酱釉六出花口碗………………… 85
耀州窑青釉刻花熏炉…………………… 86
吉州窑剪纸贴“长命富贵”玳瑁盏…… 88
吉州窑黑釉木叶纹盏…………………… 90
吉州窑黑釉铁锈花罐…………………… 92
吉州窑彩绘海涛纹瓶…………………… 94
越窑青釉莲瓣式盖罐…………………… 96
建窑银毫盏……………………………… 98
建窑兔毫盏……………………………… 100
建窑油滴盏……………………………… 102
龙泉窑青釉莲瓣碗……………………… 104
龙泉窑青釉碗…………………………… 106
龙泉窑青釉刻“河滨遗范”款菱花口盘… 107
龙泉窑青釉印双鱼纹盘………………… 108
景德镇窑青白釉托盏…………………… 110
景德镇窑青白釉仕女枕………………… 111
青花双龙纹高足碗……………………… 112
青花鱼藻纹盘…………………………… 114
青花云龙纹象耳瓶（一对）…………… 116
青花釉里红镂雕花卉纹罐……………… 119
钧窑玫瑰紫水仙盆……………………… 120
龙泉窑青釉露胎贴花八仙纹八方梅瓶… 122
青花外缠枝菊纹内缠枝莲纹碗………… 124
釉里红缠枝莲纹执壶…………………… 126
釉里红花卉纹军持……………………… 128
釉里红白龙纹高足碗…………………… 129
白釉僧帽壶……………………………… 130
青花团花果纹葵式高足碗……………… 132
青花红彩云龙纹碗……………………… 134

釉里红三鱼纹高足碗……………………136
黄地青花折枝瑞果纹大盘………………138
青花人物故事图梅瓶……………………140
青花缠枝秋葵纹碗………………………142
斗彩鸡缸杯（一对）……………………144
斗彩瓜蔓行龙纹天字罐…………………146
五彩缠枝花卉纹碗………………………148
德化窑何朝宗观音像……………………150
青花阿拉伯文碗…………………………152
青花婴戏纹碗……………………………155
素三彩盆花纹碗…………………………156
珐华彩八仙纹葫芦瓶……………………157
青花梵文莲瓣盘…………………………158
青花五彩花卉纹碗………………………160
珐华彩鱼形摆件…………………………162
青花加官晋爵图莲子罐…………………165
青花五彩花朵纹折沿盘…………………166
五彩梅竹翠鸟图竹节壶…………………167
青花洗象纹笔筒…………………………168
五彩牧牛图盘……………………………170
青花司马光砸缸故事图笔筒……………172
五彩渭水访贤图方瓶……………………174
青花夔凤纹摇铃尊………………………176
釉里红旋涡纹瓶…………………………178
釉里三彩牡丹湖石纹棒槌瓶……………180
釉里红绿彩花卉纹马蹄尊………………182
青花红彩梵文碗…………………………183

五彩十二月令花卉图杯…………………184
墨地五彩四季花图方瓶…………………190
斗彩缠枝莲纹蒜头瓶……………………192
珐琅彩蓝地缠枝牡丹万寿长春碗………194
白地矾红彩描金牡丹纹棒槌瓶…………196
蓝釉描金缠枝莲纹棒槌瓶………………198
素三彩瓷塑财神像………………………200
素三彩纹章纹攒盘………………………202
虎皮三彩碗………………………………203
东青釉瓜楞式橄榄瓶……………………204
郎窑红釉观音瓶…………………………206
青花缠枝莲纹双龙柄尊…………………208
黄釉青花云龙纹梅瓶……………………210
釉里红海水白龙纹梅瓶…………………212
青花釉里红三果纹灵芝耳扁壶…………214
五彩花卉人物图胆瓶……………………216
斗彩花鸟纹盖碗…………………………218
斗彩团花纹碗……………………………219
珐琅彩粉地竹纹盘………………………220

粉彩花鸟图如意耳扁壶…………………… 222
粉彩过枝桃蝠纹盘…………………………… 224
青花折枝花果纹梅瓶………………………… 226
釉里红折枝瑞果纹玉壶春瓶………………… 228
斗彩八吉祥纹双螭耳抱月瓶………………… 230
珐琅彩杏花柳燕图碗………………………… 232
珐琅彩锦上添花图碗………………………… 233
粉彩百鹿图双耳尊…………………………… 234
粉彩绿地莲托八宝纹贲巴壶………………… 236
青花桃蝠纹如意耳扁壶……………………… 238
粉彩镂空葫芦转心瓶………………………… 240
粉彩木纹釉花卉纹包袱瓶…………………… 242
斗彩折枝花果纹梅瓶………………………… 244

粉彩蔬菜草虫纹盖碗………………………… 246
粉彩十八罗汉图碗…………………………… 247
粉彩黄地百蝶图碗…………………………… 248
粉彩莲花式秋操纪念杯……………………… 250

玉器

玉勾云佩……………………………………… 252
玉箍形器……………………………………… 253
玉太阳神像…………………………………… 255
玉璜…………………………………………… 256
兽面纹玉三叉形器…………………………… 258
玉璇玑………………………………………… 260
神面纹玉柄形器……………………………… 262
玉琮…………………………………………… 264
四孔玉刀……………………………………… 266
嵌绿松石铜柄玉矛头………………………… 268
玉人…………………………………………… 270
鱼形玉鱅……………………………………… 272
嵌绿松石铜柄玉戈…………………………… 274
嵌绿松石铜柄玉钺…………………………… 276
玉鹿佩………………………………………… 278
青玉跽坐人像………………………………… 280
杂技玉人佩…………………………………… 282
白玉双龙首璜………………………………… 284
金链玉组佩…………………………………… 286

镂雕玉梳…………………………………… 288
玉虎佩……………………………………… 290
勾云纹玉耳杯……………………………… 292
鎏金三凤玉卮……………………………… 293
凤纹玉卮…………………………………… 294
玉辟邪……………………………………… 296
童子戏龙玉佩……………………………… 297
玉冠………………………………………… 298
伎乐纹玉蹀躞带…………………………… 299
双鹿玉佩…………………………………… 300
玉雕飞天牌饰……………………………… 302
桃形玉杯…………………………………… 303
白玉雕童子与龙把杯……………………… 304
玉卧象……………………………………… 305
玉雕云螭杯………………………………… 306
镂雕莲鹭玉帽顶…………………………… 307
玉雕龙首…………………………………… 308
龙穿花玉环扣……………………………… 309
夔凤纹玉卮………………………………… 311
玉雕童子洗象……………………………… 312
痕都斯坦玉菊瓣盘………………………… 314
玉帽架……………………………………… 316
白玉雕三足盖碗…………………………… 318
白玉雕云龙纹梅瓶………………………… 320
白玉镂雕缠枝莲纹活环盖碗及托盘……… 322
青白玉浮雕云鹤纹花觚…………………… 324
碧玉雕爱莲图笔筒………………………… 327
碧玉雕四足炉……………………………… 328
青玉雕十二生肖…………………………… 329
碧玉云龙洗………………………………… 333
白玉雕婴戏方胜杯………………………… 334
碧玉雕“八蛮进宝”图笔筒……………… 337
白玉蝴蝶佩………………………………… 338
俏色玉雕罗汉……………………………… 340
碧玉嵌宝石雕宝马驮书…………………… 342

兰亭修禊图玉山子…………………………344
白玉雕游船摆件…………………………346

青铜器

带翼铜铃…………………………………348
双羊尊……………………………………351
青铜方鼎及俎盖…………………………353
亚㠱方彝…………………………………354
疋册父癸鼎………………………………356
鸟兽觥……………………………………357
季嬴霝德盉………………………………359
人面纹盉…………………………………361
兽首调色器………………………………362
虎食人卣…………………………………363
齐嫊卣……………………………………365
康侯簋……………………………………366
㚇方彝……………………………………368
柉禁一组…………………………………369
逨钟………………………………………372
五年琱生簋………………………………374
太保簋……………………………………376
令方彝……………………………………378
子乍弄鸟尊………………………………380
智君子鉴…………………………………382
错金龙纹承弓器…………………………384
陈璋方壶…………………………………386
虎纽錞于…………………………………388
错金银嵌宝石博山炉……………………390
四灵铜温炉并耳杯………………………392

漆器

彩绘蟠虺纹漆盒…………………………395
彩绘蛇座凤鸟鼓架………………………396
彩绘五弦琴………………………………398
朱漆彩绘云气纹套装奁…………………399
剔红纹长方盒……………………………400

剔黑牡丹纹圆盒…………………………… 401
剔红人物纹莲瓣形盘……………………… 403
雕漆十八罗汉图银锭盘…………………… 404
剔彩二十八宿金曜四星君方斗………… 407
朱漆戗金彩绘婴戏图方胜盒…………… 408
剔红龙纹多屉箱…………………………… 411
朱漆戗金彩绘行龙瑞兽纹盘…………… 413
黑漆嵌螺钿游园赏乐图菱形盘………… 414
黑漆嵌螺钿山水图方斗………………… 416
朱漆菊瓣式盒……………………………… 418
剔红云龙纹多穆壶（一对）…………… 420
剔彩万岁长春漆盘……………………… 422
剔彩春寿宝盒……………………………… 424

家具

黄花梨交杌………………………………… 426
黄花梨木滚脚凳………………………… 428
黄花梨瓜棱式坐墩（一对）…………… 429

黄花梨交椅………………………………… 430
黄花梨四出头官帽椅（一对）………… 432
黄花梨罗汉榻…………………………… 433
黄花梨六柱式架子床…………………… 434
黄花梨镜台………………………………… 436
黄花梨圆角柜…………………………… 438
黄花梨玫瑰椅…………………………… 440
黄花梨云龙纹炕桌……………………… 442
髹漆宝座………………………………… 443
黄花梨平顶官皮箱……………………… 444

竹木牙角匏器

濮仲谦款竹雕松下高士图摆件………… 446
朱三松款高士图竹雕香筒……………… 447
竹雕松纹杯………………………………… 448
张希黄款留青竹刻《醉翁亭记》诗意图笔筒 449
竹雕松树纹水丞………………………… 450
顾珏竹雕《醉翁亭记》笔筒…………… 451

留青竹刻山水图臂搁……………………… 452
竹雕仿古提梁卣………………………… 453
竹根雕仙山高士图山子………………… 454
汪士铉款黄花梨笔筒…………………… 456
木雕白菜香插…………………………… 458
黄杨木雕灵芝如意……………………… 460
瘿木雕笔筒……………………………… 462
红木雕山形笔架………………………… 463
牙雕饕餮纹柄形器……………………… 464
象牙雕华严三圣像……………………… 466
象牙雕螭纹圆牌………………………… 467
也失藏卜象牙印………………………… 468
牙雕钟离权像…………………………… 470
红木嵌象牙透雕麒麟纹座屏…………… 472
牙雕渭水访贤图座屏…………………… 473
犀角雕竹枝纹杯………………………… 474
犀角雕达摩像…………………………… 476
犀角雕龙涛杯…………………………… 478
犀角雕英雄合卺杯……………………… 480
犀角雕花觚式杯………………………… 482
鹤鹿纹匏器……………………………… 484
匏器万寿纹帽架………………………… 486
匏器雕花葫芦盒………………………… 488
匏制压纹山水图蟋蟀罐………………… 490

书法

丧乱二谢得示帖………………………… 492
新妇地黄汤帖卷………………………… 494
《自书告身》…………………………… 498
楷书《谢赐御书诗表》卷……………… 502
行书《李白仙诗》卷…………………… 506
楷书《王长者、史诗翁二墓志稿本》卷… 508
草书《吴江舟中诗》卷………………… 516
行草书喷香舞雪纨扇…………………… 524
楷书《大方广佛华严经》册…………… 526
草书《石鼓歌》卷……………………… 547
行书右军四事卷………………………… 552
草书《梓人传》卷……………………… 558
章草《张氏通波阡表》卷……………… 564
章草孙过庭《书谱》册………………… 566
楷书《前后出师表》卷………………… 583
草书四诗卷……………………………… 588
行书致若容尺牍页……………………… 594
行书节录谢惠连《雪赋》卷…………… 596
行书《项墨林墓志铭》卷……………… 598

草书苏轼《后赤壁赋》册…………………606
草书七言律诗轴…………………………623
行书自书诗卷……………………………624
真行草书画说卷…………………………630
临兴福寺半截碑册页……………………634
行书五律诗轴……………………………645
行书节录唐王涯语轴……………………646
临颜真卿帖轴……………………………648
行书论书轴………………………………650
草书诗轴…………………………………652
行书怀素自叙帖语轴……………………654
草书临帖轴………………………………656

绘画

女史箴图卷（唐摹本）…………………658
洛神赋图卷（宋摹本）…………………666
北齐校书图卷（宋摹本）………………672
历代帝王图卷……………………………678
五星二十八宿神形图卷…………………684
照夜白图卷………………………………692
八公图卷…………………………………698
送子天王图卷（宋摹本）………………702
调琴啜茗图卷……………………………706
溪岸图轴…………………………………708
溪山兰若图轴……………………………710
晴峦萧寺图轴……………………………712
山水图轴…………………………………714
番王礼佛图卷……………………………716
落花游鱼图卷……………………………718
晋文公复国图卷…………………………722

洞山渡水图轴……………………………… 734
十二景山水图卷…………………………… 736
松下高士图册页…………………………… 742
九龙图卷…………………………………… 744
远浦归帆图卷……………………………… 754
东丹王出行图卷…………………………… 756
贵妃上马图卷……………………………… 758
筠石乔柯图轴……………………………… 760
月下梅花图轴……………………………… 762
箕山高隐图轴……………………………… 764
清风高节图轴……………………………… 766
伏生授经图轴……………………………… 768
仿王蒙山水图轴…………………………… 770
黄菊丹桂图轴……………………………… 772
寒林飞雪图轴……………………………… 774
幽涧濯足图轴……………………………… 776
华山图轴…………………………………… 778
墨竹图卷…………………………………… 780
仿李唐山水图卷…………………………… 782
赵孟頫写经换茶图卷 ……………………… 790
流氓图卷…………………………………… 792
暑园图轴…………………………………… 798
溪山樾馆图轴……………………………… 800
瓶花图轴…………………………………… 802
一江秋水图轴……………………………… 804
天都晓日图轴……………………………… 806
仿董巨山水图轴…………………………… 808
春景图卷…………………………………… 810
山水图轴…………………………………… 812
天台异松图轴……………………………… 814
黄山云谷寺静思图轴……………………… 816
九龙潭图轴………………………………… 818
仿郭忠恕山水图轴………………………… 820
山水图轴…………………………………… 822
夏日山居图轴……………………………… 824
云壑松阴图轴……………………………… 826
仙山楼阁图轴……………………………… 828
仿黄公望山水图轴………………………… 830
仿王蒙山水图轴…………………………… 832
花坞夕阳图卷……………………………… 834
藤花山雀图轴……………………………… 836
九成宫图十二屏…………………………… 838
乾隆皇帝帝后嫔妃卷……………………… 840
鹤鹿长春十二屏…………………………… 844
朱雀图轴…………………………………… 846
五松图轴…………………………………… 848
梅花图轴…………………………………… 850
盛梅图轴…………………………………… 852
竹石图轴…………………………………… 854
篠园饮酒图轴……………………………… 856
梦游天台图卷……………………………… 858
枇杷图轴…………………………………… 860
宜富当贵图轴……………………………… 862
桃源问津图轴……………………………… 864

瓷器

中国的四大发明，为世界文明的发展进步作出了巨大贡献。而鲜为人知的是，瓷器也是中国独有的发明，自中国瓷器登上历史舞台，千年窑火，绵延不绝，不仅改变着中国人的生活方式，也深深影响了世界其他国家人民的生活方式。中国因瓷器而得名，瓷器从中国出发改变着世界。

修内当时秘，千年制朴淳。
通身辟火气，彻体蕴精神。
木以阳城重，玉非荆国珍。
不须更鼓响，防值碎椎人。

——乾隆《咏宋瓷枕》

小口双耳尖底瓶

年　代：仰韶文化，前5000—前3000年

尺　寸：高31.8厘米

产　地：陕西

收藏地：英国不利颠博物馆（大英博物馆）

入藏号：1959,0216.4

砂质红陶。杯形小口，深腹中部圆鼓，腹部两侧各有一个可以系绳的半圆形耳，尖底。器表满饰细线纹。这种双耳尖底瓶是仰韶文化特有的一种汲水器，造型别致而美观，极具实用性。

彩陶旋纹壶

年　代：马家窑文化，半山类型，前2650—前2350年

尺　寸：高34厘米

产　地：甘肃

收藏地：美国大都会艺术博物馆

入藏号：1992.165.9

泥质土黄陶。口外撇，短颈，圆腹，腹部两侧饰对称半圆形耳，腹下渐收，平底。红、黑彩纹。口沿内绘弧线纹，颈部绘连续三角纹。腹部以两方连续旋纹为主，红黑相间，旋纹上部以红彩绘旋纹数道，下部用黑彩装饰。这种装饰手法形成了多变的律动感，起着推波助澜的作用，增强了旋动的感觉。

彩陶几何纹鼓形器

年　代：齐家文化，前2000—前1700年

尺　寸：高31.8厘米，底径21厘米

产　地：甘肃

收藏地：印第安纳波利斯艺术博物馆

入藏号：1990.55

泥质土黄陶。器型呈长柄喇叭状，上口沿下鼓起，下口外撇，底部外缘有一圈凸起的扎钩，用其固定蒙在底座的鼓皮。通体彩绘网格纹。这种陶鼓在马家窑文化半山类型彩陶中也曾出现，说明从那个时候起，陶鼓就已经成为先民常用的乐器，故此件弥足珍贵。

蛋壳黑陶高柄杯

年　代：龙山文化，前2000年

尺　寸：高21.6厘米，口径8.6厘米

产　地：山东

收藏地：印第安纳波利斯艺术博物馆

入藏号：2004.68

细泥质黑陶。杯敞口，宽沿外侈，直腹略鼓，圜底，长柄，柄中部凸起呈筒状，镂空装饰，下为细管高柄平顶底座。此杯制作精湛，胎壁轻薄，灵巧秀气，磨光发亮，反映了当时制陶工艺水平的高超，为龙山文化蛋壳黑陶中的精品。

白陶几何纹双系罍

年　代：商

尺　寸：高21.5厘米

产　地：河南

收藏地：美国国立亚洲艺术博物馆

入藏号：F1985.5a–c

罍直口，圆唇，短颈，溜肩，肩部两侧饰对称牛头耳，深腹，腹以下渐收，腹部下方饰对称牛头，平底。肩部刻夔龙纹，腹部通体雕刻纹饰，几何纹和云雷纹交替使用，变化极有规律，显得格外庄重精美。白陶早在新石器时代晚期就已出现。至商代，由于烧成温度提高，原料的淘洗亦较精细，白陶的质地更加洁白细腻。商代早期白陶器型以鬶、盉、爵为主，纹饰有人字形纹、拍印的绳纹和附加堆纹等。商代中期，器物增加了豆、罐、钵等，其装饰除少数绳纹外，以素面磨光为多。商代后期是白陶烧制的鼎盛时期，在黄河流域的商代晚期遗址与墓葬中均发现不少白陶，其中以河南安阳殷墟出土的白陶最具特点，器物有觯、壶、尊、卣等酒器和鼎、豆、盘、簋等食器。纹饰常见有云雷纹、漩涡纹、饕餮纹、蝉纹、曲折纹、夔纹等。特别是将细腻的雕刻作为白陶的主要装饰技法，显示了商代后期白陶的高度发展水平。

原始青瓷提梁壶

年　代：战国

尺　寸：高17厘米，宽18.5厘米

产　地：不详

收藏地：美国国立亚洲艺术博物馆

入藏号：F1986.1a-b

原始青瓷。小口、低颈，口上盖有平顶直壁带纽盖。圆肩、圜底，三个兽蹄形足。肩部前有龙首形折角管状流，前后肩间有拱形龙体提梁。提梁上部有两段锯齿纹脊棱扉牙，肩部与腹上部由S形纹与弦纹组成两周宽带条装饰。通体涂有一层青褐色薄釉，是具有江南地方特征的提梁壶。

彩绘云气纹茧形壶

年　代：西汉

尺　寸：高24.5厘米，长27厘米，宽18厘米

产　地：不详

收藏地：美国国立亚洲艺术博物馆

入藏号：RLS1997.48.1867

壶敞口，束颈，腹部呈茧形，圈足外撇。壶身施黑陶衣，红、白二彩装饰，壶身绘云气纹，纹饰舒卷自如，给人以古朴、端庄的感觉。秦、汉时期，这种造型的壶多流行于陕西关中及河南豫西一带。

彩绘陶舞俑

年　代：西汉

尺　寸：高53.3厘米，长24.8厘米，宽17.8厘米

产　地：不详

收藏地：美国大都会艺术博物馆

入藏号：1992.165.19

陶俑顶发中分，脑后垂髻，身着三层右衽曳地长袍，足登翘头履，履尖露于长袍之外。上体前倾，左臂自然垂于体侧，右臂上举，长长的衣袖如瀑布似的垂落在身后，腰部纤细，双腿微微前曲，一只脚着地，另一只脚则是脚尖着地。舞姿轻盈，潇洒飘逸，右腿略前，左腿稍后，腰肢自然摆动，使身体保持重心平衡，这个舞蹈俑生动地捕捉到了舞者最精彩的瞬间，并把它固定下来，反映出汉代工匠高超的审美情趣和炉火纯青的雕塑技艺。俑为头、身分制，颈下端有圆锥形插榫，可插入空洞的体腔内，舞俑施有彩绘，至今彩绘依然鲜明。这个舞俑的神情相貌，正如汉人崔骃在《七依赋》中所描写的那样："表飞縠之长袖，舞细腰以抑扬。"

陶牛车

年　代：东汉

尺　寸：高17.2厘米，长31.4厘米

产　地：不详

收藏地：英国维多利亚与阿尔伯特博物馆

入藏号：CIRC.100-1935

牛车车盖呈圆拱形，前后伸出长檐，车厢两侧刻假窗，后刻厢门。车厢内坐一男子，双手上举，做挥鞭赶牛之状，目视前方，口微张，似乎在吆喝牛。下部双轮出毂，轮上刻辐条，长辕架于牛背之上。牛呈站立状，站在一块平板上，体态浑劲有力，当为一犍牛。牛头辔饰革带交结处共有六枚圆泡饰，牛身络有革带，其交结处亦附有圆泡。此车采取写实性手法制作，反映了汉代牛车的真实面貌。

彩绘陶舞俑（一对）

年　代：东汉

尺　寸：左高16.5厘米，宽9.5厘米；右高15.2厘米，宽14厘米

产　地：不详

收藏地：美国大都会艺术博物馆

入藏号：1994.605.87a,b

左边俑头戴冠，裸上体，腹部突出，左手攥拳上举，右手平掌前伸，下穿宽裾喇叭裤，左脚着地，右腿屈膝抬起。右边俑为光头，身体左倾，双手分开，右腿屈膝抬起，左脚着地，服饰与左边俑相似。通体施白彩，口唇部以红彩装饰。两个俑表情不分明，但是嘴角、眼神的夸张表现，给人以诙谐、风趣的感受。这两个俑的舞蹈姿势似乎正在配合同一节奏，相互呼应，别具情趣。汉代艺匠对人物的塑造，着力从大的整体轮廓和身躯大的扭动关系来表现审美对象的精神、气质、个性和情趣。这对舞俑形神兼备，血肉丰满，活灵活现，是汉代雕塑艺术的杰作。

绿釉两层陶望楼

年　代：东汉

尺　寸：高84.4厘米，宽44厘米

产　地：不详

收藏地：美国国立亚洲艺术博物馆

入藏号：F1907.68a–d

这座望楼为建筑明器，象征水上建筑，是园林景观的组成部分。下为圆形池塘，内有龟、鱼、鸭等水族动物浮游，上矗立一座两层重檐四阿顶楼阁，一层、二层各有围栏环周，角檐处皆有四十五度角斜挑梁转角拱，正脊上站立一只振翅欲飞的朱雀，各垂脊置有飞鸟装饰，房坡上布瓦垄。整个楼阁布有迎宾俑、吹奏俑、张弓欲射俑，还有一位主人正在临阁眺望。通施绿釉。从楼阁建筑及设施可知，这是一座可居、可眺望的别墅式模型，也是达官显贵们空幻升仙的理想寓所，又是瞭敌防御永保安乐的建筑工事。因此，它是研究东汉建筑史及社会生活史极其珍贵的实物资料。

青瓷贴花铺首双鱼纹盆

年　代：西晋

尺　寸：高8.5厘米，口径33.6厘米

产　地：浙江

收藏地：英国大维德基金会（全称珀西瓦尔·大维德中国艺术基金会）

入藏号：PDF.250

盆直口，宽沿，腹部稍外弧，平底内凹。腹外壁印锦纹，并贴四个铺首，内心刻双鱼纹。通体施青釉，釉色青黄而均匀。此盆所刻双鱼形象逼真，在西晋瓷器中十分少见，是西晋越窑青瓷中的珍品。

青瓷羊形烛台

年　代：西晋

尺　寸：高30厘米，长33厘米，宽22厘米

产　地：浙江

收藏地：波士顿美术博物馆

入藏号：1993.644

青瓷羊为灰白色胎，施青釉，釉面晶莹，匀净无瑕。瓷羊身躯肥壮，双角勾住双耳，双目突出，口微张，颌下有须，脊背两侧饰四个纽，尾巴较短，贴于臀部，四足蜷曲，宁静安详。羊头上有一圆孔，可以用来插物。此件瓷羊，是西晋青瓷中的精品。

青瓷鸡首盘口壶

年　代：东晋

尺　寸：高19.1厘米

产　地：浙江

收藏地：美国大都会艺术博物馆

入藏号：1979.353

壶为浅盘口，细颈，弧腹，平底。肩部前侧饰有一仰首高鸣的鸡首，后侧为柄，左右两侧各附一桥形耳。通体施青釉，釉色明净。此壶造型优美，形制规整，是东晋时期越窑的精品。

黑瓷鸡首壶

年　代：东晋

尺　寸：高14厘米，腹径8.3厘米

产　地：浙江

收藏地：美国国立亚洲艺术博物馆

入藏号：1941.18

壶盘口，细颈，无肩，圆鼓腹下收，平底。鸡头长颈高冠，龙形柄上端连于盘口沿上，下端连于壶上腹，上腹两侧置对称桥形纽。腹底部露胎，胎呈灰色。通体施黑釉，釉面匀净，且有细小开片。此器制作端正，各部位比例协调，尤其是以鸡首装饰壶体，给人一种视觉上的美感。从造型和黑釉的特点判断，此壶是东晋德清窑的产品。德清窑遗址位于今浙江省德清县境内，所烧造的精良黑瓷别具一格，成为当时颇具声誉的特殊瓷窑，同时兼烧青瓷。黑釉和青釉虽都以氧化铁为着色剂，但黑釉中氧化铁的含量比青釉中高，达到6%～8%。东晋黑釉瓷以浙江德清窑为代表。常见的器物除鸡头壶外，尚有碗、钵、盘、罐、盘口壶等日用器皿。其烧造历史较短，大抵在东晋至南朝早期的一百多年间。

青瓷羊形插座

年　代：南北朝

尺　寸：长15.2厘米

产　地：浙江

收藏地：美国大都会艺术博物馆

入藏号：1991.253.2

羊呈卧姿，仰首面含微笑，二目炯炯有神，弯曲的双角、后摆的双耳则展现动态美。体态丰满，不失优雅，四肢似蹲似立，尾巴紧贴臀部。羊头顶部有一小孔，可以用来插蜡烛。此羊形插座通体施青釉，釉色莹润，造型惟妙惟肖，给人展示了一只温顺活泼的羊的形象，是一件实用与美观巧妙结合的工艺品。

黄釉印花盘

年　代：北朝

尺　寸：高3.8厘米，口径13厘米

产　地：河南洛阳

收藏地：美国大都会艺术博物馆

入藏号：1998.335

盘侈口，浅斜腹，平底。通体施黄釉，釉色凝厚。盘内壁及盘内心印花装饰。最外层印忍冬纹一周，中层印菊瓣纹一周，盘心由外至内分别印串枝纹、缠枝纹，缠枝纹之间有三只相互追逐的狼，最核心是由联珠纹围绕的狮子纹。由外至内纹饰多达六层，如此繁缛的纹饰，在南北朝时期十分罕见，这个黄釉盘是北朝瓷器装饰的典型代表。

白瓷双龙柄瓶

年　代：隋

尺　寸：高39.1厘米

产　地：河北

收藏地：英国维多利亚与阿尔伯特博物馆

入藏号：C.85–1939

瓶盘口，弦纹长颈，长圆鼓形腹，平底，两双龙柄连接于盘口与瓶肩之上。龙口紧紧衔住盘口，形成了此瓶最突出的部分，给人以匀称稳重之感，亦便于提拿，集装饰性与实用性于一身。瓶身通施白釉。此类器物形成于隋代，盛行于唐代。

白釉武士俑

年　代：隋

尺　寸：高35.9厘米

产　地：不详

收藏地：洛杉矶艺术博物馆

入藏号：48.3.17

此俑呈立姿，头戴盔，上身着甲，下着裤褶，腰束革带，足蹬靴，右手平握身前，左手置于腹侧。通体施白釉。该俑双眉倒竖，二目圆睁，嘴唇微闭，气势雄猛，属隋代雕塑艺术中的珍品。

三彩凤纹凤首壶

年　代：唐

尺　寸：高33厘米

产　地：河南

收藏地：美国大都会艺术博物馆

入藏号：1975.1.1648

壶口呈凤头状，细颈，扁圆形腹，高足外撇，平底。通体施绿、褐、白等釉，底足无釉。一侧置曲柄。腹部形成两面开光体，采用塑贴装饰技法，一面为人物骑马射箭图，另一面为飞翔的凤鸟图。此壶造型巧妙，塑贴技法使画面具有浅浮雕效果，物象鲜明突出，线条流畅，色彩鲜艳华丽，堪称佳品。凤首壶在初唐时即开始流行，是唐三彩陶器中常见的器型，它与同时期另一种常见的双龙柄壶一样，明显具有波斯萨珊式器物的造型风格。这种巧妙地把外来文化与传统民族艺术结合起来的装饰手法，是唐三彩造型上的创新。

三彩陪葬俑一组

年　代：唐

尺　寸：高106.7厘米

产　地：河南

收藏地：英国不利颠博物馆

入藏号：1936,1012.220

这一组三彩陪葬俑据传出土于河南洛阳刘廷荀墓，一共是十三件，除了一对镇墓兽、一对武士、一对文吏之外，还有三匹马、一匹骆驼和三个马夫。当时这一组陪葬俑被放置在主墓室的入口处。镇墓兽形制基本相同，面貌狰狞，给人以恐惧感。武士一人束发穿盔甲踩在黄色的牛背上，一人顶盔掼甲踩在异兽身上。两个文吏皆为拱手侍立状，一个面有须，一个白面无须。两匹马皆膘肥体壮，一匹饰黄釉，一匹挂绿彩装饰。骆驼皆为双峰驼，仰首长鸣，背负重物。三个马夫皆为胡人形象，身穿窄袖长衣，其中一人照顾骆驼，两人照顾马匹。整组陪葬俑施彩鲜亮，造型优美，如此完整的成规模的三彩俑十分罕见，不仅是唐三彩中的珍品，更是研究唐代丧葬制度不可或缺的实物资料。

三彩侍女俑

年　代：唐

尺　寸：高37.5厘米，长15.4厘米，宽14.3厘米

产　地：河南

收藏地：美国大都会艺术博物馆

入藏号：2010.120

俑呈坐姿，发式为乌蛮髻，发为黑色。面庞圆润，施淡淡的胭脂色，双眉描画细腻，双目微睁凝视前方，鼻直口正，嘴角带着轻微的笑意，是典型的唐代美人形象。上身穿黄色衫襦，下身穿绿色长裙，双手置于胸前做吹奏状，坐在一个束腰形杌凳上，右脚赤脚放在左腿上，鞋放在地上，鞋边有一只白色的小狗。此俑体态丰腴，表情惟妙惟肖，人物动作静中有动，整个造型艺术感强烈，是唐代雕塑中的上等珍品。

邢窑白釉凤首壶

年　代：唐

尺　寸：高37厘米，腹径17.5厘米

产　地：河北内丘

收藏地：美国布鲁克林博物馆

入藏号：54.7

壶口为凤头形，凤钩喙张开而露舌，舌上卷，二目突出，目上饰如意形眉，凤冠呈V形，中间有口为壶口。细长颈，圆肩，肩部一侧置长流，另一侧连接颈肩置曲柄，圆鼓腹下收，圈足。颈部饰凸线纹两道，肩部刻弦纹三道。通体施白，釉色莹润泛金属光泽。此壶造型优美，雕刻手法精湛，在唐代凤首壶中十分罕见，是唐代邢窑瓷器的精品佳作。

黄道窑花瓷龙首壶

年　代：唐

尺　寸：高28厘米，宽27.3厘米

产　地：河南郏县

收藏地：美国国立亚洲艺术博物馆

入藏号：S2006.6

壶口外撇，短颈，溜肩，肩部前侧置龙头形流，龙角张扬，须发飘动，肩部后侧置龙形柄，龙口衔于壶口，尾贴于腹部。此壶内外皆施黑釉，外壁遍布灰蓝色彩斑，釉变效果十分明显。此壶造型奇特，装饰华美，是黄道窑瓷器中的极品。

长沙窑模印贴花褐斑注子

年　代：唐

尺　寸：高20.3厘米

产　地：湖南长沙

收藏地：英国维多利亚与阿尔伯特博物馆

入藏号：C.833-1936

注子直口，阔颈，丰肩，圆腹下收，平底。肩置短流，对称处安二条形曲柄。颈、肩之间置一对三条形系。通体施青釉，釉色青中略显灰黄。肩、腹处模印贴花椰枣纹，其上覆盖大块褐色釉，形成三个椭圆形斑块，突出了图案的装饰效果。此件注子的贴花纹反映了长沙窑贴花艺术的特点——朴实、自然、生动。造型和图案特殊的器物，是唐代长沙窑生产的外销西亚各国的产品。

汝窑青釉撇口碗

年　代：北宋

尺　寸：高7.1厘米，口径16.9厘米，底径7.5厘米

产　地：河南宝丰县清凉寺

收藏地：英国大维德基金会

入藏号：PDF.3

敞口微侈，深弧腹，圈足外撇。镶金口，底有五个支钉痕。碗内刻“均窑都出修内司，至今盘多椀艰致。内府藏盘数近百，椀则晨星见一二。何物不可穷其理，椀大难藏盘小易。于斯亦当知惧哉，愈大愈难守其器。乾隆丙午御题”等字。此碗造型规整，胎质细腻，“香灰胎”明显，釉色月白，纹片细碎，是北宋汝窑的主要特征。

汝瓷在中国宋代已位居汝、钧、官、哥、定五大名窑之首，始烧于唐朝中期，盛名于北宋，传世品稀少，全世界现仅存67件半，而完整传世的碗仅有两件，此为其一；另一件存于北京故宫博物院。

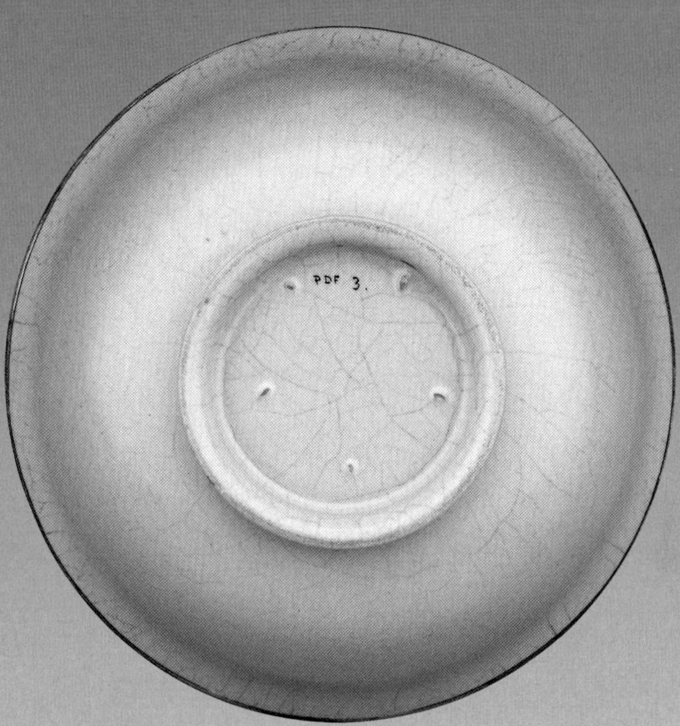
PDF 3.

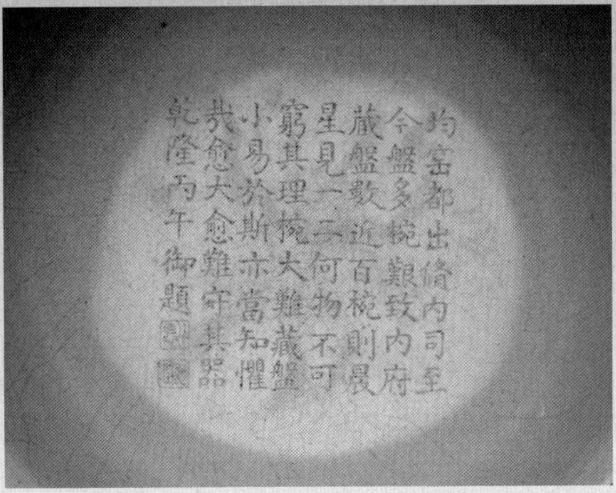
均窯都出倚內司至
今盤多椀艱致內府
藏盤數近百椀則晨
星見一二何物不可
窮其理椀大難藏盤
小易於斯亦當知懼
共愈大愈難守其器
乾隆丙午御題

汝窑青釉盘

年　代：北宋

尺　寸：高3.6厘米，口径13.7厘米

产　地：河南宝丰县清凉寺

收藏地：英国大维德基金会

入藏号：PDF,A.59

敞口，浅弧腹，圈足。釉色为薰衣草蓝，釉面布满细碎繁密的蓝黑色开片纹，釉汁莹润，器型古朴大方。盘底用墨书一“乙”字，三个支钉痕明显。

“乙”字符号，一般认为是器物入藏清代宫廷后所书。据文献记载，精于鉴古的乾隆皇帝曾将自己所喜爱的古董划分等级，一些器物上留下了当时镌刻的“甲”“乙”“丙”“丁”等标志。

汝窑天青釉莲花盏托

年　代：北宋

尺　寸：高6.5厘米，直径17厘米

产　地：河南宝丰县清凉寺

收藏地：英国大维德基金会

入藏号：PDF.81

盏托是放置茶盏的托盘。瓷盏托始见于东晋，南北朝时开始流行，唐以后随着饮茶之风而盛行。此盏托为清凉寺的典型汝窑瓷代表，托圈呈盏状，直口，腹略弧，托圈下连托盘，托盘呈五瓣莲花状，底部与圈足相通，高圈足外撇，圈足着底上分布有五个灰白色支钉痕。造型秀美，釉面蕴润，色如碧玉，开片细如蝉翼，静视之有高雅素净的风韵。

汝窑青釉水仙盆

年　代：北宋

尺　寸：高5.6厘米，长22厘米，宽15.5厘米

产　地：河南宝丰县清凉寺

收藏地：大阪市立东洋陶瓷美术馆

入藏号：00564

敞口，斜壁，椭圆形大平底，平底凸出窄边棱，四云头形足。满釉支烧，底有六芝麻状支钉痕。通体满施天青釉，釉面有细碎开片，底边釉积处略含淡碧色，口缘与棱角釉薄处呈浅粉色。因口部有残缺，所以整个口缘部后包镶了铜。

官窑青釉花口盘

年　代：南宋

尺　寸：高3.5厘米，口径15.3厘米

产　地：浙江余姚杭州修内司

收藏地：美国克利夫兰艺术博物馆

入藏号：1957.69

六瓣葵花口，盘心平坦，由于垫饼烧造，圈足露黑色胎骨。圈足底边狭窄平整，内墙深长，外墙浅短，难以用手指提拿起来，这是南宋官窑瓷底足的典型特征。盘底上有红墨书“己”字，当为清宫后藏时分级所留。

整器视之如一朵盛开的花卉，釉色淡青，釉面洁净，上有自然形成的棕眼。釉汁肥厚，釉质如玉石般光亮莹润，内外釉面上密布横竖交织类如铁丝的开片纹线，具有一种历史沧桑感。

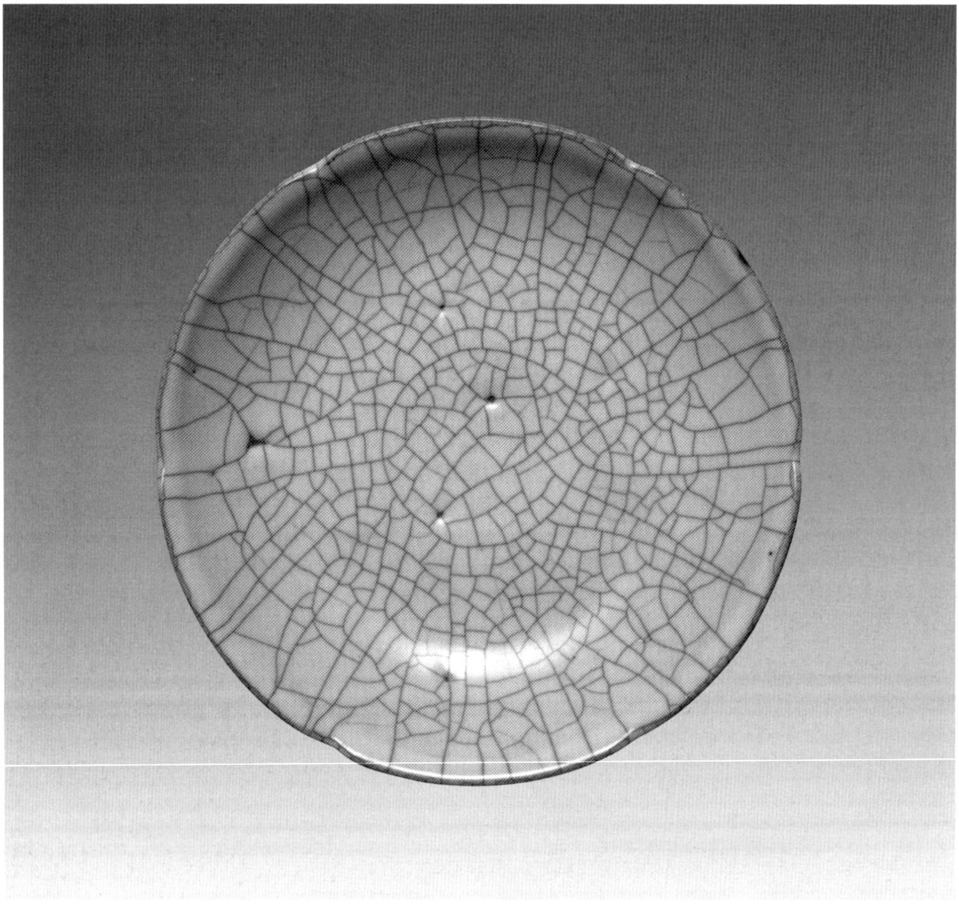

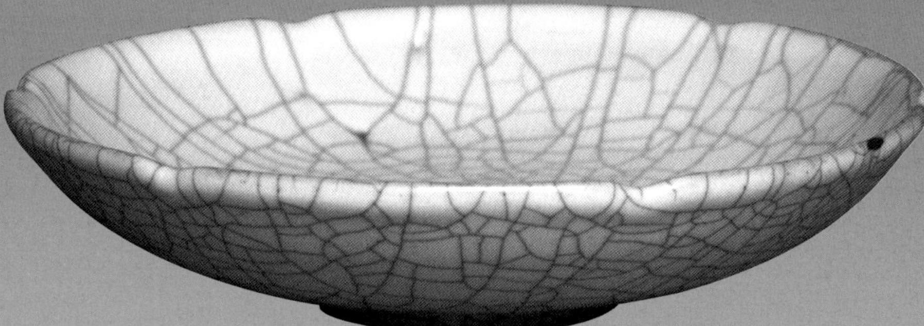

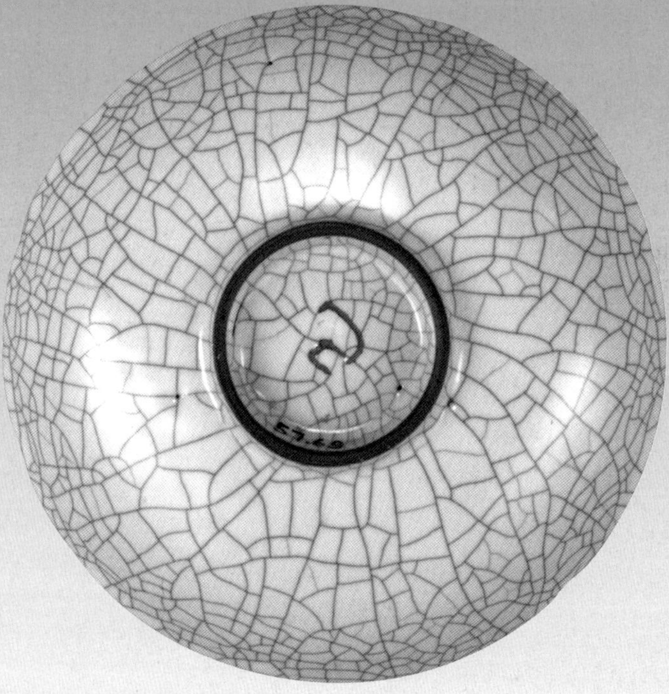

官窑青釉琮式瓶

年　代：南宋

尺　寸：高19.7厘米，口径8.2厘米，底径12.7厘米

产　地：浙江余姚杭州修内司

收藏地：东京国立博物馆

入藏号：TG–2167

圆口，方柱形长身，圈足露胎，器身四面有凸起的边棱装饰。宋代盛行仿古之风，这种瓶式系仿照新石器时代良渚文化的玉琮外形加以变化而成，其器内圆而外方，以象征天圆地方。

此瓶通体施青釉，釉色粉青，釉面温润如玉，布满密集细碎的冰裂纹。它曾经作为“经筒水指”传入日本尾张德川家。从其胎土及胎釉的特征来看，可以认为它是日本传世的南宋官窑青瓷罕见作品，由日本鉴藏家広田松繁氏捐献。

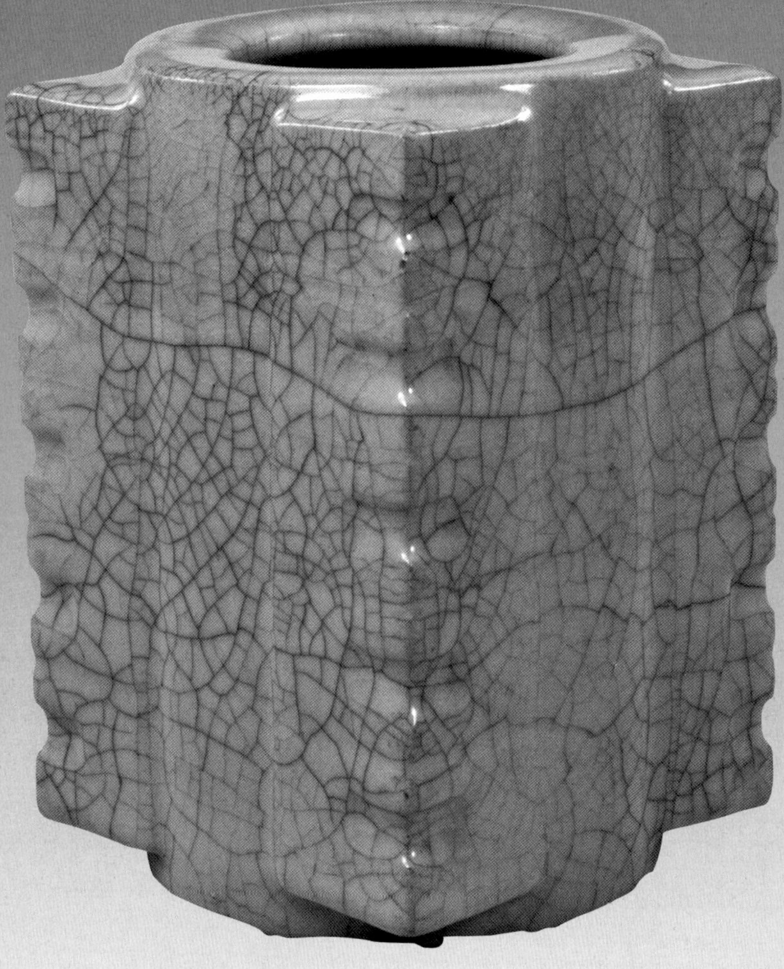

官窑青釉双耳炉

年　代：南宋

尺　寸：高7.3厘米，腹径15.6厘米

产　地：浙江余姚杭州修内司

收藏地：美国克利夫兰艺术博物馆

入藏号：1957.63

敞口，扁鼓腹，两对称立耳如鱼形，圈足。器底有六个支钉痕。形制规范典雅，釉质肥厚，有玉质感。釉色月白，泛淡淡的青，釉面布满大小开片，纵横交织如网，层层叠叠，晶莹透亮，犹如冬天江河里的冰块碎裂，变化万千，饶有趣味。

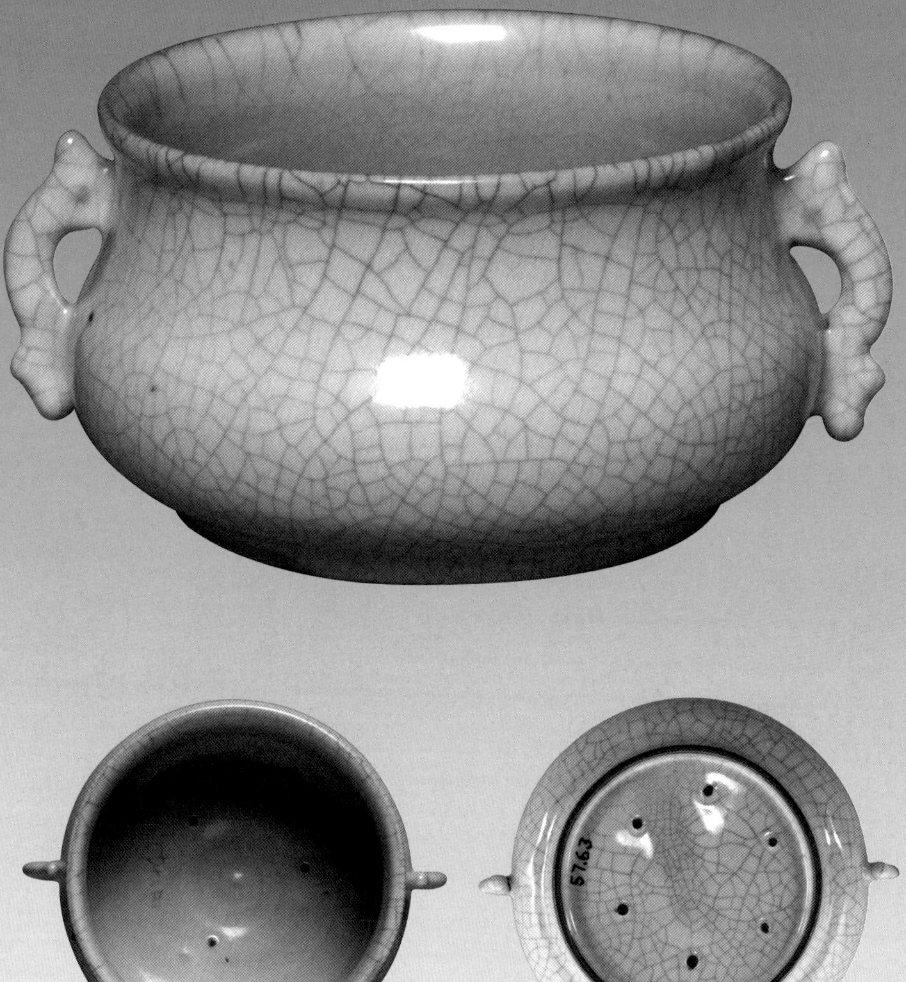
57.63

钧窑天蓝釉碗

年　代：北宋

尺　寸：口径10.5厘米

产　地：河南禹州

收藏地：美国大都会艺术博物馆

入藏号：20.45

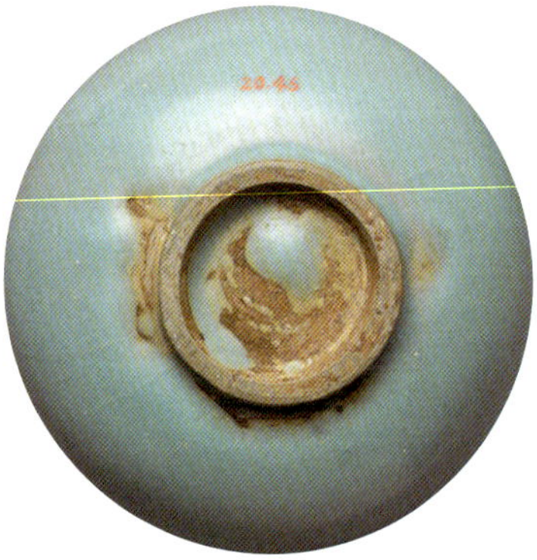

敛口，深弧壁，圈足。圈足处不施釉，露出黄铜色的胎色。蓝色乳浊釉布满小气泡，有棕眼和长条冰裂纹。口沿釉薄处呈淡黄色，釉厚处莹亮如宝石。

钧窑玫瑰紫碗

年　代：北宋

尺　寸：高7.9厘米，口径14厘米

产　地：河南禹州

收藏地：洛杉矶艺术博物馆

入藏号：AC1999.38.4

敞口微内敛，深腹，圈足，足底无釉露黄胎。钧瓷以窑变为神奇，同一种釉烧出来却五光十色，故云“入窑一色，出窑万彩”。此碗红里透紫、紫中藏青、青中寓白、白中泛红，五彩渗化，相映生辉。釉面布满珍珠点、兔丝纹和曲折迂回的蚯蚓走泥纹，给人以无限的遐想空间。

钧窑月白釉紫斑长颈瓶

年　代：北宋

尺　寸：高29厘米，腹径13厘米

产　地：河南禹州

收藏地：英国大维德基金会

入藏号：PDF.92

小口，细长颈，斜肩，圆腹下垂，圈足无釉露胎。瓶身施青釉，色呈淡蓝闪青，并有大片的紫色斑块，犹如夕阳下天空中的色彩变幻。此瓶线条优美，造型端庄，胎质细腻坚实，釉色厚匀，浓淡有致，珍贵异常。

钧窑玫瑰紫菱花口水仙盆

年　代：北宋

尺　寸：高7.6厘米，口径22.9厘米

产　地：河南禹州

收藏地：耶鲁大学艺术陈列馆

入藏号：1954.49.32

广口，折沿，浅腹，弧形腹壁有十二条内凹线与菱口相对，平底下承三如意云头形足。盆内壁施天蓝釉，细小开片纹清晰可见；外壁窑变玫瑰紫，色彩绚丽，灿如晚霞，与薄胎处的姜黄色相衬托，更显华贵典雅。

器型平稳端庄而又富于曲线变化，极显北宋皇家高贵华丽之气派，为北宋官钧的代表作。

定窑白釉碗

年　代：宋

尺　寸：高7厘米，口径20.3厘米

产　地：河北保定曲阳

收藏地：美国大都会艺术博物馆

入藏号：17.118.30

侈口微敛，深弧壁，圈足。通体施白釉，胎骨较薄，釉面洁白匀净，微闪黄，釉质坚密光润。碗外光素，碗内刻划纹饰。芒口，镶铜。

传世的定窑白瓷以象牙白釉面较为多见，像这种釉面几近素白的器物少见。

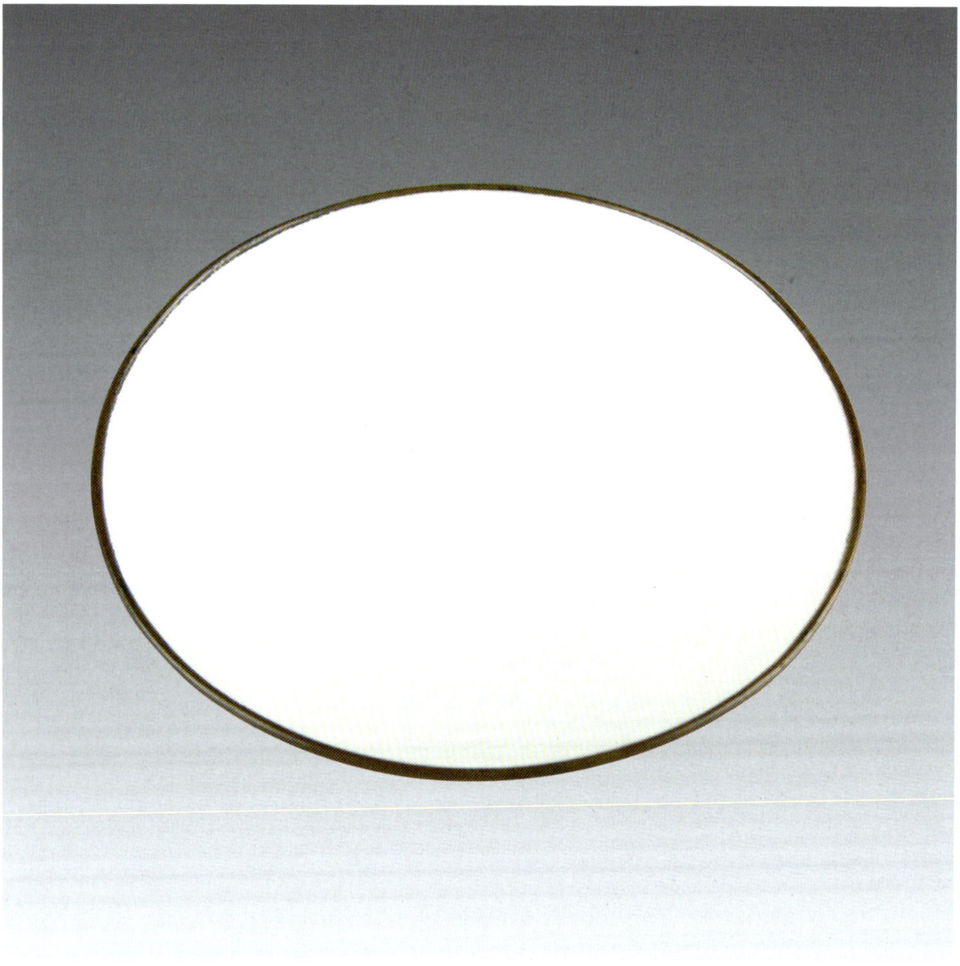

定窑白釉印夔龙纹『奉华』款盘

年　代：北宋

尺　寸：高2.5厘米，口径21.2厘米

产　地：河北保定曲阳

收藏地：英国大维德基金会

入藏号：PDF.116

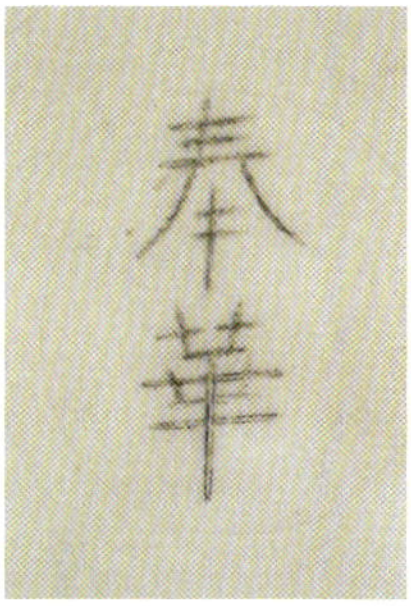

敞口，折沿，直壁，平底，浅圈足。通体白釉，釉面微粉，口沿刻划卷草纹一周，盘中心印夔龙纹。夔龙是古代传说中的一种神兽，与龙相似，但仅有一足。盘底刻有“奉华”二字楷款。

“奉华”据资料说是北宋时皇宫的一个配殿，为当时皇上一个宠妃居住的地方，刻有此二字的瓷器，就是此宠妃的专用品。

定窑白釉『会稽』款葵瓣式盘

年　代：北宋

尺　寸：高2.9厘米，口径13.4厘米

产　地：河北保定曲阳

收藏地：英国大维德基金会

入藏号：PDF.173

盘呈三瓣葵花形，斜弧壁，圈足无釉。内外白釉，釉面光洁润泽，胎骨轻盈精细，当属定窑白瓷中的精品。足底处刻地名“会稽”款识。

定窑白釉提梁壶

年　代：北宋

尺　寸：高15厘米

产　地：河北保定曲阳

收藏地：英国维多利亚与阿尔伯特博物馆

入藏号：C.615&A-1918

注壶，长圆形壶身，壶口下凹，垂腹，短流，圈足。提梁仿藤编样式，前端分成三股，每股前端有模印的花卉片饰与壶体相接，尾部也是同样装饰，小巧而别致。全器满施白釉，釉面白中泛黄，胎骨坚致，釉光莹泽。此种造型的壶在宋、辽时期的北方地区较为流行。

定窑酱釉盏托及盏

年　代：北宋

尺　寸：直径10.5厘米

产　地：河北保定曲阳

收藏地：英国维多利亚与阿尔伯特博物馆

入藏号：C.603&A–1918

全器由盏与盏托两件组合而成。盏为撇口，弧腹，浅圈足，盏托呈圆形，中间托口高深，盘底高足中空。通施酱釉，釉色纯正，胎质坚致。盏托施釉厚薄不均，薄处显胎，厚处现铁褐色锈斑。

酱釉又称紫金釉，是一种以铁为着色金属元素的高温釉，釉中氧化铁和氧化亚铁含量达 5% 以上。酱釉是定窑除白釉外具代表性的釉色之一，又称“紫定”。

定窑黑釉斗笠碗

年　代：北宋

尺　寸：口径18.5厘米

产　地：河北保定曲阳

收藏地：英国大维德基金会

入藏号：PDF.300

侈口，斜直壁，小圈足。此斗笠碗内外皆施黑釉，釉不及底。釉面呈色如漆，深沉稳重，口釉处饰金彩。

金装黑定，尤为珍贵。

定窑白地酱彩缠枝牡丹纹瓶

年　代：北宋

尺　寸：高16.3厘米，腹径16.6厘米

产　地：河北保定曲阳

收藏地：美国国立亚洲艺术博物馆

入藏号：F1959.6

唇口，短颈，丰肩，鼓腹，浅圈足，足底无釉露灰白胎。通体白釉，釉面泛黄，釉下以酱彩绘缠枝牡丹纹，近底处饰酱彩双层莲瓣纹，画风粗犷豪放，呈色稳定纯正。这一品种的烧制是将酱色的彩料涂在白色的胎体上进行剔划，将花纹以外的酱色剔掉露出白色的胎体，留下酱色的花纹，在花纹上划出花瓣和叶脉，最后施一层透明釉，经高温火一次烧成，即为白地酱彩花纹瓷器。

除此之外，日本大阪市立东洋陶瓷美术馆尚藏有一件同样花纹的小口瓶。

定窑酱釉描金牡丹纹碗

年　代：北宋

尺　寸：高4.2厘米，口径13厘米，足径3.8厘米

产　地：河北保定曲阳

收藏地：东京国立博物馆

入藏号：TG–2920

敞口，斜弧壁，小圈足。碗内外通体施酱釉，酱釉呈色闪黄。碗内壁以金彩饰一枝牡丹纹，牡丹枝繁叶茂，花头硕大，一派雍容华贵的气度。这件描金碗是目前传世的定窑描金器中保存比较完好的一件，其余数件的金彩大多已经脱落。

家国永安

磁州窑珍珠地『家国永安』熙宁四年枕

年　代：北宋

尺　寸：高13厘米，长19厘米，宽12厘米

产　地：河南鲁山

收藏地：英国不利颠博物馆

入藏号：1914,0413.1

四方形，微凹，平底，底端略小于上端。通体施白釉，釉面泛黄。周壁剔刻开光扁菊花纹，枕面珍珠地剔四个大字“家国永安”，右边刻“元本冶底赵家枕永记”，左边刻“熙宁四年三月十九日画”。熙宁是北宋宋神宗继位后的年号（熙宁四年为 1071 年），面对当时朝野内外的种种弊端和危机，宋神宗大胆启用王安石进行变法，力图强国富民。熙宁四年，正是神宗对变法最支持的时候。

此枕传递出来的是当时人们对于家国昌盛、安宁富裕的一种最深切的企盼。

磁州窑绞胎碗

年　代：金

尺　寸：高7厘米，口径16厘米

产　地：河南焦作

收藏地：美国大都会艺术博物馆

入藏号：2006.72

敞口，深弧腹，浅圈足。碗为瓷胎，施一层有色化妆土，呈土黄色。除碗口与圈足外，其他地方均以黑白两色胎泥绞出相互接连的朵花纹进行装饰，外罩透明釉。装饰淡雅质朴，一如其色。

绞胎瓷在宋金时代，尤以河南焦作的当阳峪窑所出最为精致和美丽，仅纹理就有十多种变化，而且纹路技术完美，表里如一。其他窑口也有少量作品，但均不如当阳峪窑质量精良。因其工艺的高难度，绞胎瓷成为当时王公贵族们的奢侈之物。

磁州窑白地剔黑缠枝牡丹纹梅瓶

年　代：北宋

尺　寸：高30.8厘米

产　地：河南焦作

收藏地：波士顿美术博物馆

入藏号：2001.1

小口，短颈，丰肩，长圆腹下收，圈足。瓶体以剔黑工艺装饰，牡丹花形硕大，枝叶繁茂，刀工娴熟，风格粗犷，浮雕效果明显。

白地黑彩剔花是磁州窑装饰技法当中最为精湛的种类，在日本异常受珍视，称其为“白地黑搔落”，是磁州窑艺术中最为名贵的品种，被视为至宝。

磁州窑黑彩仁和馆人物纹四系瓶

年　代：金

尺　寸：高24.8厘米

产　地：河北邯郸

收藏地：英国大维德基金会

入藏号：PDF.316

橄榄形，小口微侈，短颈附四系，长圆腹，圈足外撇。上部施白釉，肩部黑彩绘三道弦纹。上腹部黑彩绘童子手持花枝，回首张望，其侧黑彩书“仁和馆”三字。下半部分施黑釉，装饰效果别具一格。

四系瓶是磁州窑瓷器中颇具特色的一类，造型挺拔，系部多变，上半部分施白釉，下半部分施黑釉或褐釉，其装饰技法以磁州窑传统的白地黑彩绘为主，内容有花草、龙凤、诗词、人物等，尤以带“馆”铭的最具代表性。

磁州窑竹禽图伏虎枕

年　代：金

尺　寸：高11.1厘米，长36.8厘米，宽17.1厘米

产　地：河北邯郸

收藏地：美国布鲁克林博物馆

入藏号：1993.56

枕呈卧虎形，虎眼圆睁，竖耳、卷尾伏卧，满身酱地黑彩绘虎皮条纹。虎背为腰圆形枕面，枕面白地黑彩，画墨竹一枝，喜鹊啾鸣于上，寥寥数笔，将“喜事临门”的美好寓意表现得淋漓尽致。底无釉，上以墨书标注了购买的时期和价格。

虎枕最早出现于唐代，盛行于金，因虎是百兽之王，是威猛的象征，同时也被认为有正义、吉祥、辟邪等意义，在民间深受人们的青睐。

磁州窑白地黑彩孩儿枕

年　代：金

尺　寸：高12.8厘米，长34厘米，宽15厘米

产　地：河北邯郸

收藏地：费城艺术博物馆

入藏号：1944-20-171a,b

枕以侧卧童女为造型，童女双手枕于头下，双脚屈于臀下，眉目清晰，脸颊肥润，神态自然。身着白底黑花衣裳，衣褶自然，枕面饰以白地黑花绘山禽蛱蝶图。整体布局设计巧妙，新颖别致。

磁州窑黑釉铁锈花罐

年　代：北宋

尺　寸：高20厘米，腹径27.6厘米

产　地：河北邯郸

收藏地：洛杉矶艺术博物馆

入藏号：1152.6.2

直口，丰肩，敛腹，圈足。通体施黑釉，肩部以铁锈花装饰。其制作方法是在施好黑釉的坯体上用含氧化铁的斑花石作着色剂绘纹饰，经高温烧造后，纹饰中的铁晶体会呈现出斑斓的铁锈色。

器型饱满，纹饰简单却富含韵味。

耀州窑酱釉六出花口碗

年　代：北宋/金

尺　寸：口径12.38厘米

产　地：陕西铜川

收藏地：洛杉矶艺术博物馆

入藏号：AC1997.17.2

六瓣葵花口外侈，弧腹，高窄圈足。碗内刻划出六条内凸外凹的棱状竖条纹与花口相对，内外通体施酱釉，呈色纯正，光泽性强。

此碗形制周正，质朴大方，俯视犹如盛开的花朵，别有情趣。

耀州窑青釉刻花熏炉

年　代：北宋

尺　寸：高12.5厘米，腹径19.1厘米

产　地：陕西铜川

收藏地：波士顿美术博物馆

入藏号：50.943

此熏炉分为上下两部分：上部分呈盆状，复层套合一圆球形内置，上镂空，边塑10条蟠龙首，均大张其口；下部分为轮制，平宽沿，唇微下卷，腹部镂空钱纹，下附塑五足，均为人面兽爪形，其面部五官及表情清晰生动。

通体施青釉，釉面有酥光。器身刻牡丹花叶纹，花纹繁密，线条流畅，为耀州窑的上乘之作。

吉州窑剪纸贴『长命富贵』玳瑁盏

年　代：南宋

尺　寸：高6厘米，口径11.4厘米

产　地：江西吉安

收藏地：洛杉矶艺术博物馆

入藏号：52.13

敞口，斜弧壁，矮圈足。盏里外满施黑、黄花斑釉，釉面莹润光滑，质感细腻；盏内壁用剪纸贴花工艺装饰了三组菱形边框内有“长命富贵”的吉语图案，经高温一次入窑烧制而成，装饰奇特，精妙非凡。

吉州窑剪纸贴花工艺主要饰于碗内，装饰效果极似民间的剪纸，题材有折枝梅花、朵梅、凤梅、竹、兰、飞凤、鹿纹、鸳鸯、蝴蝶等动植物纹，有“福寿康宁”“金玉满堂”“长命富贵”等四字吉语的图案。

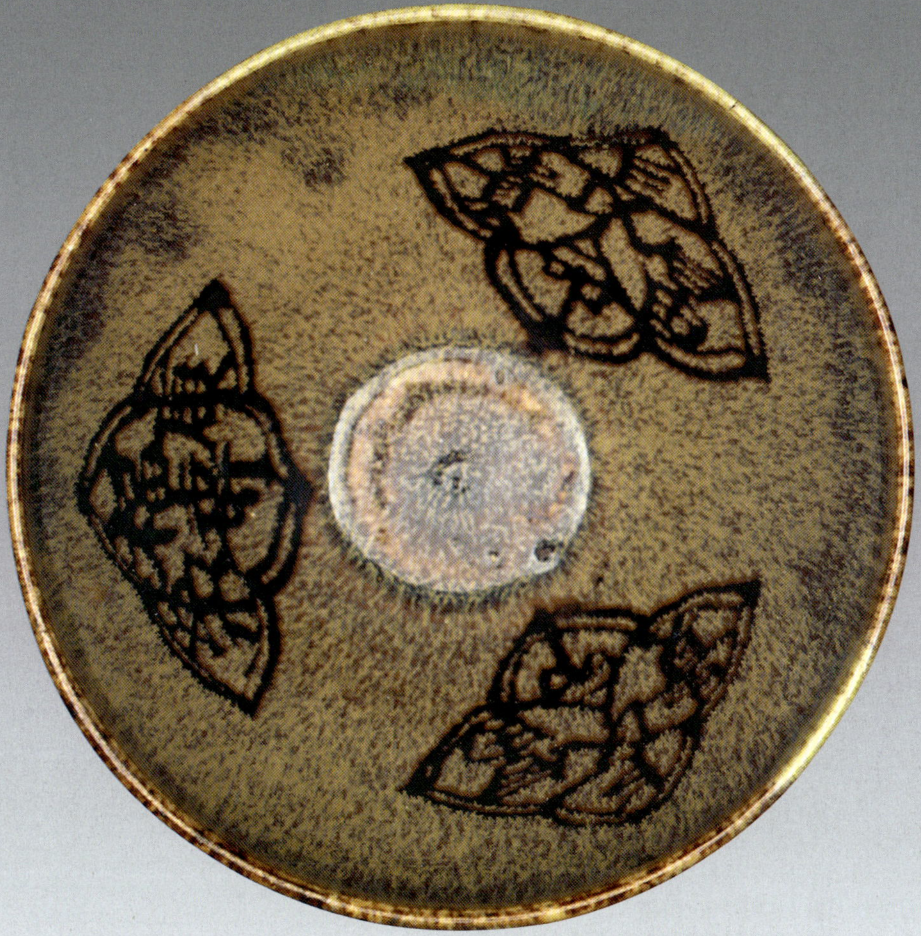

吉州窑黑釉木叶纹盏

年　代：南宋

尺　寸：高4.9厘米，口径15.1厘米

产　地：江西吉安

收藏地：波士顿美术博物馆

入藏号：50.2014

侈口，斜弧壁，小圈足，形如倒置的斗笠。内外黑釉，口沿釉薄处呈土黄色胎，碗内心饰一片树叶，形态逼真，茎脉清晰，这是吉州窑所特有的装饰，极富天然之趣。

木叶纹盏在制作时，先在胎体上施一层黑釉，树叶经过特殊处理后施一层淡釉，然后把它贴在黑瓷坯体上，入窑烧成。木叶有半叶、一叶，也有二三叶叠加。经过这样加工的黑釉碗，妙趣横生，有一种质朴的野趣。

吉州窑黑釉铁锈花罐

年　代：南宋

尺　寸：高16厘米，口径15.5厘米

产　地：江西吉安

收藏地：波士顿美术博物馆

入藏号：50.1199

小唇口，球形腹下敛，小圈足。外体黑釉不及底，露胎。釉面光亮，黑釉纯正，饰铁锈朵花纹，简洁大方，质朴有趣。

吉州窑用铁锈花装饰的黑釉器非常罕见，此罐器型周正、内敛，实属精品佳作。

吉州窑彩绘海涛纹瓶

年　代：南宋

尺　寸：高21.6厘米

产　地：江西吉安

收藏地：印第安纳波利斯艺术博物馆

入藏号：1983.190

圆口，细长颈，垂腹，圈足外撇。米黄色胎体上用赭褐绘层层叠叠的海涛纹，相互交错，直冲而上，视觉效果非常壮观。

白釉彩绘瓷是吉州窑受磁州窑白地黑花瓷的影响于南宋时期生产的，彩绘颜色有赭褐、红褐、红棕等类，均直接在胎体上勾画，然后再罩层薄釉，入窑焙烧后便显现明澈晶亮、红褐鲜明的奇效。

越窑青釉莲瓣式盖罐

年　代：北宋

尺　寸：高38.1厘米

产　地：浙江余姚

收藏地：英国维多利亚与阿尔伯特博物馆

入藏号：C.1385&A–1924

直口，肩以下渐侈，垂腹，近底处敛，圈足。含苞形莲花纽盖，盖面刻四层覆莲纹，边沿上卷，壁镂空如意形图案。肩部为水波纹，罐身满饰饱满的仰莲瓣，共分四层，层与层之间的纹饰及肩部均以绳纹相隔；自颈而下几层均装饰镂空莲子。通体满施青釉，釉色青绿，釉层清澈透明，宛如一汪春水，莹莹润泽，颇有几分“秘色瓷”的风韵。

此罐为明器，专门盛放大米供死者在另一个世界享用，通过阴刻的莲瓣和堆塑的莲子，与去往西方极乐世界的民间信俗联系起来，把此类罐子放进死者的墓穴中在当时的中国南方是一种常见的安葬形式。

建窑银毫盏

年　代：宋

尺　寸：高6.7厘米，口径12.1厘米

产　地：福建建阳

收藏地：美国大都会艺术博物馆

入藏号：19.55.1

敞口微敛，斜弧壁，浅圈足较小。通体施黑釉，外壁釉不及底，露黑色胎体。胎体厚重，胎质粗糙坚硬，黑色釉面透析出均匀细密、状若兔毫的自然结晶釉纹，呈色银灰，故称“银毫”。从外壁看釉面有明显的垂流现象。

兔毫盏是宋代最为流行的黑釉瓷茶具，因其釉中闪现出褐黄、银灰、褐蓝等色，又有金兔毫、银兔毫和蓝兔毫之别，其中以蓝兔毫最为名贵。

19.55.1

建窑兔毫盏

年　代：南宋

尺　寸：高7.4厘米，口径12.4厘米

产　地：福建建阳

收藏地：美国克利夫兰艺术博物馆

入藏号：1942.132

敞口微敛，斜直腹，浅圈足。胎色紫黑，釉色黑而润泽，内外施釉，底部露胎，釉汁垂挂。兔毫釉纹紧密有序，呈色褐黄。外壁细看如暴雨冲刷过后的山岭泥痕，又如盛大活动前静候的人群；内壁俯视则如天空洒下的万条细线，无声地汇聚于一汪深潭。建窑兔毫盏的万千之变，给予了人们无限的想象空间。

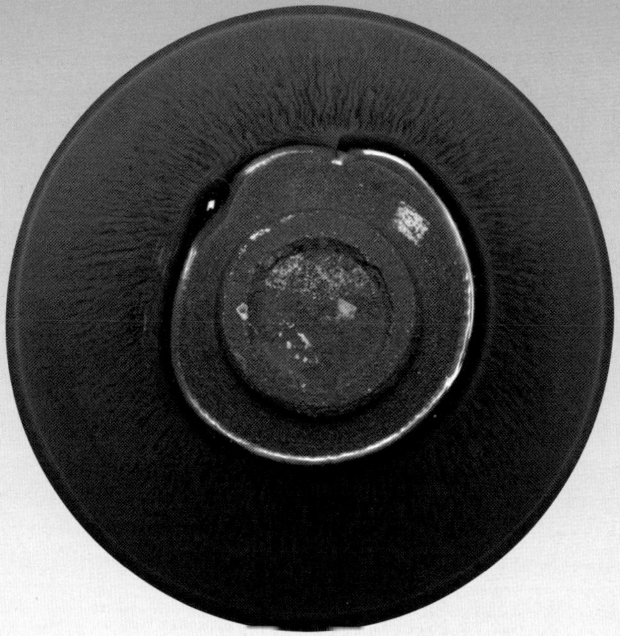

建窑油滴盏

年　代：北宋

尺　寸：高8.8厘米，口径19.2厘米

产　地：福建建阳

收藏地：美国国立亚洲艺术博物馆

入藏号：F1909.369

敞口外侈，斜直腹，小圈足。内外施黑釉，外壁釉不及底，露胎。釉面莹润，铁结晶呈大小不一的油珠状，故名。此盏黑色的釉面之上犹如布满点点繁星，迎光细看，每颗星星又都闪烁着五彩的光，仿佛在上演一场光影盛宴。

建窑黑釉器的釉面之美，是入窑烧制过程中温度的变化形成的。胎质中的铁质在高温时析出釉面后，如果降温过程缓慢而持续，则形成长条的兔毫，如果降温急促而短暂，则会形成断续的斑点或者油滴斑。

龙泉窑青釉莲瓣碗

年　代：南宋

尺　寸：高8.6厘米，口径12.7厘米

产　地：浙江龙泉

收藏地：美国大都会艺术博物馆

入藏号：34.113.10

口微敛，深壁，圈足，足缘无釉，露朱砂底。通体粉青釉，呈色柔和淡雅，釉面光泽如玉。内壁光素，外壁雕刻莲瓣纹，每瓣以双刀削刻而成，使中央瓣棱高起。整器视之犹如沉静初绽的一朵莲花。

口部镶铜，此种直口深碗原应有盖，佚失。

34.113.10

龙泉窑青釉碗

年　代：南宋

尺　寸：口径12.7厘米

产　地：浙江龙泉

收藏地：英国维多利亚与阿尔伯特博物馆

入藏号：C.26–1935

圆口微敛，深壁，圈足，足缘无釉，露朱砂底。内外皆施青釉，釉色青绿淡雅，釉面光泽柔和，达到类玉的效果，此色调为青釉中最佳色调之一。口沿镶铜。

粉青釉是青釉的一种，呈粉润的青绿色，如半透明的青玉，首创于南宋龙泉窑，并风行一时。它与梅子青釉一起，是龙泉窑的巅峰之作。

龙泉窑青釉刻『河滨遗范』款菱花口盘

年　代：南宋

尺　寸：高4.2厘米，口径16厘米

产　地：浙江龙泉

收藏地：英国大维德基金会

入藏号：PDF.208

菱花形口，浅弧壁，圈足。内外通施青釉，口沿釉薄处露胎。外壁光素无纹，内壁出筋，把盘体分成五瓣花状，中心以青料书“河滨遗范”四字两行单框款。

“河滨遗范”是龙泉窑的独特产品，意为舜制陶遗传的模范，印有此字样的碗，则说明它是舜的正宗制陶传人所做，是制陶人的品牌标识。

龙泉窑青釉印双鱼纹盘

年　代：南宋

尺　寸：高5.1厘米，口径21.3厘米

产　地：浙江龙泉

收藏地：美国克利夫兰艺术博物馆

入藏号：1964.164

敞口，折沿，浅弧腹，坦底，圈足。里外施青釉，底部无釉，露胎处呈火石红色。盘心模印双鱼纹，内壁光素，外壁刻划莲瓣纹。此盘形制较大，胎体厚重，釉呈梅子青，双鱼纹生动立体，线条清晰可见。

梅子青釉是龙泉窑于南宋时期创烧的品种，因其釉色浓翠莹润，如青梅色泽，故名。

景德镇窑青白釉托盏

年　代：南宋

尺　寸：高8.8厘米，腹径13.9厘米

产　地：江西景德镇

收藏地：耶鲁大学艺术陈列馆

收藏号：2015.72.1a–b

整套托盏由盏和盏托两部分组成：盏敞口，菱花形，深腹壁，高圈足外撇；盏托菱花形，高圈足，足底中空，上镂空如意形纹。通体施青白釉，瓷质坚细而洁净，色泽淡雅而明快，釉面光亮而滋润，通体未使用任何印、刻花装饰，完全以造型与釉色取胜，不失为南宋景德镇窑影青瓷中的精品。

景德镇窑青白釉仕女枕

年　代：南宋

尺　寸：高11.1厘米，长22.9厘米

产　地：江西景德镇

收藏地：美国大都会艺术博物馆

收藏号：26.292.82

瓷枕以一侧卧仕女顶托起枕面，仕女神态安详，面露微笑，纤细、苗条的身材，体现出南宋仕女的婀娜多姿。枕面上刻有缠枝牡丹纹，枕柱以浮雕仰莲瓣纹构成。该枕通体施青白釉，釉色青中闪白，积釉处呈湖水绿。枕底无釉。

侧卧的整个人物形象与瓷枕浑然一体，其实用性与观赏性达到了高度的统一与协调，是景德镇青白釉瓷枕中不可多得的艺术珍品。

青花双龙纹高足碗

年　代：元

尺　寸：高11.8厘米，口径13.3厘米

产　地：江西景德镇

收藏地：美国克利夫兰艺术博物馆

入藏号：1964.169

撇口，弧壁，高足，足柄上凸起四道弦纹。通体施白釉，釉层均匀滋润，胎体轻薄，器型饱满。内口沿饰卷草纹一周，内壁模印云龙纹，龙张口、披发、四爪、细颈纤身，碗心青花绘一朵花纹；碗外以青花绘一条戏珠龙纹，龙身细长，三爪，网格状鳞。青花发色灰蓝，纹饰画风粗犷，器足露胎，器边不规整，这是元代不讲究修坯，成型工艺较粗糙造成的。

青花鱼藻纹盘

年　代：元

尺　寸：口径45.7厘米

产　地：江西景德镇

收藏地：美国大都会艺术博物馆

入藏号：1987.10

广口折沿，浅弧壁，圈足。通体白釉，青花为饰，釉面闪青，器型浑厚大气。口沿饰锦地纹，内壁绘缠枝莲纹，花叶细长，留白自然；盘心青花双圈内绘鱼藻纹，游鱼肥硕生动，利齿短舌，背鳍如旗，鱼尾扁长;四周水草环绕，随流摆动。绘画层次分明，雄浑豪放，青花发色蓝中闪灰。

鱼藻纹是各个时期瓷器装饰的传统纹饰，元时常见一条、两条或四条鱼纹。

青花云龙纹象耳瓶（一对）

年　代：元

尺　寸：高6.38厘米，腹径19.6厘米

产　地：江西景德镇

收藏地：英国大维德基金会

入藏号：PDF,B.614

盘口，长颈，敛腹，台足，颈部两侧各附一象首环耳。通体施青白釉，釉色透明，青花色泽纯正靓丽。自口沿至台足共有八道纹饰，分别为缠枝菊花纹、蕉叶纹、云凤纹、缠枝莲纹、海水云龙纹、浪花纹、缠枝牡丹纹和杂宝莲瓣纹，纹饰繁复却层次清晰。颈部蕉叶纹间以青花书：信州路玉山县顺城乡德教里荆塘社奉圣弟子张文进喜舍香炉、花瓶一副，祈保合家清吉、子女平安。至正十一年四月良辰谨记。星源祖殿胡净一元帅打供。

此对瓶原供奉于北京智化寺，曾在古玩圈内被视为赝品而无人问津，后由旅英华人福建籍古玩商吴赉熙经手卖给大维德爵士。是现存最为重要的、有确切纪年的元代青花断代典型器，是至正青花中最为名贵的珍品。

青花釉里红镂雕花卉纹罐

年　代：元

尺　寸：高33厘米，腹径29.5厘米

产　地：江西景德镇

收藏地：英国大维德基金会

入藏号：PDF,B.661

直口，短颈，溜肩，鼓腹，圈足，砂底无釉。通体施青白釉，釉层凝厚，釉面青亮。以青花和釉里红为饰，纹饰丰富，层次清晰。罐身的颈部以青花饰锦地纹一周，肩部绘青花披肩如意云头纹，内绘缠枝菊花纹和牡丹纹，腹部用连珠纹作菱花形开光四个，开光内装饰牡丹、石榴、菊花、四季花卉纹。用青花渲染枝叶，釉里红涂绘花朵和山石。开光之间饰青花卷草纹，近底部则绘青花变形莲瓣纹。

此罐集青花与釉里红与一体，呈色均较为纯正，且保存完整，实属难得。原应有盖，佚失。

钧窑玫瑰紫水仙盆

年　代：元

尺　寸：高7.6厘米，口径23.8厘米

产　地：河南禹州

收藏地：美国大都会艺术博物馆

入藏号：26.292.3

葵花瓣口，折沿，浅弧腹呈十二瓣葵花式，下承三个如意云头形底足。胎呈灰褐色，器里施天青色釉，外壁为玫瑰紫色乳浊釉，釉汁肥厚，色彩绚丽。足底抹有酱色护胎釉，上刻有“二”字铭款，靠足墙边处有二十一个小支钉痕。

钧窑中的宫廷用瓷，一般都刻有数字，用来表示器物的大小。数字越小，器物越大。这种三足洗实际功用是花盆的盆托（盆奁），上面应有对应号码和样式的花盆配合使用。

龙泉窑青釉露胎贴花八仙纹八方梅瓶

年　代：元

尺　寸：高25厘米

产　地：浙江龙泉

收藏地：印第安纳波利斯艺术博物馆

入藏号：1987.45

小口，短颈，溜肩，鼓腹下敛，呈八棱状，圈足外撇。通体施青釉，瓶身肩部和下腹部开光内模印折枝花卉纹，腹部开光内高浮雕模印八仙纹，众仙形态各异立于云端，用褐彩装饰，纹饰清晰，为少见的元代龙泉窑精品佳作，非常珍贵。

露胎贴花是元代龙泉窑独特的釉面装饰技法之一，其制作工艺是将不施釉的素胎模印纹饰沾一点釉浆粘于器物的腹或里心等要装饰的部位，烧成后花纹呈现火石红色，与淡雅的青瓷釉面形成强烈的对比，非常醒目。题材有龙凤、花鸟、游鱼、朵云、瓜果、山石、八仙人物等。

青花外缠枝菊纹内缠枝莲纹碗

年　代：明洪武

尺　寸：高16厘米，口径41.2厘米

产　地：江西景德镇

收藏地：英国不利颠博物馆

入藏号：1975,1028.7

直口，深弧壁，圈足露胎。内外以青花装饰，外口沿绘缠枝的菊花、莲花和牡丹交替纹饰，外腹部绘流畅的缠枝菊花纹，近足处绘变形莲瓣朵花纹，外足端饰一周回纹；碗内底部平坦，中心青花双圈内饰两朵菊花，外围以六个不同样的荷花纹，内腹壁绘各色的八朵缠枝莲，内腹壁与碗底交接处则饰一周连续的回纹，口沿饰缠枝莲纹。

器型硕大规整，线条初具圆润感，具有明洪武时的典型特征。青花发色偏灰，釉面细腻、洁净，纹饰繁而不乱，画风清秀。值得注意的是，洪武时期的菊纹已呈扁椭圆形，花心绘斜网状，花瓣最里层是线描的白色小花瓣，外层填色花瓣的顶部和另一侧都留白边，用以表现花瓣的层次。

釉里红缠枝莲纹执壶

年　代：明洪武

尺　寸：高32.5厘米

产　地：江西景德镇

收藏地：英国大维德基金会

入藏号：PDF,A.696

直口，束颈，丰腹下垂，圈足。底施白釉，无款。弯曲形执手，上附一小系纽；另一侧置上挑弧线形的壶流，并以一云板形饰件与壶颈相连。外以釉里红装饰，壶口沿处饰一周回纹，下绘蕉叶纹，再往下依次为：卷草纹、披肩云纹、缠枝莲纹、变形莲瓣纹，近足处绘一周卷草纹。执手上和弯流上饰串莲纹。

釉里红自元代初创，到明洪武时已有所改进。此执壶纹饰一改元代以色块为主的装饰，线描流畅，涂抹明快，釉里红呈色艳红，整器统一，略有晕散，器型大而规整，线条圆润感初现，是明初洪武时的釉里红典型器。

釉里红花卉纹军持

年　代：明洪武

尺　寸：高13.3厘米，腹径16厘米

产　地：江西景德镇

收藏地：英国维多利亚与阿尔伯特博物馆

入藏号：C.132-1928

军持，是一种盛水器，为云游僧人贮水备饮及净手之用。自隋唐时传入中国后一直受到各地窑口的欢迎，甚至大量出口东南亚。此器唇口，口下出沿，短直颈，扁圆腹，短流，无柄，浅圈足。器底白釉，火石红呈色柔和。通体釉里红装饰，口沿以下饰卷草纹、弦纹、莲瓣纹，颈饰锦纹，肩部饰覆莲瓣纹，腹部主题纹饰为连枝牡丹纹，近底处饰如意云头纹，口流饰卷草纹。这件釉里红牡丹纹军持釉面乳白润泽，造型独特，纹饰疏密有致，釉里红发色纯正，堪称洪武釉里红制品中的珍品。

釉里红白龙纹高足碗

年　代：明永乐

尺　寸：高10.1厘米，口径15厘米

产　地：江西景德镇

收藏地：英国不利颠博物馆

入藏号：1968,0423.2

敞口外侈，深弧腹，高圈足。器身以釉里红拔白方式装饰，先在白胎上留出戏珠龙纹和卷草纹的部位，然后用铜红料涂抹其他空余之地，烧成后图案花纹即在周围红色之中以胎釉本色显现出来。五爪龙纹身体蜿蜒细长，四肢肘毛皆呈三条飘拂状，周边点缀不同形状的云纹。此高足碗器型规整，大气磅礴，釉面青润光洁，装饰精细明快，釉里红呈色纯正艳丽，为永乐朝官窑的精品。

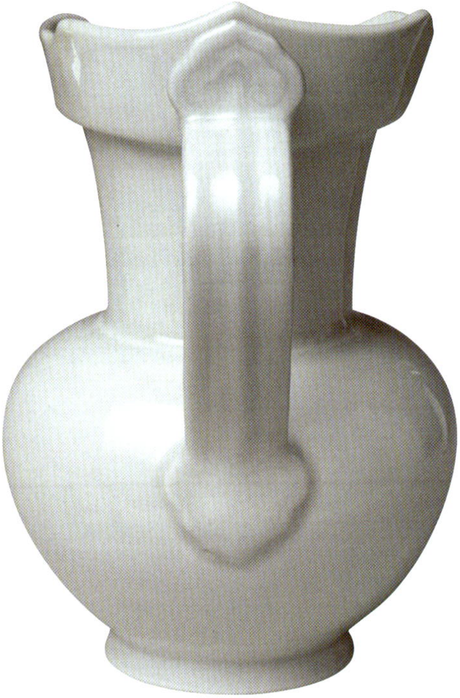

白釉僧帽壶

年　代：明永乐

尺　寸：高19.7厘米

产　地：江西景德镇

收藏地：美国大都会艺术博物馆

入藏号：1991.253.36

鸭嘴形流，口沿微翘，前低后高，壶盖卧于口沿内，束颈，如意形曲柄，鼓腹，圈足。僧帽壶为元代创制的瓷器造型，因壶口形似僧帽而得名。口沿暗刻卷草纹，壶腹围刻一周藏文吉祥祝福语，近足处暗刻莲瓣纹。釉面恬静莹润，白若凝脂。

僧帽壶初期专为佛教僧侣饮茶之用，后来逐步变成普通人也可以使用的茶壶。

青花团花果纹葵式高足碗

年　代：明宣德

尺　寸：高11.3厘米，口径16.6厘米

产　地：江西景德镇

收藏地：英国大维德基金会

入藏号：PDF,A.602

敞口外侈，呈十瓣葵花式，斜深壁，高足。通体以白釉为地，上以青花为饰。碗口沿内外饰弦纹两道，内壁光素，碗心青花双圈内落“大明宣德年制”六字两行楷书款。外壁以团花果纹为饰，绘桃子、柿子、葡萄、石榴、樱桃等瑞果纹；底边饰变形莲瓣纹一周，近足处绘弦纹两道。此碗胎骨均匀，釉面青白，青花浓艳，器型隽秀。

大明宣德年製

青花红彩云龙纹碗

年　代：明宣德

尺　寸：高7.5厘米，口径17.3厘米

产　地：江西景德镇

收藏地：英国大维德基金会

入藏号：PDF,A.778

敞口外侈，深弧壁，下折，圈足。通体以白釉为地。碗内外口沿处青花饰弦纹两道；内中心青花书“大明宣德年制”两行六字双圈楷书款，笔画纤细，间距工整；外腹以红彩绘两条游龙纹，青花饰云纹；近底处为青花海水纹，上下以弦纹间隔。宣德时期的云龙纹中，龙身“左盘右蹙如惊电”，发曲而向上冲，五爪趾尖成三角形，略微内弯，锋利刚劲，如意形云纹丰满而飘逸，尾部比元代时要短。

此碗红彩温润，鲜艳，青花呈色纯正，在洁净的白釉映衬下，威猛的游龙似要踏浪破云而出，生动异常。

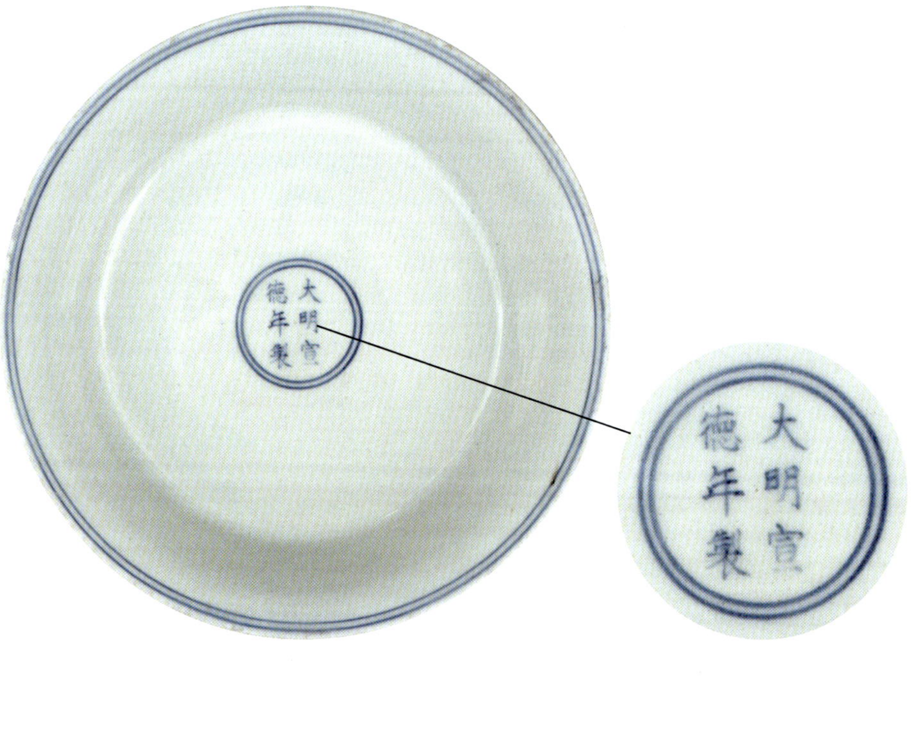

釉里红三鱼纹高足碗

年　代：明宣德

尺　寸：高9.2厘米，口径10.1厘米

产　地：江西景德镇

收藏地：英国维多利亚与阿尔伯特博物馆

入藏号：C.64–1935

撇口，弧腹较深，高足外侈。通体白釉，釉面洁白如玉，釉色滋润细腻。碗身用釉里红饰三尾鳜鱼，形体丰肥，鱼头上扬，鱼尾呈长圆翘起，由于高温铜红釉的局部使用，其鱼纹凸起，在透明釉的映衬下，极富生趣。碗心内以青花书“大明宣德年制”六字两行双圈楷书款。

釉里红三鱼纹高足碗是明宣德时出现的新型品种，“鱼”和“余”谐音，红色又代表富贵和祥和，因此在明代极负盛名。

大明宣德年製

黄地青花折枝瑞果纹大盘

年　代：明宣德

尺　寸：高5.5厘米，口径29.5厘米

产　地：江西景德镇

收藏地：英国大维德基金会

入藏号：PDF,A.755

敞口，浅弧壁，圈足，足底无釉。盘内外以明亮的黄釉为地，上以青花绘折枝瑞果纹。盘心青花双圈内绘折枝石榴纹，环壁绘桃子、樱桃、荔枝和柿子等瑞果纹；外壁青花饰四个折枝莲花纹，口沿下有青花“大明宣德年制”六字一行楷书款。纹饰以国产青料勾边，以进口苏麻离青料填色，发色深沉，富有层次感。

黄地青花是一种釉上釉下结合的彩瓷，其制作工艺是先高温烧成青花瓷，再于白地之处填黄彩低温烘烤而成。此品种创烧于明宣德时期，以弘治一朝为鼎盛期。

大明宣德年製

青花人物故事图梅瓶

年　代：明空白期

尺　寸：高22.8厘米，腹径14.4厘米

产　地：江西景德镇

收藏地：美国国立亚洲艺术博物馆

入藏号：F1953.3a–b

圆唇小口，短直颈，丰肩，肩以下逐渐内收，圈足。造型优美秀丽，釉面青白闪亮，青花发色浓艳，勾勒线条流畅。梅瓶自上而下，分别饰云纹、变形莲瓣纹、蕉叶纹、人物纹、垂花纹等，纹饰多为双笔勾勒，逼真写实。

人物图在正统、景泰、天顺三朝的器皿上甚为流行，其内容大多表现文人闲情逸趣的生活场景。此梅瓶用庭园一角的雅致暗示了主人的身份，相互交谈的童子也点出了来访者的不同，尤其是童子怀里抱着的古琴，点明了高士携琴访友的主旨。人物迎风而立，冠带、衣衫飘扬，神情悠然。灵芝形云纹，粗重豪放，伴有层层的小圈密布于云气的一侧。这种特殊的流云纹，既不同于明初的疏简，又与成化以后的圆柔有异，其时代特征较为突出。值得注意的是，这一时期作衬托的柳树条通常如断续的雨点。

青花缠枝秋葵纹碗

年　代：明成化

尺　寸：高7厘米，口径14.6厘米

产　地：江西景德镇

收藏地：英国大维德基金会

入藏号：PDF,A.646

敞口微侈，弧壁圆滑，圈足。釉质细腻，釉面湿润如玉，透亮若脂，造型隽秀蕴藉，足底以青花书“大明成化年制”六字两行双圈楷书款。碗口沿内外均以青花饰弦纹两圈，腹内外绘缠枝秋葵纹，花瓣圆润散舒，叶脉静幽有芒，淡蓝漫抹，浓青勒骨，更有新蕾悄然而立，风情难掩。碗心青花双圈内团花葵瓣呈旋卷状，柔和动人。

此碗所用的青花料是国产的平等青，蓝中带灰，发色稳定，淡雅柔和，而且画工非常细腻，代表了明成化时期青花瓷的鼎盛水平。

大明成化年製

斗彩鸡缸杯（一对）

年　代：明成化

尺　寸：高3.8厘米，口径8.3厘米

产　地：江西景德镇

收藏地：英国大维德基金会

入藏号：PDF,A.748

敞口外撇，深腹，浅圈足。此缸通体施白釉，釉面洁润，光泽度较高，釉色细腻，胎体轻薄，碗底以青花书“大明成化年制”六字两行双框楷书款。

碗内光素无纹，外以青花、红、绿、黄、赫等色装饰纹样。外壁以牡丹湖石和兰草湖石将画面分成两组，一组中母鸡与一小鸡啄食蜈蚣引得公鸡回首注视，两只小鸡自在玩要在旁；另一组公鸡正引吭高歌，身后一母鸡与三小鸡欲食蜈蚣，画面形象生动，生机勃勃。

现存于世的明成化斗彩鸡缸杯被公认为是世界上的艺术珍品，传世稀少，成对传世的更是珍贵。

斗彩瓜蔓行龙纹天字罐

年　代：明成化

尺　寸：高12厘米，腹径11厘米

产　地：江西景德镇

收藏地：英国不列颠博物馆

入藏号：1968,0422.41

直口，短颈，丰肩，敛腹，广底圈足，罐底书一青花“天”字楷书款，故名。罐腹以青花绘行龙，筋骨有力却无龙鳞，下巴紧收，双目鼓出，龙尾分叉卷曲。四周瓜蔓缠绕，翠叶阴阳分明，瓜实饱满。颈部及足部的变形莲瓣纹皆以艳烈的红彩平涂。造型端庄秀丽，色彩整体艳丽柔和，画意飘逸洒脱。

天字罐是成化斗彩中最著名的品种，御用瓷器，为成化朝首创。关于“天”字的来历，一直有很多种推测，都没有令人信服的结论，但其名贵和珍稀却是举世公认的。

SEDGWICK
ORIENTAL CERAMIC SOCY 19 EXHIB'N.
ORIENTAL CERAMIC SOCY 19 EXHIB'N.
天
1968
4-22
41

五彩缠枝花卉纹碗

年　代：明万历

尺　寸：高6.5厘米，口径14.8厘米，底径5.8厘米

产　地：江西景德镇

收藏地：荷兰国立博物馆

入藏号：AK–RBK–1956–2

敞口外撇，深弧腹，圈足。碗内光素，外口沿与足底以青花饰弦纹，腹以青花、绿、黄、黑、赭诸彩绘缠枝花卉纹，花瓣以赭彩勾边，填以杏黄，突显了花卉的秀气和娇嫩，枝叶以黑彩勾边绘脉，填以淡绿，中再夹杂几片青花绘就的叶片，在缠枝的藤蔓中，显得那么的富有生机和情趣。此碗釉质致密，胎骨轻薄，釉白如玉，釉汁均匀且有光泽，青花发色纯正，五彩呈色优雅，绝对是一件万历时期的精品之作。

德化窑何朝宗观音像

年　代：明万历

尺　寸：高47.63厘米

产　地：福建德化

收藏地：英国维多利亚与阿尔伯特博物馆

入藏号：C.546-1910

此观音通体白釉，头束三宝莲花盘髻，戴风帽披肩长巾，袒胸结璎珞，面庞丰腴，眼帘下垂，巧鼻樱嘴，身着广袖通肩大衣，长裙曳地赤足站于浪托莲台之上，双手身前交叉微拱。观音形象端庄，神态肃穆，文静慈祥，超凡脱俗。坚细的胎质配以莹润的象牙白釉，愈发衬托得观音如脂似玉，典雅神圣,令人叹为观止。观音背有葫芦形小篆“何朝宗”款及小篆“宣德”方章款。

何朝宗又名何来，是明嘉靖、万历年间的著名雕塑家，他的瓷塑作品，博取各家之长，形成独具一格的“何派”艺术。他所塑造的各种古佛神仙，着意表现人物外在衣纹刻画的同时，也注重抓取内在的传神写意，富有神韵。

青花阿拉伯文碗

年　代：明正德

尺　寸：高12.3厘米，口径28厘米

产　地：江西景德镇

收藏地：美国国立亚洲艺术博物馆

入藏号：F1953.75

侈口外撇，深腹，圈足。胎质细腻，胎骨轻薄，釉面闪青，器型灵秀。碗口沿内外均以青花绘回纹，碗心绘一组阿拉伯文，外围卷草纹一周。外腹以青花双圈开光绘六组阿拉伯文，六组两两相对的西番莲纹，近底处绘莲瓣纹一周，足部绘相互连接的如意云头纹。纹饰勾画细腻，青花发色浓淡有致，底部以青花双圈书“大明正德年制”六字两行楷书款。

明正德时期，武宗崇尚伊斯兰教，因此景德镇的御窑厂烧制了大量具有阿拉伯文字装饰的瓷器，其中多为《古兰经》中的圣训格言和赞美真主的字句。此碗就是其中的精品。

ودولت
اقبال

青花婴戏纹碗

年　代：明嘉靖

尺　寸：高15.2厘米，口径31.1厘米

产　地：江西景德镇

收藏地：美国大都会艺术博物馆

入藏号：2001.738

敞口，深腹，圈足。胎体厚重沉稳，釉面白中闪青灰色，胎质细腻滋润。碗内壁光素，外壁以青花绘庭院婴戏图，画面以松柏、芭蕉树为界，自然地将童子们分为两组，童子或持莲叶，或执风车，或戏木偶，或抱家禽，或握瓶子，或骑木马，或提灯笼，或拉木车，无忧无虑戏耍于草坪之上。四周巧妙衬以栏杆、草石、祥云，使画面疏密有致。嘉靖朝的婴戏图中，婴孩均着蓝袍，脸丰头大，后脑凸出，前额或为数根刘海，或为一撮三角髻。碗底以青花双圈书“大明嘉靖年制”六字两行楷书款。整器青花发色浓翠，蓝中泛紫，艳丽而浓烈，是嘉靖朝青花珍品。

素三彩盆花纹碗

年　代：明嘉靖

尺　寸：高8.6厘米，口径20厘米

产　地：江西景德镇

收藏地：英国维多利亚与阿尔伯特博物馆

入藏号：C.1010–1910

侈口，斜弧壁，垂腹，圈足。底部以青花书“大明嘉靖年制”六字两行双圈楷书款。碗内外通体以绿色和白色仿“百极碎”满绘为地，再以茄皮紫、黄色和绿色绘成盆栽的牡丹花和梅花枝。釉面灰白，胎体厚重，色彩沉稳而淳厚，清新素雅，为嘉靖朝三彩瓷的精品。

珐华彩八仙纹葫芦瓶

年　代：明嘉靖

尺　寸：高47.3厘米

产　地：江西景德镇

收藏地：英国不利颠博物馆

入藏号：1936,1012.237

小口，束腰，葫芦形。以宝石蓝为地，以茄紫、米黄低温彩釉为主描绘了道教八仙的形象。口沿和近底部处饰变形莲瓣纹，内饰莲花。上半部分在松林和峻石之中，一边是深受民间喜爱的从容悠闲的寿星和他的神鹿，随侍童子和香炉在一旁，另一边是西王母和她的满是仙桃的篮子。下半部分从左到右分别是：铁拐李、钟汉离、吕洞宾、何仙姑、曹国舅、张果老、韩湘子、蓝采和。束腰处饰如意云头纹和八仙的代表之物。

此瓶为嘉靖朝的典型器之一，色彩淡雅幽致，人物形象生动写实，因为珐华器生产工艺的复杂和特殊，制作历史相对短暂，能保存完好、流传至今的都是国宝级精品。

青花梵文莲瓣盘

年　代：明万历

尺　寸：高6厘米，口径39.4厘米

产　地：江西景德镇

收藏地：美国大都会艺术博物馆

入藏号：1992.332.2

自永乐朝开始大量带有藏传佛教色彩的器皿进入宫廷，而后一直没间断过，此莲花形盘即为其中之一。此盘敞口，浅弧腹，圈足，整体呈双层莲花形，设计精巧，精致可爱。盘口沿内双层莲瓣纹内均饰垂云纹，中心环饰两圈如意云纹，间以弦纹相隔，正中书写一梵文。外口沿上层莲瓣内绘八组折枝瑞果纹和梵文，下层莲瓣只在尖部画出叶脉，留白根部，显出莲瓣绽放之态。底部以青花书“大明万历年制”六字两行双圈楷书款。盘底及口沿处有裂痕，露胎。

此形制盘当为佛前供器，釉面莹亮如玉，釉汁肥厚，青花发色明艳，是万历朝宫廷礼佛用品的一例佳作。

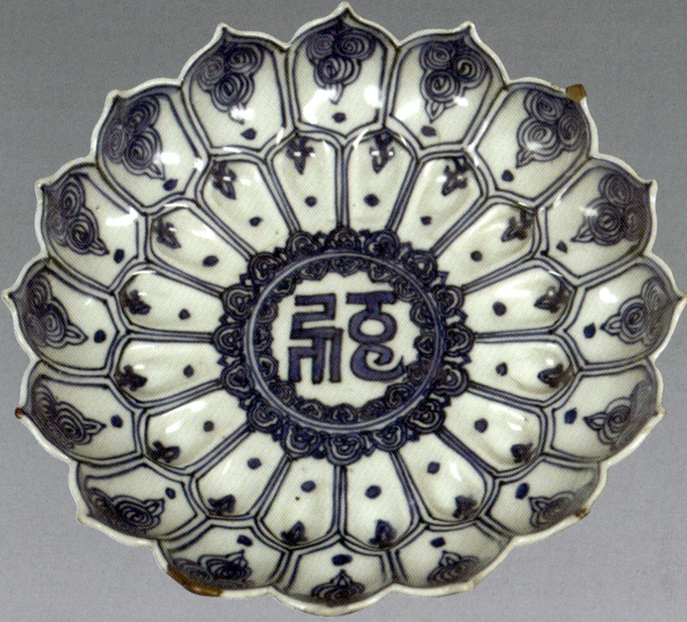

大明萬曆年製

青花五彩花卉纹碗

年　代：明万历

尺　寸：高8.4厘米，口径18.2厘米

产　地：江西景德镇

收藏地：英国大维德基金会

入藏号：PDF.737

敞口外撇，深弧腹，圈足。碗内口沿及足部饰青花弦纹，中心饰一对在云层中隐现的龙凤纹，外口沿饰青花回纹，腹部以五彩绘四组依山石而生的群菊花纹，红彩艳丽，黄彩淡雅，青花浓艳，绿彩奔放，在细白莹润的釉面上，带来一派秋日的高爽。碗底白釉，上以青花书“大明万历年制”六字两行双圈楷书款。

大明萬曆年製

珐华彩鱼形摆件

年　代：明万历

尺　寸：高26.3厘米

产　地：山西阳城

收藏地：英国不利颠博物馆

入藏号：1938,0524.89

此摆件设计成碧波托鱼形，绿色波浪纹之上，鱼扬首上望，茄皮紫鱼身，金黄色鱼尾和身鳍十分醒目，黄色的眼睛专注有神，似在积累全力欲跃龙门。山西阳城的珐华彩一般是先用带管的泥浆袋在表面勾勒出凸线的纹饰轮廓，然后以各种色料填出底子和花纹，入窑烧成。

青花加官晋爵图莲子罐

年　代：明天启

尺　寸：通高23厘米，腹径21.6厘米

产　地：江西景德镇

收藏地：英国不利颠博物馆

入藏号：Franks.1473

短直口，圆鼓腹，圈足，带配盖，形如莲子，俗称“莲子罐”。口沿处绘疏朗的蕉叶纹一周，以短竖线相隔；腹部以青花绘指日高升图：远山险峭，近松挺秀，芭蕉树下，绿草丛中，排场盛大的天官直指太阳，随从捧上鹿和官帽衣饰，意寓在很短的时间内就能升官加禄。盖面则以青花绘加官晋爵图：庭院之内，一家奴给正要上朝的老爷呈上了两只爵杯，意寓不言自喻。

整器形制规整，胎体较厚，釉面洁白有修刀痕迹。纹饰布局舒密有致，青花呈色蓝中闪灰，浓艳深沉，为天启时期青花瓷的典型器。

青花五彩花朵纹折沿盘

年　代：明天启

尺　寸：高3.2厘米，口径19.5厘米

产　地：江西景德镇

收藏地：英国不利颠博物馆

入藏号：1962,0424.4

敞口，折沿，浅弧壁，圈足，底以青花书“天启年制”四字两行双圈楷书款。内外以白釉为地，上以青花五彩为饰。从盘中心开始，青花网状以层花瓣形式向外辐射，红花绿蕊、黄花红蕊、棕花黄蕊的六瓣星状朵花环缀其间。层层叠叠间，各彩发色明快，质朴可爱，给人一种视觉的扩张效果，尤为神奇。

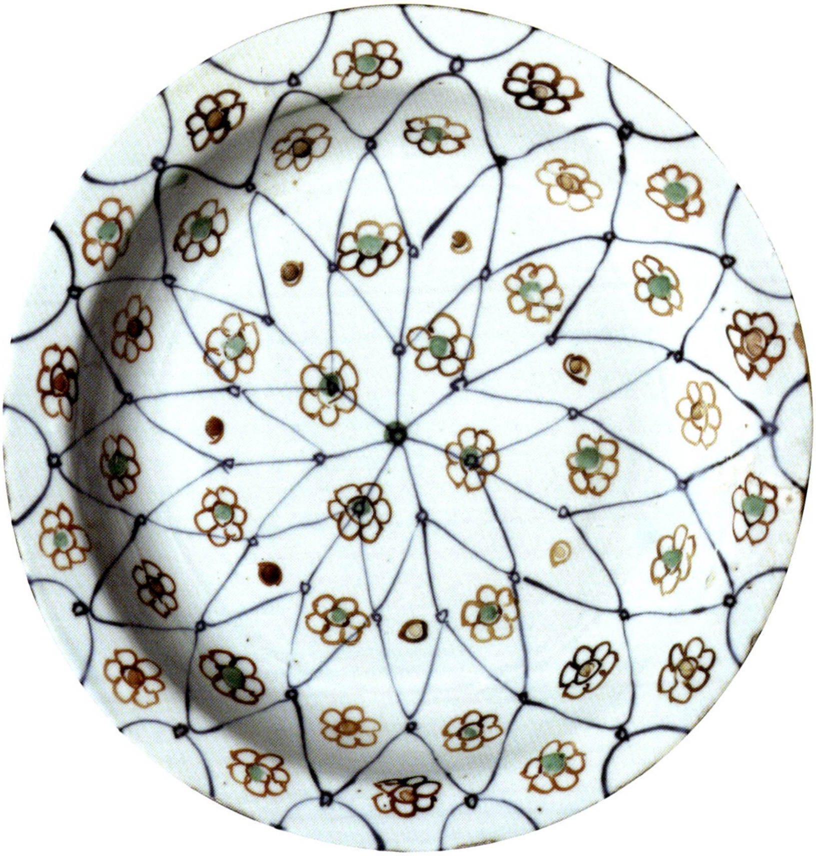

五彩梅竹翠鸟图竹节壶

年　代：明天启

尺　寸：高14.2厘米

产　地：江西景德镇

收藏地：英国大维德基金会

入藏号：PDF,B.714

竹节形系盖，深腹，短流，弯执，圈足微撇。壶身以五彩绘梅竹翠鸟图，短流和弯执也巧妙地装饰成竹节状。红彩点梅、青花和绿彩点竹、赭彩表现遒劲的树身，繁红落地引来翠鸟窥望，三两散落的山石，随意悠闲的流云，在有限的空间内工匠们用自己的巧思和高超技艺描出了堪比中国国画的意韵，实属精妙。

青花洗象纹笔筒

年　代：明崇祯

尺　寸：高16.5厘米，口径12.4厘米

产　地：江西景德镇

收藏地：美国大都会艺术博物馆

入藏号：2008.80

直口，深壁，口底相若，呈筒状，是盛笔的文房用具之一。外口沿及足部饰弦纹两道，筒身以青花绘罕见的清洗大象图。全图被分为四部分：第一部分是三个人在努力清洗大象的场景，一人拭尾，一人擦身，还有一人高高赤脚站在象背上洗刷；第二部分是持锡杖的罗汉与同伴交谈场景，旁边站着两个高举旗幡的力士；第三部分是一人正在尽力从井中汲水的场景；第四部分是一人正在吃力地往洗象的地方运送刚从井里打上来的水。青草、蕉叶点缀其中，给整个图案增添了大自然的气息。人物皆头顶无发，但神态各异，衣纹线条简洁明快。

此笔筒器型圆润，釉面洁白，胎汁肥厚，纹饰写实有趣，青花发色淡雅青翠，是崇祯朝不可多得的珍品。

五彩牧牛图盘

年　代：明崇祯

尺　寸：口径21厘米

产　地：江西景德镇

收藏地：英国不利颠博物馆

入藏号：1962,0424.2

敞口，浅弧腹，圈足。胎质坚实，釉面洁白，有爆釉现象。盘外光素，仅在底部以青花书“大明成化年制”六字楷书仿款。盘内以五彩饰一童子牧牛图，远处梅花争放，苍石静伏，近处劲松挺拔，松针如盖，灵芝亭立，长草迎风，一牧童双腿跪坐在牛背上，一手拉缰，一手扬鞭遥指，水牛抬首遥望，双目有神，似在与主人回应。整器色彩淡雅，形象生动，很好地描绘了一派田园风光，当为文人画装饰的典范之作。

青花司马光砸缸故事图笔筒

年　代：清顺治

尺　寸：高20.4厘米，口径20.2厘米

产　地：江西景德镇

收藏地：美国克利夫兰艺术博物馆

入藏号：1964.179

笔筒呈筒形身，口微撇，腹部微内收，内外施白釉，釉色闪青白，胎质坚致。口沿部和足胫部暗刻缠枝莲纹一周，腹部青花料绘司马光砸缸故事图，场景宏大，以山水湖石将画面分割为三个部分，第一部分是侍女报信，第二部分是儿童放纸鸢，第三部分才是砸缸。画面中十个人物神情姿态栩栩如生，画面布局堪称绝妙。笔力老到，中锋敏健，冰裂，衣褶、湖石勾染工巧自如。

五彩渭水访贤图方瓶

年　代：清顺治

尺　寸：高36.2厘米，口径8.3厘米，底径10.8厘米

产　地：江西景德镇

收藏地：美国大都会艺术博物馆

入藏号：79.2.8

瓶口微撇，短颈，折肩，长方形直腹，方底内凹。内施白釉，外青花五彩装饰，颈部五彩绘暗八仙纹，肩部绘折枝莲纹，腹部四面青花弦纹开光，开光内绘周文王渭水访贤图故事，分为四个场景，如同精美的连环画，设色艳丽，绘工精湛，是清代初期五彩瓷器的精品。

青花夔凤纹摇铃尊

年　代：清康熙

尺　寸：高18.5厘米，足径10.5厘米

产　地：江西景德镇

收藏地：美国克利夫兰艺术博物馆

入藏号：1989.301

摇铃尊为康熙时流行的尊式之一，因似长柄的铜铃而得名，又因形似双陆棋子也叫“双陆尊”。尊圆口，长直颈，溜肩，直腹，圈足。内施白釉。外壁以青花为饰，两面绘夔凤纹。凤体舒展，低首衔环，姿态万千。圈足内青花书“大清康熙年制”六字双行楷书款。胎质致密，釉汁温润如玉，青花之色艳丽秀雅，造型规整挺拔，为康熙官窑青花中的代表作。

大清康熙年製

釉里红旋涡纹瓶

年　代：清康熙

尺　寸：高22.9厘米，腹径10.2厘米

产　地：江西景德镇

收藏地：洛杉矶艺术博物馆

入藏号：58.51.3a

瓶撇口，长颈，丰肩，敛腹，圈足。釉里红纹饰，腹中部四面分饰团形旋涡纹，近足处饰齿纹一周。底青花书“大清康熙年制”六字楷书款。此瓶又称摇铃尊，为康熙时官窑中的创新造型，除釉里红外，还有青花、釉下三彩等品种。

釉里三彩牡丹湖石纹棒槌瓶

年　代：清康熙

尺　寸：高43.8厘米

产　地：江西景德镇

收藏地：英国维多利亚与阿尔伯特博物馆

入藏号：C.974–1910

瓶撇口，短颈，丰肩，长直腹，圈足。颈部绘青花釉里红折枝牡丹，腹部通体以青花、釉里红、豆青釉绘瓶身纹饰，青花描绘牡丹枝叶，釉里红描绘花朵和花蕾，豆青釉描绘湖石，并有暗刻花朵。底部青花书“大清康熙年制”六字楷书款。此瓶多种装饰手法的合理运用，显示了康熙时期制瓷技术的高超。康熙一朝，在青花釉里红的基础上，将其发展为豆青釉做地，青花、釉里红加白粉色衬托，或以白粉釉做地，以青花、釉里红、豆青釉作画的富有新意的瓷器品种，统称为“釉里三彩”或“釉里三色”。这件棒槌瓶就是康熙朝釉里三彩的杰作之一。

釉里红绿彩花卉纹马蹄尊

年　代：清康熙

尺　寸：高7.8厘米，底径13.1厘米

产　地：江西景德镇

收藏地：英国大维德基金会

入藏号：PDF,B.706

尊广口，束颈，溜肩，广腹，形似马蹄，故得名马蹄尊，浅圈足。器腹外壁以釉里红绘月季花朵，釉上以绿彩涂叶，褐彩勾叶脉及支茎，构图疏朗，设色清雅，将叶片的阴阳向背均表现得惟妙惟肖，十分精彩。足底书“大清康熙年制”六字三行青花楷书款。釉里红加彩是一种以釉里红和釉上绿、褐等彩结合而成的瓷器新品种，始见于康熙朝。此类品种传世珍稀，目前所见仅小盂、小罐类小件器，颇为珍贵。

青花红彩梵文碗

年　代：清康熙

尺　寸：高12.2厘米，口径23.4厘米

产　地：江西景德镇

收藏地：英国不列颠博物馆

入藏号：Franks.1686

碗敞口，深弧腹，圈足。碗内沿青花书梵文一周，近足处青花书梵文，红彩绘火焰纹。底部青花书“拙存斋”三字楷书款。康熙青花红彩器中的红彩多以矾红为主，此即其中一例。

五彩十二月令花卉图杯

年　代：清康熙

尺　寸：高5厘米，口径6.5厘米

产　地：江西景德镇

收藏地：英国大维德基金会

入藏号：PDF.815

杯胎轻体薄，色彩清新淡雅，釉面细润洁白。十二月花卉纹杯以十二件为一套，按照一年十二个月分别在杯上描绘代表各月的花卉，再配以诗句加以赞美。杯撇口，圈足。外底青花双圈内书“大清康熙年制”六字双行楷书款。

杯上的花卉和题诗分别是：一月水仙，诗曰：“春风弄玉来清昼，夜月凌波上大堤。”二月玉兰，诗曰：“金英翠萼带春寒，黄色花中有几般。”三月桃花，诗曰：“风花新社燕，时节旧春农。”四月牡丹，诗曰：“晓艳远分金掌露，暮香深惹玉堂风。”五月石榴花，诗曰：“露色珠帘映，香风粉壁遮。”六月荷花，诗曰：“根是泥中玉，心承露下珠。”七月兰花，诗曰：“广殿轻香发，高台远吹吟。”八月桂花，诗曰：“枝生无限月，花满自然秋。”九月菊花，诗曰：“千载白衣酒，一生青女香。”十月芙蓉，诗曰：“清香和宿雨，佳色出晴烟。”十一月月季，诗曰：“不随千种尽，独放一年红。”十二月梅花，诗曰：“素艳雪凝树，清香风满枝。”每首诗后均有一方形篆书“赏”字印。

十二月花卉纹杯构思巧妙，风格新颖，使人在品味美酒的同时能感受到美器的韵味。

春風弄玉來
清晝
夜月凌波上
大堤

金英翠萼帶
春寒
黃色花中有
幾般

風花新社
燕
時節舊春
農

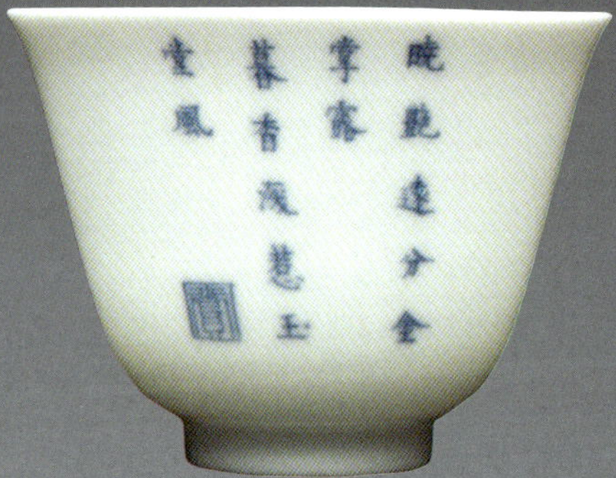

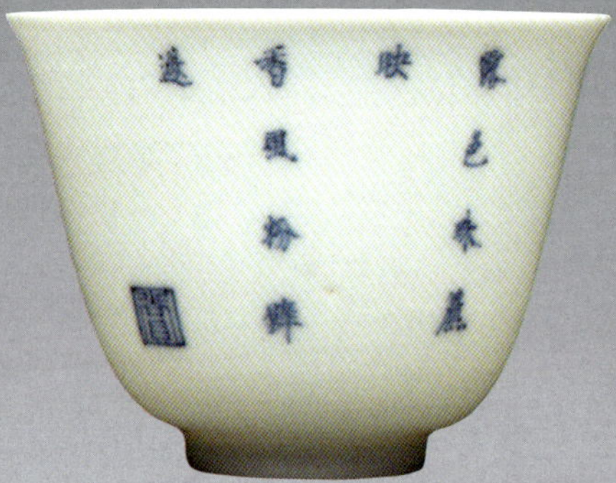

廣殿輕香
發
高臺遠吹
吟

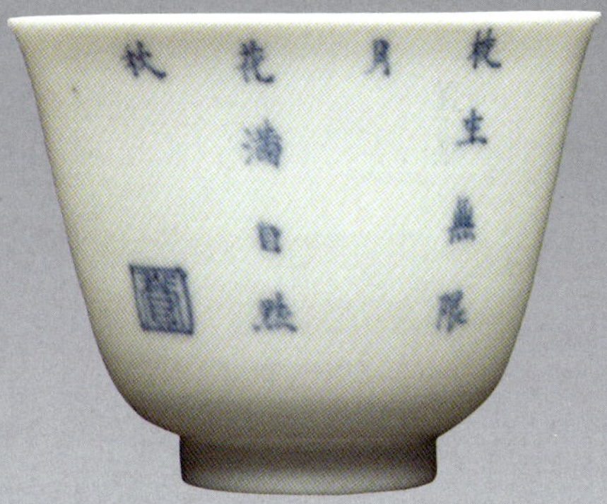
枝生無限
月
花滿自然
秋

千載白衣
酒
一生青女
香

清香和宿雨
佳色出晴烟
不隨千種盡
獨放一年紅
素艷雪凝樹
清香風滿枝

墨地五彩四季花图方瓶

年　代：清康熙

尺　寸：高48.1厘米

产　地：江西景德镇

收藏地：荷兰国立博物馆

入藏号：AK-RBK-14283

瓶撇口，直颈，折肩，长方形腹，方足。以黑釉为地，颈部绘梅花翠鸟图，肩部四角绘灵芝纹，腹部四面绘四季花卉图案，每幅图皆有二禽飞翔其间。清康熙时期的墨地五彩为新创品种，墨地细润光亮，纹饰色彩对比鲜明，此器就是这种新创五彩的典型代表。

斗彩缠枝莲纹蒜头瓶

年　代：清康熙

尺　寸：高20.5厘米，腹径8.5厘米

产　地：江西景德镇

收藏地：英国不利颠博物馆

入藏号：1947,0712.265

瓶撇口呈蒜头形，细颈，圆腹，圈足外撇。瓶口青花绘卷草纹一周，颈部以下斗彩装饰，绘缠枝莲纹。纹饰以青花勾线，枝叶填以绿彩，花朵用红、黄、淡紫等色填涂，色彩淡雅清新。底足内青花书伪托“大明嘉靖年制”六字双行楷书款。此瓶从造型上来说虽为仿制明嘉靖器型，但是瓶身修长，具有鲜明的清康熙时期特征。

珐琅彩蓝地缠枝牡丹万寿长春碗

年　代：清康熙

尺　寸：高7.7厘米，口径15厘米

产　地：江西景德镇

收藏地：英国不利颠博物馆

入藏号：1936,0413.34

碗圆唇口微侈，深弧壁，圈足微撇。碗内壁施白釉，光素无纹饰，外壁以蓝彩为地，黄、粉彩绘牡丹四朵，花心内绿地红彩书“万”“寿”“长”“春”，花朵间枝叶掩映，层次分明。足底施白釉，红彩双方框书“康熙御制”四字楷书款。

康熙早期珐琅彩瓷器上存在的釉水不匀、发色不佳、串色、为避免串色而使得颜色边界釉薄色淡等问题，在此件作品上已基本不见，其造型端庄，口、底等细节处理精致，胎釉细腻润泽，施彩匀整，发色亮丽，图案线条流畅，颜色浓淡有致，颇具鲜活立体的感觉，是康熙后期珐琅彩制作成熟阶段的代表之作。

康熙
御製

白地矾红彩描金牡丹纹棒槌瓶

年　代：清康熙

尺　寸：高43.5厘米，腹径19.1厘米

产　地：江西景德镇

收藏地：英国维多利亚与阿尔伯特博物馆

入藏号：C.1316-1910

瓶洗口，直颈，颈部凸起弦纹一道，折肩，长直腹，圈足。瓶内施白釉，通体以矾红彩装饰。口沿矾红彩留白绘缠枝莲纹一周。颈部以下以矾红彩留白云纹为地，绘一株盛开的牡丹花，花朵硕大，花叶有阴阳反侧之感。矾红彩是以氧化铁为着色剂的低温釉彩，虽然没有铜红那样艳丽，但是其烧造工艺简单，呈色稳定，别具风味。

蓝釉描金缠枝莲纹棒槌瓶

年　代：清康熙

尺　寸：高45.7厘米，腹径19.7厘米

产　地：江西景德镇

收藏地：英国维多利亚与阿尔伯特博物馆

入藏号：C.542–1910

瓶洗口，长颈，折肩，筒形腹，圈足。内施白釉，外壁霁蓝釉描金装饰。口沿部缠枝纹装饰，口沿下绘如意头纹一周，颈部缠枝莲纹装饰。肩部如意形开光内绘折枝花卉纹。腹部通景绘缠枝莲纹。金彩鲜艳，纹饰精细。圈足内施白釉，无款识。

素三彩瓷塑财神像

年　代：清康熙

尺　寸：高57.8厘米

产　地：江西景德镇

收藏地：美国大都会艺术博物馆

入藏号：61.200.12

财神坐于龙首圈椅之上，头戴金冠，肩佩霞帔，胸挂金锁，外罩黑蟒袍，内蓝丝绦系黄裳，足登云头履。财神面皮紫黑，浓眉大眼，阔方口，双耳垂肩，面相威武，左手掩于袍袖之内，右手持左袖口。金冠铜鎏金制成，点蓝装饰龙纹，冠前嵌珍珠和绿宝石。圈椅为铜制，靠背为镂空龙纹栏板，扶手雕龙头，连杆雕龙纹，四条椅腿为兽足式，下有红木雕花须弥座。通体罩紫彩。整个瓷塑以黄、绿、黑、紫四色为主色，辅以蓝、金二色，形体巨大，面目清秀，神态飘逸，绘工精细，雕工精湛，是康熙时期三彩瓷塑中的珍品。

素三彩纹章纹攒盘

年　代：清康熙

尺　寸：高2.2厘米，中心盘口径16.2厘米

产　地：江西景德镇

收藏地：英国维多利亚与阿尔伯特博物馆

入藏号：708–1897

攒盘由内外两层共九个小盘组成花瓣形，小盘如莲瓣，为扇形，均为敞口，折沿，浅壁，窄浅足。中心盘呈八瓣花形，四周八个小盘围绕中心盘，严丝合缝。通体素三彩装饰，以黄、绿、紫、白四色为主色，盘心均绘番莲纹托手持斧纹章。据考证此纹章为荷兰约翰内斯·坎普斯家族纹章，是其家族委托荷兰东印度公司定制的瓷器，为康熙时期外销瓷的精品。

攒盘又称拼盘，是盛放食物的成套器具。始见于明万历时期，康熙时期相当流行，并一直延续到晚清。拼盘的数量不等，少则五个，多则二十多个。按件数的不同，又称为“五子”“七巧”“八仙”“九子”“十成”，可组成几何形、花形等多种样式。

虎皮三彩碗

年　代：清康熙

尺　寸：高8.9厘米，口径19.4厘米

产　地：江西景德镇

收藏地：英国维多利亚与阿尔伯特博物馆

入藏号：C.1192-1917

碗撇口，弧壁，深腹，圈足。通体施黄、绿、白、紫色虎皮三彩釉。圈足内施白釉，无款识。虎皮三彩是康熙时期景德镇御窑厂创烧的一种低温釉彩，因黄、绿、紫白等不规则的斑块互相浸润，斑驳陆离，很像虎皮上的斑纹，故此得名。此碗胎质缜密，胎薄体轻，釉面光亮，有变幻的金属光泽。虎皮斑片大小不一，呈自然垂流状，是康熙虎皮三彩中的代表作。

东青釉瓜楞式橄榄瓶

年　代：清康熙

尺　寸：高24.1厘米

年　代：江西景德镇

收藏地：英国维多利亚与阿尔伯特博物馆

入藏号：C.429-1910

瓶为瓜楞式，撇口，短颈，微鼓腹，足外撇，口径与足径相若。因瓶体似橄榄，故名“橄榄瓶”。通体施东青釉，釉色醇厚，匀净光洁。足底青花书伪托“成化年制”四字楷书款。东青釉始创于明永乐时期，釉色青中闪绿，苍翠欲滴。清代东青釉瓷器以康熙时期为最佳。

郎窑红釉观音瓶

年　代：清康熙

尺　寸：高43.2厘米

年　代：江西景德镇

收藏地：美国大都会艺术博物馆

入藏号：14.40.409

瓶撇口，粗颈，溜肩，腹部长而下收，至胫部外撇，圈足。瓶内施白釉。外施郎窑红釉，口、颈、肩部因高温熔融状态下釉层垂流而显露出白色胎体，有细碎开片。足底施白釉泛黄色并有细碎开片，俗称“米汤底”。无款识。郎窑红因康熙朝督陶官郎廷极而得名，其釉层肥厚，釉色浓艳，多为大件器皿。

此观音瓶整体造型如同一尊亭亭玉立的观音，是郎窑红釉瓷器中的典型器物，也是康熙瓷器中的流行式样，造型优美，线条流畅，端庄大方。

14.40.409

青花缠枝莲纹双龙柄尊

年　代：清雍正

尺　寸：高52厘米

产　地：江西景德镇

收藏地：英国维多利亚与阿尔伯特博物馆

入藏号：C.286-1910

尊盘口，竹节状长颈，肩与口环饰对称双龙柄，弧腹渐收，圈足。青花纹饰繁多，自口沿起分层饰缠枝牡丹纹、回纹、忍冬纹、折枝花、缠枝花、莲瓣纹。肩部有凸起叶形贴花。底部青花书“大清雍正年制”六字篆书款。此尊造型来源于隋唐时期的传瓶式样，造型古朴，青花浓重艳丽，纹饰层次丰富，是雍正青花瓷中的精品。

黄釉青花云龙纹梅瓶

年　代：清雍正

尺　寸：高65厘米，腹径24厘米

产　地：江西景德镇

收藏地：英国维多利亚与阿尔伯特博物馆

入藏号：C.995–1910

瓶小口，短颈，丰肩，圆腹细长下敛，近足处微撇，圈足。器体通身以黄釉为地，青花绘苍龙教子图案，近足处青花绘海水江崖纹。此瓶体型修长，器型高大，黄釉、青花色彩搭配和谐，具有很强的艺术感染力。

釉里红海水白龙纹梅瓶

年　代：清雍正

尺　寸：高33.7厘米，口径7厘米，足径13厘米

产　地：江西景德镇

收藏地：美国大都会艺术博物馆

入藏号：29.100.312

瓶小口，短颈，丰肩，敛腹，圈足。釉里红纹饰，通景满绘海水，留白暗刻一大一小两条龙。底部青花双圈内书“大清雍正年制”六字楷书款。此瓶仿明永乐器型，造型俊美，纹饰生动，红白二色，相映成趣。一大一小两条龙，寓意“苍龙教子”。

大清雍正年製

青花釉里红三果纹灵芝耳扁壶

年　代：清雍正

尺　寸：高34.2厘米，腹径24.9厘米

产　地：江西景德镇

收藏地：英国不利颠博物馆

入藏号：Franks.1684

壶唇口，短颈，颈、肩相交处饰以对称灵芝形耳，扁圆腹，圈足外撇。腹部两侧青花釉里红绘石榴、蟠桃、福橘，辅以青花回纹、缠枝莲纹、缠枝灵芝纹等边饰。底青花书“大清雍正年制”六字篆书款。此壶是雍正官窑新创造型，富有皇家气派。青花釉里红发色纯正，纹饰画意吉祥，寓意“福寿三多”。

五彩花卉人物图胆瓶

年　代：清雍正

尺　寸：高36.5厘米

产　地：江西景德镇

收藏地：英国大维德基金会

入藏号：PDF.823

瓶直颈，溜肩，球形腹，圈足。腹部主题纹饰绘一书生策马前行，后有书童携琴相随，马前方有玉兰一株，花团锦簇，空中有两只鸟做相呼状。雍正朝五彩瓷器相当少见，此器地釉青白光润，纹饰舒朗，色彩浅淡，画工精细，人物神态刻画得细致入微。器底青花书“大清雍正年制”六字楷书款。

斗彩花鸟纹盖碗

年　代：清雍正

尺　寸：高12.7厘米，口径20.3厘米

产　地：江西景德镇

收藏地：英国维多利亚与阿尔伯特博物馆

入藏号：579&A–1907

碗撇口，斜壁，圈足。外壁绘斗彩花鸟纹。一只喜鹊栖息于梅花和芙蓉花枝上，另一只喜鹊在空中飞舞。盖呈伞形，盖面纹饰和碗外壁纹饰相同，边沿处皆描金彩。底足内青花双圈书“大清雍正年制”六字双行楷书款。此碗造型规整，胎薄体轻，绘图纹饰生动逼真，达到了炉火纯青的程度。碗身和碗盖纹饰相同，相互呼应，色彩瑰丽，装饰手法十分别致。碗身和碗盖对扣严丝合缝，如将两者分开，则可成为一对大撇口碗。

斗彩团花纹碗

年　代：清雍正

尺　寸：高7.5厘米，口径22.3厘米

产　地：江西景德镇

收藏地：英国皇家收藏基金会

入藏号：RCIN58951

碗侈口，浅弧壁，圈足。碗心青花双圈内绘斗彩团形双蝶花卉纹，外壁绘斗彩团形花卉纹四组，每组之间用相对应仰覆勾莲纹间隔。底青花书“大清雍正年制”六字两行双圈楷款。此碗以绿色作为纹饰的主体颜色，伴以红、紫、黄、赭等色彩，尤其是在团花纹中的菊花、牡丹、荷花上点以胭脂色，衬托出纹饰的清雅柔丽。此碗所绘纹饰线条清晰流畅，极为精巧，是雍正斗彩瓷器的珍品。

在斗彩中施加粉彩为雍正朝首创，制品具有鲜艳清逸之气。

珐琅彩粉地竹纹盘

年　代：清雍正

尺　寸：高2.8厘米，口径10.7厘米

产　地：江西景德镇

收藏地：美国国立亚洲艺术博物馆

入藏号：F1928.5a–g

盘侈口，浅弧壁，圈足。胎质细腻坚硬，器型规整。盘内壁及底足施白釉，内壁光素无纹饰。外壁以粉色为地，用绿料彩绘竹子一丛。粉地、绿竹显得十分和谐，很好地表现了竹子的气韵。足底青花双框书“雍正年制”四字楷书款。

F1928.5
雍正
年製

粉彩花鸟图如意耳扁壶

年　代：清雍正

尺　寸：高29.3厘米

产　地：江西景德镇

收藏地：英国大维德基金会

入藏号：PDF.824

壶小口，直颈，颈、肩处饰如意形双耳，扁圆腹，椭圆形圈足。通体施白釉，釉上粉彩纹饰，腹部一面饰粉白色桃花、蓝色菊花、两只白鸟和双蝶；另一面饰红、白两色桃花，两只绿色的飞禽栖息于桃枝之上。底青花书“大清雍正年制”六字三行篆书款。此壶仿明永乐青花样式，雍正时期除青花瓷外，粉彩瓷中也多有此种器型。此壶胎体轻薄，釉色广润，粉彩清新雅丽，是雍正时期粉彩瓷的佳作。

大清雍正年製

粉彩过枝桃蝠纹盘

年　代：清雍正

尺　寸：口径50.8厘米

产　地：江西景德镇

收藏地：英国维多利亚与阿尔伯特博物馆

入藏号：719–1907

盘敞口，弧壁，圈足。盘心彩绘一株苍茂的桃树沿盘壁伸展至外壁，八颗嫣红硕大的桃子挂在枝头，其中五颗在盘内，三颗在盘外，枝头上还有正在盛开的桃花，桃子、桃花、桃树浑然一体。四只红色的蝙蝠在树边飞舞。底足青花双圈书“大清雍正年制”六字双行楷书款。此盘器型硕大，造型端庄。纹饰主题寓意“洪福齐天”“福寿双全”。这种从器内延伸至器外的画面俗称“过枝花”，是雍正时期首创的画法，并一直延续到道光时期。

大清雍正年製

青花折枝花果纹梅瓶

年　代：清乾隆

尺　寸：高25.4厘米，口径6厘米

产　地：江西景德镇

收藏地：印第安纳波利斯艺术博物馆

入藏号：60.148

瓶小口，短颈，丰肩，敛腹，圈足。青花装饰，主题纹饰为折枝四季花卉与瑞果，颈部饰蕉叶纹，肩部为缠枝纹，足胫部饰变形莲瓣纹。底部青花书“大清乾隆年制”六字篆书款。此器造型、纹饰皆仿明宣德青花，即是《乾隆记事档》中记载的戊午（1738）六月御窑厂接旨仿烧的“宣德青花三果梅瓶”。

6284

釉里红折枝瑞果纹玉壶春瓶

年　代：清乾隆

尺　寸：高34.9厘米

产　地：江西景德镇

收藏地：英国维多利亚与阿尔伯特博物馆

入藏号：C.93-1956

瓶口外撇，长颈，垂腹，圈足。釉里红纹饰，颈部绘双层蕉叶纹一周，肩部绘缠枝莲纹及如意云头纹一周，腹部通景绘折枝寿桃、石榴、佛手，枝繁叶茂，果实累累。近足处绘莲瓣纹一周，足墙绘忍冬纹。此瓶绘工讲究，色调和谐，纹饰生动，是乾隆朝釉里红瓷器的精品。

斗彩八吉祥纹双螭耳抱月瓶

年　代：清乾隆

尺　寸：高49.5厘米

产　地：江西景德镇

收藏地：美国华特斯艺术博物馆

入藏号：49.1685

瓶口微撇，短颈，圆肩，颈、肩结合处饰对称双螭耳，扁圆腹，长方形圈足。斗彩装饰。口沿下饰灵芝头纹一周，颈部绘云蝠纹，腹部前后两面饰勾莲纹、祥云和绶带暗八仙纹——扇子、宝剑为一组，渔鼓、阴阳板为一组，葫芦、笛子为一组，花篮、荷花为一组。一侧中心为如意头托“寿”字，另一侧中心为如意头托“福”字。瓶身两侧绘勾莲纹、祥云纹和八宝纹。足墙部绘云蝠纹。底足青花书“大清乾隆年制”六字三行篆书款。此瓶的独特之处在于将道教纹饰和佛教纹饰绘于一体，寓意“福寿吉祥”。其纹饰之繁密，造型之美观，充分体现了乾隆时期斗彩瓷器的特点。

珐琅彩杏花柳燕图碗

年　代：清乾隆

尺　寸：高5.9厘米，口径11.3厘米

产　地：江西景德镇

收藏地：英国大维德基金会

入藏号：PDF.874

碗侈口微撇，深弧壁，圈足。外壁一面绘绿柳红梅，枝叶掩映间有双燕停栖，笔致柔美，色彩鲜艳。另一面墨书“玉剪穿花过，霓裳带月归”诗句，句首、句末钤红料“佳丽”“先春”“旭映”三印。胎地洁白细腻，薄而透光。底蓝料书“乾隆年制”四字楷书款。

珐琅彩锦上添花图碗

年　代：清乾隆

尺　寸：高7.6厘米，口径15.7厘米

产　地：江西景德镇

收藏地：英国大维德基金会

入藏号：PDF.855

碗侈口，深弧壁，圈足。器内白釉，光素无纹饰。外壁蓝地上绘枣花锦纹，其上绘折枝花卉四朵，底边一周锥花卷草纹。胎质细腻洁白，体薄透光，口沿、足边留白一道。器底蓝料书“乾隆年制”四字楷书款。此碗或为《珐琅、玻璃、宜兴、磁胎陈设档案》中所载的“瓷胎画珐琅锦上添花蓝地茶钟”。

粉彩百鹿图双耳尊

年　代：清乾隆

尺　寸：高48.3厘米

产　地：江西景德镇

收藏地：英国维多利亚与阿尔伯特博物馆

入藏号：C.359–1931

尊敞口，口以下渐收，垂腹，圈足。肩部两侧饰对称鹿头耳。尊体粉彩通景绘百鹿图，衬以苍山、古松、花草、溪流和绶带鸟。山林之间，群鹿或奔跑，或栖息，或饮水，或食草，或相依相偎，或互相蹭痒，雌雄老幼，形态各异。底青花书“大清乾隆年制”六字篆书款。整个尊形体如鹿头，故俗称“鹿头尊”。在乾隆时期，鹿头尊的纹饰除了百鹿图之外，也有绘制山水楼阁人物和蝠鹿纹的，是清代皇室的大型陈设器。

粉彩绿地莲托八宝纹贲巴壶

年　代：清乾隆

尺　寸：高19.8厘米

产　地：江西景德镇

收藏地：英国维多利亚与阿尔伯特博物馆

入藏号：CIRC.139–1932

壶侈口，器顶形如平台伞盖状，阶式颈，圆腹，曲流，圈足外撇。器内绿色，器壁草绿色，绘粉彩纹饰，以缠枝莲纹为主，腹部饰佛教八宝：宝瓶、宝伞、白盖、盘长、金鱼、法螺、莲花、法轮，腹部下缘及圈足饰一圈花瓣纹，流底部以龙首为饰，全器图纹皆描边。口沿、圈足边缘有金色连珠纹为饰。足底呈褐色，器底为湖绿色，中央有白地红书“大清乾隆年制”六字篆书款。

青花桃蝠纹如意耳扁壶

年　代：清嘉庆

尺　寸：高24.7厘米

产　地：江西景德镇

收藏地：波士顿美术博物馆

入藏号：46.801

壶撇口，短颈，颈、肩相交处饰对称如意耳，扁圆腹，长方足。青花装饰，主体绘缠枝花地桃形开光，内绘折枝桃和双蝠，辅以缠枝灵芝、如意云头和忍冬纹等边饰。底青花书“大清嘉庆年制”六字篆书款。此壶承袭传统式样，图案吉祥，青花发色具有嘉庆时期的特色。

粉彩镂空葫芦转心瓶

年　代：清嘉庆

尺　寸：高35.6厘米，腹径18.4厘米

产　地：江西景德镇

收藏地：费城艺术博物馆

入藏号：1944-20-365a,b

瓶呈葫芦式，小口，束腰，圈足，腰部突出装饰绶带，内装两个套瓶，皆可自由旋转。口沿施金彩一周，下绘回纹一周，瓶颈部红地上下分饰如意头璎珞和变形蕉叶纹。瓶上部满绘红地勾莲纹，有葫芦形镂空，可见内部红地绘花卉纹的套瓶。瓶下部黄地绘勾莲纹，有镂空葫芦形开光，里面两层套瓶皆可看到，中层套瓶蓝地绘云蝠纹，有长方形镂空开光，里层套瓶红地绘花卉纹。底足饰变形莲瓣纹。足底施松石绿釉，留白红彩书“大清嘉庆年制”六字篆书款。此瓶延续了乾隆时期转心瓶的制作风格和工艺手法，三层套瓶的设计可谓匠心独运，而且纹饰华丽精美，造型新颖奇巧，技艺精湛高超，是嘉庆时期粉彩瓷器的精品。

大清嘉慶年製

粉彩木纹釉花卉纹包袱瓶

年　代：清嘉庆

尺　寸：高33.5厘米，腹径37.2厘米

产　地：江西景德镇

收藏地：英国维多利亚与阿尔伯特博物馆

入藏号：FE.12-1984

瓶盘口，短颈，溜肩，长直腹，圈足。内施白釉，外罩仿木纹釉，釉上彩绘皮球花纹，肩部于包袱纹上描金绘团形锦地花卉纹，口沿和足墙部红地描金绘回纹一周。绘制精细，色彩艳丽。底部饰青釉，红彩书“大清嘉庆年制”六字篆书款。

F.E.12-1984

斗彩折枝花果纹梅瓶

年　代：清道光

尺　寸：高35厘米，腹径20.9厘米

产　地：江西景德镇

收藏地：波士顿美术博物馆

入藏号：37.198

瓶唇口，短颈，丰肩，鼓腹，圈足。瓶身主题斗彩绘桃、石榴、石榴花和灵芝，颈部绘蕉叶纹。底足青花书“大清道光年制”六字双行篆书款。

粉彩蔬菜草虫纹盖碗

年　代：清道光

尺　寸：高6厘米，口径9.8厘米

产　地：江西景德镇

收藏地：英国维多利亚与阿尔伯特博物馆

入藏号：443&A-1872

碗敞口，深腹，斜壁，圈足。盖为覆盏形，环形抓纽。碗内白釉无纹饰。碗外及盖外壁均以粉彩绘数丛白菜和草虫。盖顶、足底均有红彩书“大清道光年制”六字篆书款。白菜有“咬得菜根，百事可做”之意，道光皇帝提倡简朴，在瓷器上绘制这类图案是其体现。

粉彩十八罗汉图碗

年　代：清咸丰

尺　寸：口径17.2厘米

产　地：江西景德镇

收藏地：英国维多利亚与阿尔伯特博物馆

入藏号：84–1883

碗敞口，深腹，圈足。碗内壁施白釉，光素无纹饰。外壁粉彩白地绘“十八罗汉图”，背景衬以山石、树木、溪流。十八罗汉姿态各异，人物刻画细腻,生动传神。底红彩书“大清咸丰年制”六字楷书款。

粉彩黄地百蝶图碗

年　代：清同治

尺　寸：高8.6厘米，口径17.9厘米

产　地：江西景德镇

收藏地：美国国立亚洲艺术博物馆

入藏号：S1991.69.1

碗撇口，深腹，圈足。碗内施白釉，无纹饰，外壁以黄釉为地，绘不同种类和色彩的花蝶，蝴蝶姿态各异,栩栩如生。口沿及足墙饰金彩。碗底白釉，红彩书“同治年制”四字楷书款。

S1991.69.1
同治年製

粉彩莲花式秋操纪念杯

年　代：清光绪

尺　寸：高5.1厘米，宽13.4厘米，长20厘米

产　地：江西景德镇

收藏地：费城艺术博物馆

入藏号：1944–20–826

杯为荷花式，花蕊作器底，花瓣为器身，花柄作器柄。里外皆为粉色。柄绿色，背面书墨彩“大清光绪三十四年安徽太湖附近秋操纪念杯”楷书纪年题字。此杯造型新颖，是光绪时期的新创作品。此杯有粉色、绿色两种。清代军队的操练有着严格的规定，分旗定期做不同种类的训练。按照此杯题字可知是当时军队秋季操练的纪念品，具有一定的历史价值。

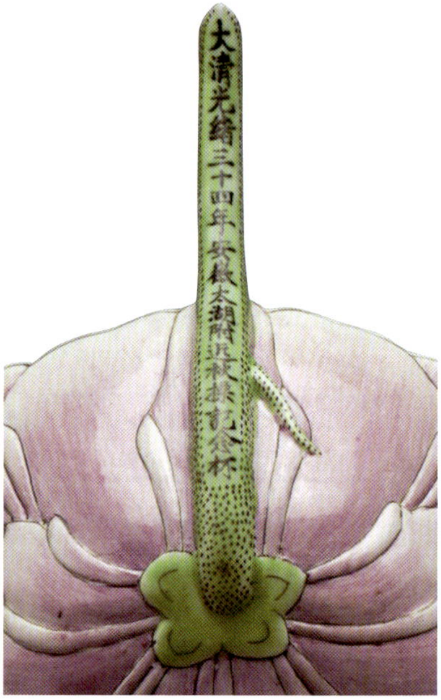

S1991.69.1
同治年製

粉彩莲花式秋操纪念杯

年　代：清光绪

尺　寸：高5.1厘米，宽13.4厘米，长20厘米

产　地：江西景德镇

收藏地：费城艺术博物馆

入藏号：1944-20-826

杯为荷花式，花蕊作器底，花瓣为器身，花柄作器柄。里外皆为粉色。柄绿色，背面书墨彩“大清光绪三十四年安徽太湖附近秋操纪念杯”楷书纪年题字。此杯造型新颖，是光绪时期的新创作品。此杯有粉色、绿色两种。清代军队的操练有着严格的规定，分旗定期做不同种类的训练。按照此杯题字可知是当时军队秋季操练的纪念品，具有一定的历史价值。

玉器

玉文化作为中华文化的重要组成部分，历史悠久，源远流长。自新石器时代以来，中国人逐渐形成了采玉、制玉、用玉的系统化的玉石文化，此后各个朝代对玉文化不断完善，形成了中国独有的一种文化类型。玉器在中国人的政治、经济、文化中都有着重要的地位，是中华文明历史发展过程中的瑰宝。

以玉作六器，以礼天地四方。以苍璧礼天，以黄琮礼地，以青圭礼东方，以赤璋礼南方，以白琥礼西方，以玄璜礼北方。

——《周礼·春官宗伯·大宗伯》

玉勾云佩

年　代：新石器时代红山文化

尺　寸：高7.3厘米，宽9.8厘米

出土地：中国东北

收藏地：美国大都会艺术博物馆

入藏号：2009.176

玉勾云佩是红山文化标志性器物，器为扁平卷曲类云状图案，中间镂空为一小型漩涡，四角对称向周围卷曲而成，类似中国传统中的云纹，又像某种动物，被认为是部落首领或巫师沟通天地和神灵的器物。青玉质，温润细腻，有油光。上端中央钻有一孔，可悬挂或佩戴。

玉箍形器

年　代：新石器时代红山文化

尺　寸：高15.8厘米，长9.7厘米，宽7厘米

出土地：中国东北

收藏地：美国国立亚洲艺术博物馆

入藏号：S1987.842

黄绿玉质，有褐色和白色沁斑。整体呈扁圆筒状，一端作平口，一端为斜口，因外形像马的蹄子，又称为马蹄形玉箍形器。内外壁琢磨光润，下端口有缺口。

玉箍形器是红山文化玉器中典型的器物之一，关于它的用途，有人认为是护臂器或者用于祭祀的乐器，也有人认为是束发器；还有一种观点，认为它是红山人祭祀时用的所谓通天器。

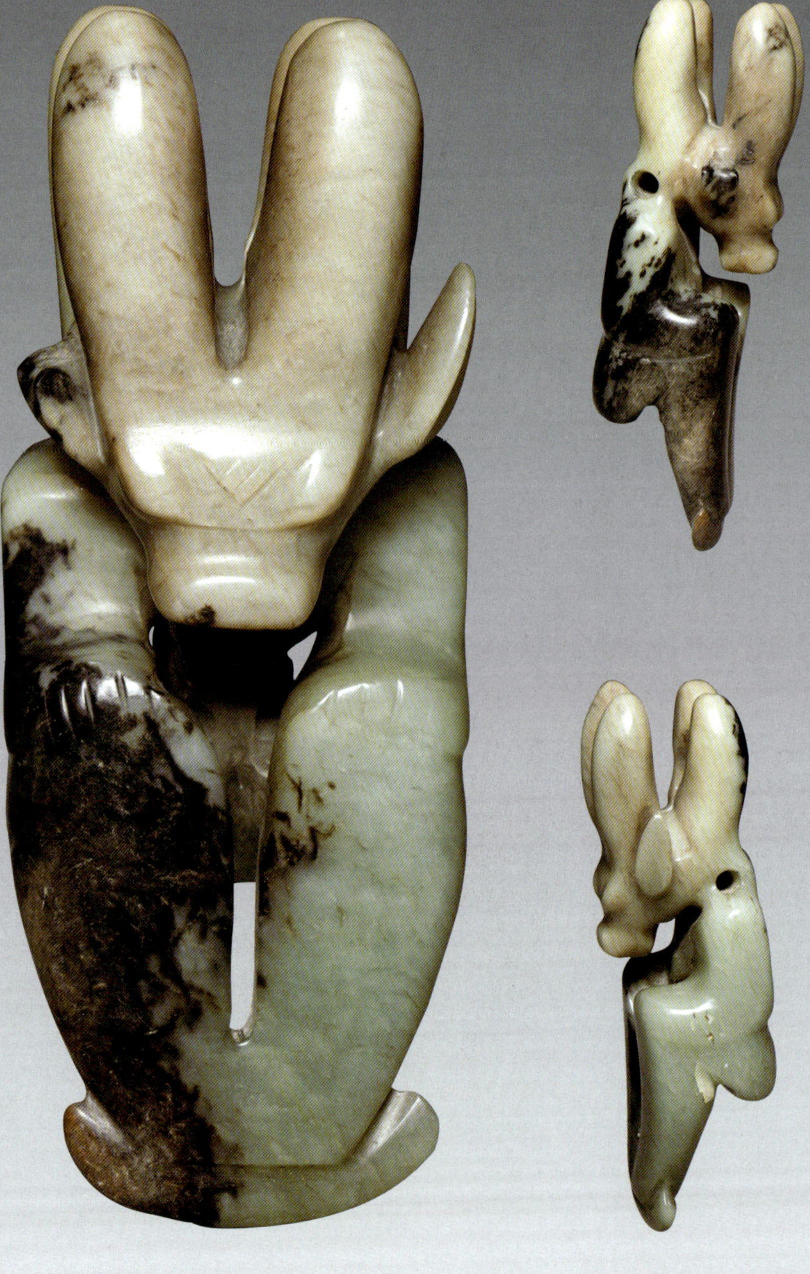

玉太阳神像

年　代：新石器时代红山文化

尺　寸：高13.2厘米

出土地：中国东北

收藏地：美国克利夫兰艺术博物馆

入藏号：1953.628

圆雕，青玉质，玉质光泽。神人呈蹲坐式，头顶有粗而长的四个角；双膝曲起，双手抚膝；眉骨高耸，低眼，额头有皱纹，似乎在思索。红山文化的先人刻绘的太阳神像，一般是蝉与牛面人身的复合器型，将多种图腾崇拜集于一身，寄托自身对神的敬仰和对五谷丰登、生命平安等的企盼。

玉璜

年　代：新石器时代崧泽文化

尺　寸：高3.3厘米，长9.5厘米，厚0.8厘米

出土地：上海青浦区崧泽文化遗址

收藏地：美国国立亚洲艺术博物馆

入藏号：F1917.383

半环形，中部下凹，两侧各有一孔。青玉质，侵蚀明显。璜是崧泽文化晚期出土数量最多的玉器类型。最初是窄条形，截面多规整；后来呈拱桥形，两端宽中间窄；最后呈半璧形，背面常有加工时遗留下的切割痕。

兽面纹玉三叉形器

年　代：新石器时代良渚文化

尺　寸：高4.4厘米，长6.3厘米，厚0.5厘米

出土地：浙江杭州会杭区良渚文化遗址

收藏地：美国国立亚洲艺术博物馆

入藏号：S1987.734

三叉形玉器是良渚文化玉器中造型最为独特的器物，器呈弧形，上分三叉，平头或中间一叉较两端低。以阴线纹在器身一面雕刻神秘、繁缛的神人或兽面纹，是良渚社会上层权贵们所专有的礼器之一。

此三叉器沁斑严重，但纹饰清晰。器身厚重，三叉及底部有上下贯通的小孔，可供穿系。这种玉器出土时多置于死者头部，据推测应是戴在首领头上的王冠。

玉璇玑

年　代：新石器时代龙山文化

尺　寸：宽64厘米

出土地：中国北方

收藏地：美国大都会艺术博物馆

入藏号：1999.302

青玉质，有浸痕。扁平状，中有圆孔，外围为三个形状相同，且旋转方向一致的锯齿状凸脊。

造型奇特的玉璇玑是古代的一种器物，被认为是一种礼仪器，亦称玉牙璧，用于大型祭祀仪式。“璇玑”二字，源出《尚书·舜典》：“在璇玑玉衡，以齐七政。”也有学者认为璇玑为天文仪器，至今仍没有定论。

神面纹玉柄形器

年　代：新石器时代

尺　寸：高7.7厘米，宽3.3厘米，厚1.4厘米

出土地：湖北天门石家河文化遗址

收藏地：美国国立亚洲艺术博物馆

入藏号：LTS1985.1.276.1

扁平长方体片状，青玉质，玉面泛黄，质地润泽。神人头戴高冠，高冠后卷，中间刻双目。神人五官清晰、匀称，面颊两侧雕出对称向后卷曲的翼状凸饰，双耳下有耳环状物，口中露出两排牙齿，口角露出两对獠牙。面貌透出威严和神秘感，祭祀意义十分明显。

玉琮

年　代：新石器时代齐家文化

尺　寸：高4.4厘米，长5.6厘米，宽5.4厘米，孔径4.5厘米

出土地：甘肃齐家文化遗址

收藏地：美国国立亚洲艺术博物馆

入藏号：F1917.41

矮体短射式玉琮，高度小于宽度，两端出射，射口齐平，较低。制作规整，打磨精细，素面无纹。

齐家文化是以甘肃为中心的新石器时代晚期文化，当时已经进入铜石并用阶段，其分布范围内外玉矿蕴含丰富，出土了很多质量精美的玉器，类型在30种以上。玉琮除常见素面品种之外，还有竹节纹琮、弦纹琮及浮雕兽首或人面纹的玉琮。

四孔玉刀

年　代：二里头文化

尺　寸：长54.29厘米，宽6.35厘米，厚1.59厘米

出土地：河南偃师二里头遗址

收藏地：洛杉矶艺术博物馆

入藏号：M.2002.181

墨绿色玉质，长方形薄片状，肩窄刃宽，一端为方形，另一端略窄。近肩处有与肩等距且排成一直线的四个圆穿，其中一个未穿透。

二里头文化的玉刀规模一般都比较大，显然不具备实用功能，而是出于人们的某种特定需要，可能是用于特定礼仪场合的祭祀和仪仗器。

嵌绿松石铜柄玉矛头

年　代：商

尺　寸：高19.8厘米，宽4.5厘米

出土地：河南安阳殷墟

收藏地：英国不利颠博物馆

入藏号：1945,1017.111

玉矛头呈鸡骨白，有裂纹。夹弧呈三角形，无中脊，边刃不锋利。铜柄起棱，后端有銎，通体以绿松石镶嵌，饰兽面纹，工艺精细，保存完好。是不可多得的商代礼仪玉器的珍品。

玉人

年　代：商

尺　寸：高8.7厘米，宽2.4厘米

出土地：河南安阳殷墟

收藏地：哈佛艺术博物馆

入藏号：1943.50.321

圆雕，玉面钙化。玉人分脚而立，粗眉倒八字眼，宽鼻细嘴，双耳外展，头顶一个高大而扁平的帽子，帽子后部宽而平坦。帽子的前面饰三个水平凹槽。玉人双手合拢，并排置于腹部，穿着一件宽领上衣，下着裳，宽边腰带上悬挂一个喇叭形镶片。蔽膝素净，裳衣拖地。

鱼形玉觿

年　代：商

尺　寸：宽0.7厘米，长6.7厘米，厚1.1厘米

出土地：河南安阳殷墟

收藏地：哈佛艺术博物馆

入藏号：1943.50.619.B

玉质泛黄，局部有褐色沁斑。圆雕，拱背跳跃，上以阴刻弧线条表示鱼鳞、鱼鳍。鱼嘴简洁，以对钻圆孔表示鱼眼。

古人有使用绳子的习惯，绳子打结以后要用工具解开，觿就是由解绳的工具演变而来的。中国早期服饰没有纽扣，人们穿衣时会用绳子或带子系住，解衣带结时，就需要借助弯角型的觿。玉觿，作为佩饰出现于商代，流行于春秋战国，成熟于汉代，汉代以后极少使用。

嵌绿松石铜柄玉戈

年　代：商

尺　寸：高34.5厘米，宽17.5厘米，厚5.4厘米

出土地：河南安阳殷墟

收藏地：美国国立亚洲艺术博物馆

入藏号：F1940.10a–e

玉戈直刃弧背，上刻兽面纹，平背，刃为锯齿状。戈身柄部有榫，嵌入铜柄内。铜柄装饰一爬行龙纹，身嵌绿松石片，龙眼凸出，身体卷曲。下端绿松石装饰蕉叶纹和兽面纹。戈帽、戈内和戈镦均为镂雕龙形，镶嵌绿松石。

玉戈为商周时期重要的礼仪用兵器，多用于重大的祭典或军礼场合，是权力的象征。

嵌绿松石铜柄玉钺

年　代：商

尺　寸：高21.3厘米，宽7.9厘米，厚2.1厘米

出土地：河南安阳殷墟

收藏地：美国国立亚洲艺术博物馆

入藏号：F1941.4

玉钺略成梯形，刃部弧形，光素无纹，打磨精细。铜柄上以绿松石饰兽面纹，神秘威严。商周时期常将玉戈与铜镶嵌在一起，显示出当时高超的金玉镶嵌技术。

玉鹿佩

年　代：西周

尺　寸：高7.6厘米，宽7.7厘米，厚0.6厘米

出土地：不详

收藏地：美国国立亚洲艺术博物馆

入藏号：S1987.869

西周时的黄河流域有大量的麋鹿出没，成为艺术上的表现主角之一，尤其是玉器。此玉鹿片雕了一个急速奔跑中圆臀隆起、双角高耸、嘴巴微张、双耳后扬的生动形象，类如现代的剪影，质朴中充满力量感，整体造型简练而极富表现力。鹿是古人心中的瑞兽，玉器中的鹿纹最早出现在商代，周代以后数量逐渐减少。

青玉跽坐人像

年　代：东周（春秋）

尺　寸：高5.8厘米，宽2.8厘米，厚1.8厘米

出土地：不详

收藏地：哈佛艺术博物馆

入藏号：1943.50.318

圆雕，青玉质，杂质和蚀斑明显。玉人双手拢于腹部，席地而跪，呈跽坐状，为古代礼仪姿势。脸庞丰满，杏核眼突出，圆鼻头，嘴部平坦。其束发戴平冠，衣着上饰以云纹和人字纹，腰束玉带，可见所雕之人为王公贵族，身份不凡。

杂技玉人佩

年　代：春秋战国

尺　寸：高4.6厘米，宽1.9厘米，厚0.5厘米

出土地：不详

收藏地：哈佛艺术博物馆

入藏号：1943.50.319

圆雕，白玉质，微泛黄，造型奇特，非常罕见。此玉佩为三人组成，一男在下，两手上举，面容沉稳；两女双手覆盖于腹前，束发后脑，面带微笑站立于男玉人头顶与双手之上。三人衣着整齐，均装饰以方格纹，显示出了生活的优越性。

杂技在中国出现很早，萌芽于原始社会的狩猎技巧。春秋战国时，各诸侯国对于人才的重视，吸引了很多有一技之长的人，他们为后世杂技艺术的发展提供了基础。汉代时称其为“百戏”，隋唐时叫“散乐”，宋后固定称“杂技”。

413
319

白玉双龙首璜

年　代：战国

尺　寸：高4.8厘米，宽13.1厘米，厚0.4厘米

出土地：不详

收藏地：哈佛艺术博物馆

入藏号：1943.50.470

白玉质泛青，体扁平，两面纹饰相同。采用镂雕工艺在璜的两端各雕一张口露齿的侧面龙首。龙杏仁眼，上吻宽大，下吻窄细，颌下有须。两龙合用一体，龙爪相连，体饰饱满的谷纹，细阴线刻其他部位。

玉璜在中国古代与玉琮、玉璧、玉圭、玉璋、玉琥等，同为“六器礼天地四方”的礼器。后成为古人表示身份地位的随身装饰品，战国时期，双首龙式玉璜非常流行。

金链玉组佩

年　代：战国

尺　寸：高42厘米，宽20厘米

出土地：河南洛阳金村大墓

收藏地：美国国立亚洲艺术博物馆

入藏号：F1930.27a–k

此玉组佩共由10件玉件组成：2件龙形冲牙玉挂，1件双龙玉璜，2件长玉管饰，2件小玉管饰，2件中玉管饰，1件连体玉舞人佩，这组玉佩由绞丝编织状的金链串起。玉舞女额发平齐，两鬓卷曲如蝎子尾。舞袖长而小，袖头另附长袖。衣领、双袖、裙脚均有宽沿，斜裙绕襟，裙而不裳，用大带束腰。

洛阳金村大墓据推测为东周王室墓葬。20世纪二三十年代金村大墓被疯狂盗掘，大量珍贵文物因此流失海外，成为中国考古史上的悲惨一幕。2022年，沉寂许久的金村大墓重回人们视野，考古工作者重新开始对金村墓葬进行考古勘探。

镂雕玉梳

年　代：东周

尺　寸：高6.9厘米，宽5.4厘米，厚0.6厘米

出土地：河南洛阳金村大墓

收藏地：美国国立亚洲艺术博物馆

入藏号：F1930.29

青玉质，玉质温润，沁色遍布。上为半圆形，镂雕兽纹；下呈长方形，雕出 13 个细密的梳齿；中以云纹相隔。梳子是日常生活用具，以玉梳陪葬，反映了中国古人事死如事生的观念。

玉虎佩

年　代：战国

尺　寸：高6.4厘米，宽14.7厘米，厚0.5厘米

出土地：河南洛阳金村大墓

收藏地：美国国立亚洲艺术博物馆

入藏号：F1932.44

黄玉质,片状。虎呈低伏状,四足贴地,匍匐前视,口部微张，长尾出廓回卷，身躯健壮。虎身装饰谷纹和卷云纹，器表研磨光整，减地阳刻及双阴线技法流畅自如，镂空娴熟，为金村大墓玉雕中的精品。

勾云纹玉耳杯

年　代：战国

尺　寸：高3厘米，长9.9厘米，宽8.1厘米

出土地：河南洛阳金村大墓

收藏地：美国国立亚洲艺术博物馆

入藏号：S1987.645

黄玉质，椭圆形，敞口，浅腹，两侧有椭圆形镂空耳，椭圆圈足底施阴线变形双鸟纹。耳杯内光素，外壁琢阴线勾连云纹，隐起卧蚕纹，极其华丽。

耳杯又称羽觞，是中国古代的一种盛酒器具，因其形状像爵，两侧有耳，就像鸟的双翼，故名“羽觞”。

鎏金三凤玉卮

年　代：西汉

尺　寸：高7.7厘米，口径11.2厘米

出土地：不详

收藏地：哈佛艺术博物馆

入藏号：1943.51.22

青玉质，玉质温润细腻，有光泽。椭圆形，扳指样鋬，活环耳，下承三矮兽蹄足。带盖，盖上活环纽，沿边以鎏金工艺饰异兽一周，其中以三只鎏金凤凰最为醒目。腹饰勾连谷纹，底部阴刻飘逸的云气纹。

玉卮，是古代一种盛酒的器皿，产生于战国时期，秦汉时非常普及，深受皇室贵族喜欢。因制作时需要掏膛深腹，对于玉料质地和尺寸要求比较高，因此存世的玉卮都非常珍贵。

凤纹玉卮

年　代：西汉

尺　寸：高7.5厘米，宽2.9厘米

出土地：不详

收藏地：美国国立亚洲艺术博物馆

入藏号：F1947.10a–c

和田青玉，玉质温润细腻，有糖色。直筒形，带盖，三足，单鋬耳，配木座。盖折沿，盖顶浮雕三只可爱的小兽，饰谷纹和云纹。卮口沿和近底处饰勾连花朵纹，中间以谷纹为地，上浮雕夔凤纹。三足为蹄形，浮雕兽面纹装饰。

夔凤是一种以传说中的凤凰为幻构的神鸟，夔凤纹是以雉鸡、孔雀等为雏形臆想出来的几何图案纹饰。形象一般头上有冠、臣字眼、鹰嘴、怪异的双翼、长长的尾翼，偶见一腿、爪。由于是臆想的，所以无定型。

玉辟邪

年　代：东汉

尺　寸：高8.1厘米，长13.9厘米，宽3.8厘米

出土地：不详

收藏地：美国国立亚洲艺术博物馆

入藏号：S1987.26

圆雕，青玉质，玉质非常细腻润泽。辟邪昂首，张口怒吼，隆鼻鼓目，呈伏卧状。颌下有长髯，与胸肌相连，羽翅紧贴身体，卷尾下垂。辟邪背上坐着一个手捧吉祥物的羽人。

辟邪，又叫貔貅，是中国神话传说中的一种形似狮而有翼的神兽，被认为可避免和驱除邪恶，象征着“仁”与“瑞”，古人相信它能招财聚宝、带来好运。汉时比较流行。

童子戏龙玉佩

年　代：南北朝

尺　寸：高10.2厘米，宽7.3厘米

出土地：不详

收藏地：美国国立亚洲艺术博物馆

入藏号：F1916.153

片雕，青玉质里有絮，玉面光泽。上部为一条在祥云中穿行、须发飘扬的健龙，正用慈爱的目光看着自己身下一个戏耍的童子。童子发高高扬起与龙吻相合，双脚蹬于龙爪之上，双手抱于龙身，一脸欢欣。阴刻线勾勒细节，简洁有力。

南北朝时期，朝代更换频繁，受局势动荡影响，玉器多形制简单，琢工简化，多数造型和纹饰延续两汉时期，虽却不如前朝精巧，却也更具个性化。

玉冠

年　代：南北朝

尺　寸：高4.8厘米，长7.9厘米，宽6厘米

出土地：不详

收藏地：美国国立亚洲艺术博物馆

入藏号：S1987.800

圆雕，青玉质，有绺。两侧的对穿孔可插入发笄，以便固定于头顶。古人称头部为“元”或“首”，冠就是头衣之首，在中国古代礼仪中占据很重要的位置。按周制，男人二十岁行冠礼，不同阶层人的“头衣”都有着不同的规定。其中冠为贵族所戴，平民只能戴帻。此玉冠光滑润泽，打磨精致，应当为皇室或王公所用。

伎乐纹玉蹀躞带

年　代：唐

尺　寸：小板高5.8厘米，宽5.8厘米

出土地：新疆和田约特干遗址

收藏地：英国不利颠博物馆

入藏号：MAS.143

白玉质，质地洁白细腻，包浆莹润。一共由 9 块玉板组成，上用剔地与阴线结合的手法，雕刻了一组胡人奏乐形象：中间为一块最大的长方形玉板，与其他玉板不同的是，雕刻了两人演奏，一人起舞的场面。胡人均深目高鼻，卷发圆脸，下颌带须，穿紧袖胡衫，特点鲜明。

蹀躞带是唐代出现的一种功能型腰带，即每块玉带板的下方，带有能挂小物品的小勾。蹀躞带上装饰的质料和数目的多少，表示佩戴者身份的高低。盛唐时，从皇室到达官显贵，无不以配用玉带为荣。伎乐纹蹀躞带是唐朝引入西域音乐、文化的历史见证，是草原文化与中原文化在唐朝交流的重要体现。

双鹿玉佩

年　代：辽

尺　寸：高6.7厘米，长8.3厘米

出土地：不详

收藏地：美国大都会艺术博物馆

入藏号：32.100.453

羊脂白玉，玉面微泛黄，油光明显。此件采用镂雕工艺，琢出一对鹿相互依偎而立于繁茂的树枝之上。公鹿昂首，长角雄壮；母鹿回首低头靠于公鹿颌下，神态亲昵。脚下用密实的树叶表现森林环境。形象活泼生动，情趣盎然。

这种山林、虎、鹿题材的玉器被称为“秋山玉”，辅以山石、灵芝和柞树等，风格写实，将深秋北方草原天高地阔、禽兽驰骋的山林美景充分展现出来，是契丹、女真族秋季进行狩猎生活的真实写照。

玉雕飞天牌饰

年　代：辽

尺　寸：高6.5厘米，宽5厘米

出土地：不详

收藏地：美国国立亚洲艺术博物馆

入藏号：F1985.1

飞天跣足，体态舒展，面部丰腴。左手半举于胸前，右手高举，握一莲花。衣裙飘飘，披帛飞扬，姿态婀娜，身下祥云朵朵，遨游天际。刀法粗放简洁，线条坚实有力。

飞天之名出自佛经，意指“空中飞舞的神”。形象源于印度，约东汉时随佛教一起传入中土，盛行于隋唐，辽时达到顶峰时期，传世较多。

桃形玉杯

年　代：宋

尺　寸：高5厘米，长14.5厘米

出土地：不详

收藏地：英国维多利亚与阿尔伯特博物馆

入藏号：636–1875

青白玉质，轻盈透亮，温润光泽。杯体呈半个桃形，中空，杯口桃蒂部雕一桃枝为鋬，花叶紧贴于杯身之上。玉杯造型奇特，可爱小巧，充满了勃勃生机，是宋代玉器中的精品。

白玉雕童子与龙把杯

年　代：宋

尺　寸：宽11.6厘米

出土地：不详

收藏地：英国维多利亚与阿尔伯特博物馆

入藏号：C.1894&A–1910

白玉质，玉质微微泛青，细腻温润。敞口，深腹，小圈足。杯身轻薄透光，内壁光洁，外壁阴刻海水纹。杯身两侧各雕一鋬手，一侧为探头出海的龙，一侧为侧首回望的童子，似乎在呼唤伙伴前来。龙的四肢与童子的手脚均紧贴于杯身，再环以外壁的海水，营造了一个海边戏水的氛围。玉杯造型充满了大胆的想象，玉质上佳，雕工精细，应为宋代王公贵族所用。

玉卧象

年　代：宋

尺　寸：高4.1厘米，长9.3厘米，宽4.4厘米

出土地：不详

收藏地：美国国立亚洲艺术博物馆

入藏号：S1987.813

圆雕，黄玉质，玉质泛青，温润有光泽。象呈伏卧状，身形壮硕，表情温驯。圆眼炯炯，大耳扁阔，两侧长长的象牙合于垂鼻外侧，鼻孔外翻；象尾夹于屈起的右后腿之间。

大象是历代玉雕作品中比较受欢迎的一种动物题材。殷商时甲骨文中就有商人捕猎和驯养大象的记载。随着佛教的传入，汉唐时大象成为人们眼中的祥瑞之兽，代表着吉祥、太平，因此一直深受后代统治者喜爱。

玉雕云螭杯

年　代：金

尺　寸：长11.7厘米

出土地：不详

收藏地：美国大都会艺术博物馆

入藏号：2015.500.5.7

白玉质，玉面微泛黄，有褐色皮。花形口，斜敛腹，平底。双耳雕对称螭龙状。螭龙作躬背攀爬，前爪攀至口沿，后爪抵着杯腹，长尾绕缠杯身。杯内外满刻如意云头纹。

镂雕莲鹭玉帽顶

年　代：元

尺　寸：高5.6厘米，宽4.5厘米

出土地：不详

收藏地：美国大都会艺术博物馆

入藏号：02.18.392

圆雕，青玉质，玉面泛黄，温润有光泽。整体采用透雕和镂空相结合的技法，雕刻出鹭鸶、莲叶、莲花、苇叶、水草等图案。顶部为卷曲的莲叶，中部是莲叶、苇叶、水草与神态各异的鹭鸶，水草之中的鹭鸶神态各异，或昂首正视，或回首顾望，或作俯首觅食状。

帽顶是古代官员装饰在冠顶上，用来显示戴用之人等级尊卑的一种特殊冠饰，自元代开始，以莲鹭纹最为常见。

玉雕龙首

年　代：元

尺　寸：高6.9厘米，长24.3厘米，宽5.1厘米

出土地：不详

收藏地：美国国立亚洲艺术博物馆

入藏号：S1987.819

圆雕龙首，青玉质，玻璃质感强。巨目外凸，浓眉后飘，长吻高翘，颌胡后卷，头顶之上双角后伏，颈后齐平。长长的毛发飘扬而起，营造了很强的动态感。粗阴线刻五官，细阴线雕胡须和毛发，风格大胆生动，刀法劲健有力，造型逼真，形象凶猛。此龙头有可能是皇室步辇或游船上的构件，属元代玉雕工艺珍品。

龙穿花玉环扣

年　代：明

尺　寸：直径11厘米

出土地：不详

收藏地：英国维多利亚与阿尔伯特博物馆

入藏号：1643-1882

透雕，白玉质，玉质坚实，有光泽。底层为一圈连珠纹，中间透雕和浮雕层层花卉纹，叶枝舒卷，花瓣盛开。层层叠叠中，一条巨龙穿行其中，蜿蜒的身躯隐现之间平添几分生机。龙首正视前方，凸目隆角，口鼻翕张，须发飞扬。层次多而不杂、繁而不赘，显示了高超的玉雕技法。

夔凤纹玉卮

年　代：明

尺　寸：高9.5厘米

出土地：不详

收藏地：美国大都会艺术博物馆

入藏号：2015.500.5.13

青玉质，内有杂质，局部有褐色浸斑。卮身呈圆筒形，下承三兽足。内光素，外通体以谷纹为地，上雕夔凤纹。

卮，是一种酒器，产生于战国末期，秦时杯卮并用，汉代非常流行。汉以后很少见，明时出现仿汉代之器。

玉雕童子洗象

年　代：明

尺　寸：高5厘米，长6.8厘米，宽2.2厘米

出土地：不详

收藏地：美国国立亚洲艺术博物馆

入藏号：F1916.627

圆雕摆件，白玉带红沁，有绺裂。大象体态健壮，身披毡毯，回首站立，双耳下垂，长牙内弯，一童正攀爬其背，左手持一如意；一老者头戴帷帽侧立于象尾处，左手抚象身，右手杖。因大象寓意“吉祥玉平”，洗象谐音“喜象”。两人着衣均厚，冬天洗象则有“冬去春来，万象更新”之美好寓意。

痕都斯坦玉菊瓣盘

年　代：清

尺　寸：口径19.8厘米

出土地：不详

收藏地：英国不利颠博物馆

入藏号：1985,1012.1

青白玉，胎体玲珑薄透，以盘心为花蕊，运用浅浮雕技法向外雕出三层圆润的菊瓣纹，碾磨细润光滑，没留丝毫琢痕，充分体现了清代宫廷玉器巧夺天工的高超水准。

“痕都斯坦”玉器来自北印度地区的莫卧儿帝国，玉匠喜用纯色玉材，多选用青玉、白玉或碧玉，采用水磨薄胎技术。从 18 世纪中叶乾隆时期开始贡入清宫，因其华美的装饰和精湛的雕工深受乾隆皇帝的喜爱。

玉帽架

年　代：清乾隆

尺　寸：高30.5厘米

收藏地：英国不利颠博物馆

入藏号：1954,0712.1

这是一件清朝乾隆时期的御用玉帽架，由帽顶、支柱、底座组成。帽顶呈伞状，白玉制成，上浮雕如意云龙纹，中间饰一团“寿”字。紫檀木支柱，上下两段由鼓形白玉连接，支柱上均开光刻乾隆御制诗。底座鼓状，紫檀制成，白玉为面，鼓身上下两端各饰一周连珠纹，鼓身开光，圆形开光内分别刻“乾”“隆”“御”“用”四字篆书，其余长方形开光内刻花卉及乾隆御制诗两首。

整座帽架造型大方，工艺精湛，玉之温润与木之古朴相得益彰，品质超凡，非常难得。

白玉雕三足盖碗

年　代：清乾隆

尺　寸：高10.2厘米

收藏地：英国维多利亚与阿尔伯特博物馆

入藏号：753toB-1903

羊脂白玉为料，玉质温润微泛青，有油脂光泽。碗盖高浮雕一盘龙纽，盖身饰八只变形两两相对的夔凤纹一周，碗腹亦饰夔凤纹。下承三兽足。带紫檀底座。

此套玉碗刀工深峻，线条细润，富有浓郁的宫廷气息。

白玉雕云龙纹梅瓶

年　代：清

尺　寸：直径8.3厘米

收藏地：英国维多利亚与阿尔伯特博物馆

入藏号：C.1129-1917

圆雕陈设品，白玉质，玉面泛青，润泽感强。圆瓣形唇口，短颈，丰肩，敛腹，圈足。这种造型的瓶子，因专为插梅枝所用，故而得名梅瓶。肩处雕璎珞纹，开光内饰八吉祥纹。近瓶底处为海水纹，向上为层层祥云中一游龙戏珠。玉瓶修长端庄，纹饰繁复有序，显示出清朝工匠高超的技艺。

白玉镂雕缠枝莲纹活环盖碗及托盘

年　代：清

尺　寸：碗口径11厘米，盘口径13厘米

收藏地：英国维多利亚与阿尔伯特博物馆

入藏号：1539–1882

白玉质，玉质温润细腻，光泽莹润。盖碗是一种上有盖、下有托，中有碗的汉族茶具，又称“三才碗”“三才杯”，盖为天、托为地、碗为人，暗含天地人和之意。通体以镂雕手法装饰花卉枝叶纹，雕工细腻流畅，造型工整大气，器壁莹透光洁，花叶舒徐卷曲，透露出一种雍容华贵之美，当为清代宫廷用具，色泽清丽柔润，有着别具一格的温雅细腻感。

青白玉浮雕云鹤纹花觚

年　代：清

尺　寸：高21.5厘米

收藏地：英国维多利亚与阿尔伯特博物馆

入藏号：C.1138–1917

青白玉，玉质温润细腻，轻薄闪油脂。菱形喇叭状口外撇，细长颈，鼓形腹，上下饰花瓣形，仿古铜觚式样。觚身上浮雕八只仙鹤，嘴里分别叼八仙所持法器，这种手法称“暗八仙”，分别是：葫芦、团扇、鱼鼓、宝剑、莲花、花篮、横笛和阴阳板，代表了吉祥长寿的美好寓意。

碧玉雕爱莲图笔筒

年　代：清

尺　寸：高15厘米，口径6厘米

收藏地：英国维多利亚与阿尔伯特博物馆

入藏号：1604&A-1882

圆雕，碧玉质，色泽莹润。圆口，深腹，三短足。内壁光素，外壁通景浮雕苍松翠林，青嶂溪流，浮云荷塘，高台廊桥，飞亭檐柱。夏日已至，莲花盛开，凉亭之内，周敦颐向莲而坐，安静惬意地欣赏满池绽放的清莲。这个图案自元至清，非常流行。此笔筒选材精致，制作谨严，构图繁密，气韵恢弘，集文人品味与宫廷风格于一身，为清朝碧玉笔筒之佳作。

碧玉雕四足炉

年　代：清乾隆

尺　寸：高14.3厘米

收藏地：英国维多利亚与阿尔伯特博物馆

入藏号：751&A-1903

圆雕，碧玉质，色泽深绿，黑点明显。炉作四柱相连式样，小圈足外撇。炉盖顶雕镂一正面龙形纽，四爪紧按炉盖四角。炉盖四角各雕一蟠螭，炉身两侧为活环龙耳。炉腹以浅浮雕满刻横向交错的龙纹，龙身细长无足，炉身下部前后两处各刻一篆体寿字，四柱上亦刻篆体寿字。

此种造型的主器，来源于商周时期的四柱调色器，在清乾隆一朝多有制品，为这一时期的摹古作品。

青玉雕十二生肖

年　代：清中期

尺　寸：高5.7厘米，宽4.4厘米

收藏地：美国大都会艺术博物馆

入藏号：02.18.730a－1

圆雕，青玉质，玉质细腻，润泽非常。生肖为兽首人身坐像，身着交领长衫，衣袖宽大，鼠和羊手执书卷，牛手持拂尘，虎提花篮，兔摇纸扇，龙握宝珠，蛇拢手于袖，马挥羽扇，猴攥棍棒，鸡捧玉轮，狗举玉杖，猪持弓箭。姿势各异，形象生动。此组玉雕为圆明园旧藏。

碧玉云龙洗

年　代：清乾隆

尺　寸：长76.1厘米，宽43厘米，高19.3厘米

收藏地：美国大都会艺术博物馆

入藏号：02.18.689

圆雕，碧玉质，玉质上乘，润泽细腻。呈长方圆形，深掏膛，外壁以浮雕和镂雕工艺刻海水江崖纹和两组二龙戏珠纹，灵芝云海层层叠叠，游龙矫健气势磅礴，纹饰层次清晰分明。内壁底刻乾隆御题文字和印章。

洗是属于文房四宝笔、墨、纸、砚之外的一种文房用具，是用来盛水洗笔的器皿，形制多样，深受文人喜爱。此乾隆宫廷用器，工艺精湛，刻工之巧妙，极富艺术感染力。

白玉雕婴戏方胜杯

年　代：清中期

尺　寸：长14.2厘米，宽20.3厘米，高9.5厘米

收藏地：美国大都会艺术博物馆

入藏号：02.18.367

白玉质，透光泛青，质地细腻，莹光油润。凤纹活环耳，对角处各雕两戏耍童子，构思巧妙，工艺精湛，属于清代玉笔洗中罕见的作品。

方胜是由两个菱形压角相叠，有同心吉祥之意，象征男女之间坚贞的爱情，又象征同心就能协力，具有事业成功昌盛的含义。

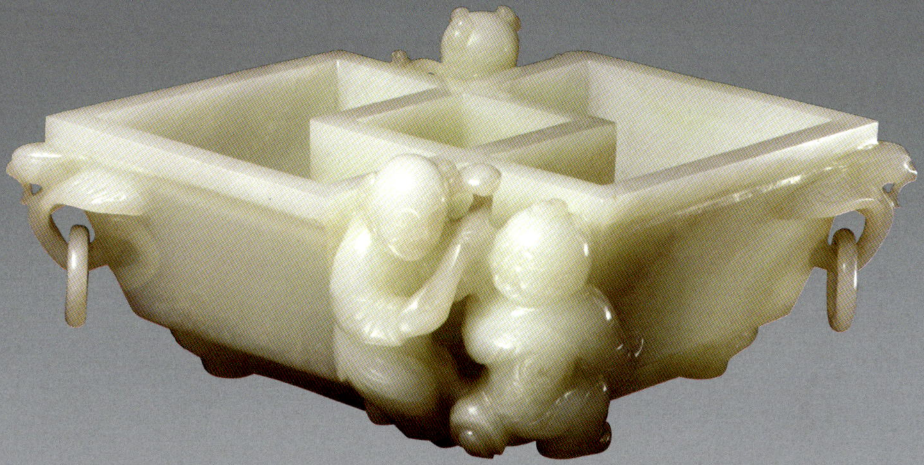

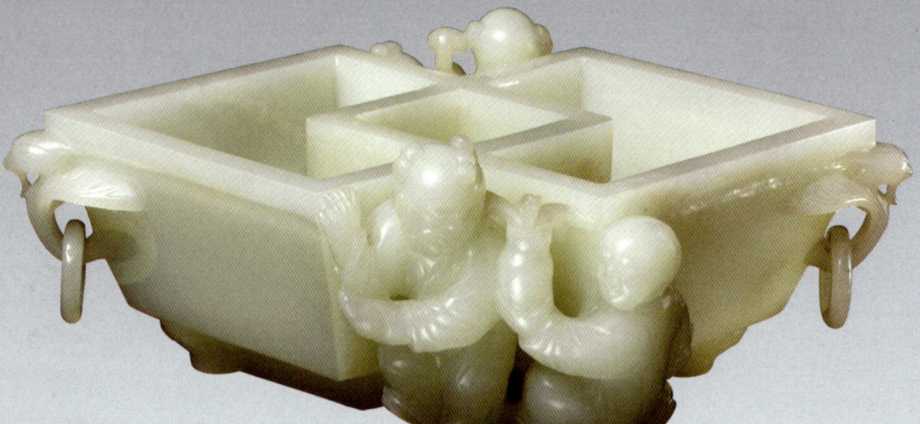

碧玉雕『八蛮进宝』图笔筒

年　代：清中期

尺　寸：高17.9厘米，口径20厘米

收藏地：美国大都会艺术博物馆

入藏号：02.18.683a

碧玉质，色泽深沉，细腻油润。圆筒样，深腹，圈足。内壁光素无纹，外壁浮雕“八蛮进宝”图，苍松翠竹的山间小路，巍峨峭壁上的亭台楼阁，瓜果飘香的乡间幽径，各地的使者们赶着大象、推着小车、骑着马，带着珍贵的礼物或各色宝石，去清廷进贡。

“八蛮进宝”是古时比较著名的图样，自唐代就开始流行，“八蛮”最初指的是古时位于我国南方的8个少数民族古族，后来就用来比喻“国力强盛，万国来朝”。

白玉蝴蝶佩

年　代：清

尺　寸：高10.8厘米，宽5.8厘米

收藏地：美国大都会艺术博物馆

入藏号：02.18.436

片雕，白玉质，质地坚硬，有一层贝壳样的光彩。整体呈双翅展开的蝴蝶样，宽大的翅膀上各有两个卍字纹，借由两只弯曲的触角雕成朵花纹样，为玉佩平添了几分俏丽。刀工凝练有力，构思巧妙，玉料优良。

俏色玉雕罗汉

年　代：清

尺　寸：高26.7厘米

收藏地：美国大都会艺术博物馆

入藏号：21.175.117

圆雕摆件，利用原玉的黑白双色，巧妙雕成一罗汉样。罗汉大头长耳，慈眉善目，僧衣袒右肩，胸前打结，层层衣摆随风飘起，形象逼真，雕工流畅。

俏色，又称巧色，为玉石雕刻工艺一种特殊的表现形式，是指利用玉石天然色彩和纹理，雕琢出适合玉材的作品来。俏色作品，最重要的是选材和构思，使造型和颜色和谐统一。

碧玉嵌宝石雕宝马驮书

年　代：清康熙

尺　寸：长10.4厘米，宽5.3厘米，高11.6厘米

收藏地：美国大都会艺术博物馆

入藏号：02.18.739

碧玉质，玉质温润光滑，几无黑点，镶嵌红色宝石和金丝，多有脱落。波涛之上，神马踏浪身上驮洛书而出，天下遂大治。此摆件寓意太平盛世。为凸显神马之异，借用红宝石和金丝来装饰它的不凡；为衬托洛书之珍，用吉祥样的丝带和高大的玉箱来暗示它的稀有。

02.18.739

兰亭修禊图玉山子

年　代：清乾隆

尺　寸：高57.15厘米，长290.3厘米，宽97.47厘米

收藏地：美国明尼阿波利斯艺术博物馆

入藏号：92.103.13

圆雕摆件，青玉质，玉质温润，色泽柔和。整体作背山临水，狭窄的空间中分出了五个场景：正中苍松小亭内两人倚桌靠栏饮茶，两个小童侍立伺候；右下林荫小道之上，三组两两结伴之人，或交谈，或观景，或远眺；左边山间平台之上，三人席地而坐，似在辩论；沿梯而下，有两和尚沉静立，如在思索；山脚下的空地之上，溪水之旁，七位文士正在流觞作诗。整个场景既相互独立又浑然一体，高大的山体之上乾隆御题的《兰亭集序》醒目突出，一方正方形的“乾隆御览之宝”占据了视线的最高点。

玉山子作为室内陈设器，在清代非常盛行，多取材于历史故事、诗文和绘画，集诗、书、画、印于一体，是清乾隆一朝雅趣的体现。此玉山子为世界第二大玉山子。

白玉雕游船摆件

年　代：清乾隆

尺　寸：长27.94厘米

收藏地：美国明尼阿波利斯艺术博物馆

入藏号：92.103.10a–f

此摆件由船与底座两部分组成，底座是紫檀木雕，镂雕手法展现了起伏的波浪中鱼龟自在，鸭子好奇的景象。翻卷的荷叶之上，白玉质的小船正破浪而行，收锚的船夫，悠闲的游客，无一不雕刻得栩栩如生，充满着生活的情趣。

渔家乐是清代比较盛行的一种表现题材，既体现了百姓生活的富足充盈，又传递出“顺风顺水”的美好愿望。

青铜器

青铜器是人类进入文明社会的三大重要标志（文字、城邦、青铜器）之一。中国的青铜文明始于公元前21世纪，距今约有四五千年，以种类繁多、用途广泛、制作技术精湛而闻名于世。中国的青铜器兼具实用和礼器双重性质，不仅仅是权力和地位的象征，更是中华文明一个重要的载体，在世界文明之林中独树一帜。

天道至教，圣人至德。庙堂之上，罍尊在阼，牺尊在西。庙堂之下，县鼓在西，应鼓在东。

——《礼记·礼运》

带翼铜铃

年　代：二里头文化

尺　寸：高8.6厘米，长11.2厘米，宽8.1厘米

出土地：河南偃师二里头遗址

收藏地：美国国立亚洲艺术博物馆

入藏号：S1999.120.16

主体呈梯形，敞口向下，顶部近平，有一用来系铃锤的桥形纽。肩部圆钝，腹以下外扩。整器红褐色器表上布满青绿色锈斑，单侧带有一向外突出的扉棱，为铃翼；腹部饰凸弦纹，可见明显的纺织品平纹，应为下葬时外面包裹的丝织物所遗留。

从国内同类品出土情况看，此带翼铜铃应该还有一管状玉铃舌，说明这是一件实用器具，被称之为“玉振金声”。铜铃是我国最早出现的有舌器具，属“悬鸣”乐器，摇动铃舌而发出响声，为古代八音之一的金类，常见于墓葬的随葬品中。玉舌铜铃是二里头文化时期所特有的器物，器壁较薄，形体小巧，简单质朴，是我国目前发现的年代最早的铜铃。

双羊尊

年　代：商

尺　寸：高45.1厘米，宽41厘米

产　地：湖南

收藏地：英国不利颠博物馆

入藏号：1936,1118.1

此尊原为圆明园旧藏，1860 年英法联军火烧圆明园之后流失海外，后入藏不利颠博物馆。尊为筒形口，腹部为双羊前躯相背状。羊角大弯曲，尊口下饰弦纹和龙面饕餮纹，较为罕见。羊颔下及腹下饰扉棱，象征须和腹部垂毛。羊脸部饰龙纹，腹饰鳞纹，腿饰龙纹。

在商代青铜器中，以羊为造型装饰的青铜器除此尊外，还有中国国家博物馆收藏的四羊方尊、故宫博物馆收藏的三羊尊。

青铜方鼎及俎盖

年　代：商

尺　寸：高33厘米，宽22.9厘米

出土地：不详

收藏地：美国大都会艺术博物馆

入藏号：43.25.2a,b

鼎为圆角长方形，侈口，折沿，口沿下饰双立耳，束腰，垂腹，腹部四角及中心有扉棱。腹下四个柱形足。鼎盖为倒置俎形，揭盖后可做俎案使用。肩部以云雷纹为地，饰对称龙纹，腹部以云雷纹为地，饰饕餮纹。足部饰蝉纹。器内和俎盖内各有一族徽图案。

此类方鼎出现于商代晚期，西周时期也有类似的方鼎，尤其以陕西扶风庄白村出土的㦀（dōng）方鼎为代表。

亚鼋方彝

年　代：商

尺　寸：高25.4厘米，长15.2厘米，宽11.4厘米

产　地：河南安阳殷墟

收藏地：美国大都会艺术博物馆

入藏号：1974.268.2a,b

整体呈长方体，直口，有盖。外观像一座造型精美的小房子，盖是四阿式房顶状，短柱纽，上饰倒置的兽面纹；四壁较直，腹部饰兽面纹，上下各饰一组夔龙纹，均以云雷纹为底；长方形圈足，四侧居中处均有一个弧形缺口。层次分明，形象庄严，充分体现了商代晚期青铜艺术的高超技艺。盖内有铭文“亚鼋（chuò）”，鼋在《说文》中，是一种似兔而大的青色兽。象形，头与兔同，足与鹿同。

青铜方彝是古代祭祀神灵和祖先的重要礼器，它的用途一般认为是盛酒器。方彝最早被发现是商代早期的陶制品，青铜方彝出现于商代晚期，因它与觚、爵之类的器物意义基本相同，西周中期以后便消失了。由于存在时间很短，世界范围内它的遗存数量相对其他青铜器就少得多。

疋册父癸鼎

年　代：商

尺　寸：高15.2厘米，口径13.3厘米

产　地：河南安阳殷墟

收藏地：美国大都会艺术博物馆

入藏号：1974.268.20

鼎折沿，方唇，口沿之上为双立耳。圆腹，腹部下有三个鸟形扁足。腹部饰菱形云雷纹，扁足阴线刻鸟纹，鸟目圆鼓突出。鼎内壁铸有铭文两列四字“疋册父癸”。

鸟兽觥

年　代：商晚期

尺　寸：高23.5厘米，长31厘米，宽11.1厘米

出土地：河南安阳殷墟

收藏地：美国国立亚洲艺术博物馆

入藏号：F1938.5a–b

这是一件器形和纹饰都很奇特的盛酒器。觥盖前端为一双目圆睁，张口欲啖的虎首，鬃发后扬，圆耳直竖；后端为一纤细秀丽的凤首，华丽的凤翼伸展于器腹，双足自然蜷缩在高圈足之上，姿态优雅。鳞纹与云雷纹点缀其中。凶猛的老虎与温柔的凤鸟一动一静，相得益彰，显示了商朝工匠青铜装饰手法的纯熟灵巧。

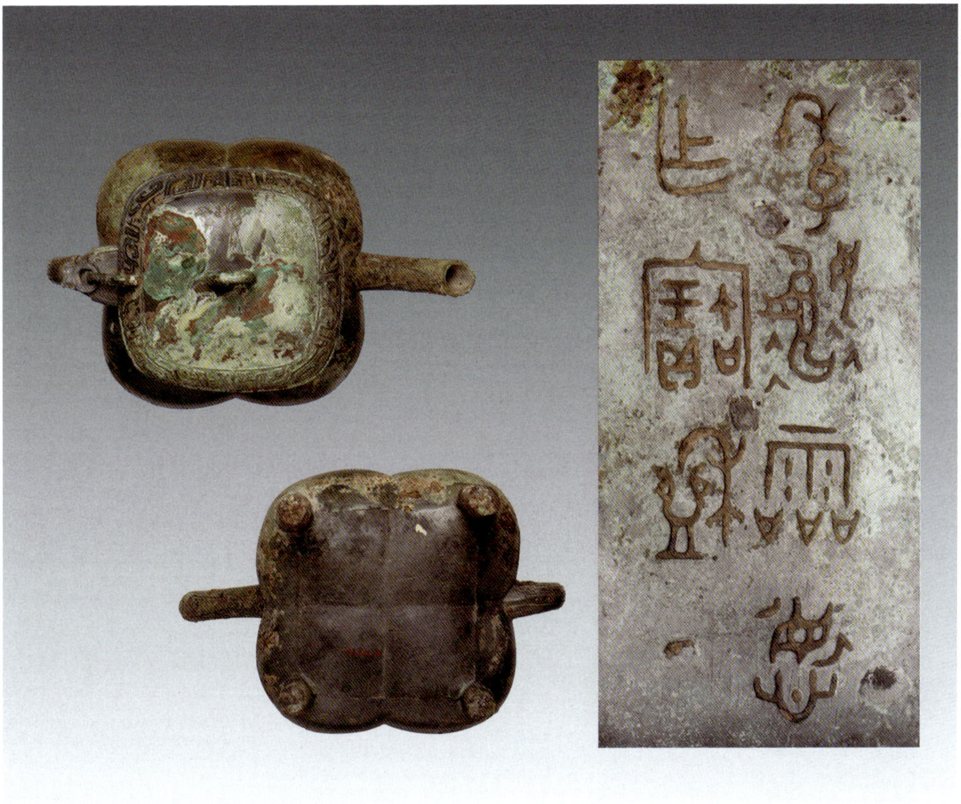

季嬴霝德盉

年　代：西周中期

尺　寸：高27.3厘米，总长31.1厘米

出土地：不详

收藏地：美国大都会艺术博物馆

入藏号：46.55.1a,b

敞口，四角圆弧盖，环纽，颈部短直，深圆腹，下承四柱足。前有流，后有龙首鋬，盖沿一侧与鋬首均有一个小环纽，应有链相连。盖沿、颈部装饰卷曲夔纹，流饰蝉纹，取意“饮食清洁”。

有铭文“季嬴霝德作宝盉”。季嬴霝(líng)德，是西周中期嬴姓国公室的小女，名霝德。此盉是她所用之物。

在青铜礼器中，盉是盛玄酒（即古时祭礼用于代替酒的清水）的酒器，用来调节酒味浓淡。青铜盉最早出现于二里头文化时期，盛行于商晚期和西周，战国后逐渐退出历史舞台。

人面纹盉

年　代：商晚期

尺　寸：高18.2厘米，长21厘米，宽18.7厘米

出土地：河南安阳殷墟

收藏地：美国国立亚洲艺术博物馆

入藏号：F1942.1a-b

圆口，深宽腹，圈足。盉盖独具特色，为一仰面含笑的人面，卧蚕眉，大圆眼，高鼻头，双耳有孔，头顶长有一对角。流短直，两侧各饰一条张口龙纹。颈两侧兽面贯耳位置与人面盖双耳相对应并与圈足之上的镂孔成一条直线，方便系绳提携。想象大胆，设计巧妙，十分罕见。

兽首调色器

年　代：西周（陕博同类器，断代为西周。现藏博物馆断为商代晚期）

尺　寸：高16.4厘米，长19.8厘米，宽14.3厘米

产　地：不详

收藏地：哈佛艺术博物馆

入藏号：1943.52.97

长颈兽首，空心四方形居中，四角由四个高足桶状器组成。器身有两个环纽供系绳携带，通体饰夔龙纹和牛头纹。国内有同类出土器，出土时桶形器中还残留有矿物质粉末，因此人们推测它是用来调制颜料的器物。与其他器物相比较，此器有铭文，释读为："义子冉考"。

这类造型独特的器物为后人了解西周时期史官书写或是专业画工绘制提供了很大帮助。

虎食人卣

年　代：商晚期/西周

尺　寸：通高35.7厘米

出土地：湖南宁乡

收藏地：巴黎亚洲艺术博物馆

入藏号：M.C.6155

虎卣（yǒu）以坐立的老虎为主体，虎尾和两只后足坐地支撑身体，两只前足内抱持一人；人依附于虎胸前，脸侧扭，赤脚踏于虎后爪之上，双臂攀附虎肩；虎张大口，尖齿狰狞，似乎要将人吞入肚中。虎肩两侧附盖首提梁，高高竖起的两耳之后是椭圆形器口，有盖，盖面云雷纹衬地间饰卷尾夔纹，之上立一小鹿。整个器物运用浮雕、圆雕、镂空、线刻等多种手法，构思精巧，威严华丽，给人以极高的艺术享受。

卣是中国先秦时的盛酒器，常见于商和西周。虎食人卣为此类青铜器中的珍品，目前仅发现两件，都流落国外。除此件外，另一藏于日本泉屋博物馆。关于虎与人的关系，国内学者认为人与虎不共存，器物表现的是虎食人之义，或是以虎为图腾的人将会受到虎神的保护。日本学者则根据虎口中人平静的面容判断，其反映的是天人合一观念下，人与虎和谐共处的意义。

齐婞卣

年　代：商晚期

尺　寸：高26.7厘米，宽13.4厘米

出土地：河南安阳殷墟

收藏地：美国克利夫兰艺术博物馆

入藏号：1963.103

盖为四阿屋顶式直沿形，盖上有圆纽。器作方口，长斜肩，深腹直壁略敛，高圈足外撇。肩两侧为扁平活环提梁，器盖与器身出扉棱，且皆以云雷纹为地，满饰形象活泼的夔凤纹。肩部前后正中各饰一羊角怪兽，双目圆瞪，神秘肃穆。盖内刻“齐婞”铭文。

卣是中国古代酒器之一，常见于商朝和西周时期。商代卣多呈椭圆形或方形，西周多为圆形，且以鸟兽形卣最具特色。

康侯簋

年　代：西周初期

尺　寸：通高24厘米，口径41厘米

出土地：河南浚县辛村卫侯墓

收藏地：英国不利颠博物馆

入藏号：1977.0404.1

侈口，两兽耳垂长方形小珥，鼓腹，高圈足加宽边。颈部和圈足处相间排列圆涡纹和四瓣花纹，颈部前后正中处还有神秘兽头，腹部饰直条纹。器底铭文24字，为“王朿伐商邑，诞令康侯鄙于卫，沬司徒疑眔鄙，作厥考尊彝。䀠。”大意是王来讨伐商的城池，把卫封赏给了康侯，沬司徒疑为纪念亡父，铸造了这尊青铜器。

武王立周后不久就病逝，其弟周公摄政，周公的兄长管叔、弟弟蔡叔和霍叔怀疑周公意图不轨，联合商王之子武庚叛乱。于是，周王东征，斩杀了武庚、管叔，流放蔡叔，废霍叔为庶人，平定了这次叛乱。因为这三人原奉命在殷都附近建邶、鄘、卫三国监视武庚，因此史称此事为“三监之乱”。

此簋既是周初珍贵的史实佐证，又是证明海内康氏以封国得姓的难得一见的实物资料。

𬱖方彝

年　代：西周

尺　寸：高29.9厘米，长26.5厘米，宽23.2厘米

出土地：不详

收藏地：波士顿美术博物馆

入藏号：40.15

四方侈口，深腹，台式圈足。通体四周及中间均饰鸟状扉棱8条戟，上下位置对应。颈部和近足处饰夔龙纹，腹部饰兽面纹。

整器工艺精湛，肃穆神秘。器底有铭文31字“𬱖（kuī）肇恰宁百姓，扬用作高文考父癸宝尊彝，用申文考烈，余其万年将，孙子宝。爻。”

依据土保成《𬱖方彝新解》，作器者应为“高”。

棜禁一组

年　代：西周

尺　寸：禁：高18.1厘米，长89.9厘米，宽18.1厘米；妣己觯：高12.7厘米；父甲觯：高14.6厘米；雷纹觯：高14厘米；妣己觚：高21厘米；出戟尊：高34.9厘米；方座凤纹提梁卣：高34.3厘米，宽22.9厘米；凤纹提梁卣：高47厘米；青铜斝：高32.4厘米；父乙盉：高28.6厘米；兽面纹爵：高25.1厘米；祖癸角：高20厘米；兽面纹枓：长20.3厘米

出土地：陕西宝鸡市金台区戴家湾

收藏地：美国大都会艺术博物馆

入藏号：24.72.1–.14

禁是一种案形器，作于周武王灭商之后，只赐予周王室同姓的诸侯王及三公，是周代贵族在祭祀或宴飨时置放酒器的用具。《仪礼·士冠礼》注："名之为禁者，因为酒戒也。"

因禁的使用有着严格的礼制等级要求和规定，自棜（fán）禁出土之前，禁类器物人们仅见于古书记载。这组青铜器共14件：1件青铜尊和13件青铜酒器，具体为棜禁1件、卣2件、觯4件、尊1件、盉1件、觚1件、斝1件、爵1件、角1件和铜枓1件。其中带座卣的器盖、器身上各有一个"鼎"字铭文；尊圈足内侧有一个"鼎"字铭文；觯圈足内壁分别有"作妣己彝""天父乙"和"酉父甲"铭文；觚圈足内壁有"亚妣己"四字铭文；盉的器盖、器身均有"子父乙"铭文。

器型之完备，保存之完好，独一无二，为中国流失海外的重器之一。

逨钟

年　代：西周

尺　寸：通高70.3厘米，柄高26.6厘米，铣宽37厘米

出土地：陕西省眉县马家镇杨家村

收藏地：美国克利夫兰艺术博物馆

入藏号：1989.3

合瓦状腔体，口缘内凹呈弧形，舞部正中为甬，有旋、干。旋、舞与篆部均饰窍曲纹，唯旋上窃曲纹中又间饰目纹，鼓部中央饰相背夔龙纹，左侧鼓镌刻凤鸟纹，是敲击点的标记。

鼓部两侧与钲部中央铸铭文一共 15 行 128 字，记述器主逨继承祖考职事，为四方虞稾。“虞稾”是西周时官职，类似现在负责山林开发管理的官员。从铭文来看，逨是单氏家族成员的第八代。

此件逨钟与国内现存的四件同属一组，应是全套八件组合编钟中的一件。作为周宣王时期的乐器，为西周编钟断代提供了一个重要的标尺。

五年琱生簋

年　代：西周

尺　寸：通高20.8厘米，口径19.5厘米，宽31.7厘米

出土地：陕西

收藏地：耶鲁大学艺术博物馆

入藏号：1954.26.2

侈口，鼓腹，鸟形双耳有上卷的垂珥，喇叭形高圈足。腹前后饰两道大扉棱，通体饰变形饕餮纹。造型美观大方，富丽堂皇。

这是贵族琱生为其祖先制作的宗庙祭祀时使用的青铜器。器内铸有 104 字铭文，其大意为：周宣王五年正月己丑日，召公之后琱生在父亲偷税漏税的案子中，为了赢得官司，求得同宗召伯虎的庇护，向多人行贿并最终胜诉。

琱生簋不仅是精美的青铜艺术品，而且具有重要的史料价值，对于研究西周时期的税收、土地、审计制度尤为重要。目前存世的琱生器共四尊，除此器外尚有六年琱生簋，现藏于中国国家博物馆；五年琱生尊两器，现藏于扶风县博物馆。“五年”“六年”两尊琱生簋形制、纹饰类同，两器各铸铭文 104 字。尊两器则为同铭，每篇 113 字。铭文内容均记载了琱生与其他贵族之间因土地引起的纠纷及诉讼，是研究西周晚期土地分配及诉讼的重要史料。

太保簋

年　代：西周早期（周成王）

尺　寸：通高23.5厘米，口径37.5厘米

出土地：原山东寿张县梁山（传）

收藏地：美国国立亚洲艺术博物馆

入藏号：F1968.29

侈口，口沿外折，深腹微鼓，高圈足。四个兽首耳，带长方形垂珥。兽角宽大高出器口，鼻上卷。腹部饰兽面纹，面目狰狞，圈足处饰夔龙纹。器型庄严厚重，纹饰华丽繁缛。

簋的内底铸有铭文 4 行 34 字，说的是“三监之乱”时，周成王命令大保（即太保）召公奭前去征伐武庚，胜利归来时，成王把泰山附近的一个名为沐的邑赏赐了召公奭。为纪念和报答周成王，召公奭作了这件青铜簋。

令方彝

年　代：西周早期

尺　寸：通高34.1厘米，宽24.6厘米；口长19.3厘米，口宽17.7厘米

出土地：河南洛阳马坡

收藏地：美国国立亚洲艺术博物馆

入藏号：F1930.54a–b

又称作册令方彝。长方形器身，四阿式盖和盖纽。侈口，深腹微鼓，圈足。通体四边及各平面中线皆出扉棱。盖和腹部饰兽面纹，口沿下饰双体龙纹，圈足处饰分尾凤鸟纹。器盖铭文 14 行，共 187 字，记述了周公之子明保在成周举行祭祀并出任“卿事寮”（主要职能就是处理四方诸侯以及夷戎部族的各种事务），明公对尽力于此次式典的亢师和矢令分别赏赐，并任之以新职。铭文中出现的成周城、“京宫”“康宫”成为西周断代的重要证据。

商周时期，彝器通常是对青铜祭器、法器或礼器的总称，为古代的盛酒器。令方彝是西周时期的青铜精品之作，浅绿色之上有片片红锈覆盖。

子乍弄鸟尊

年　代：春秋晚期

尺　寸：通高26.5厘米，宽13.5厘米

出土地：山西太原金胜村

收藏地：美国国立亚洲艺术博物馆

入藏号：F1961.30a–b

全器呈一尖喙的鸮鸟状，健硕威猛，鸟首与身体可开合。鸟首饰羽纹、回纹和点纹；颈部饰变形夔纹，内填回纹；肩部为夔龙纹，背部高浮雕羽纹，足部饰云纹。鸟首背后错金四字“子乍弄鸟”，“子”是器物铸造者的名字；“乍”通假“作”，“制作”之意；“弄”字有把玩之意。据出土文物信息，它很有可能是晋卿赵简子或赵襄子自用的酒器。

相传这件鸟尊入清宫后，深受乾隆帝喜爱，乾隆皇帝对将其表面打蜡，镶金。清末大乱时，这件鸟尊被西方殖民者洗劫而去，不幸流失海外。

智君子鉴

年　代：春秋晚期

尺　寸：通高22.8厘米，宽51.7厘米

出土地：河南省辉县市

收藏地：美国国立亚洲艺术博物馆

入藏号：F1939.5

敞口，平折沿，颈微敛，曲壁，宽腹下敛，矮圈足。颈腹间有对称的两对耳：一对兽面环耳，一对兽面铺首衔环。外口沿处饰一周串起的贝壳纹，颈部和下腹部饰相互连接的夔凤纹，上腹部为正反交替的兽面纹，内填回纹。纹饰之间以绳纹相隔。

器有六字铭文“智君子之弄鉴”，据中国近代著名的文字学家唐兰先生考证，此鉴为春秋晚期晋国执政大臣智襄子（荀瑶）的器物。

鉴为中国古时盛水器，流行于春秋战国时期。作用有三：一是当作镜子使用；二是盛放冰块，类如今天的冰箱功用；三是沐浴洗澡之用。此器原本为一对，另一只现藏于美国明尼阿波利斯艺术学院。

错金龙纹承弓器

年　代：战国

尺　寸：长25.6厘米，高7.9厘米

出土地：河南洛阳金村大墓

收藏地：美国国立亚洲艺术博物馆

入藏号：F1932.15a–b

承弓器作为配弩战车上的专属构件，是承托弓架的器具。前端向上弯曲作长颈兽头状，后端为长方筒状銎，口部有固定用的穿孔。通体以错金银手法装饰，华贵富气。

弩作为一种远射程武器，并不容易单手撑开，在行驶的战车上手脚并用张弩又很不方便，所以将弩机放在承弓器上，再利用其弯曲的凹槽斜向上拉弓弦，弩弓就可以张开。这种承弓器一般都是成对出现。

陈璋方壶

年　代：战国中期

尺　寸：高37.2厘米，腹径21厘米

出土地：不详

收藏地：美国宾夕法尼亚大学博物馆

入藏号：C243

四方形，长颈，肩两侧有两铺首衔环耳，鼓腹下敛，高圈足。器身满饰图案化的龙凤纹，足饰圆案化的凤鸟纹。纹饰内镶嵌的绿松石已脱落大半。

近足处有铭文“唯王五年，郑昜陈得再立事岁，孟冬戊辰，大臧戈孔，陈璋入伐匽乘邦之获”。反映了齐宣王六年（前 314 年），齐国趁燕王哙让位相国子之，引发内乱之机，派匡章（即铭文中的“陈璋”）率军攻灭燕国的史实，该器是齐国将领陈璋伐燕的掠获品。此器与目前藏在国内南京博物院的陈璋圆壶铭文基本相同，仅“大”字在圆壶上为“齐”字。

虎纽錞于

年　代：西汉

尺　寸：高50.8厘米，腹径30.5厘米

出土地：不详

收藏地：美国大都会艺术博物馆

入藏号：1983.140

錞面作盘口状，椭圆盘首，上踞一虎。虎头微扬，身体修长，前肢微曲，后腿蹬直，虎尾卷曲，背部前低后高，生气勃勃。錞于肩部突出，腹部向下收缩，深壁，平底。器身光素无纹。

虎纽錞于是古代巴族青铜礼器的代表性器物之一，被视为古代巴民族的精神象征。文献中最早的关于錞于的记载源于《周礼·地官·鼓人》："以金錞和鼓。"它主要是作为一种军乐礼器使用，在古代军事活动中，它是指挥军队进退的军乐器，作用和地位举足轻重。

错金银嵌宝石博山炉

年　代：西汉

尺　寸：高17.9厘米，宽10厘米

出土地：不详

收藏地：美国国立亚洲艺术博物馆

入藏号：F1947.15a-b

博山炉是中国汉、晋时期民间常见的焚香所用的器具。出现于西汉，炉体呈青铜器中的豆形，上有盖，盖高而尖，镂空，呈山形，山形重叠，其间雕有云气纹、人物及鸟兽。于炉中焚香，轻烟飘出，缭绕炉体，自然形成群山朦胧、众兽浮动的效果，仿佛传说中的海上仙山“博山”。

此件博山炉以错金银手法装饰，上嵌红、蓝、绿宝石，珍贵异常，是民国时期北京一位村民在圆明园废墟意外发现的。他并不知道这件文物的价值，在留下了一颗最大的红宝石后，用一块大洋把它贱卖给了文物贩子，从此这件罕见的博山炉就流失海外，藏于他国。

四灵铜温炉并耳杯

年　代：西汉

尺　寸：耳杯高3.5厘米，长12.4厘米，宽10.8厘米；炉高9.5厘米，长24厘米，宽12厘米

出土地：不详

收藏地：芝加哥艺术学院

入藏号：1930.362

整器由承盘、炉体和耳杯组成。承盘侈口、平底，斜直壁。炉体为长方形，下由四个作背负状的人形足，上部有镂空透雕的青龙、白虎、朱雀、玄武四灵，炉体短边一侧有曲折长柄。炉的围栏上有四个短支柱，上置椭圆形耳杯。耳杯为饮酒之器，浅腹，口沿两侧各有一个可用于握持的半月形耳。

这套酒器是用来温酒的，把燃烧的炭火放在炉内，耳杯中添酒，即可给酒加温。炉底有镂空的透气孔，可向下出炭灰，集于承盘之中。设计科学、卫生、方便、实用。

漆器

漆器制作在中国历史悠久，新石器时代的河姆渡遗址就发现了中国最早的漆碗，自夏商周以来，漆器的制作传承不绝，在髹漆工艺的基础上，更出现了以螺钿为代表的镶嵌工艺，随着时代的发展，漆器技法愈发成熟，工艺分类愈发细致，尤其是明清两代，漆器的艺术性更为鲜明，成为中国艺术大观园中的一朵奇葩。

天以晶华累尔形，千夫敛锷可曾停。
世间有器蒙鲜饰，林下无辜受割刑。
斫坏孙枝难老大，摧残去干易凋零。
退思禹贡周征日，未必如今税不征。

——萧岿《漆》

彩绘蟠虺纹漆盒

年　代：战国楚

尺　寸：高21厘米，直径11.2厘米

收藏地：普林斯顿大学艺术博物馆

入藏号：2000–274a–b

厚木胎，圆柱形，深腹，平底，有盖。整器浮雕蟠虺纹，蟠虺纹一般指蛇纹，蛇被古人视为灵兽，寓意吉祥。它们有着圆三角形的头部，突出的大圆眼，鳞节明显，相互缠绕在一起，密集而粗壮，充满了一种神秘和令人不安的气氛。漆色艳丽，纹饰大胆，体现了楚文化奔放瑰丽的一面。

彩绘蛇座凤鸟鼓架

年　代：战国楚

尺　寸：高132.1厘米，直径124.5厘米

出土地：湖南长沙

收藏地：美国克利夫兰艺术博物馆

入藏号：1938.9

双蛇互卷首向外作座，背向而立的双凤插于蛇身隙中为架。鼓架以髹黑漆为地，用红、黄、蓝等色分别装饰蛇与凤的不同部位（蓝色已经褪色）。此为悬鼓鼓架，以双蛇为鼓座，两凤鸟为鼓架，鼓悬挂于双凤之间，是楚国特有的一种乐器。

凤鸟在楚国文化传统中占有重要地位，是楚人心中至高无上的神鸟，其受人崇敬程度不亚于中原的龙。国内博物馆能见到的同类器有彩绘虎座凤鸟架鼓，这种类型的乐器均出土于楚国贵族大墓，曾被广泛用于祭祀、宴享和战争。

彩绘五弦琴

年　代：战国

尺　寸：长87厘米，首宽8.41厘米，高6.99厘米

出土地：湖南长沙

收藏地：美国明尼阿波利斯艺术博物馆

入藏号：2002.8

木胎，斫制辅以雕制。细长条形，琴首为虎头状，琴面平直，箱体中空，尾段狭长悬空。首岳、尾岳外均并列五个弦孔。通体髹黑漆，上用红、金两色彩绘龙纹和菱形纹。琴弦早已腐烂无存。

春秋战国时期，五弦琴是常见的弦鸣乐器，演奏时，常平置于地面，奏者席地而坐，倾身弹奏。此琴以保存完好和色彩艳丽著称。

朱漆彩绘云气纹套装奁

年　代：汉

尺　寸：尺寸不一

出土地：不详

收藏地：美国明尼阿波利斯艺术博物馆

入藏号：2001.69.2.2A,B

薄木胎，装饰精美异常。此套化妆盒为一个大圆盒，内有三个小漆盒，内还有红色的扑面粉和四个形制相同的木梳。盒面均以红和黑漆装饰异兽和云气纹。盒盖中心的花瓣和装饰四周的异兽镶嵌的银箔，已脱落无法看清。

中国古代女子存放梳妆用品的器物，被称为“镜箱”，也称“妆奁”，春秋时期就已产生，一直延续到现在，形制也由小巧的漆奁演变为大型梳妆台和便携式梳妆匣。

剔红纹长方盒

年　代：南宋

尺　寸：高9.5厘米，长12.6厘米，宽19.7厘米

收藏地：京都国立博物馆

入藏号：TH-362

直壁器身，长方形。盒通体在黄漆地上髹朱漆，盖雕凤穿牡丹纹，壁雕四季花卉纹。花瓣摇曳，枝叶舒展，双凤明艳，姿态优美。盒内髹黑漆，盖内左侧边缘针划竖细款“洪福桥吕甫造”。洪福桥是南宋时代位于杭州的一座桥，元代时改名为红桥。

“剔红”是一种雕漆工艺，是在器面上反复涂数十层甚至上百层红漆，等漆干后，再在厚厚的漆上雕刻出浮雕的纹样，其中用红色漆的称作“剔红”，用黄色漆的称为“剔黄”。

剔黑牡丹纹圆盒

年　代：南宋晚期—元早期

尺　寸：通高21厘米，直径40.6厘米；盒盖高8.5厘米，底高12.5厘米

收藏地：美国克利夫兰艺术博物馆

入藏号：2011.34

圆形，平顶，直壁，高圈足。通体在黄漆素地上雕黑漆花纹。盒面以花卉纹衬底，花地之中两只羽尾斑斓的雉鸡正展翅飞翔。盒侧至底，一共有五层花纹，由如意云纹、花卉纹和回纹组成。雕工精细，技法娴熟，叶子之上的脉络清晰可见。

“剔黑”也称雕黑漆，有纯黑剔黑，朱地剔黑，朱锦地剔黑，黄地剔黑，黄锦地剔黑，绿地剔黑，绿锦地剔黑之分。此圆盒为宋末元初非常珍贵的剔黑漆器，线条之流畅，雕刻之生动，极为罕见。

剔红人物纹莲瓣形盘

年　代：明永乐

尺　寸：高4.2厘米，直径34.8厘米

收藏地：英国不利颠博物馆

入藏号：1974,0226.20

花瓣菱形口，斜弧壁，随形小圈足。整体外形如一朵盛开的花卉，漂亮典雅。盘平底，内部开光绘人物携琴访友图，一轮明月照耀下，苍松翠树假山中，殿阁曲栏的庭院景致精致，在随从的陪伴下，主人端坐在厅堂之上，静静地等待着访友前来。庭院之内，一持灯童子正引着访友前行，另一童子抱琴随行。盘口沿内外雕饰多种花卉。

整体髹朱漆，盘底褐色漆上针刻“内府甜食房”字样。“甜食房”为明朝设置，掌造办一切甜食的宫廷机构，属御用监。此盘漆色沉稳，雕刻精细，主次分明，是明代宫廷传世精品漆器代表。

雕漆十八罗汉图银锭盘

年　代：明嘉靖

尺　寸：高5.4厘米，长32.8厘米

收藏地：英国不利颠博物馆

入藏号：1976,0517.2

整体外观呈银锭状，斜弧壁，随形小圈足。整体髹黑漆，其上雕纹饰，盘底黑漆之上自左向右刻“大明嘉靖年制”一行楷书款。盘内回纹装饰的开光之中，瑞云弥漫，灵水荡漾，仙山隐没，十八罗汉神态各异，以自己的标志性动作或特征显示不同的身份。盘口沿内外壁则饰江水海崖双龙戏水纹，起伏的海水之上五爪游龙矫健，动感十足。

盘发色纯正，雕工工整，纹饰流畅，造型圆润，充满了宫廷的奢华和大气。

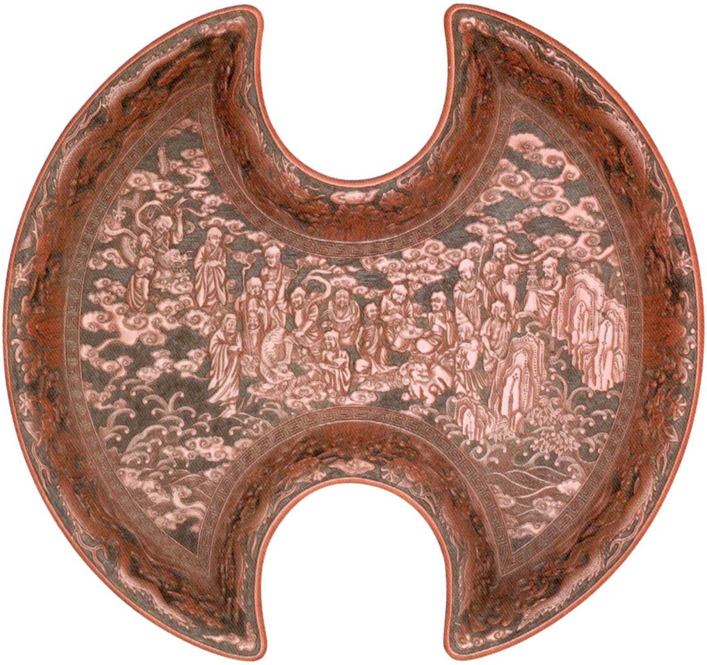

大明嘉靖年製

剔彩二十八宿金曜四星君方斗

年　代：明嘉靖

尺　寸：高16.5厘米，宽32.4厘米，直径32.7厘米

收藏地：美国大都会艺术博物馆

入藏号：13.100.140

倒方台形，口大底小，深腹，方圈足。厚木胎，通体髹黑漆，内壁光素，外壁用红黑两种漆色套雕多层纹饰。在中国古代天文学说中，南中天的恒星分为二十八群，被称为二十八星宿。它们以北极星为中心，分为东、南、西、北四方位天象。方斗每面都刻一个星君，身边分别伴着龙、牛、狗和山羊，代表了中国天文学中二十八宿中的神灵。

朱漆戗金彩绘婴戏图方胜盒

年　代：明嘉靖

尺　寸：高16.5厘米，宽32.4厘米，直径32.7厘米

收藏地：东京国立博物馆

入藏号：TH–510

天覆地式，菱形压角相迭，造型独特。通体髹朱漆，雕刻出游龙、仙鹤、祥云、海涛、瑞花及八吉祥等纹案装饰，盒面上则是庭院婴戏图，表现了两组小孩玩陀螺的场景。纹饰轮廓用戗金技法装饰，内填以绿、褐、黑等漆色，整体呈现出华丽大气的风格。这种装饰风格在日本被称为“存星”。

方胜的形式是中国传统寓意纹样，最早是首饰的一种，因重叠相连的外观被赋予“同心双合，彼此相通”的吉祥含义。除道教中常见的吉祥图案外，盒面的婴戏图也蕴含了多子多孙、子孙繁荣的美好心愿。

大明嘉靖年製

剔红龙纹多屉箱

年　代：明万历

尺　寸：通高40.8厘米，长38.1厘米，宽34.5厘米

收藏地：美国克利夫兰艺术博物馆

入藏号：1961.420

长方体，立式，通体髹朱漆，四层十屉，屉面满雕海水崖纹戏珠龙纹。箱两侧开光雕头尾两对的两条花间龙，屉面及侧面均正中嵌铜把手，便于抽拉。箱底部雕各种吉祥边饰，寓意美好。此屉箱破损明显，外观上有些左低右高。

朱漆戗金彩绘行龙瑞兽纹盘

年　代：明万历

尺　寸：高3.4厘米，直径16.2厘米

收藏地：东京国立博物馆

入藏号：TH–503

敞口，弧腹，平底，浅圈足。整器髹朱漆，上以戗金勾菱格纹，万字纹填充；再以黑、红、黄、赭色漆，在盘内外装饰各种瑞兽及花卉等。漆色纯正，勾画细腻，是明朝后期宫廷典雅之作。

黑漆嵌螺钿游园赏乐图菱形盘

年　代：明晚期

尺　寸：高2.9厘米，长28.6厘米，宽21.6厘米

收藏地：美国大都会艺术博物馆

入藏号：2015.500.1.58

倭角，花菱形，弧形沿。内外壁髹黑漆，以钱纹为底，对称开光，内螺钿镶嵌对称松鼠果实纹。盘内底螺钿镶嵌亭台、柳石、田园为景，亭内三仙女围桌而坐，一人抚琴，一人吹竽，一人击拍。台阶下，雅致的庭园景色内，驻足倾听的老者和随从仰慕而望，一童子抱琴疾走，一童子逗狗嬉戏。

螺钿以色彩变化多样为贵，以镶嵌致密为佳。本件菱形盘所饰内容丰富，层次清晰，色彩典雅绚丽，极富意趣。

黑漆嵌螺钿山水图方斗

年　代：清康熙

尺　寸：直径6.1厘米

收藏地：英国维多利亚与阿尔伯特博物馆

入藏号：FE.75-1974

侈口，斜深腹，平底。方斗内里包金，外壁施黑漆，四面锦地开光，装饰嵌螺钿山水人物通景图，图案疏朗有致，清新典雅，人物的衣纹五官、湖石、树木等选择不同色彩的螺钿来表现，在黑漆地的衬托下，更显得流光溢彩，美不胜收。

嵌螺钿漆器自明代晚期开始流行，可分为厚螺钿和薄螺钿两种。此件属于薄螺钿，又称“软螺钿”，选珍珠贝、夜光螺等各种优质贝类，择其色彩绚丽、质地坚韧的切割成各种形状，根据图案造型和色彩的需要分类备用。

朱漆菊瓣式盒

年　代：清乾隆

尺　寸：高10.8厘米，直径24.4厘米

收藏地：英国不利颠博物馆

入藏号：1974,0226.55

薄木胎，呈菊花瓣形，通体髹朱漆，外底髹黑漆，刀刻填金隶书乾隆皇帝御制的《咏朱漆菊花盒》诗一首："髹作法前明，踵增制越精。攒英如菊秀，一朵比花轻。把手初无觉，映心似有情。设云十人谏，惭愧不期生。"末署"丁酉新正月中瀚御题"及"几暇怡情"印章款。底中部有"大清乾隆年制"篆书款。"丁酉"是乾隆四十二年，即1777年。

此盒采用夹纻胎技法制成。夹纻胎又称"脱胎"，用漆或漆灰将若干层布糊褙在一起，最后在麻布壳上髹漆，具有坚实轻巧的特点。乾隆帝在诗里夸它比一朵菊花还轻，非常适合把玩。

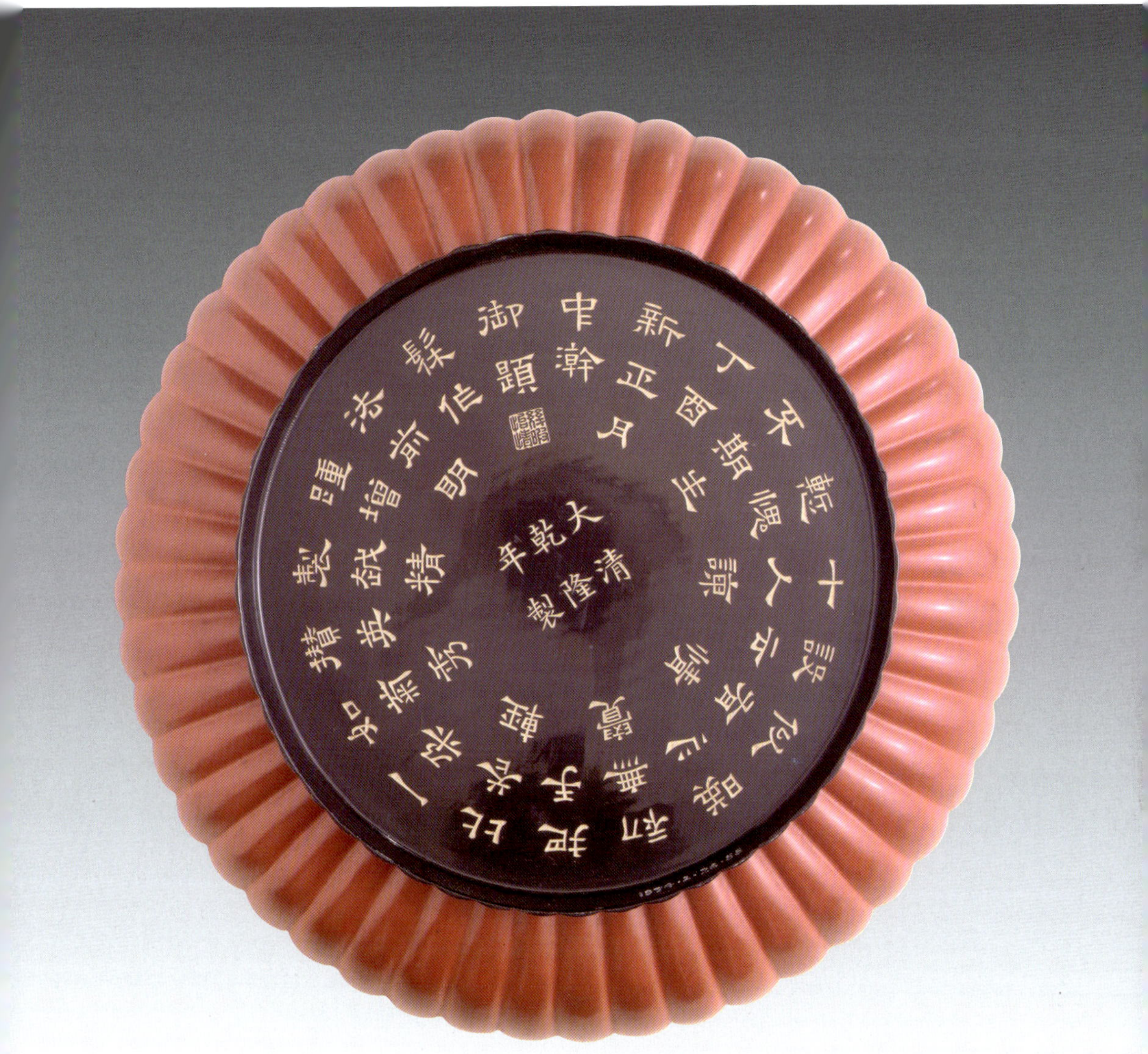
大清乾隆年製

剔红云龙纹多穆壶（一对）

年　代：清乾隆

尺　寸：高51.6厘米，直径23厘米

收藏地：英国不利颠博物馆

入藏号：1958,0729.3-4

圆筒形，圆纽盖，兽吞流，扁制龙形提手。通体髹朱漆，自上而下装饰云龙纹和锦纹，中间以鎏金铜圈相隔。色彩艳丽，造型秀丽，纹饰流畅，雕工精巧。

“多穆”原意为盛酥油的桶，是西藏人拌、盛酥油茶的器皿。酥油茶在西藏很受欢迎，明清时期，由于朝廷对西藏及藏传佛教的重视，许多具有西藏民族特色的器物开始进入宫廷，多穆壶即是一例。具有浓郁民族风格的多穆壶体现了清朝多民族团结的主题。

剔彩万岁长春漆盘

年　代：清乾隆

尺　寸：直径36.8厘米

收藏地：美国大都会艺术博物馆

入藏号：2015.500.1.92

这件色彩浓厚、层次复杂的剔彩万岁长春漆盘是乾隆时期的雕漆代表之作。敞口，弧壁，平底，浅圈足。通体髹黑漆，采用剔彩手法层次复杂地把红、绿、黑三种漆色，装饰得炫丽多彩。盘内正中，在朵朵祥云和蝙蝠围绕之中，团“寿”字端正，“万岁长春”四字对称环绕。盘内外口沿的花朵和果实亦象征了长寿之意。由此可以推测，这件色鲜红润的漆盘很有可能是用来赠送和展示寿诞礼品的托盘。

剔彩春寿宝盒

年　代：清乾隆

尺　寸：直径33.7厘米

收藏地：美国大都会艺术博物馆

入藏号：2015.500.1.93a,b

春寿宝盒是皇宫内用来盛放点心的盒子，形制正圆，盖面雕“春”字，字中端坐寿星，旁边衬有松柏，蝙蝠和梅花鹿等，寓意“长春不老，寿与天齐”。此盒“春”字两侧，饰有云龙纹，下方为散发宝光的聚宝盒，里面放满了象牙、犀角、珊瑚、古钱、银锭等各式珍宝。盒盖和器身的外壁各有四组开光，开光之内雕高人逸士的故事，分别是渊明爱菊、羲之爱鹅、太白醉酒和米颠拜石。

家具

明清时期是中国古典家具发展的巅峰时期，用材考究、做工精细、种类繁多是明清家具的典型特征。这一时期，家具不仅仅是工匠技艺的体现，更是文人生活艺术的体现，大量文人参与到家具的制作当中，让明清家具成为中国文化的一个独特种类，在世界家具中独树一帜。

花黎龙骨与香楠，良贾工操术四三。
争似海中求饮木，茶禅如向赵州参。

——程秉剑《琼州杂事诗》

黄花梨交杌

年　代：明

尺　寸：长46.5厘米，高23.8厘米

收藏地：美国明尼阿波利斯艺术博物馆

入藏号：95.77

黄花梨材质，由八根直材构成，杌面是绳索编屉，腿足相交，下带踏床。交杌座面横材浮雕卷花纹，杌足与构件交接处，均包裹花瓣头铜饰件以加强稳固性。

交杌俗称“马扎”，汉代由北方和西部游牧部落引入。可以折叠，在携带、收纳上都比较方便，因此一直沿用至今，到现代还是人们外出游玩常备的小家件。

黄花梨木滚脚凳

年　代：明

尺　寸：高16.83厘米，长59.85厘米，宽32.07厘米

收藏地：美国明尼阿波利斯艺术博物馆

入藏号：96.120.2

黄花梨材质，束腰，短腿，四足似马蹄内翻，脚踏面上安装四根光滑短滚轴。滚凳属脚踏的一种特殊类型。明万历年间，人们将养生术与脚凳结合起来，制成以脚心来回压转活轴、起到按摩脚心穴位作用的滚脚凳。脚踏面上的滚轴最少一对，最多三对。

黄花梨瓜棱式坐墩（一对）

年　代：明

尺　寸：高41.3厘米，直径35.56厘米

收藏地：美国明尼阿波利斯艺术博物馆

入藏号：97.89.2

黄花梨材质，墩面圆形，鼓腹，敛底，四短足。坐墩造成瓜棱的样式，整体外实中空。与传统采用开光与加鼓钉的方式不同，此坐墩光素无纹，靠黄花梨本身的纹理取胜，透着天然古雅之趣。

黄花梨交椅

年　代：明

尺　寸：高104.62厘米，长76.52 厘米，宽76.2厘米

收藏地：美国明尼阿波利斯艺术博物馆

入藏号：98.80.3

黄花梨材质，靠背板雕如意云头纹，为明代家具最常用的图案之一。椅扶手推弯转处由云纹角牙填塞支撑，椅面软屉以丝绳编成。下有踏床，镶嵌银面镂雕吉祥图案。各构件交接处均用银饰件加固。

交椅因两腿交叉，可以折叠，方便携带和存放，成为皇室贵族或官宦大绅们外出巡游、狩猎必不可少的休息用具，因此交椅也成为身份的象征。在口语中，“第一把交椅”就暗指某人地位居首。

黄花梨四出头官帽椅（一对）

年　代：明

尺　寸：高110.17厘米，底长60.33 厘米，底宽48.26厘米

收藏地：美国明尼阿波利斯艺术博物馆

入藏号：98.78.2.1

黄花梨材质，通体光素无纹，搭脑曲线流畅，扶手曲中有直，与搭脑和谐统一。搭脑即位于椅子最上端的横梁。此对椅子色泽红润，纹理美丽，造型虽简练，却法度严谨，比例适度。所谓“四出头”，是指椅子搭脑两端出头，左右扶手前端出头，因形状似明代官员所戴官帽，又称“官帽椅”，常用来作为严肃场合的正式座椅。

黄花梨罗汉榻

年　代：明

尺　寸：高86.01厘米，长217.81厘米，宽118.11厘米

收藏地：美国明尼阿波利斯艺术博物馆

入藏号：98.78.1A-D

黄花梨材质，三屏风式，软屉席面，通体光素。三面围子均由独板制成，可拆卸，正面围子略高，具典型的明式家具风格。束腰，四足内弯，线条简约利落。

罗汉榻因束腰且牙条中部较宽，像罗汉的肚皮而称。也有说是因相传最早是僧人坐禅所用。罗汉榻可坐可卧，上面亦可以放几，两边可铺设坐褥或隐枕，也可配长脚凳，是中国古代用以休息和待客的家具。

黄花梨六柱式架子床

年　代：明

尺　寸：高227.97厘米，长233.05厘米，宽170.18厘米

收藏地：美国明尼阿波利斯艺术博物馆

入藏号：96.11.1A–EE

黄花梨材质，由床罩和床身两部分组成，床面格角榫攒边装软屉。架子床四周挂檐，镶透雕连续几何纹长板，下面围子透雕卍字纹与如意云头纹组成的吉祥图案，床身束腰，下承四足内弯脚。卍字纹既是佛教的吉祥标志，又与无穷大相联系，常被用来表达欲求富裕或多子多孙之愿。

六柱式架子床由床体设有六根柱子而得名，主要为睡眠安歇之用，多放于内室。

黄花梨镜台

年　代：明

尺　寸：高80.01厘米，长53.02厘米，宽33.97厘米

收藏地：美国明尼阿波利斯艺术博物馆

入藏号：94.8A-R

黄花梨材质，宝座式镜台，搭脑圆雕龙头，五座屏，中扇最高，两侧低，向前兜转。屏心嵌装透雕龙凤穿花纹绦环板。台面四周有望柱栏杆，两边镶透雕缠枝莲绦环板，正面镶透雕麒麟纹绦环板。前四个柱头浮雕龙纹，后两个为莲台样。镜台设抽屉五具，屉面浮雕双凤纹，栩栩如生，配精致铜拍子。壶门式云头牙板。整个镜台奢华大气,雕工复杂精细，用材珍贵，是明代家具中的精品。

镜台是古代女子的梳妆台，也是贵族女子出嫁的必备嫁妆。社会阶层决定了镜台制作的繁复和华美程度，龙凤纹样的使用表明这件黄花梨镜台当属皇室所用。

黄花梨圆角柜

年　代：明

尺　寸：高120.2厘米，底长72.4厘米，底宽42.5厘米

收藏地：美国明尼阿波利斯艺术博物馆

入藏号：94.60

黄花梨材质，呈上窄下宽状，侧脚显著，柜顶起线，喷出柜帽。两扇独板镶装的对开大门，铜合页铰接，四条直腿，底枨两侧和前面装牙条。整体朴素无纹，以黄花梨天然的纹理和色泽取胜。

圆角柜又称面条柜，是流行于明晚期的一种家具样式，设计十分经典。但因为两个面条柜摆放在一起时会产生空隙，很不美观，分开摆放占用空间较大，因此进入清朝后就渐渐不再流行。

黄花梨玫瑰椅

年　代：清

尺　寸：高79.54厘米，长51.6厘米，宽38.58厘米

收藏地：美国明尼阿波利斯艺术博物馆

入藏号：95.32.1

黄花梨材质，搭脑与扶手均为圆角，靠背及扶手两侧透雕如意云头纹，藤编软屉，罗锅枨上配花形矮佬。管脚枨两侧高，前后低。

玫瑰椅又称“南官帽椅”，为南方制作，搭脑左右与扶手前端不出挑，是各种椅子中较小的一种，起源于宋代，流行于明清。因轻巧美观，易于搬动，多放置于闺房之内，又被称为“小姐椅”。

黄花梨云龙纹炕桌

年　代：明末清初

尺　寸：高29厘米，长97.2厘米，宽69.2厘米

收藏地：美国克利夫兰艺术博物馆

入藏号：1964.228

黄花梨材制，纹理美观。冰盘沿，素坑面攒框而成，边抹相交处有錾刻花纹的铜活加固。直束腰，壶门式牙板透雕灵芝龙纹，弧线圆转自如，雕工手法娴熟。三弯腿，四腿与牙板处饰虎纹，足下刻虎爪抓珠。炕桌整体选料精美，线条有力，于硬朗中见柔和，是一件上乘之作。

髹漆宝座

年　代：清乾隆

尺　寸：高125.1厘米，长163.83厘米，宽106.05厘米

收藏地：美国明尼阿波利斯艺术博物馆

入藏号：93.32A–D

此宝座为五屏式座围，由背板三扇、扶手二扇组成围子，中间高两边低，依次阶梯式降低。靠背搭脑及扶手透雕吉祥花纹，居中嵌团凤捧寿纹，工艺精细，线条挺拔。平整、光滑的椅面做工精细，金漆绘海水龙纹，群龙飞腾，气势磅礴。椅腿粗壮，外翻兽足，下承托泥。此宝座用料大气，取材厚实，纹饰均用金漆绘制，富丽奢华，充满了高贵脱俗的气质。

黄花梨平顶官皮箱

年　代：清

尺　寸：高40.7厘米，长41.3厘米，宽35.6厘米

收藏地：美国克利夫兰艺术博物馆

入藏号：1982.117

黄花梨材制，方角柜式箱，平顶，对开门，方形吊牌，两侧有铜提手。盖顶包铜角，正面镶圆形面叶，如意云头纹锁饰，顶盖掀起后，为一层长方形平整储物空间，由合页连接盒身，其下为三层与盒身等宽的抽屉，长短、宽窄不一，共有五个，由上而下为一三一排列。四足下端包铜条，增加稳固性，底为矮扁蹄足状。黄花梨纹理清晰美观。

官皮箱一般由箱体、箱盖和箱座组成，由宋代镜箱演变而来，非官用，亦非皮制，是明清时比较流行的家居实用器物，用来装贵重物品或文书，如文件、契约、账册、细软等。

木角器
竹牙匏

在中国古代工艺艺术门类中，大如丹青书法自不必论，一些小型器物的制作上，也是艺术精湛，造型独特，成为中国所独有的艺术品类。此类小件在收藏界被称为杂项或竹木牙角匏器，指的就是竹雕、木雕、象牙雕、犀角雕和葫芦等器物，它们共同组成了中国工艺美术的精彩篇章。

嶰谷灵根几百年，自然成质谢雕镌。
近陈棐几平而妥，列贮霜毫静以便。
豹变留文疑雾后，龙形写叶忆风前。
摛词定有凌云概，元气淋漓个里全。

——清乾隆《题竹根笔筒》

濮仲谦款竹雕松下高士图摆件

年　代：明

尺　寸：高9.5厘米

收藏地：美国克利夫兰艺术博物馆

入藏号：1977.8

此摆件以精致的手法雕刻了一位高士坐于松树之下，仰首眯眼，面带微笑，似有所悟而心怀喜悦。旁边刻“中谦”字与印，即指明末竹刻画　家濮仲谦。濮氏的雕刻风格于简率中见朴拙，非常独特，这与他重视选材，随形施刻是分不开的。清代金元钰《竹人录》将濮氏列为与“嘉定派”并称的“金陵派”的创始人。

朱三松款高士图竹雕香筒

年　代：明晚期

尺　寸：高17.8厘米

收藏地：美国大都会艺术博物馆

入藏号：1995.271

香筒是古时富贵人家必不可少的一种室内用具，将特制的香料或是香花放入香筒内，香料燃烧后香气便从筒壁、筒盖的气孔中溢出，达到净化空气的目的。该笔筒形制小巧，包浆古朴亮丽，镂雕山水之间，松月之下，苏东坡与佛印禅师交谈的场景，其乐融融的气息扑面而来。

筒身上刻“朱三松制”。朱三松，名稚徵，号三松，江苏嘉定（今属上海）人。出自中国明代竹刻世家，多以文学作品为题，与其祖父朱松邻、父亲朱缨被人们称为“嘉定三朱”。

竹雕松纹杯

年　代：明晚期

尺　寸：高10.3厘米，直径11.7厘米

收藏地：英国维多利亚与阿尔伯特博物馆

入藏号：FE.4–1970

椭圆柱体杯身形似一棵松树的树干，用浮雕方式雕刻两种完全不同的松枝，一边是枯枝，光秃无叶；另一边是枝叶繁茂，生机勃勃地环绕杯身，杯口外撇，削得很薄。整个松纹杯形制古朴可爱，充满野趣。

张希黄款留青竹刻《醉翁亭记》诗意图笔筒

年　代：明晚期

尺　寸：高13.4厘米

收藏地：美国大都会艺术博物馆

入藏号：1994.208

留青，又称皮雕，是用竹子表面一层青皮雕刻图案，铲去图案以外的竹青，露出竹青下面的竹肌，让整个雕刻图形产生图层变化的竹刻艺术。此笔筒以欧阳修的《醉翁亭记》取意，布局深邃高远，亭台楼阁，重檐歇山，奇峰俊树，无一不精。上方空白处刻原文，款“希黄”两字及印。整幅作品融诗、书、画、印于一体，蕴含着高超的界画技巧。

张希黄，明末著名竹刻家，被后人誉为“留青”竹刻第一高手。他是留青阳文的创始者，他最擅长根据竹皮层留下面积的多少来体现画面深浅浓淡变化，从而获得水墨之分五色、绚烂成晕的艺术效果。

竹雕松树纹水丞

年　代：明末清初

尺　寸：高5.08厘米

收藏地：洛杉矶艺术博物馆

入藏号：M.81.33

水丞随形雕刻，主体略呈椭圆柱体，口沿去地浮雕水纹，使其似树桩内积水而形成，富有创意。器身一侧镂雕松枝，繁盛的松针层叠伸展，蔓延于口沿，充满了自然之趣。

顾珏竹雕《醉翁亭记》笔筒

年　代：清康熙

尺　寸：高17.8厘米

收藏地：美国大都会艺术博物馆

入藏号：1994.382

欧阳修名篇《醉翁亭记》创作于宋仁宗庆历五年（1045 年），当时欧阳修被贬到安徽滁州做太守。这个笔筒以娴熟的深刻与镂雕之艺，展示了醉翁亭的秀丽环境和自然风光，勾勒出一幅太守与民同乐的图画，抒发了作者贬谪后随遇而安心情。

顾珏，字宗玉，上海嘉定人，清初竹刻大家。清康雍乾时期是竹刻艺术发展的鼎盛时期。顾珏一反明朝浑朴古拙的风格，以刻露精深，巧穷毫发为特色，自成一格，独领风骚。

留青竹刻山水图臂搁

年　代：清乾隆

尺　寸：长20.8厘米

收藏地：美国大都会艺术博物馆

入藏号：58.64.2

矩形，覆瓦式，以留青技法为主刻出崇山峻岭，亭台楼阁，小桥流水，虬松巉岩。技法娴熟，意境深远。

古人书写习惯是竖着从右到左，从上到下。当另起一行时，通常会在纸上的最后一行加上一个臂搁，这样写好的字就不会被手腕或袖子弄脏。臂搁又称“秘阁”或“手枕”，是明清时期文人案头之物，分实用与赏玩两类，完美体现了竹刻艺术“素雅而精致”的风格。

竹雕仿古提梁卣

年　代：清乾隆

尺　寸：高24.3厘米，底径12.8厘米

收藏地：英国维多利亚与阿尔伯特博物馆

入藏号：202:1-1885

竹雕，穹形盖，乳状纽，圆腹下垂，高圈足外撇。颈部两侧兽首耳，上系绳纹提梁。器四面出戟，通体以雷纹为底，上浮雕饕餮纹和动物纹，惟妙惟肖。

竹雕制品中仿青铜鼎器是一大品类。清乾隆时内廷搜集所藏青铜器，仿古之风盛行，多见巧思，通常以毕肖古铜器为能事，鼎、卣、尊、壶，无所不备，技艺皆达到极致。

竹根雕仙山高士图山子

年　代：清乾隆

尺　寸：高25厘米

收藏地：英国不列颠博物馆

入藏号：1943,0215.30

整个竹根，采用深浅浮雕、镂雕等技法施艺，雕成一山子摆件，刻工娴熟，工艺卓绝，色泽深沉，包浆温润。通身雕山水人物，山石层叠，松竹茂盛。人物众多，老者小童，神态各异，相得益彰。层次虽繁密，但布局合理，展现了一派世外桃源之景。

汪士鋐款黄花梨笔筒

年　代：清康熙

尺　寸：不详

收藏地：美国大都会艺术博物馆

入藏号：2015.500.6.31

敞口，圆腹，形制典雅。笔筒光素无纹，以黄花梨特有的自然纹理取胜，于素雅中透显出文雅之气。外壁刻元朝贡师泰殿试放榜后所作诗句：春风驰道入宫墙，青琐深沈引夕郎。草染绿波生太液，花扶红日上披香。声名已重千金璧，恩宠方隆七宝床。治世斯文今极盛，九天星斗自成章。丙申腊月廿六日，汪士鋐。

汪士鋐（1658—1723年），字文升，号退谷，又号秋泉居士，长洲（今江苏苏州）人。清康熙年间会元，书法为一绝，家中收藏古籍上万卷。

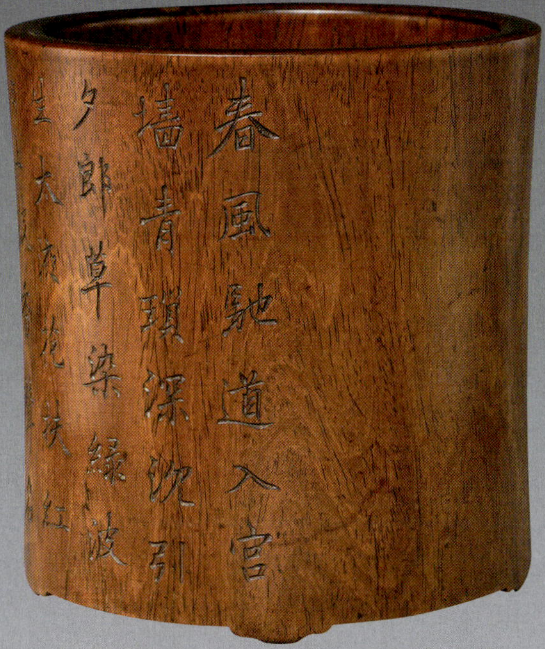
春風馳道入宮
墻青瑣深沈引
夕郎草染綠波

世斯文今極盛
九天星斗自成
章

木雕白菜香插

年　代：清乾隆

尺　寸：高13.9厘米

收藏地：美国克利夫兰艺术博物馆

入藏号：1966.376

香插作倒立的白菜形，镂雕带孔菜叶四重，外层翻下的一片菜叶上伏着一只黝黑发亮的甲虫，似点出了菜叶布满孔洞的来历。一侧浮雕活环坠缨络，上串铜钱。通体刀法深峭稳定，可略窥乾隆朝木雕匠工造诣之一斑。

黄杨木雕灵芝如意

年　代：清

尺　寸：高38.1厘米

收藏地：美国克利夫兰艺术博物馆

入藏号：1970.155

产自我国南方的黄杨木，是清代地方官员进贡的木雕中必不可少的，尤以如意形为常。此如意柄似灵芝枝杈盘踞，头部阴刻呈天然灵芝，造型美观，木质柔韧细密，色泽深黄，为清代木雕如意精品之作。

灵芝自古被人们视为“仙草”，其菌盖表面有一轮轮云状环纹，被称为“瑞征”或“庆云”，是吉祥的象征。明、清时期，以灵芝造型为主的如意被赋予吉祥驱邪的涵义，更为富贵人家乃至帝王所青睐，成为承载祈福去灾美好愿望的贵重之物。

瘿木雕笔筒

年　代：清

尺　寸：高16.5厘米，直径18厘米

收藏地：英国维多利亚与阿尔伯特博物馆

入藏号：FE.11–1979

笔筒取天然桩形瘿木整料挖膛制成，外观呈黑红色，随形而作，表面抛光精湛。筒外壁瘿结累累，纹理蜿蜒，凹凸不平，奇趣自然，具有极强的观赏价值。

瘿木泛指所有长有结疤的树木，结疤也称为“瘿结”，瘿结有大有小，大多生在树根部，为一种天然的病态美。该笔筒取瘿木自然之态，用简单工艺将一段树干造化成文人清玩，体现了工匠饰物于无形的高超技艺。

红木雕山形笔架

年　代：清

尺　寸：高7厘米，宽12.5厘米

收藏地：英国维多利亚与阿尔伯特博物馆

入藏号：FE.87:1–1983

红木制，笔架随形雕琢，山峰扭曲变形，山峰中部漏透，极富天趣。笔架下有一红木底座。笔架是中国传统文房常用器具之一，置笔之用，以山峰形为常见。清时形状逐渐多样化，除传统山形笔架外，还有象生形和天然物形笔架。

牙雕饕餮纹柄形器

年　代：商

尺　寸：长24厘米

收藏地：英国不利颠博物馆

入藏号：1945,1017.216

略呈长方体，两侧出扉，上以饕餮为主饰，雕工精细，线条流畅。商朝时牙雕工艺水平很高，更注重技艺的运用，熟练的浅浮雕作品精美异常。

象牙雕华严三圣像

年　代：南宋

尺　寸：高23.5厘米

收藏地：美国大都会艺术博物馆

入藏号：34.26.1a.b –3a.b

这组精美逼真的雕塑是用猛犸象牙而不是普通象牙制作而成。它以《华严经》为基础，描绘了毗卢舍那佛、普贤菩萨、文殊菩萨三圣佛像。中间跏趺坐于麒麟之上、垂眼含笑的毗卢舍那佛是佛教创始人释迦牟尼的法身，左边普贤菩萨手持如意，坐骑是六牙大象，右边文殊菩萨（头已失）手持宝剑，坐于雄狮之上。

起源于非洲的猛犸象是世界上最大的象，约于公元前2000年灭绝。目前猛犸象的门牙大多钙化或石化了很长时间，非常稀有。用猛犸象象牙雕刻的作品极具珍贵，这一组三件实为罕见，是难得一见的佛教艺术珍宝。

象牙雕螭纹圆牌

年　代：元末明初

尺　寸：高25.7厘米，直径11.6厘米

收藏地：美国大都会艺术博物馆

入藏号：19.190a,b

此牙雕可作为摆件或屏风上的镶嵌物，背面光滑，正面云纹为地，浮雕两大两小四条螭纹，双耳短小，束发飘扬，长尾或分叉内卷，巧妙团在一起，犹如一家。

螭纹是典型的古代传统装饰纹样之一，与龙纹接近，头部较小，没有鳞片。最早见于商周的青铜器上，春秋后多用于玉器之上。雕于象牙且如此精致的，并不多见。

也失藏卜象牙印

年　代：明永乐

尺　寸：高7厘米，边长4.3厘米

收藏地：美国大都会艺术博物馆

入藏号：1994.56

印纽为一供于仰覆莲台上的法轮，印台左侧有题记一行：“赐剌麻也失藏卜”，右侧有“永乐二十二年三月 日”。“剌麻”是藏语的音译，今译为“喇嘛”，是藏族或蒙古族对藏传佛教僧侣的尊称，意为上人、师傅。此印为1424年明永乐帝朱棣赐给高僧也失藏卜的印。印文为汉文篆书“清修妙缘”四字。

永樂二十二年三月 日
賜剌麻也失藏卜

牙雕钟离权像

年　代：明万历

尺　寸：高7厘米，边长4.3厘米

收藏地：英国维多利亚与阿尔伯特博物馆

入藏号：FE.4–1977

牙质洁白，有光泽。雕八仙之中的钟离权，结发双髻，长髯袒腹，双手托仙扇于胸前，一灵龟爬于其上；宽袖长袍和松大的裤子凸显了他的洒脱本性，赤裸的腰间仅用槲叶叠系，腰间右侧挂着一个葫芦。

钟离权生活于汉末魏晋时期，是中国道教派别之一全真道的祖师，后成为中国民间及道教传说中的八仙之一。

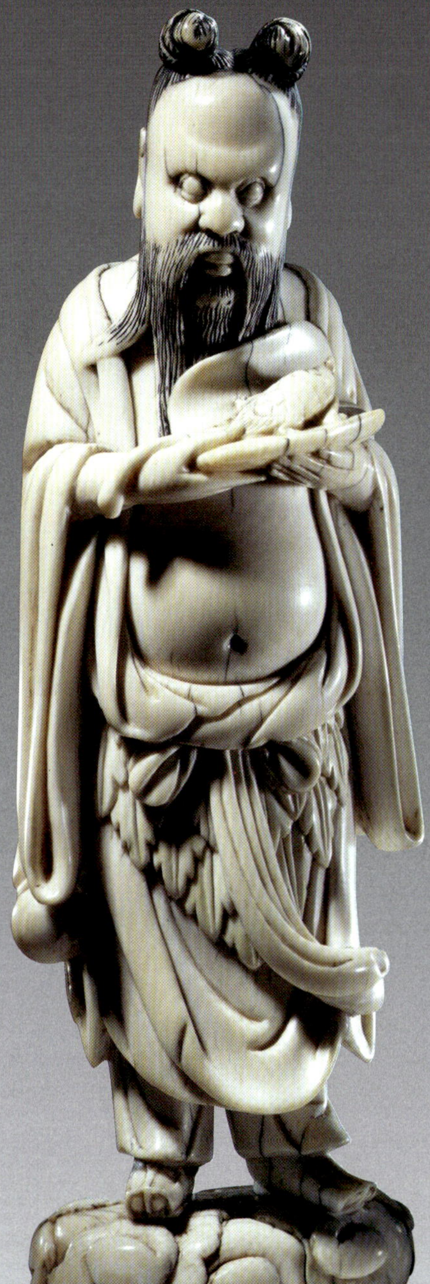

红木嵌象牙透雕麒麟纹座屏

年　代：明

尺　寸：高29.3厘米，宽31.2厘米

收藏地：英国不利颠博物馆

入藏号：2018,3005.282

带底座的立屏式红木制曲屏风，三拼而成，上镶嵌大小10块透雕象牙牌，8块上雕麒麟纹，2块长方形象牙牌上透雕花卉纹。

麒麟，古代传说中的瑞兽，雄性称麒，雌性称麟。一般作马头、鹿角、麋身、龙鳞、牛尾。在古人眼里，它们主太平、长寿，是中国古代传说中的"四灵"之一。作为仁兽，麒麟纹在古代贵族用品的装饰中常常见到。

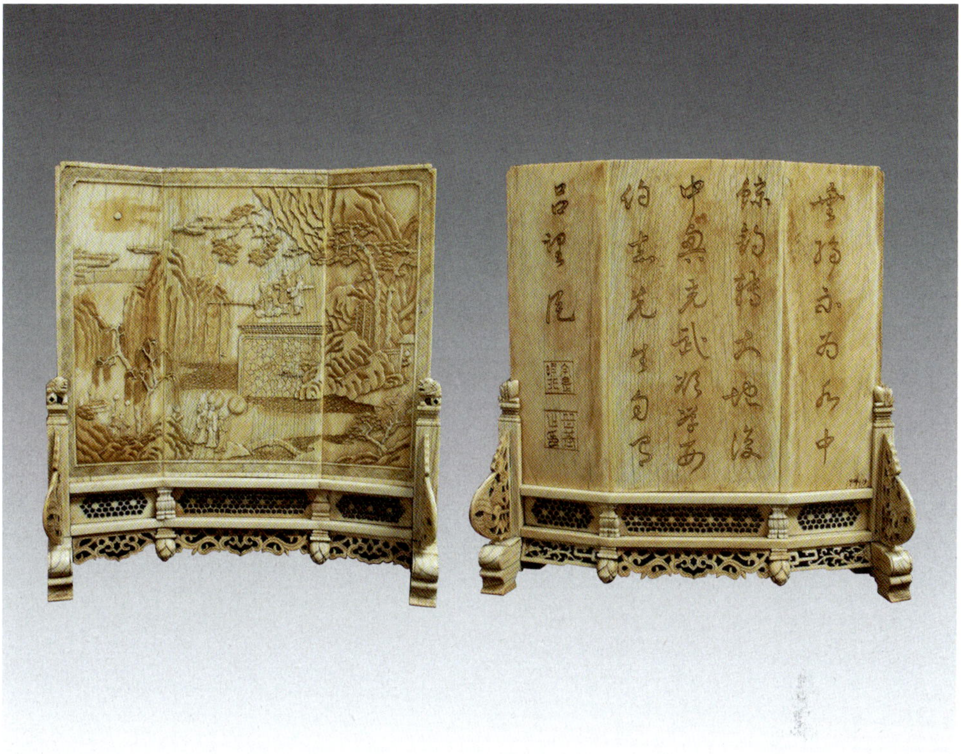

牙雕渭水访贤图座屏

年　代：明末清初

尺　寸：高27.8厘米，宽25厘米

收藏地：英国不利颠博物馆

入藏号：2018,3005.278.a–b

整座屏风全由象牙雕刻而成，正面浮雕描绘的是周文王拜访在渭水边隐居垂钓的姜太公，邀请他入朝辅政的故事。天清云淡下，远山近水，奇松怪石，小桥崖台，层次分明，意境非凡。姜太公的悠闲之情与周文王的求贤之心透过人物的动作与衣纹、透过画面清晰地传达了出来。

“渭水访贤图”寄托了古时文人得名君垂青，尽心辅佐成一代名臣的愿望，作为装饰纹样之一很常见。屏风横座档透雕花卉纹和如意云头纹，站牙之上的一对小狮子相向而望，活泼可爱。屏风背面草书刻“垂纶不为水中鲸，钓转大地复中兴。光武欲学西伯志，先生自有吕望从”七言绝句一首。刻“今是昨非”“册基之印”两枚。

犀角雕竹枝纹杯

年　代：明

尺　寸：高8.3厘米，口直径14厘米，底10.8厘米

收藏地：美国大都会艺术博物馆

入藏号：08.212.9

此杯敞口，敛腹，平底，色泽沉暗，古朴雅致。外壁一侧浮雕竹节一竿，斜弯向上，形成杯鋬。由它蔓延而出的细枝竹叶环绕杯身，直至内壁。高浮雕、镂雕及阴刻线装饰，刀法粗犷，技法灵活，纹饰分明。

犀角雕达摩像

年　代：明末清初

尺　寸：高10.8厘米

收藏地：美国大都会艺术博物馆

入藏号：2011.344

达摩为中国佛教禅宗创始人，相传为南印度人。在这件达摩坐像中，达摩隆额粗眉，虬髯浓密，高鼻大耳，一副与中原人不同的面貌。只见他双目低垂，宽袍拢袖，肃穆沉思中透了一股悲悯之相。整体雕刻工艺精绝，对人物神态及衣纹褶皱等细节的处理，流畅自然，极具功力。

此件犀雕色泽呈浅棕黄色，半透明，细润密实，人物形象非常丰满，保存得又非常完整，是不可多得的珍品。

犀角雕龙涛杯

年　代：清早期

尺　寸：高7厘米，直径11.1厘米

收藏地：美国大都会艺术博物馆

入藏号：2015.500.6.14

敞口，深腹，色泽如蜜，雅致非凡。一条穿行于海涛之中的巨龙是这件杯子的主题纹饰，它蜿蜒不断的身子巧妙地在杯壁与杯底时隐时现，龙头与前爪探出内壁，似在仰望。当杯中注满酒水时，犹如龙在水中探头，神奇之处让人惊叹。

犀角雕英雄合卺杯

年　代：清乾隆

尺　寸：高9.5厘米

收藏地：美国大都会艺术博物馆

入藏号：2015.500.6.15

此件取整块犀角雕制而成，色近琥珀，温润明媚。由两个圆腹圈足小杯联结而成，联结处镂雕一只脚踏奇熊的雄鹰，鹰兽面有耳，双翅开展；熊昂首俯卧，肌肉有力。杯口雕回纹一圈，杯身满布仿古青铜器的夔龙纹。

此类器物因雕有“鹰”“熊”谐音而常被称为“英雄杯”，又因两杯相连象征夫妇合体而被称为“合卺杯”，取其“永不分离”之意。

犀角雕花觚式杯

年　代：清

尺　寸：高22.5厘米

收藏地：英国不利颠博物馆

入藏号：OA+.1127

此件犀雕色呈浅褐，造型奇特。杯口外撇，杯壁外高浮雕锦葵、菊花花纹，花叶密实，层次清晰，形态逼真。杯座仿青铜器出戟花觚，装饰蕉叶纹和变形饕餮纹。刀法旷达有力，具有很强的立体感。

鹤鹿纹匏器

年　代：清康熙

尺　寸：高7.62厘米

收藏地：英国不利颠博物馆

入藏号：1953,0414.3.a

长蒂形顶，六角形制器身，上饰吉祥的鹤鹿等瑞兽。色泽如熟栗，有金属光泽。匏器又称葫芦器，是一种将天然美与人工匠意合为一体的传统工艺品。清代宫中范制匏器，始于康熙，康熙曾在瀛台的丰泽园内种植葫芦，并设专人管理。

匏器万寿纹帽架

年　代：清乾隆

尺　寸：高29.2厘米

收藏地：英国维多利亚与阿尔伯特博物馆

入藏号：FE.160-1975

葫芦帽架由多边形帽顶、帽轴和帽座三部分组成。帽顶正方体将8个角抹去，形成上下各4个三角形面、中间4个方形面的“八不正”造型。分别装饰花朵、丝带葫芦、桃实、万寿纹等，“乾隆赏玩”标记隐藏其中。六瓣花式覆底座，上饰如意云头纹，黑漆底面上饰镀金“六字大明咒”。

清初，乾隆比康熙更喜爱匏器，因此乾隆一朝宫廷内的匏器在工艺、种类、式样及纹饰各方面，都更加精进和多变，还成为赏赐王公贵族、外国使节的珍贵礼品。

匏器雕花葫芦盒

年　代：清

尺　寸：高30厘米

收藏地：英国不利颠博物馆

入藏号：As1895,1021.2

歪嘴葫芦形，表面浮雕葫芦枝叶，蔓延伸展，还结有小葫芦果实。叶脉清晰，枝蔓逼真，充满了勃勃生机。

匏制压纹山水图蟋蟀罐

年　代：清

尺　寸：高8.7厘米

收藏地：英国不利颠博物馆

入藏号：As1928,1020.3.a

蟋蟀罐作为养蟋、斗蟋的必备用具，明清时非常流行。此罐撇口，镶象牙，束颈，垂腹。葫芦形制规整线条优美，皮壳包浆色彩纯正。外雕山水图，松树高耸，山石峭峻，高士闲坐于小亭之内。工艺粗中有细，刀法娴熟。

书法

书法是中国文化和中国艺术的重要组成部分，是依附于汉字的一种艺术形式。人们依循汉字的结构规律，加以变化组合，造就了千姿百态的书法艺术，创造了不同面貌和情趣的美感。书法是中国土生土长的艺术，自汉字诞生以来，书法就应运而生，被誉为“无言的诗，无行的舞，无图的画，无声的乐。”

龙腾凤翥，若飞若惊。
电烻燿爥，离披烂熳。
翕如电布，曳若星流。
朱焰绿烟，乍合乍散。

——张怀瓘《书断》

丧乱二谢得示帖

年　代：东晋

书法家：王羲之

尺　寸：纵26.2厘米，横58.4厘米

收藏地：日本宫内厅三之丸尚藏馆

入藏号：无

王羲之（303—361年），字逸少，原籍琅邪郡临沂（今属山东），后迁居会稽郡山阴（今浙江绍兴），官拜右军将军，人称王右军，为名臣王导之侄。书法家，史称书圣，其书法师承卫夫人、钟繇，复因其王氏家族属于正一道世家，故其

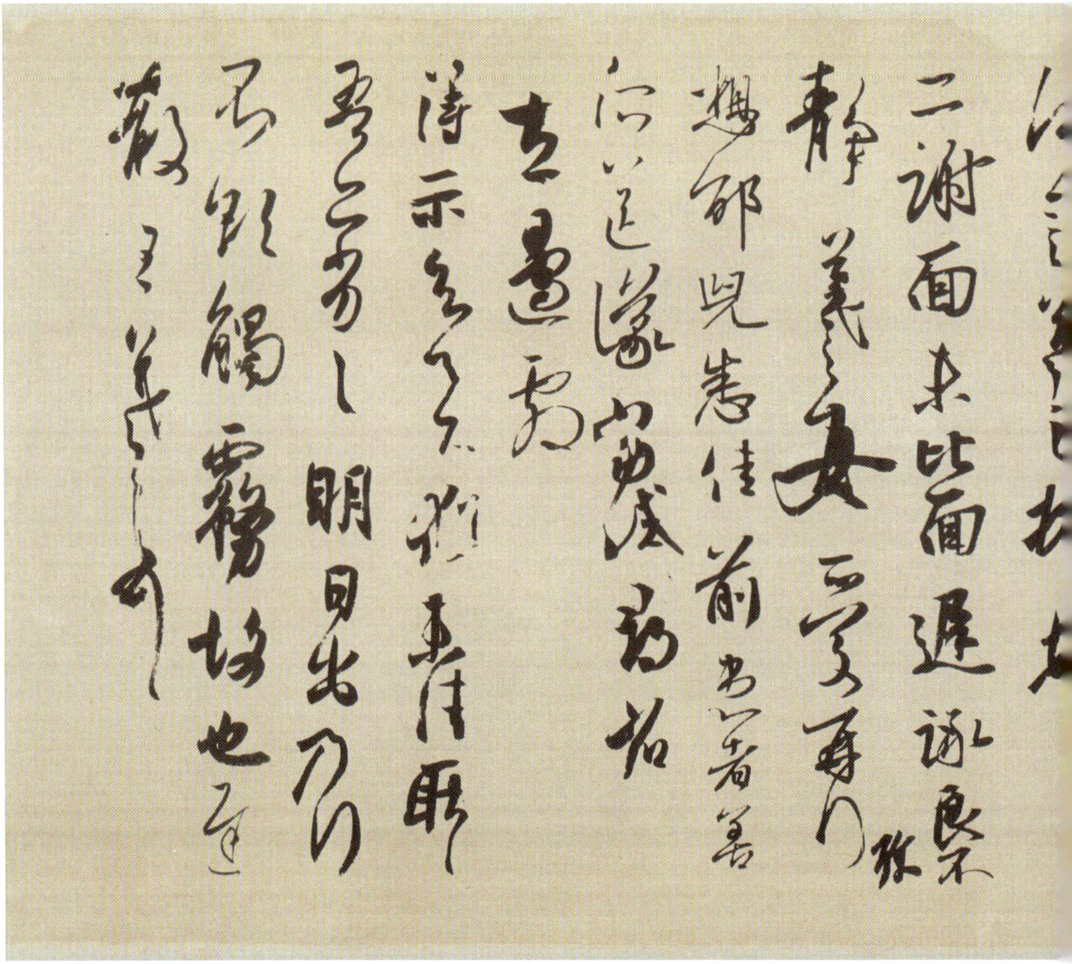

亦曾受录为正一道士，颇受正一符箓影响，而书法自然带有道家离尘脱俗之心、超然世外之念、飘逸欲仙之意，臻艺术巅峰之境。

《丧乱二谢得示帖》是唐代内府的双钩填墨摹本，奈良时期由遣唐使携入日本，本纸右端钤有日本桓武天皇的“延历敕定”朱文印。《丧乱帖》八行、《二谢帖》五行、《得示帖》四行，共一纸。此帖用笔挺劲，结体纵长，轻重缓疾极富变化，完全摆脱了隶书和章草的残余，成为十分纯粹的行草体。书写时先行后草，时行时草，可见其感情由压抑至激越的剧烈变化。

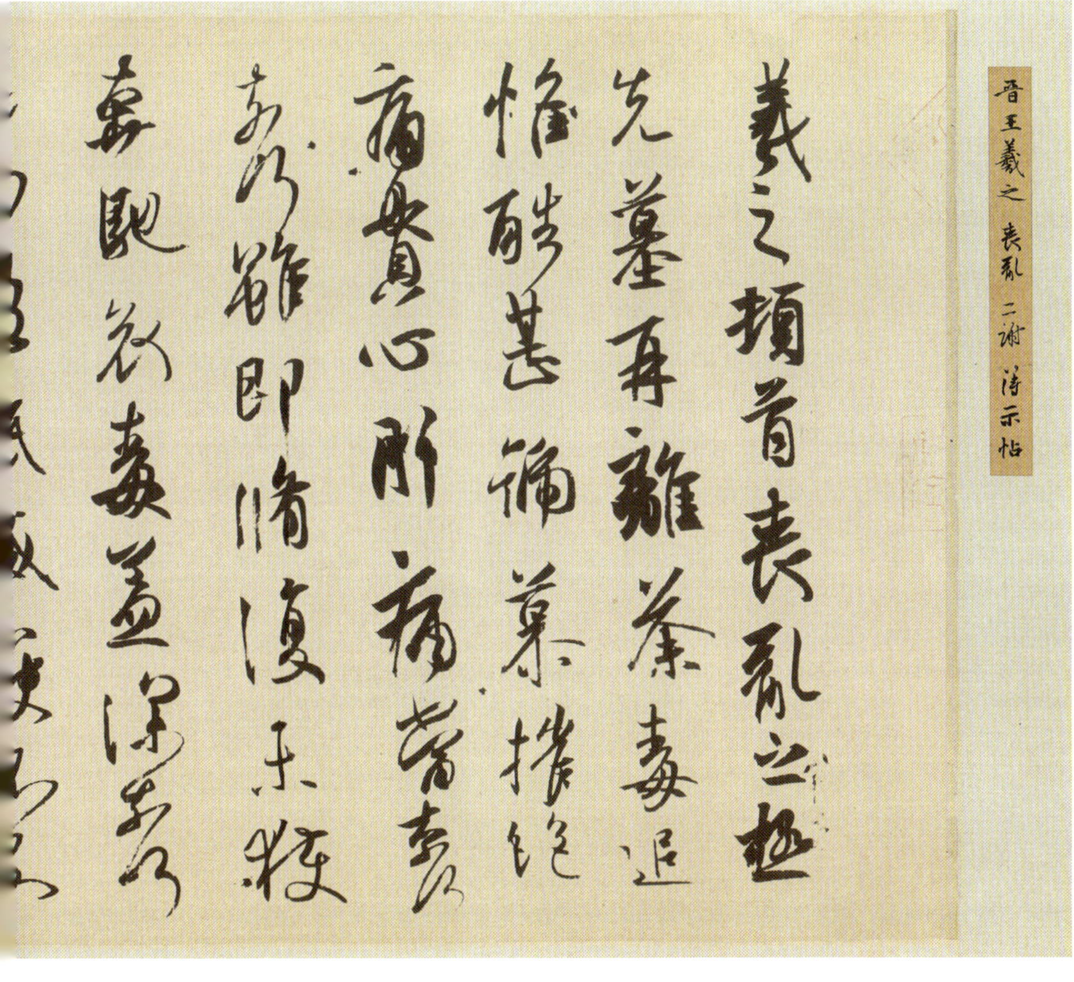

新妇地黄汤帖卷

年　代：东晋

书法家：王献之

尺　寸：纵25.3厘米，横24厘米

收藏地：日本东京书道博物馆

入藏号：无

王献之（344—386 年），字子敬，祖籍琅邪郡临沂县，王羲之第七子。官至中书令，人们为了区分同样官至中书令的王献之和他族弟，称他为王大令。王献之自幼聪明好学，在书法上专攻草书隶书，亦擅长绘画。他自小随父练习书法，胸有大志，后期兼取张芝，别为一体。他以行书和草书闻名，而楷书和隶书亦功底深厚，与其父并称“二王”。

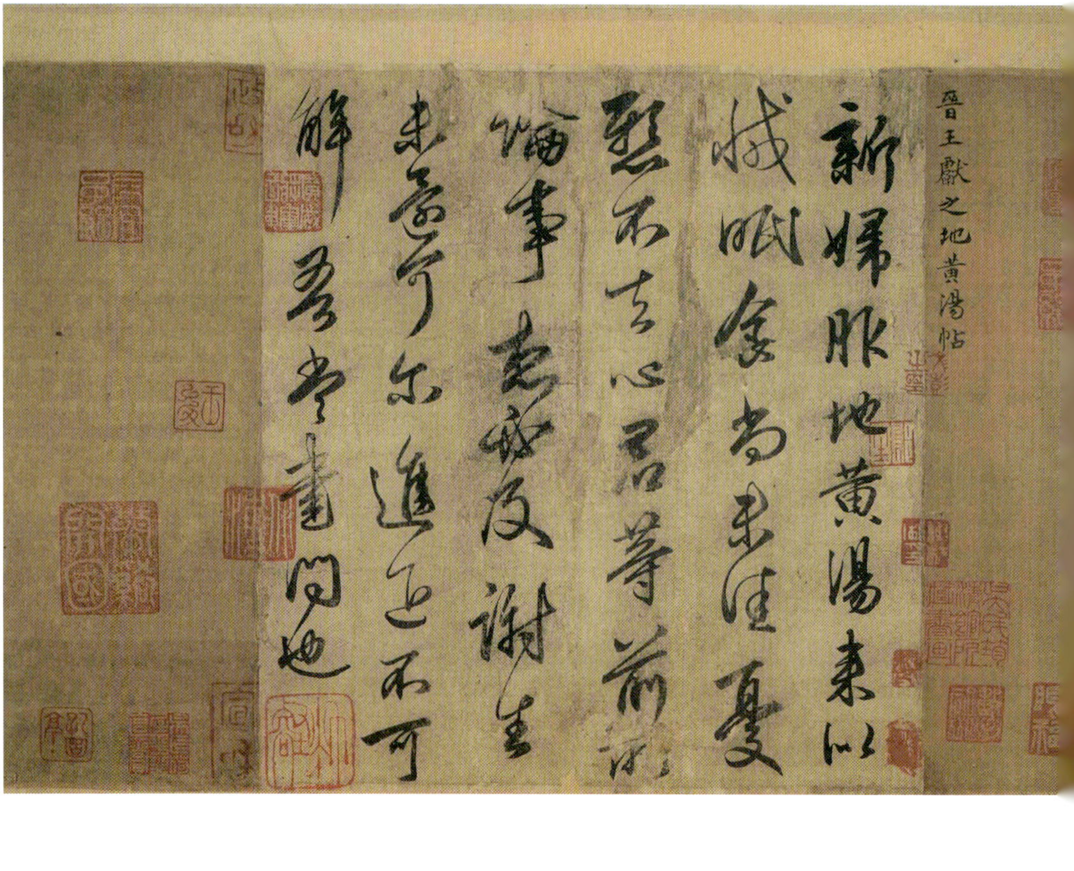

此《地黄汤帖》为唐摹本，全篇书风柔韧兼备，沉着轩昂，一气呵成。原珍藏于宋内府，高宗赵构题签。经宋贾似道，明代文征明、王宠、文彭，清代孙承泽、吴荣光、罗振玉递藏后，于明治四十四年（1911 年）十二月三日，通过文求堂归中村不折（1866—1943 年）所有。卷末有文彭、常生、成亲王、英和等六家观记题跋。

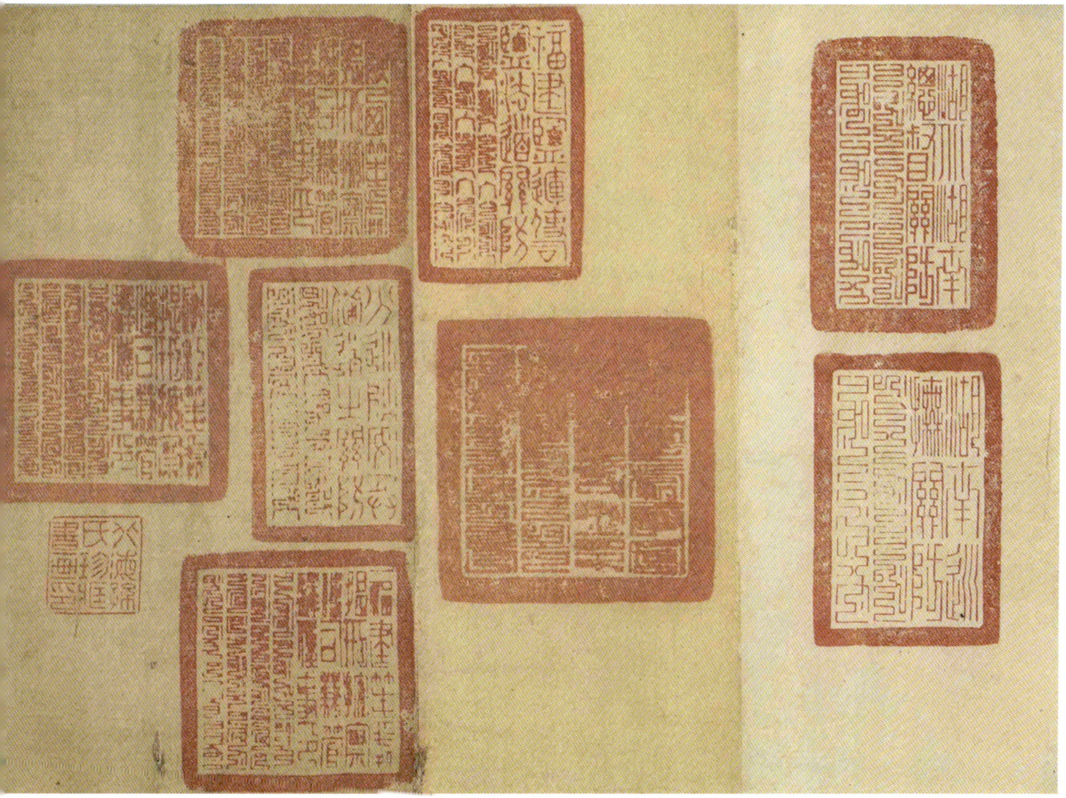

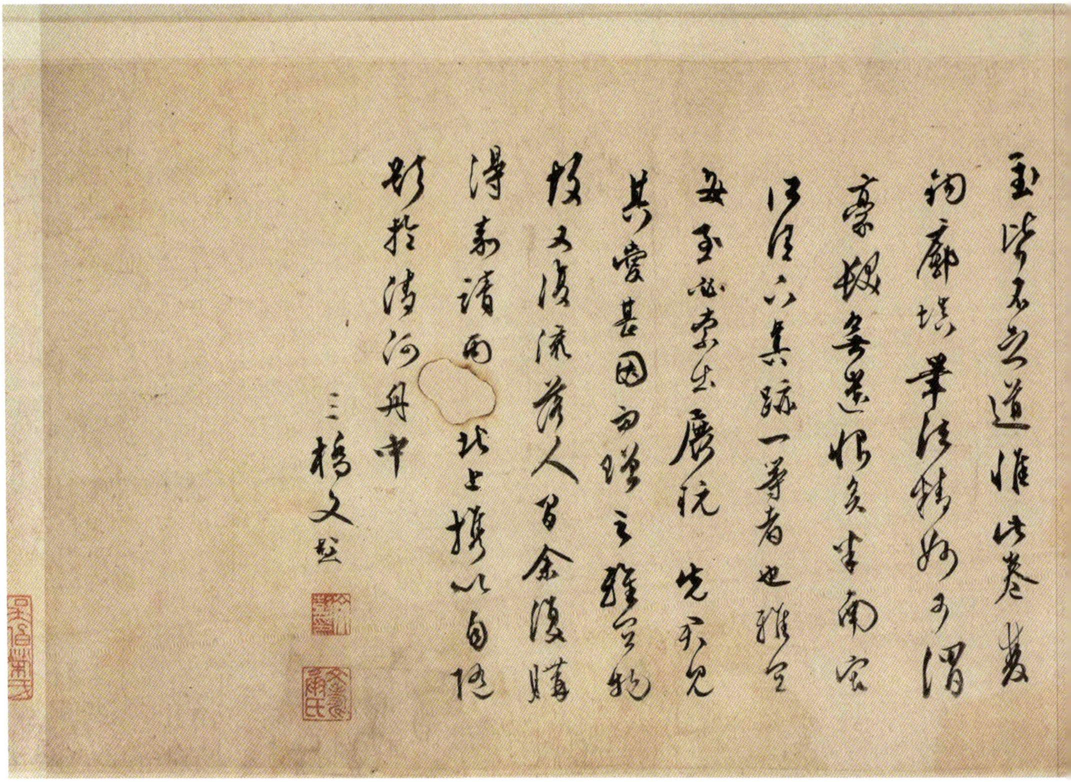

玉版十三行道非此卷雙
鉤廓填筆法精妙可謂
豪髮無遺惜多米南宮
得其真跡一等者也雖至
安至必索出賡玩先承見
其寶甚因而縱之雅可觀
於文復流落人間余復購
得于請雨北上携以自隨
於於清河舟中
三橋文彭

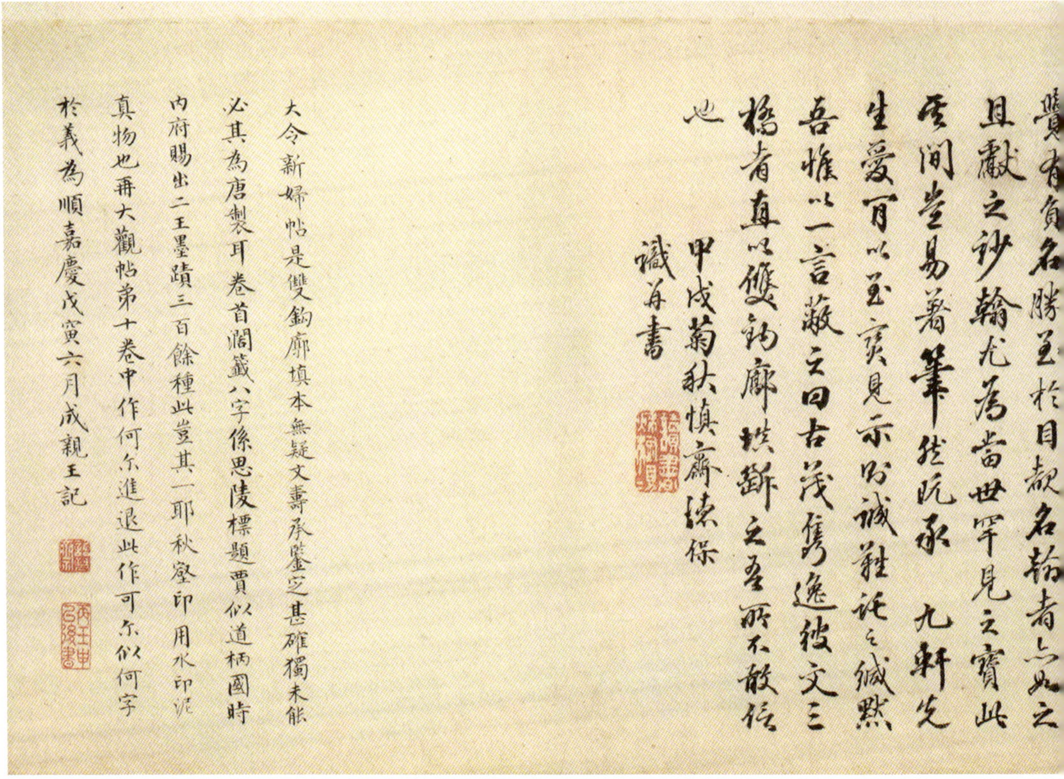

貴有負名勝至於目款名蹟者亦如之
且獻之妙翰尤為當世罕見之寶此
卷間豈易著筆然既承九軒先
生愛頁以至實見示盼識難託之緘默
吾惟以一言蔽之曰古茂雋逸彼文三
橋者直以雙鉤廓填斷之吾所不敢信
也
甲戌菊秋慎齋陳保
識并書

大令新婦帖是雙鈎廓填本無疑文壽承鑒定甚確獨未能
必其為唐製耳卷首濶箋八字係思陵標題賈似道柄國時
内府賜出二王墨蹟三百餘種此豈其一耶秋壑印用水印泥
真物也冊大觀帖弟十卷中作何尒進退此作可尒似何字
於義為順嘉慶戊寅六月成親王記

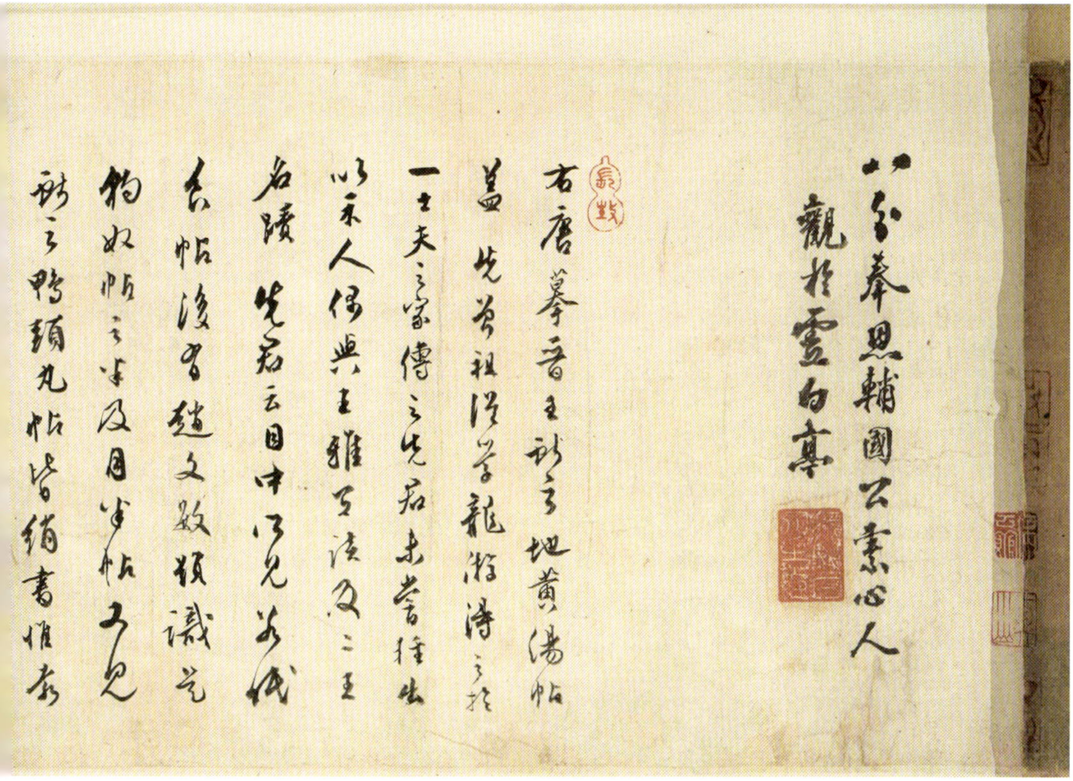

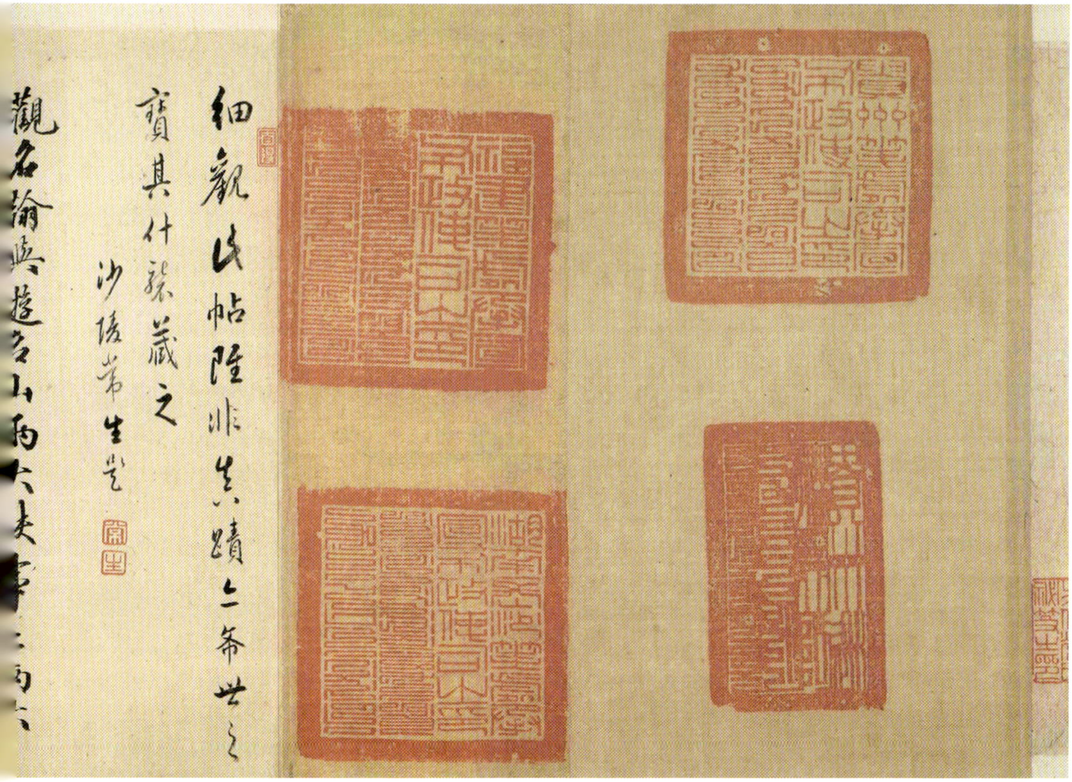

《自书告身》

年　代：唐

书法家：颜真卿

尺　寸：纵29厘米，横220厘米

收藏地：日本东京书道博物馆

入藏号：无

颜真卿（709—784年），字清臣，唐代著名的书法家。曾任平原太守，人称“颜平原”。安史之乱后封鲁郡开国公，故又世称“颜鲁公”。德宗时李希烈叛乱，宰相卢杞“衔恨”唆使皇帝使颜真卿前往劝谕，为李希烈缢杀。颜真卿的楷书一反初唐书风，行以篆籀之笔，化瘦硬为丰腴雄浑，结体宽博而气势恢宏，骨力遒劲而气慨凛然。他的书体被称为“颜体”，与柳公权并称“颜柳”，有“颜

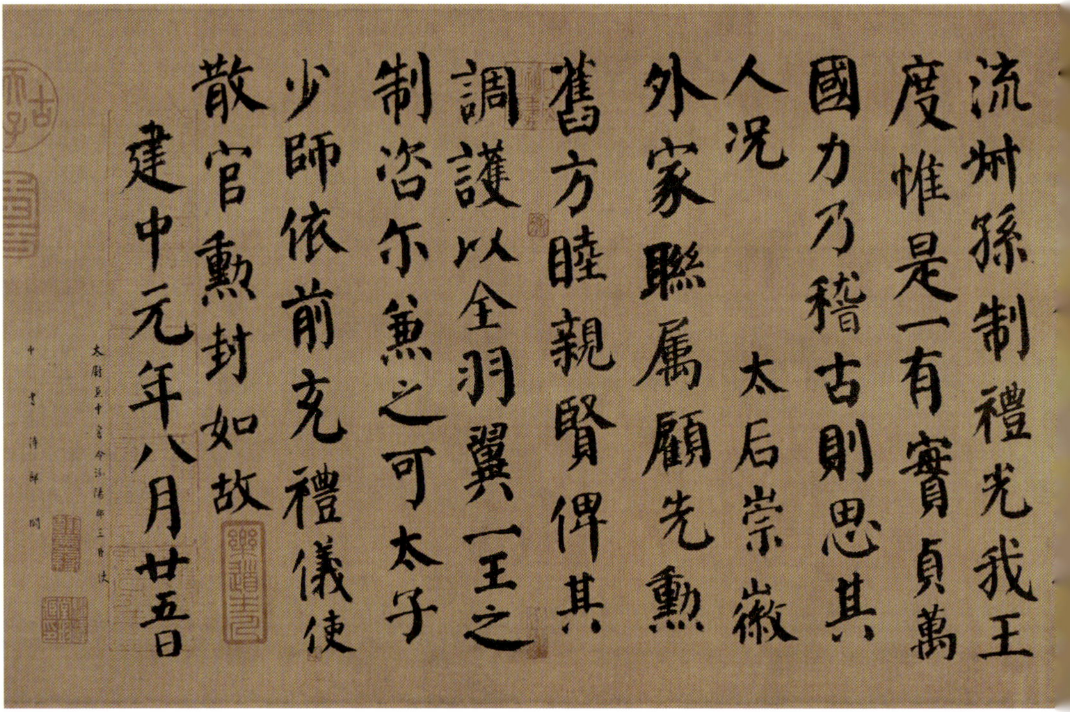

筋柳骨”之誉。

此卷又称《自书太子少师告》，传为颜真卿所书的墨迹，后面有蔡襄、米友仁、董其昌跋。钤有“绍兴”“内殿秘书之印”“安歧之印”“乾隆御览”“恭亲王章”等鉴藏印。由于本卷流传有录，又经历代丛帖刻入及部分书画典籍著录，所以历来被人视为颜真卿真迹。但今人曹宝麟、朱关田经过考证，各自认为此帖并非真迹。启功也认为“自书已告，实事理之难通者”。

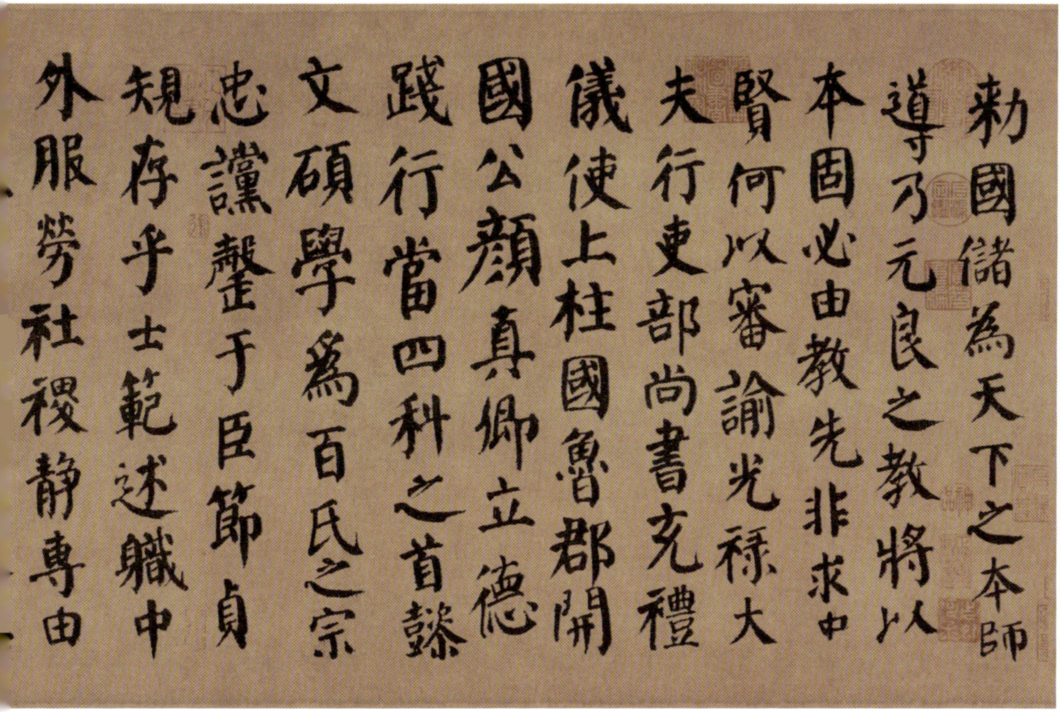
勅國儲爲天下之本師
導乃元良之教將以
本固必由教先非求中
賢何以審諭光祿大
夫行吏部尚書充禮
儀使上柱國魯郡開
國公顏真卿立德
踐行當四科之首懿
文碩學爲百氏之宗
忠讜罄于臣節貞
規存乎士範述職中
外服勞社稷靜專由

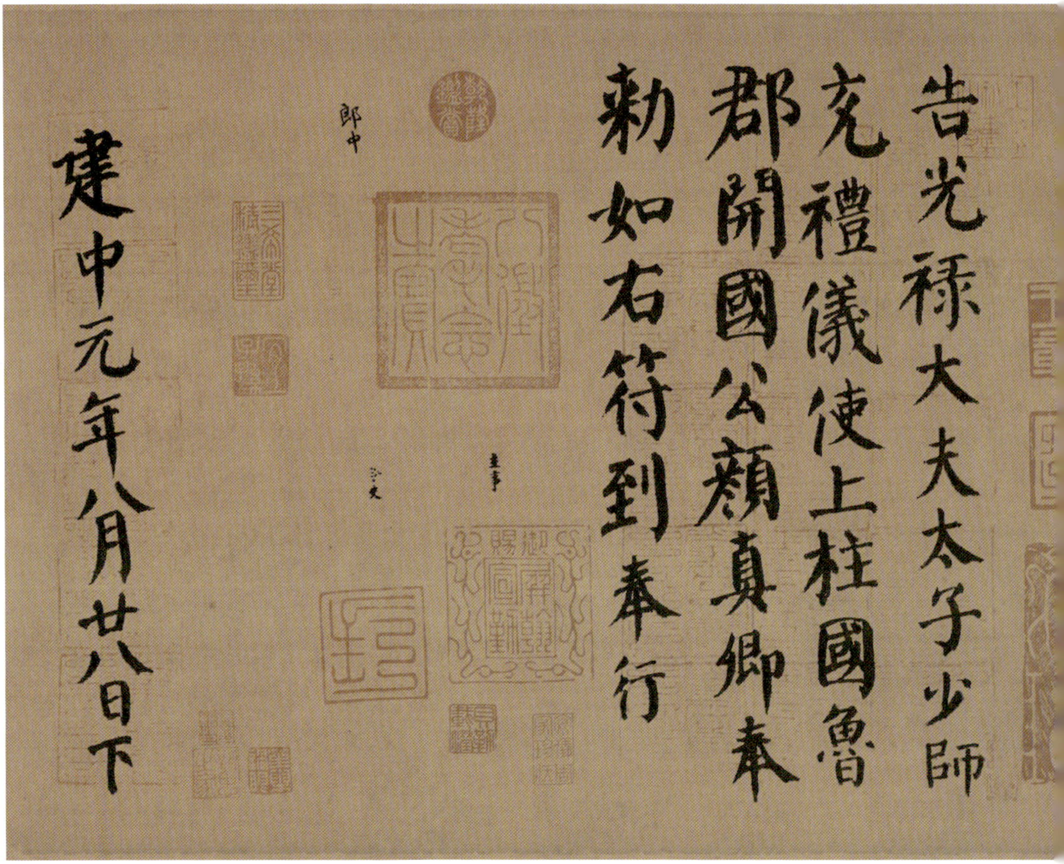
告光祿大夫太子少師
充禮儀使上柱國魯
郡開國公顏真卿奉
敕如右符到奉行

郎中

主事

令史

建中元年八月廿八日下

中書侍郎　闕
銀青光祿大夫中書舍人權知禮部侍郎臣于邵宣奉行
奉
勅如右牒到奉行
建中元年八月廿六日
銀青光祿大夫守門下侍郎同平章事上柱國[illegible]
朝議大夫守給事中　審
月　日　時　都事
左司郎中
吏部尚書　闕
朝議郎權知吏部侍郎賜緋魚袋

楷书《谢赐御书诗表》卷

年　代：北宋

书法家：蔡襄

尺　寸：纵93.9厘米，横207.6厘米

收藏地：东京国立博物馆

入藏号：TB-1205

蔡襄（1012—1067 年），字君谟。其先本光州人，居仙游（今属福建省），迁莆田。官至端明殿学士，知杭州，谥忠惠。工正、行、草、隶书，又能飞白书，尝以散笔作草书，称为“散草”或“飞草”。世人评蔡襄行书第一，小楷第二，草书第三。与苏轼、黄庭坚、米芾，共称“宋四家”。

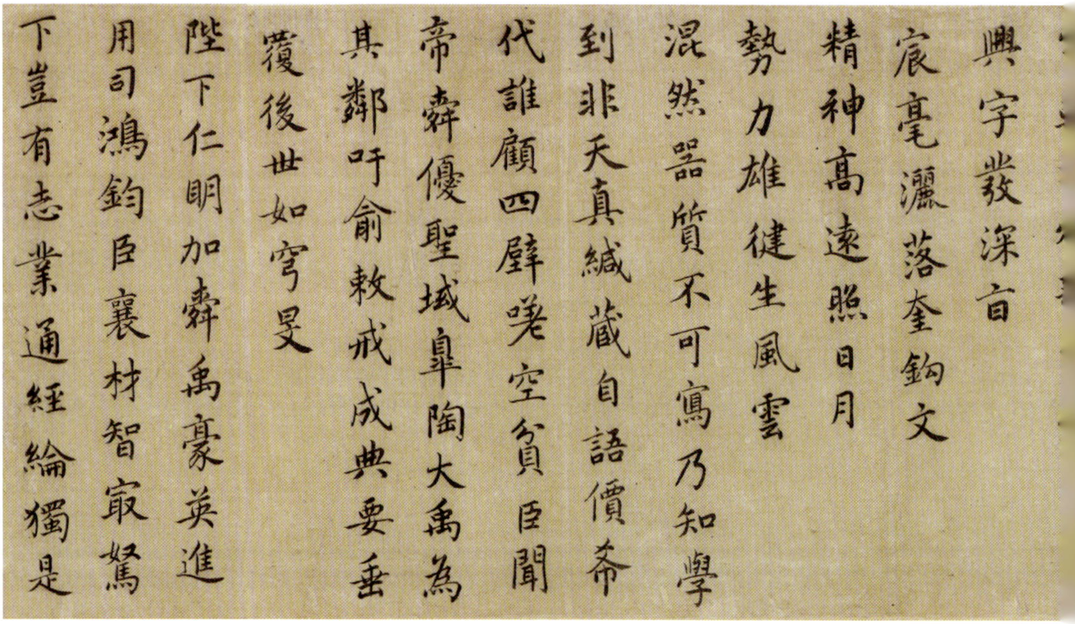

宋仁宗帝曾御书“君谟”赐蔡襄。为报答皇恩，蔡襄恭作表文并七绝一首献上，此即《赐御书诗表》卷。从总体上说，所书笔笔精到，端正恭敬。此卷用五张纸拼接，共三十七行。卷后有米芾、鲜于枢、吴宽、陈继儒和董其昌等名家题跋。蔡襄还将此作刻石奉呈翰林院。而米芾在当时也未见及此作真迹，只看到翰林院的石刻。因此，在四十年后见到真迹时，米芾将兴奋喜悦的心情倾注于跋语中。

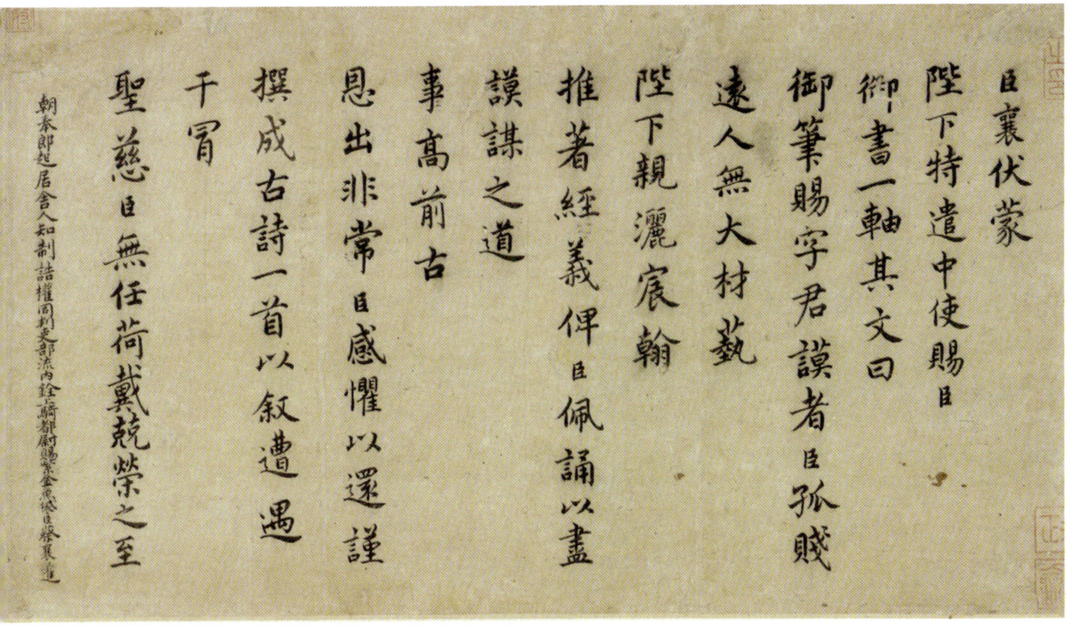

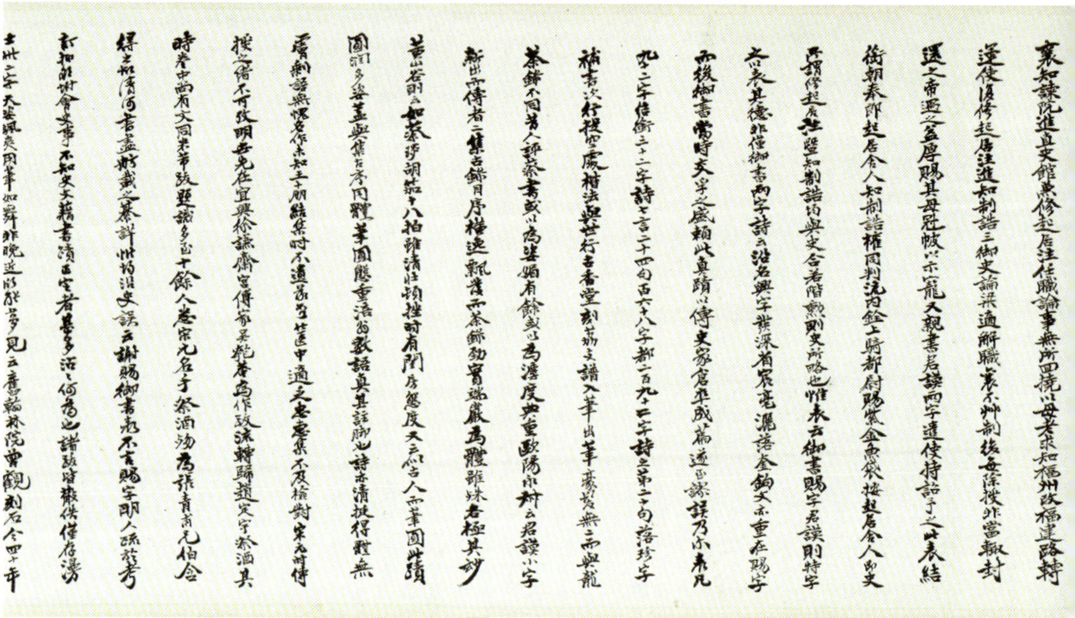

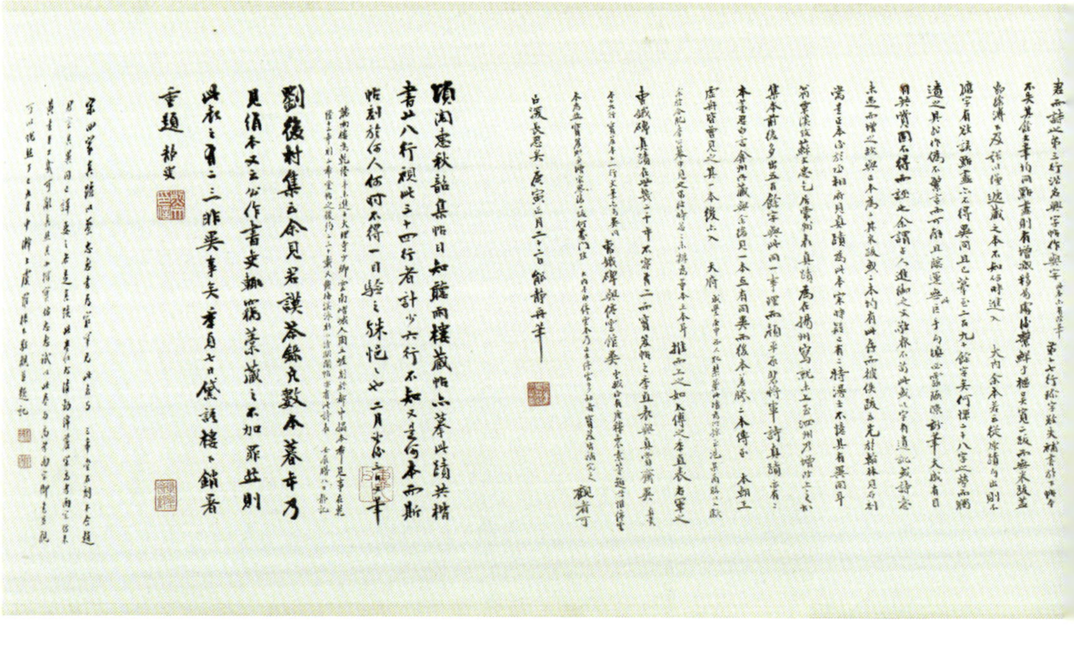

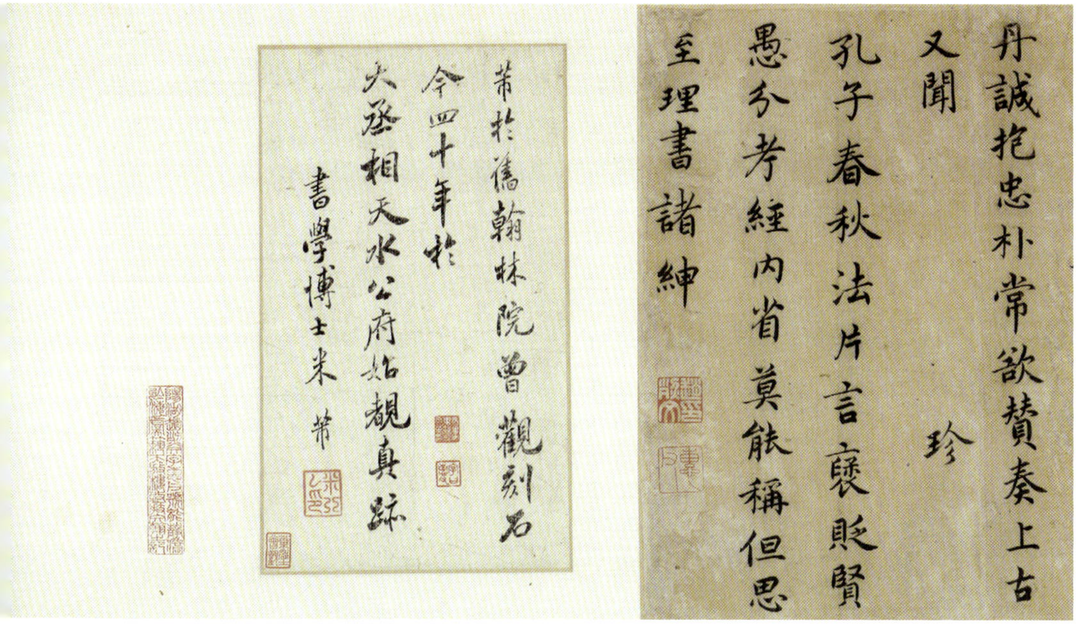
丹誠抱忠朴常欲贊奏上古
又聞　珍
孔子春秋法片言褒貶賢
愚分孝經內省莫能稱但思
至理書諸紳
芾於舊翰林院曾觀刻石
今四十年於
大丞相天水公府始觀真跡
書學博士米芾

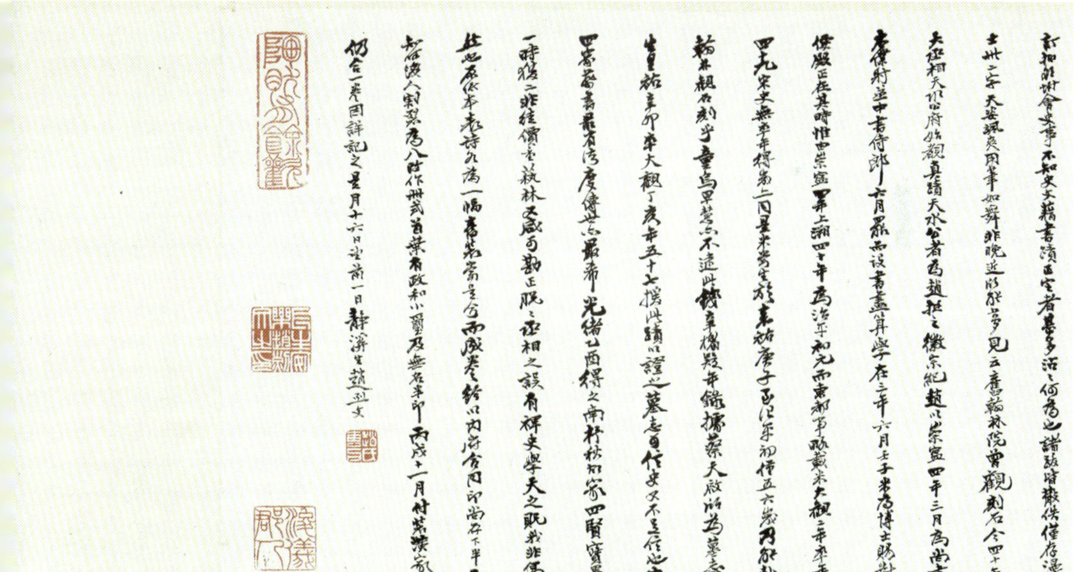

行书《李白仙诗》卷

年　代：宋

书法家：苏轼

尺　寸：纵34厘米，横111.1厘米

收藏地：大阪市立美术馆

入藏号：无

苏轼（1037—1101年），字子瞻，号东坡居士，眉山（今属于四川）人。他和他的父亲苏洵、弟弟苏辙以诗文称著于世，世称“三苏”。他的书法从“二王”、颜真卿、柳公权、褚遂良、徐浩、李邕、杨凝式各家吸取营养，在继承传统的基础上努力革新。黄庭坚将苏轼书法分为早、中、晚三个时期：早年姿媚、中年圆劲、晚年沉著。

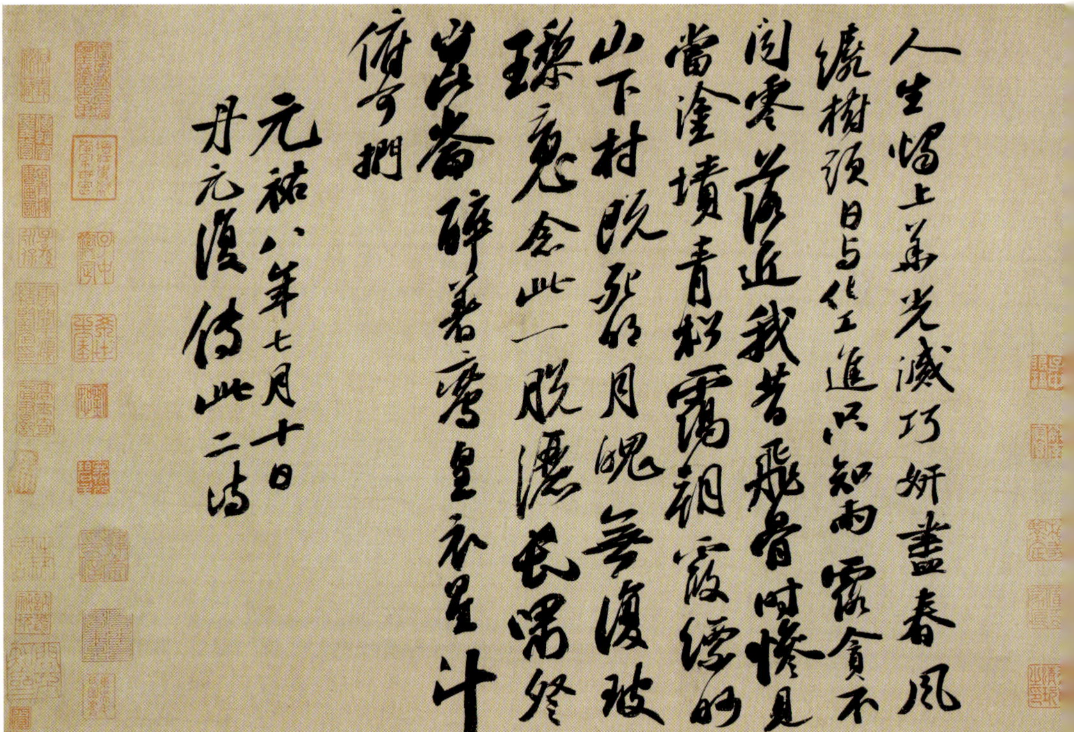

《李白仙诗》卷为宋神宗元祐八年（1093 年）苏轼 58 岁时书。清高士奇《江村销夏录》著录。后有蔡松年、施宜生、刘沂、高衎及张弼、高士奇、沈德潜等明、清人跋。太白之诗共两首，第一首娓娓道来，仙气拂拂，引人入胜；第二首凄清空逸，超脱人寰。书则第一首灵秀清妍，姿致翩翩，后十句渐入奇境，变化多端，神妙莫测；第二首驰骋纵逸，纯以神行，人书合一，仙气飘渺，心随书走。

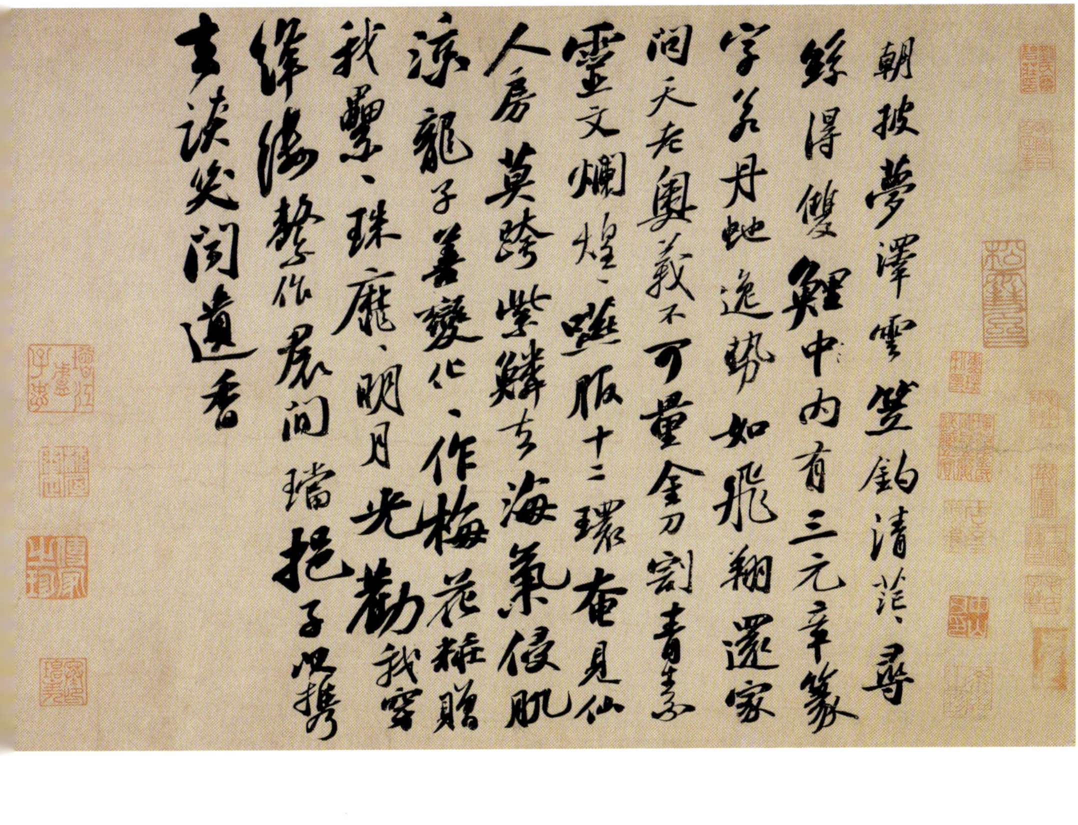

楷书《王长者、史诗翁二墓志稿本》卷

年　代：宋

书法家：黄庭坚

尺　寸：纵30.3厘米，横78.5厘米，

收藏地：东京国立博物馆

入藏号：TB-1457

黄庭坚（1045—1105 年），字鲁直，号山谷道人、涪翁，洪州分宁（今江西修水）人，世称“黄山谷”。北宋诗人，与张耒、晁补之、秦观俱游学苏轼门下，天下称为“苏门四学士”，开创江西诗派。作为书法家，黄庭坚的结体从柳公权的楷书得到启发，中宫收紧，由中心向外作辐射状，纵伸横逸，如荡桨、如撑舟，气魄宏大，气宇轩昂。

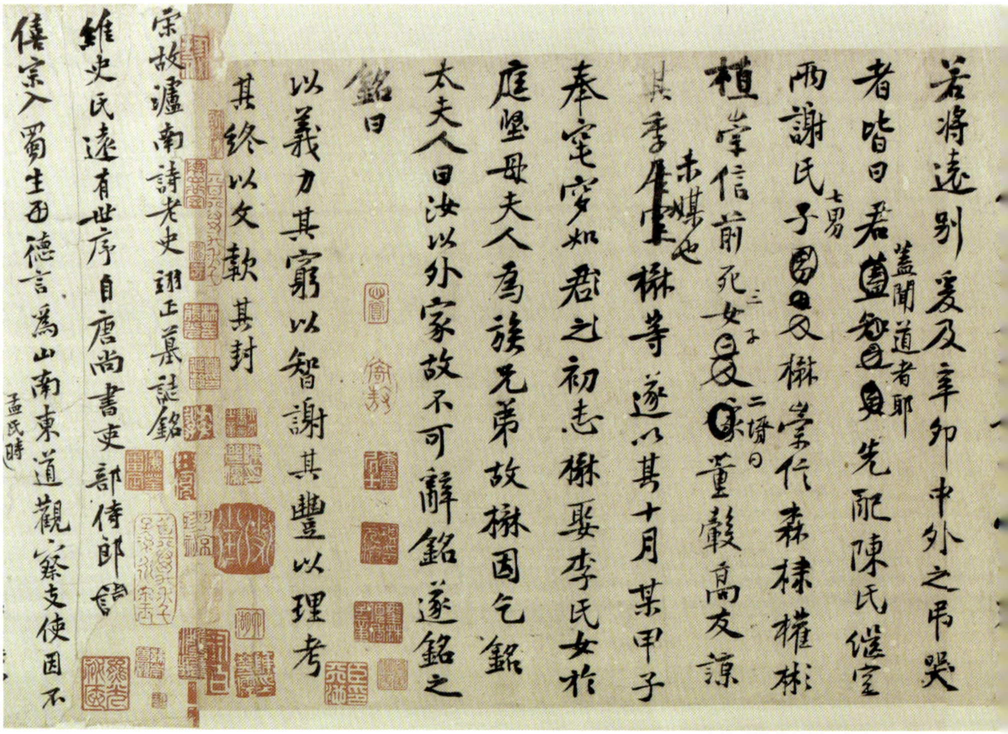

此卷是黄庭坚为王长者、史诗翁二人分别撰写的墓志草稿，后被合装为一卷。前者是黄庭坚 42 岁时所写，后者是 55 岁所写，从前后对比可以看出黄庭坚书法的变化历程。此卷所钤鉴藏印甚多，卷后有陈继儒、王士禄、张寿孙、曹勋、孙承泽、曹溶、罗天池、杨守敬、郑孝胥以及日本人犬养毅、不折中村、黑木安雄等人题跋。

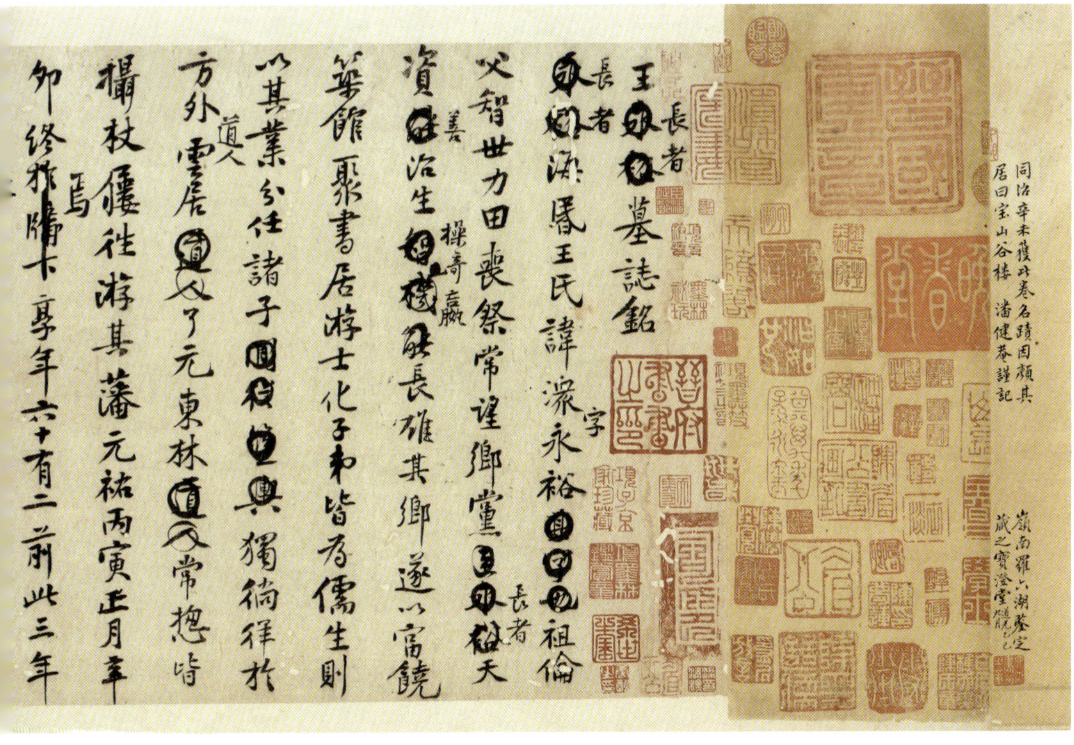

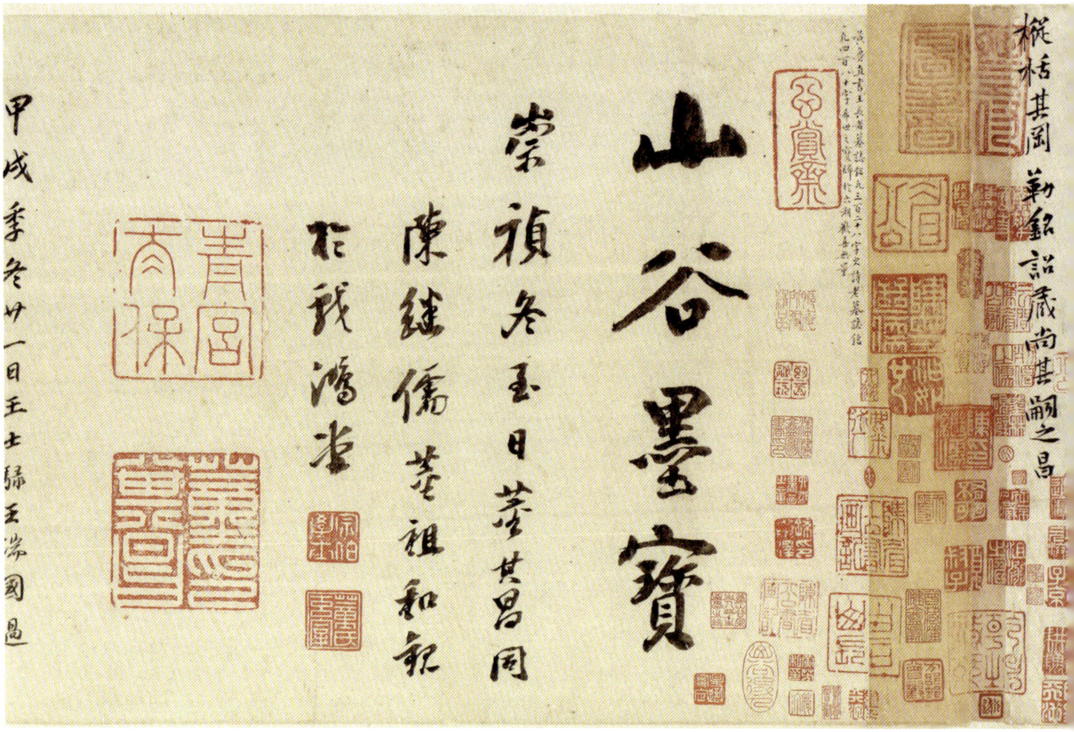
樅栝其岡
勒銘詔藏
尚其嗣之昌
山谷墨寶
崇禎冬至日董其昌同
陳繼儒董祖和觀
於戲鴻堂
甲戌季冬廿一日王士騄王瑞國過

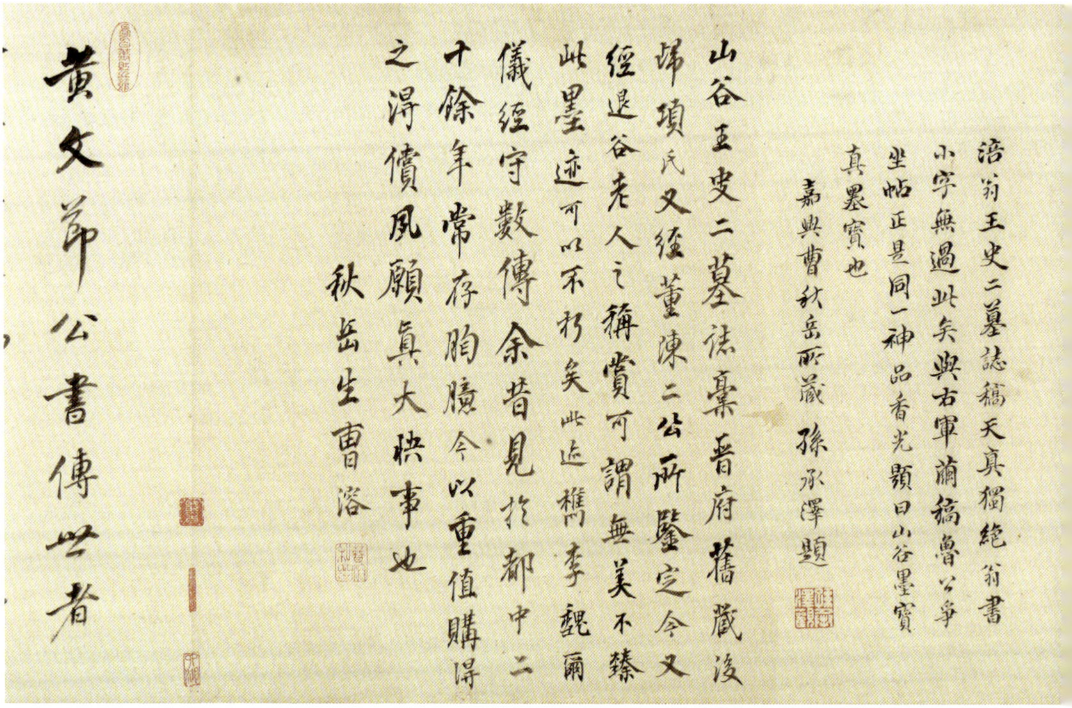
涪翁王史二墓誌稱天真獨絕翁書
小字無過此矣與右軍蘭稿魯公爭
坐帖正是同一神品香光題曰山谷墨寶
真墨寶也
嘉興曹秋岳所藏 孫承澤題
山谷王史二墓誌稾晉府舊藏後
歸項氏又經董陳二公所鑒定今又
經退谷老人之稱賞可謂無美不臻
此墨迹可以不朽矣此迹攜李魏爾
儀經守數傳余昔見於都中二
十餘年常存胸臆今以重值購得
之渇償夙願眞大快事也
秋岳生曹溶
黃文節公書傳世者

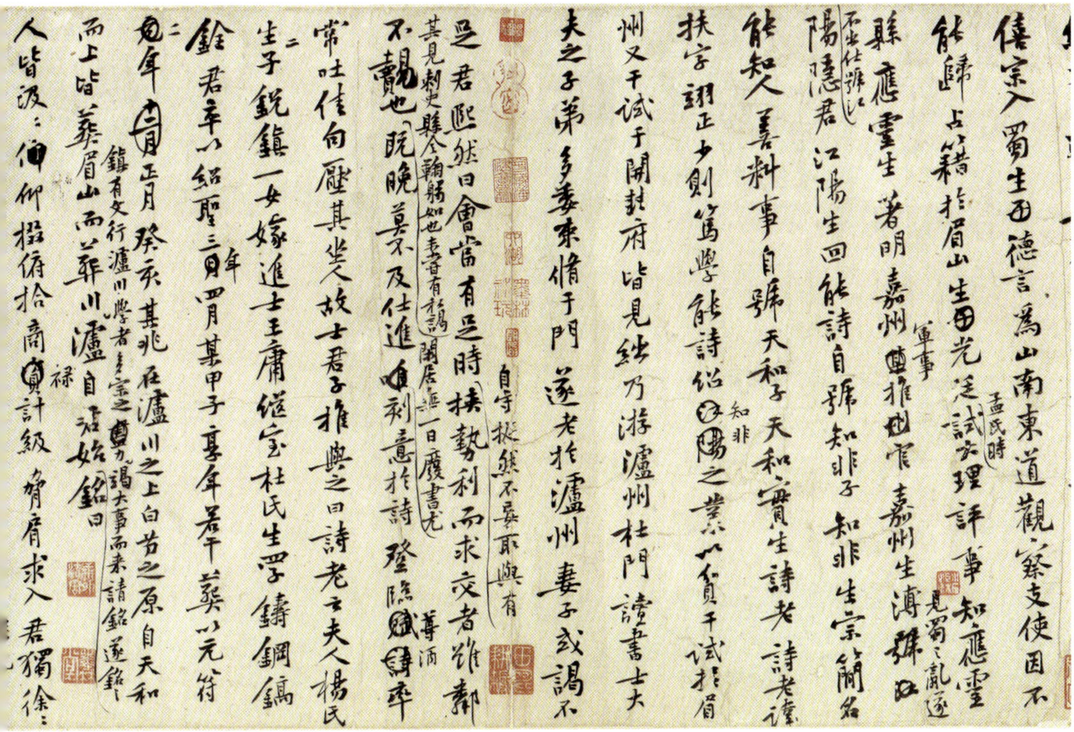
僕宗入蜀生德言爲山南東道觀察支使因不
能歸占籍於眉山生光廷試大理評事知應靈
孟氏時
縣應靈生著明嘉州軍事推官嘉州生演避江
見蜀之亂遂
不出仕號江
陽隱君江陽生回能詩自號知非子知非生宗簡名
能知人善料事自號天和子天和實生詩老詩老諱
扶字翊正少則篤學能詩紹知非之業八貢于試於眉
州又于試于開封府皆見然乃游瀘州杜門讀書士大
夫之子弟多委束脩于門遂老於瀘州妻子或謁不
足君恬然曰會當有足時挾勢利而求交者雖鄰
自守恬然不妄取與有
其見刺史縣令鞠躬如也未嘗有所謁
不覿也既晚莫不及仕進遂刻意於詩登臨賦詩率
閑居無一日廢書尤
尊酒
常吐佳句歷其坐人故士君子推與之曰詩老云夫人楊氏
生子銳鎮一女嫁進士王庸繼室杜氏生罕鑄鋼鎬
銓君年八紹聖三年四月某甲子享年若干葬以元符
元年二月癸亥其兆在瀘川之上白苗之原自天和
而上皆葬眉山而君葬瀘自君始銘曰
人皆汲汲俯仰掇拾商賈計較祿脅肩求入君獨徐徐

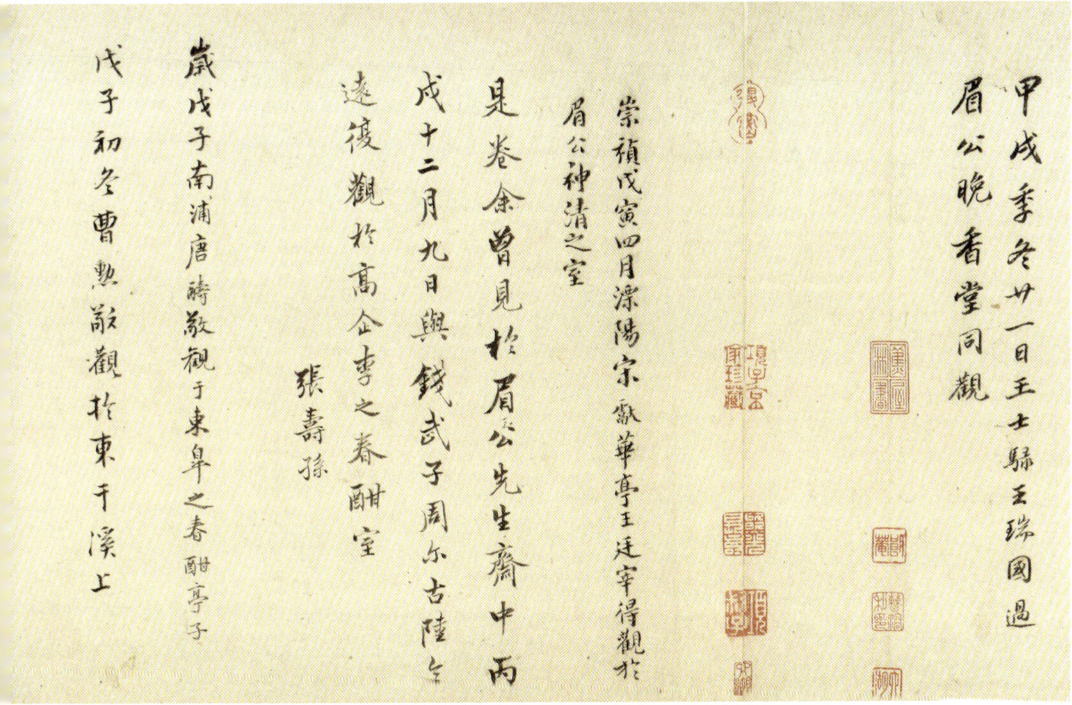
甲戌季冬廿一日王士驌王瑞國過
眉公晚香堂同觀
崇禎戊寅四月溧陽宋獻華亭王廷宰得觀於
眉公神清之室
是卷余曾見於眉公先生齋中丙
戌十二月九日與錢武子周爾吉陸乍
遠復觀於高企李之春酣室
張壽孫
歲戊子南浦唐疇敬觀于東皋之春酣亭子
戊子初冬曹勲敬觀於東千溪上

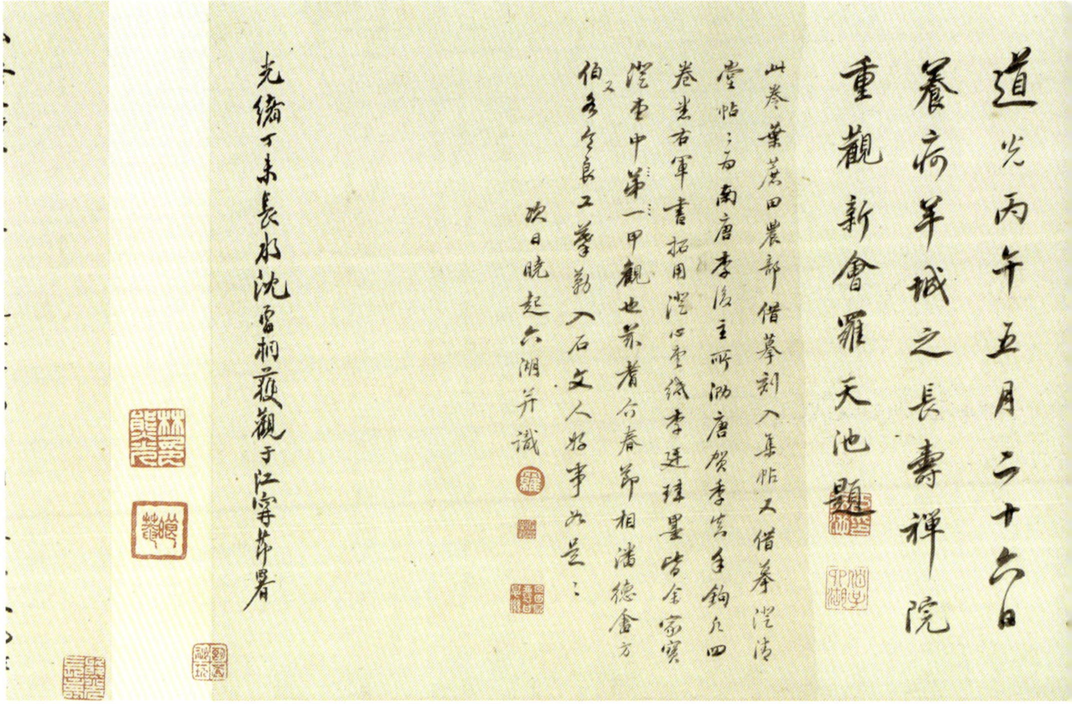
道光丙午五月二十六日
養疴羊城之長壽禪院
重觀新會羅天池題
次日曉起六湖并識
光緒丁未長水沈雷桐獲觀于江寧节署

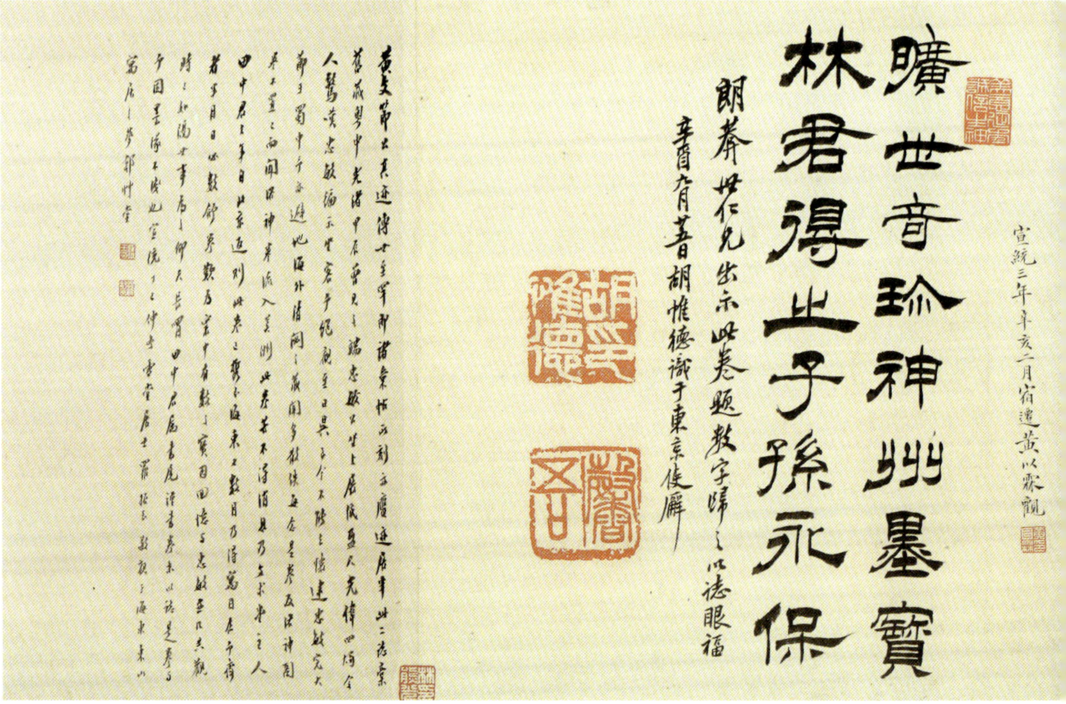
宣統三年辛亥二月宿遷黃以霖觀
曠世奇珍神妙墨寶
林君得此子孫永保
朗齋世仁兄出示此卷題數字歸之以誌眼福
辛酉六月暮胡惟德識于東京使廨

百變一真即集帖所
刻之皆大字鮮精
良者唯吳石雲中丞
筠清館所收為真字
僅可餘而值已五百緡
若此書王長者史詩並
兩墓誌篆字小於碑力
大而布精凝修遠絕以
神行直與顏平原爭殊絕
論其大草炳耀日星叶自
壽門以及大江南北閩浙
楚黔滇粵所見諸藏家

山谷書今存者真迹殊少即之刻石者亦多偽作
羅文池謂自無一真惟稍過盛寶有別裁以
守敬所見宋人舊刻無論矣若秋碧堂之陰長
生快雪堂之拄清道人聽雨樓之沙市水漲
南雪齋之砥柱銘此此衡量山谷書底蘊近
之昔壇妙潘先生孺初語守敬云山谷詩文皆
用逆筆書法亦然此由其筆力善轉故以
遲鴻之觀者但覺其雄偉不知其力避俗也不
善學者以粗獷當之慎矣守敬曰如先生言則
近日葉駢之幽蘭賦亦後人擬作乎先生蘇然今
觀此卷通峭澀勁之中仍有雍容不盡之度證以
孺翁言益合符契因縱論及之
匋公以為然否
光緒丁未三月九日宜都楊守敬時年七十

明治戊申正月十六日拜觀 蓋天下
第一墨寶 後學犬養毅

匋齋尚書所藏言……

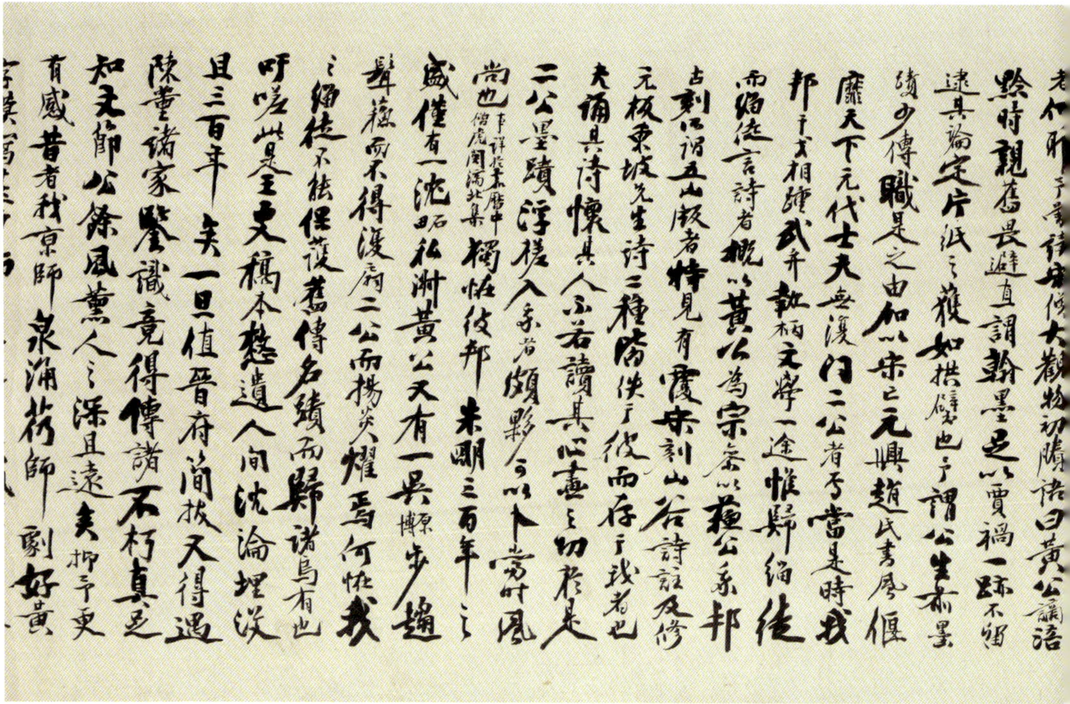
黔時觀舊畏避直謂翰墨足以賈禍一跡不留
遠其論定片紙寸獲如拱璧也予謂公生前墨
蹟少傳職是之由加以宋亡元興趙氏書學偃
靡天下元代士夫無復門二公者予嘗是時我
邦文相踵武弁歎柄文寧一途惟歸緇徒
而緇徒之言詩者概以黃公為宗并以蘇公系邦
古刻所謂五山版者特見有覆宋刻山谷詩註及修
元板東坡先生詩二種隨佚于彼而存于我者也
夫誦其詩懷其人不若讀其心畫之切於是
二公墨蹟浮槎入我者頗夥而下嘗時風
尚也 獨怯彼邦 未明三百年之
盛僅有一沈石田私淑黃公又有一吳博原步趨
髯蘇而不得復肩二公而揚其耀焉何怯哉
之緇徒不能保護舊傳名蹟而歸諸島有也
吁嗟此是全文稿本猶遺人間沈淪埋沒
且三百年矣一旦值晉府簡拔又得遇
陳董諸家鑒識竟得傳諸不朽真是
知是節公餘風薰人之深且遠矣 抑予更
有感昔者我京師泉湧茹師劉好黃

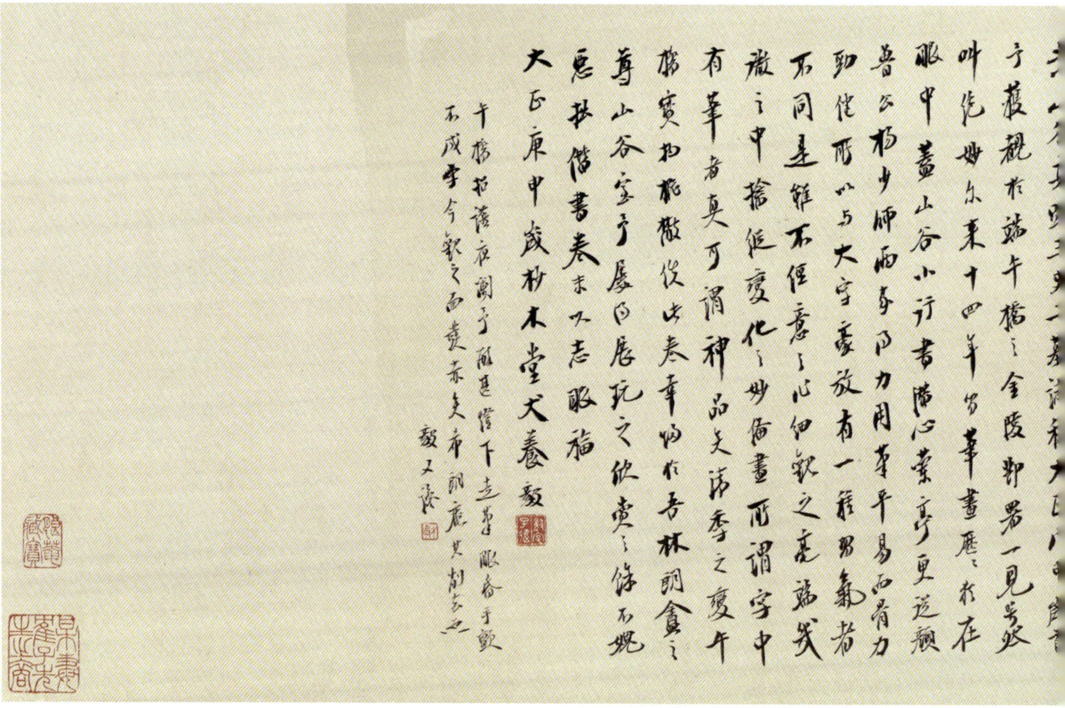
眼中蓋山谷小行書清心靜穆更近顏
魯公楊少師而參以力用筆平易而骨力
勁健所以與大字豪放有一種勇氣者
不同是雖不假意于心細觀之處端莊
嚴之中擒縱變化之妙所謂字中
有筆者真可謂神品矣
惡拙借書卷末以志眼福
大正庚申歲杪木堂犬養毅

黄文節公至孝人也其書法在宋代第一流此其真蹟在宜當有靈奇雲護之

己未黄鐘　不折中村鈼拜觀

林君朗盦萬金購得有宋黄文節公真蹟王長者史詩老墓銘稿本書卷寶愛弗措自命所居曰寶山谷室一日展觀俾予書後予乃披展之則明代鉅匠董(思白)陳(仲醇)孫(退谷)曹(秋岳)以逮近世名家羅(叔言)楊(惺吾)諸子鑒評書妙洪纖悉備予夏甲發盛僅有一沈(石田)私淑黄公又有一吳(匏庵)步趨歸嶽而不得復有二公而揚炎燿焉何怪哉之綿徒不佳保護舊傳名蹟而歸諸烏有也吁嗟此是王史稿本想遺人間沈淪埋沒且三百年矣一旦值晉府簡拔又得遇陳董諸家鑒識竟得傳諸不朽真足知文節公餘風薰人之深且遠矣抑予更有感昔者我京師泉涌藥師劉好黄字模寫甚力師之留學在盛宋之時歷十有三年而歸蓋中寔有數十黄書而因有一真蹟其嗜痂之癖不知至此也今夫朗盦則異甚根富清宴華之後安坐帝都獲彼邦名世之瓌寶不敢私享其樂晴軒明窓焚香瀹茶邀近悪如我輩者以分曠世眼福使泉下藥師有知乎豔羨果爲奚若予已言之又書諸餘白

大正八年七月仲澣　欽堂學究黑木安雄

草书《吴江舟中诗》卷

年　代：宋

书法家：米芾

尺　寸：纵31.1厘米，横556.9厘米

收藏地：美国大都会艺术博物馆

入藏号：1984.174

米芾（1051—1108年），字元章，号襄阳漫士、海岳外史。祖籍山西，迁居襄阳，有“米襄阳”之称。在书法上，他是“宋四书家”（苏、米、黄、蔡）之一。其书体潇散奔放，又严于法度，苏轼盛赞其书“如风樯阵马，沉着痛快”。

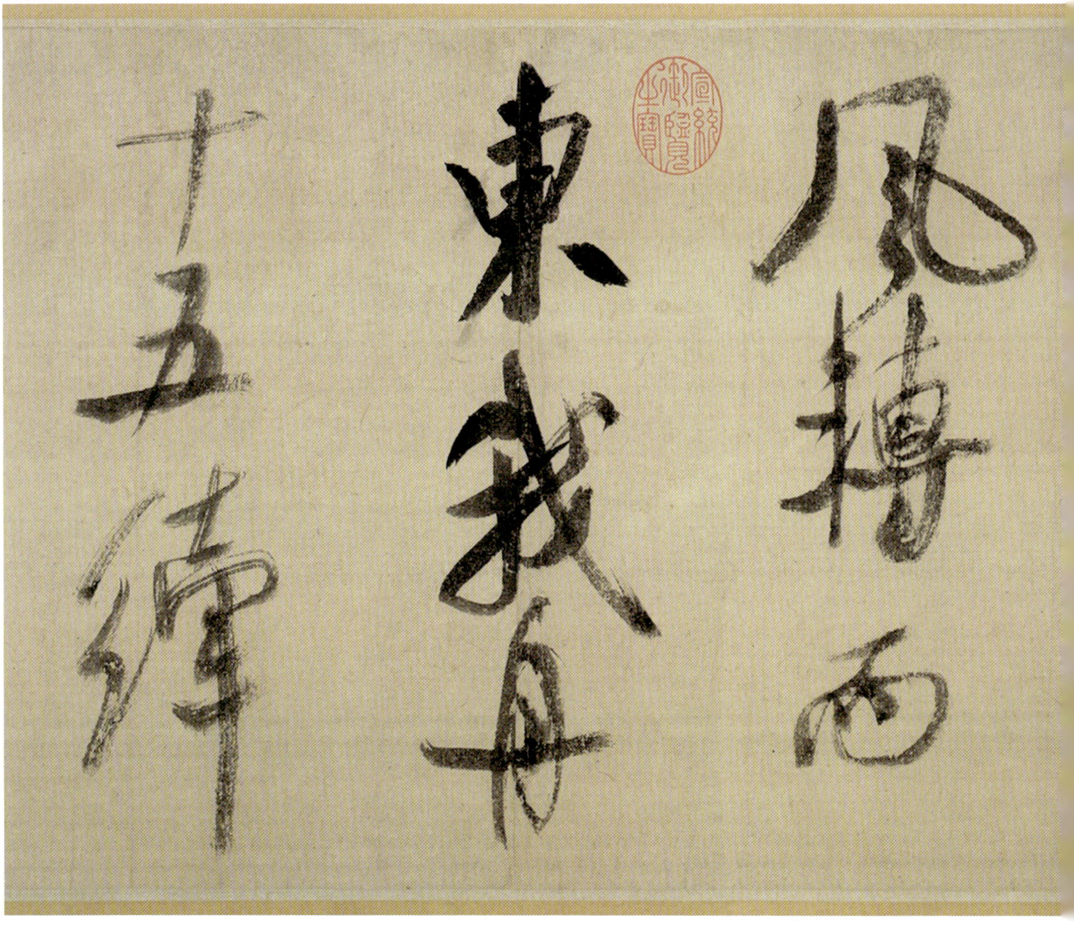

米芾大行书传世书迹不多，以《吴江舟中诗》卷最著名。此帖是在吴江舟中，为朱邦彦所书，是一首五言古诗，凡四十四行，为米芾晚年力作，既有中年书风的痛快淋漓，又有晚年老到的清古从容，枯笔疏行，欹侧随意。此卷原存清宫内府，后辗转流失海外。

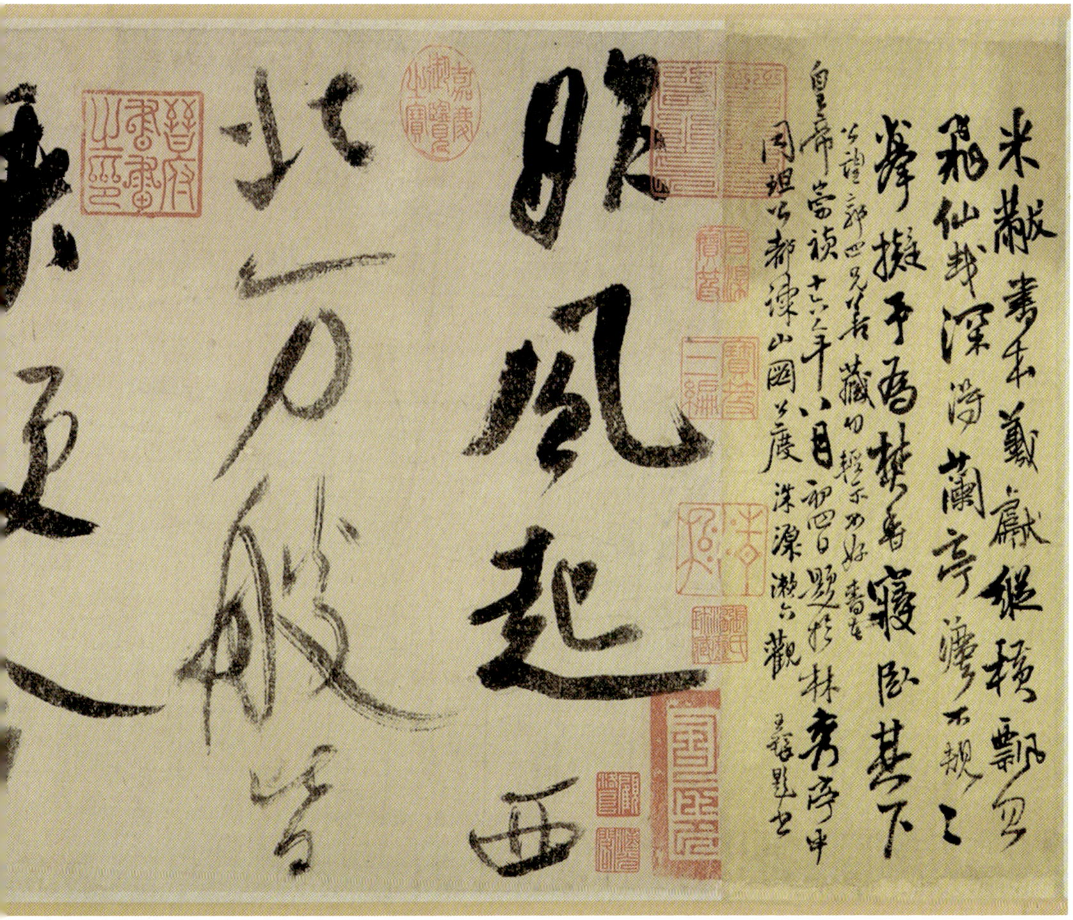

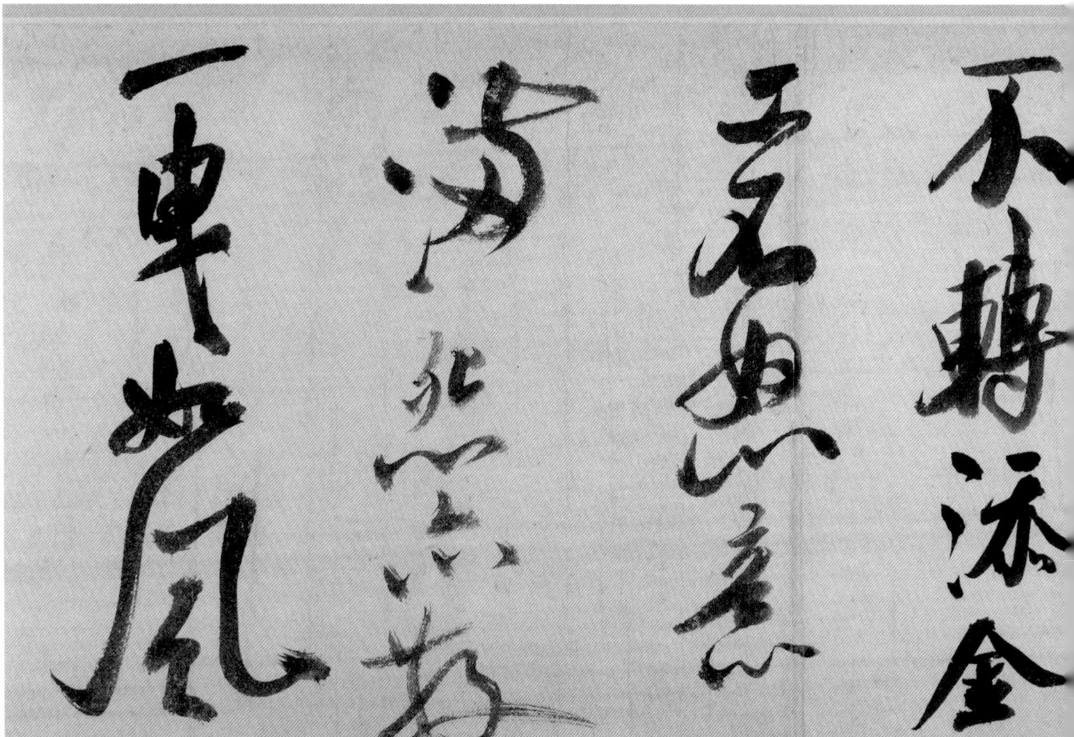

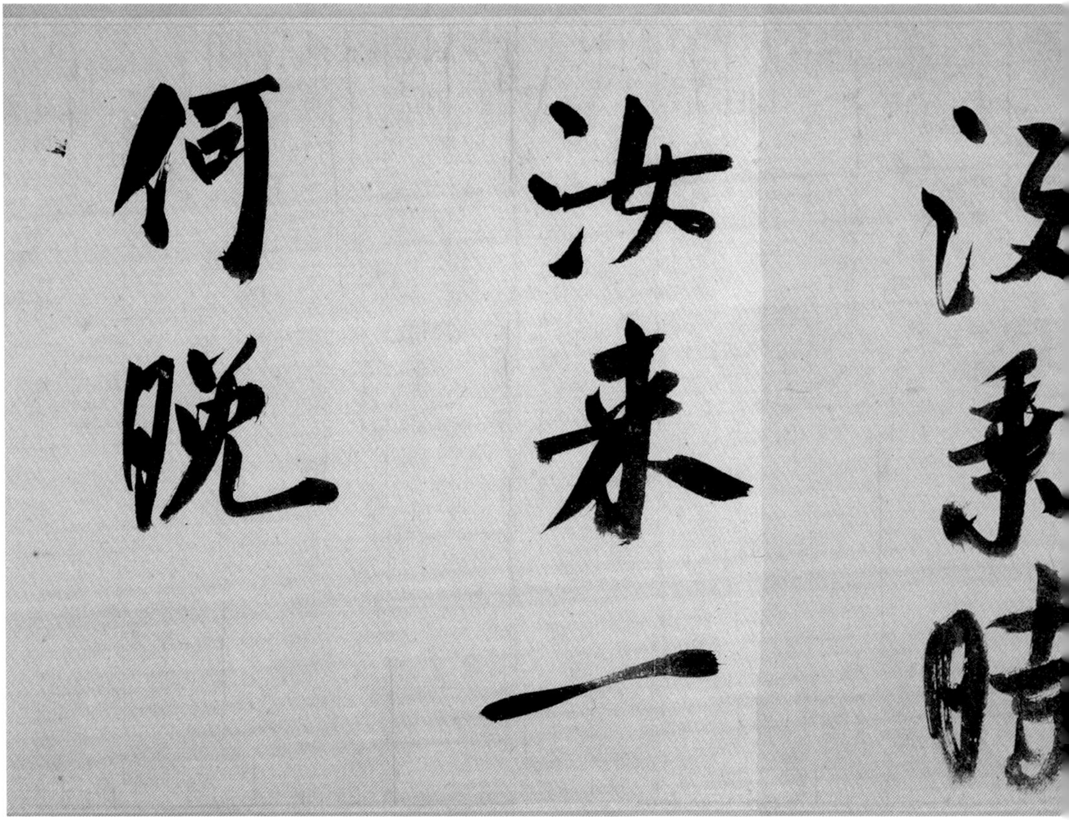

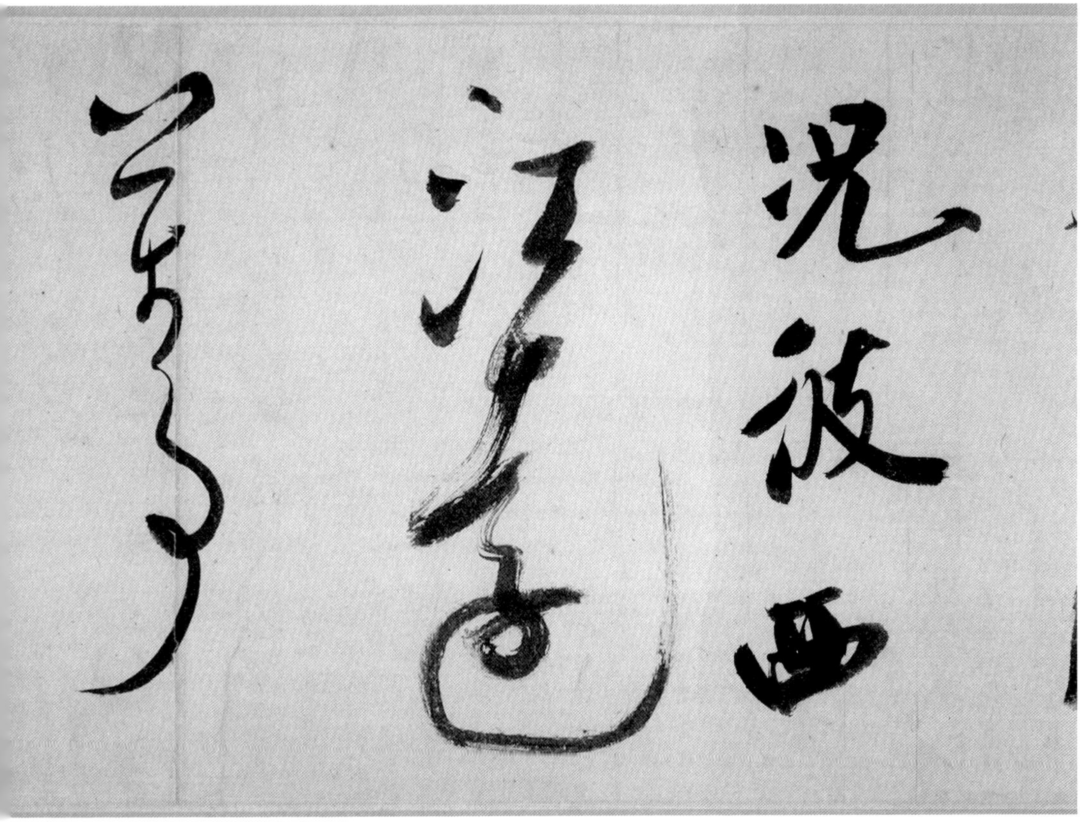

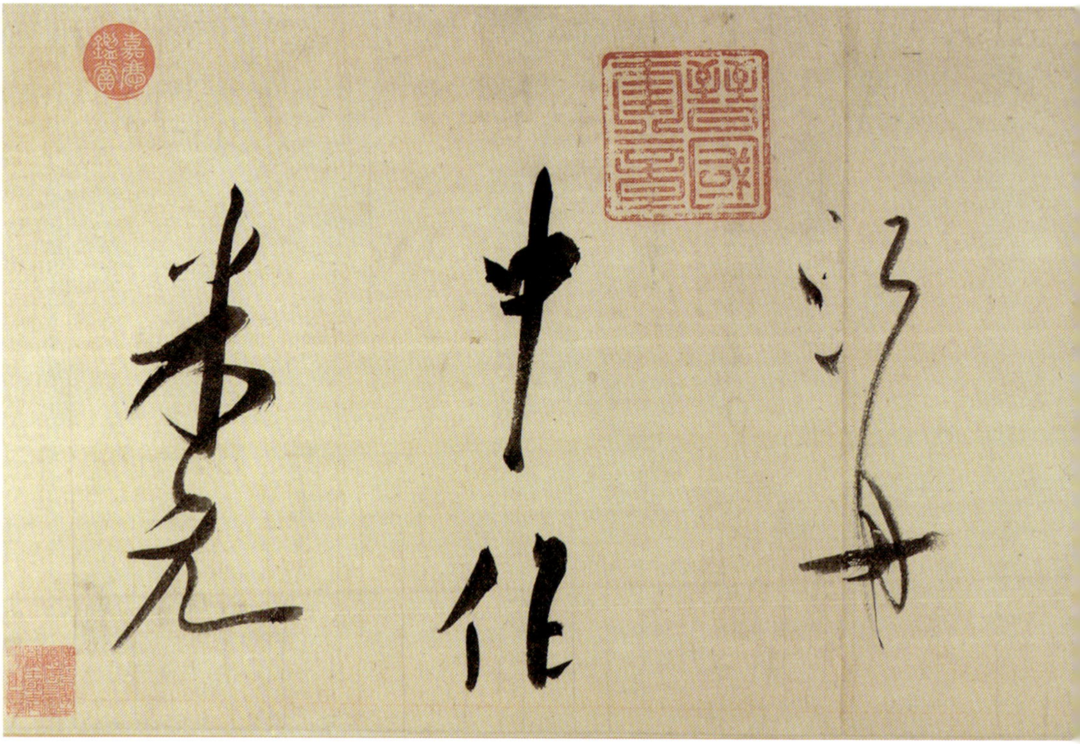

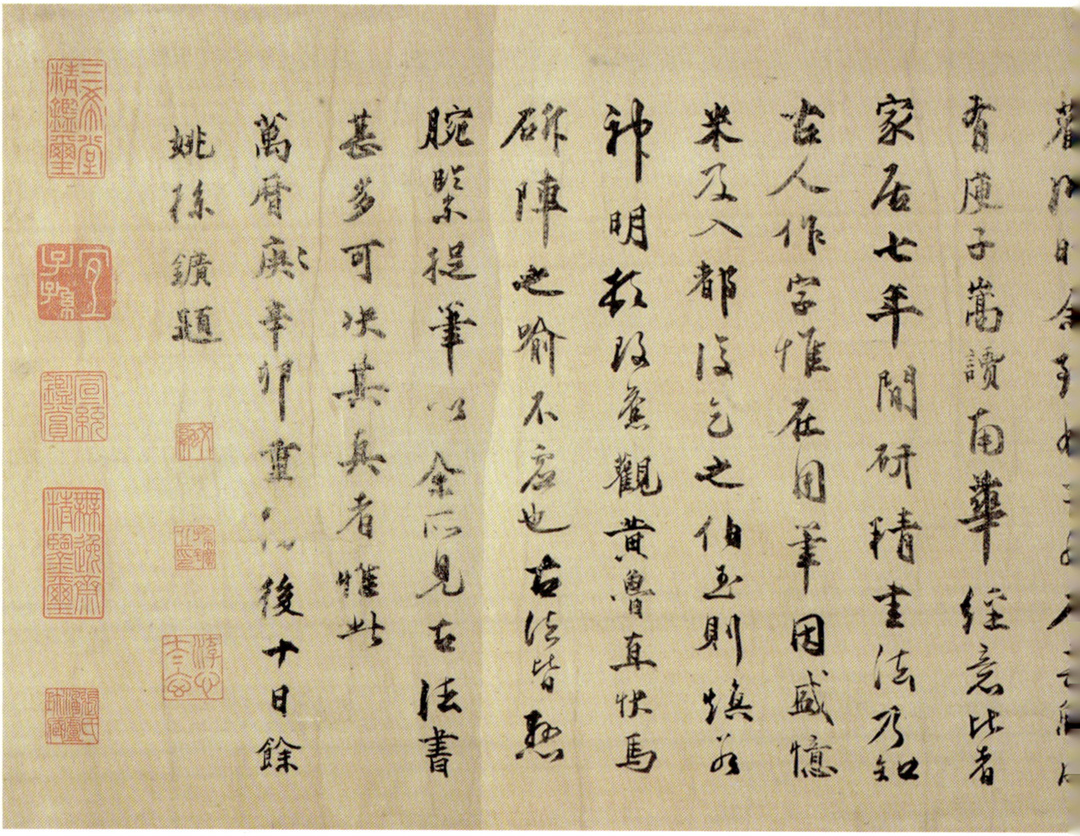

行草书喷香舞雪纨扇

年　代：宋

书法家：赵佶（宋徽宗）

尺　寸：纵24.4厘米，横23.2厘米

收藏地：哈佛艺术博物馆

入藏号：1971.58.2

赵佶（1082—1135年），宋神宗赵顼第十一子。其兄宋哲宗赵煦无嗣，后由其继承皇位。赵佶称帝后，任用蔡京等人主持国政，大兴土木，横征暴敛，民不聊生。其在位二十五年，国力日渐衰微。宣和七年（1125年），金兵南下，赵佶将皇位传与赵桓，自称太上皇。靖康二年（1127年），赵佶被金兵俘获，后死于五国城。赵佶的书法，早年学薛稷、黄庭坚，参以褚遂良诸家，出以挺瘦秀润，融会贯通，变化二薛（薛稷、薛曜），形成自己的风格，号“瘦金体”。

宋徽宗的书法以“瘦金体”最为著名，此纨扇所书为行草,然而依然有瘦金体的笔意。扇面上写着：“喷香瑞兽金三尺，舞雪佳人玉一围（？）。宣和殿。”此纨扇少见于著录，然观其笔意，酣畅遒劲，非真迹莫属。

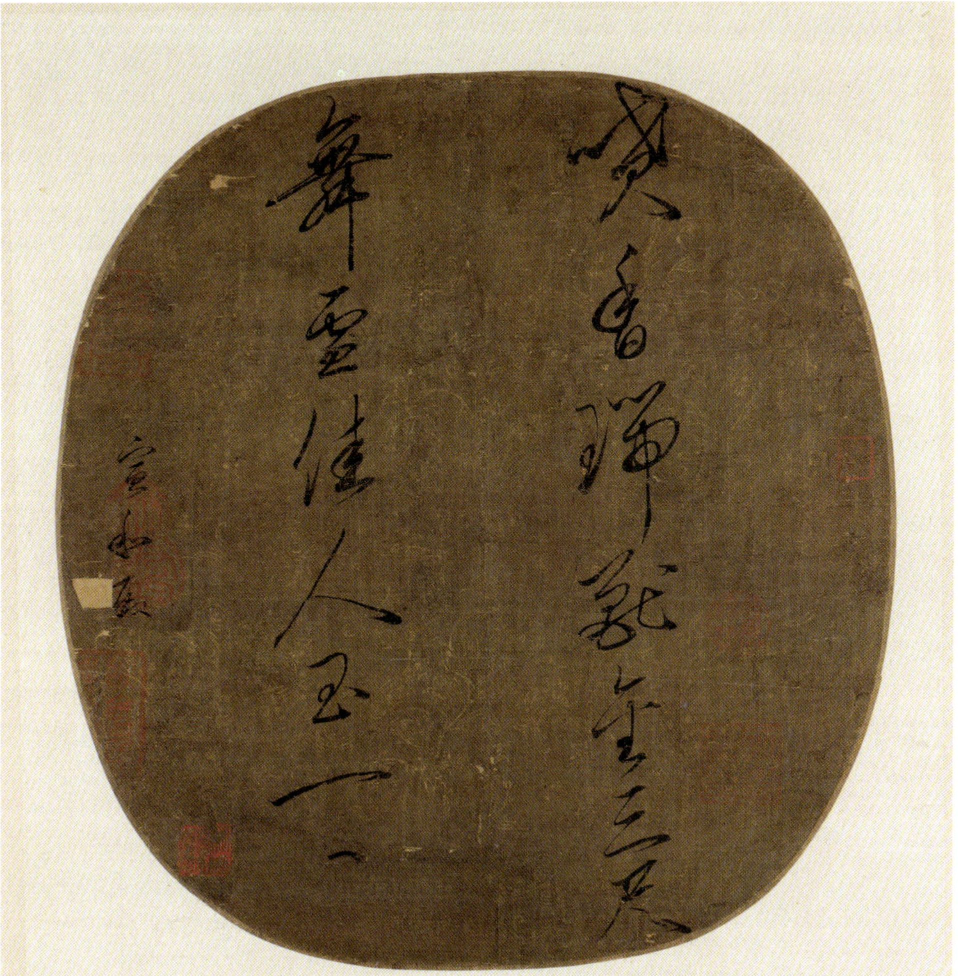

楷书《大方广佛华严经》册

年　代：宋

书法家：张即之

尺　寸：每开纵31.5厘米，横14.3厘米

收藏地：东京国立博物馆

入藏号：TB-1209

张即之（1186—1263年），字温夫，号樗寮，历阳乌江（今安徽省和县）人。生于名门显宦家庭，为参知政事张孝伯之子，爱国词人张孝祥之侄。张即之是南宋后期力挽狂澜、振兴书法艺术，穷毕生之力以改变衰落书风的革新家，称雄一时。

此册用笔精到，干净利落，结构舒朗，字形以方为主，给人以雍容肃静之感，点画分明，略带一丝行书的笔意，灵动多姿。册后有清人王文治跋文，其中有“张樗寮书，人知其师米海岳，而不知其出入于有唐欧、褚诸家者至深邃也”，观此册所书，既有米芾的笔意，也有欧阳询、褚遂良的韵味，且又能自成一家，确是张即之小楷中的精品。

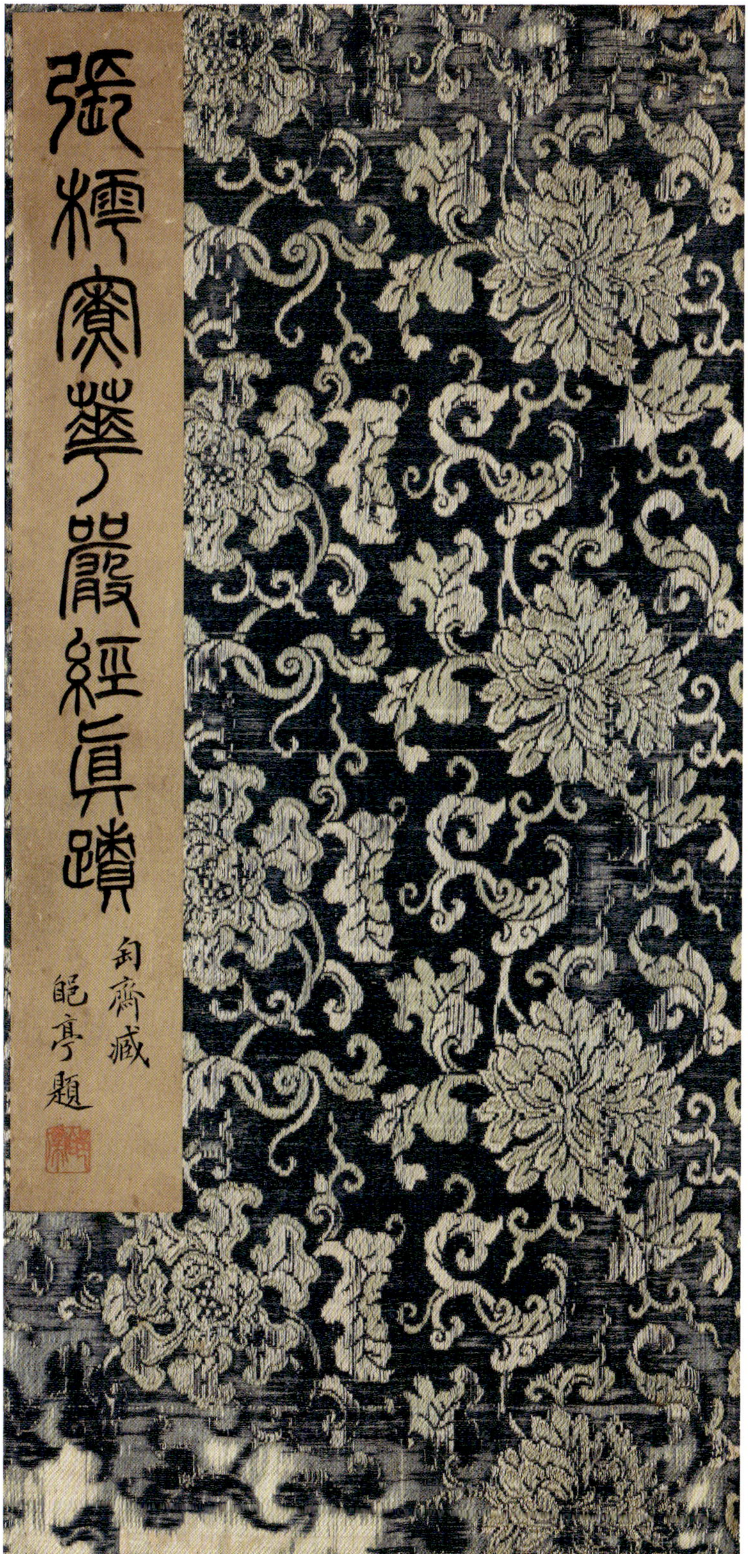
張樗寮華嚴經真蹟
匋齋藏
皅亭題

張樗寮華嚴經真蹟
蓮巢題籤

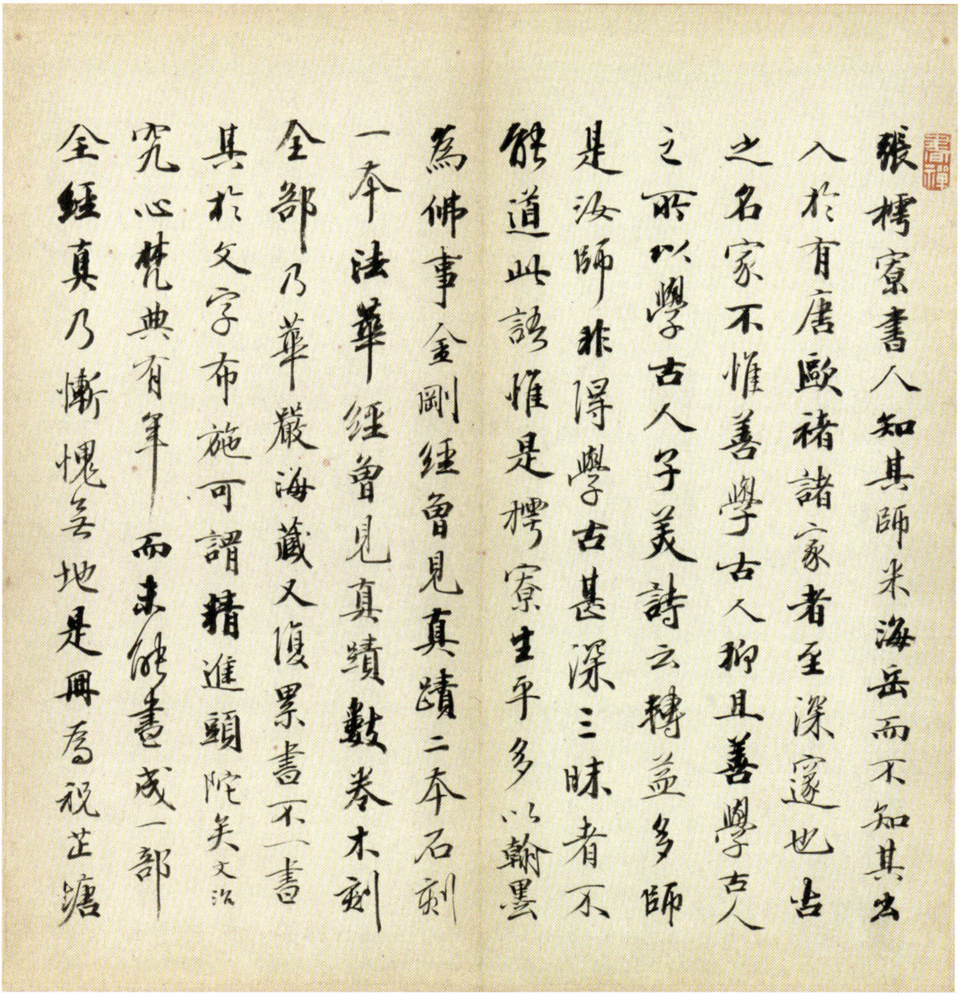
張樗寮書人知其師米海岳而不知其出入於有唐歐褚諸家者至深邃也古之名家不惟善學古人抑且善學古人之所以學古人子美詩云轉益多師是汝師非得學古甚深三昧者不能道此語惟是樗寮生平多以翰墨爲佛事金剛經曾見真蹟二本石刻一本法華經曾見真蹟數卷木刻全部乃華嚴海藏又復累書不一書其於文字布施可謂精進頭陀矣文汲究心梵典有年而未能書成一部全經真乃慚愧無地是冊爲祝芷塘

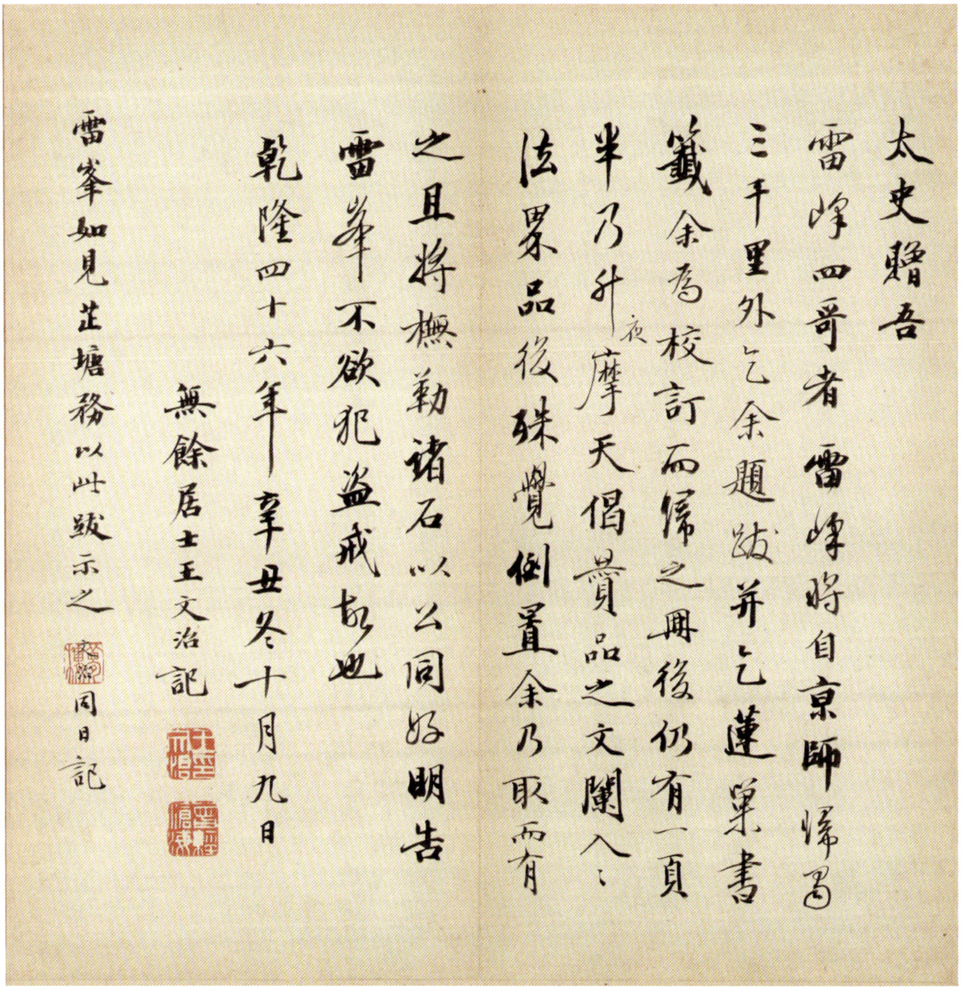
太史贈吾
雷峰四哥者雷峰將自京師歸寓
三千里外乞余題跋并乞蓮巢書
籤余為校訂而歸之冊後仍有一頁
半乃升夜摩天偈讚品之文闌入入
法界品後殊覺倒置余乃取而有
之且將撫勒諸石以公同好明告
雷峰不欲犯盜戒故也
乾隆四十六年辛丑冬十月九日
無餘居士王文治記
雷峰如見芷塘務以此跋示之同日記

大方廣佛華嚴經卷第六十四
入法界品第三十九之五
尒時善財童子蒙善知識力依善知識
教念善知識語於善知識深心愛樂作
令我見佛因善知識
者是我師傅示導於
我諸佛法故善知識者是我眼目令我
見佛如虛空故善知識者是我津濟令
我得入諸佛如來蓮華池故漸〻南行
至海潮處見普莊嚴園衆寶垣牆周帀

圍繞一切寶樹行列莊嚴一切寶華樹
雨衆妙華布散其地一切寶香樹香氣
氛氳普熏十方一切寶鬘樹雨大寶鬘
處處垂下一切摩尼寶王樹雨大摩尼
一切寶衣樹雨種種色衣

此半頁當在百萬般池黑旃檀之下

泥凝積其底一切妙寶以爲蓮華敷布
水上大摩尼華光色照耀園中復有廣
大宮殿名莊嚴幢海藏妙寶以爲其地
毗瑠璃寶以爲其柱閻浮檀金以覆其
上莊嚴無數寶王光燄

鳥遊戲其中出和雅
音寶多羅樹周帀行列覆以寶網垂諸
金鈴微風徐搖恒出美音施大寶帳寶
樹圍繞建立無數摩尼寶幢光明普照
百千由旬其中復有百萬陂池黑栴檀

此頁接在無數寶王光燄之後

摩尼寶光明蓮華藏摩尼
寶光明燄幢摩尼寶光明大燈摩尼寶
光明普照十方摩尼寶光明香光摩尼
寶光明如是等其數百萬常雨百萬莊
嚴具百萬黑栴檀香出妙音聲百萬出

山々直前（探）雨種々色衣之文

大布一切音樂樹風動

亡其音美妙過於天樂一切莊嚴具

樹各雨珍玩奇妙之物處々分布以為

嚴飾其地清淨無有高下於中具有百

萬殿堂大摩尼寶之所合成百萬樓閣

閻浮檀金以覆其上百萬宮殿毗盧遮

那摩尼寶間錯莊嚴一萬浴池衆寶合

成七寶欄楯周帀圍繞七寶階道四面

八布八功德水湛然盈滿其水香氣如

、水清寶珠周徧間錯

過諸天曼陀羅華而以散之百萬出過
諸天瓔珞以爲莊嚴百萬出過諸天妙
寶鬘帶處處垂下百萬出過諸天衆色
妙衣百萬雜色摩尼寶妙光普照百萬
仰頭面作禮百萬采女於

此下當非六十九卷之文

十龍[illegible][illegible]殿各別其中有水流
皆悉展轉倍過於前娑竭羅龍
閻浮幢宮殿中水流入大海復
前佛子娑竭羅龍王連雨大海水
開其娑竭羅龍王宮殿中水涌出

汝信於前其所出水紺琉璃色涌
時是故大海潮不失時佛子如是
以水無量衆寶無量衆生無量所
所復無量佛子於汝意云何彼
旨言貫為無量不可為

此與前數頁筆力不同乃贗書闌入非樗寮真蹟也

至一切法至一切虛空至一切三世至
一切有為無為至一切語言音聲願此
善根亦復如是徧至一切諸如来所供
養三世一切諸佛過去諸佛所願悉滿
未来、莊嚴現在諸及其國

樗寮書非樗寮也晋唐諸名家皆赴其腕下以成其書也此贗本則惟樗
寮而已非真知書者不能条破此中三昧及余拈出則又有目共覩矣

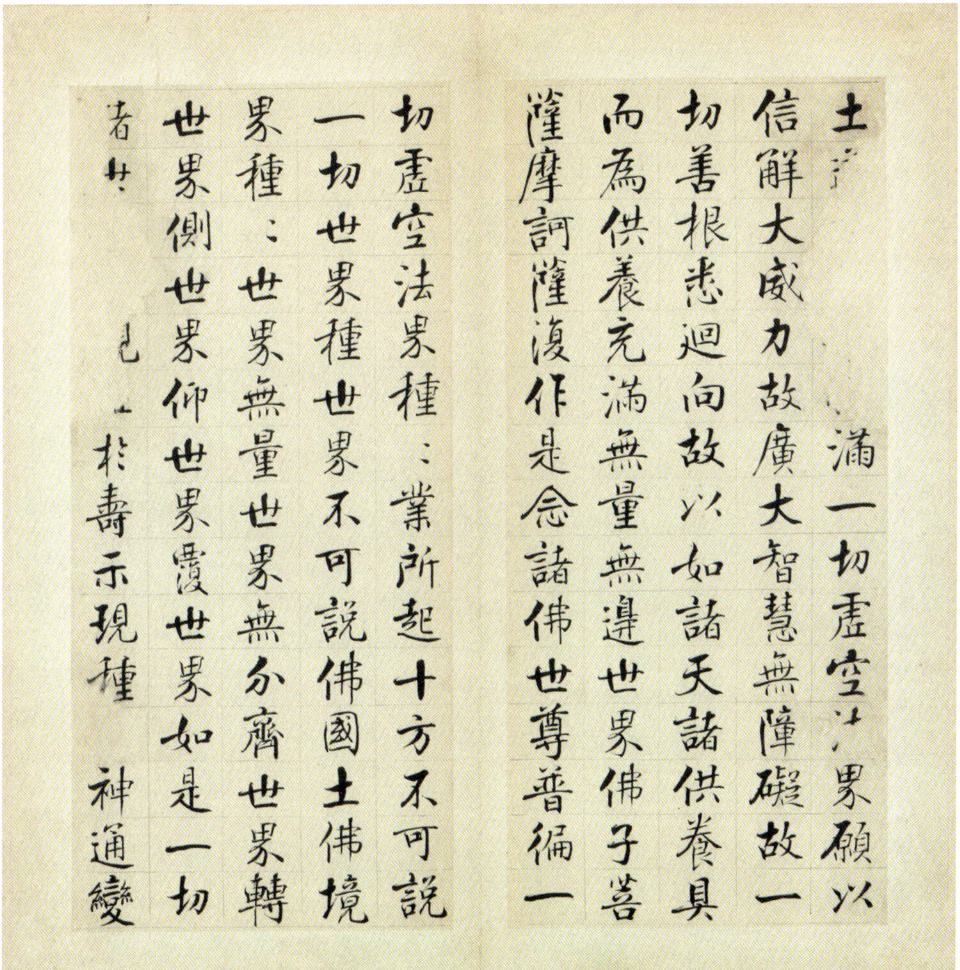

土〃　滿一切虛空〃界願以
信解大威力故廣大智慧無障礙故一
切善根悉迴向故以如諸天諸供養具
而為供養充滿無量無邊世界佛子菩
薩摩訶薩復作是念諸佛世尊普徧一
切虛空法界種〃業所起十方不可說
一切世界種世界不可說佛國土佛境
界種〃世界無量世界無分齊世界轉
世界側世界仰世界覆世界如是一切
者〃　見　於壽示現種　神通變

化行一　勝解力爲諸衆生堪受
化者於彼一切諸世界中現爲如來出
興於世以至一切處智普徧開示如來
無量自在神力法身徧往無有差別平
等普入一切法界如來藏身不生不滅
善巧方便普現世間證法實性超一切
故得不退轉無礙力故生於如來無障
礙見廣大威德種性中故佛子菩薩摩
訶薩以其所種一切善根願於如是諸
如來　妙華及衆妙香　蓋幢旛

以上贋書凡兩頁半此後仍有贋書半頁又有真跡一頁半乃升夜摩天偈贊品之文文治取而有之將橅諸石以公同好

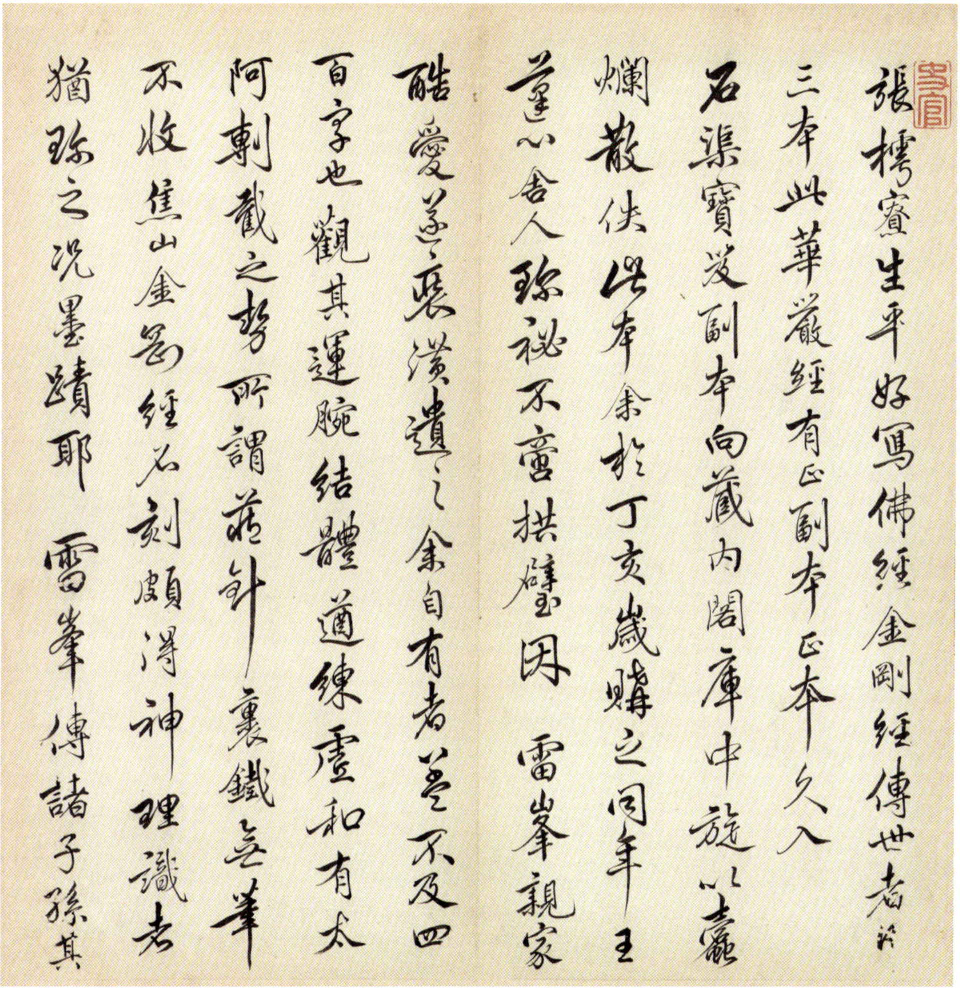
張樗寮生平好寫佛經金剛經傳世者於
三本此華嚴經有正副本正本久入
石渠寶笈副本向藏內閣庫中旋以蠹
爛散佚此本余於丁亥歲購之同年王
蓮心舍人珍祕不啻拱璧因　雷峯親家
酷愛遂裝潢遺之余自有者蓋不及四
百字也觀其運腕結體遒練虛和有太
阿剸截之勢所謂藏針裹鐵無往
不收焦山金剛經石刻頗得神理識者
猶珍之況墨蹟耶　雷峯傳諸子孫其

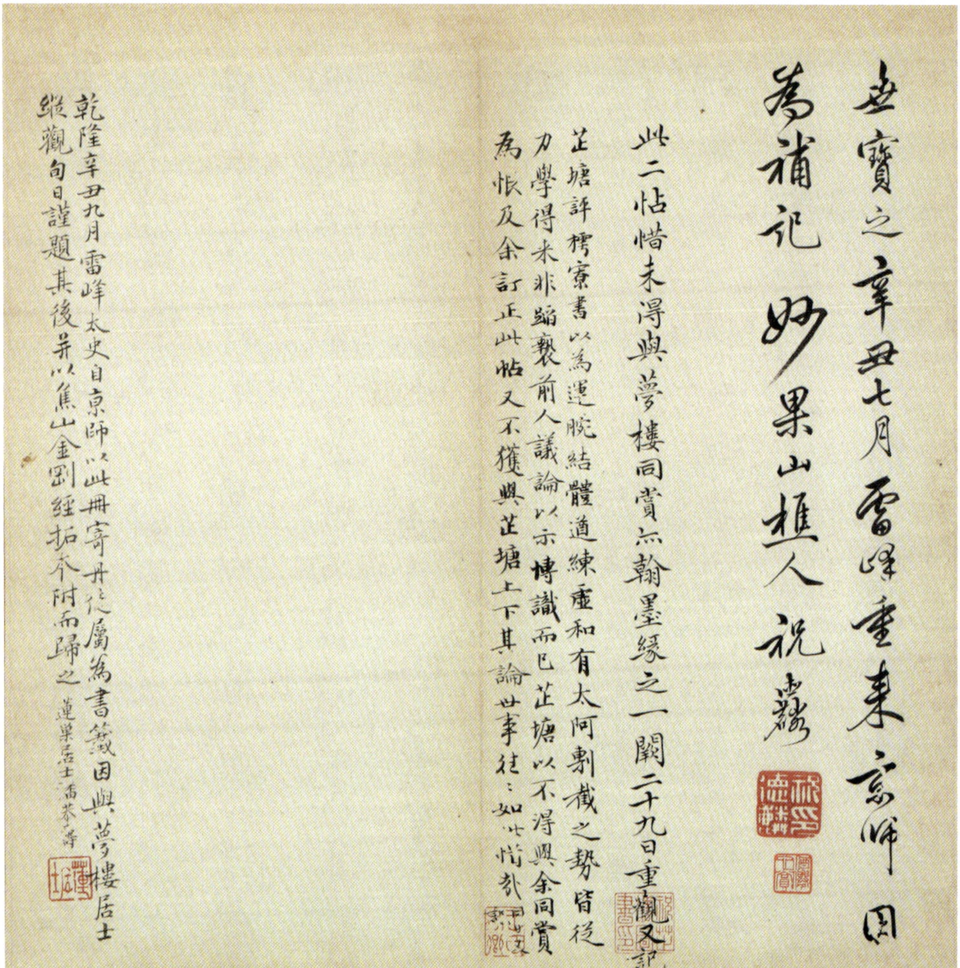

世寶之辛丑七月雷峰重來京師因
爲補記 妙果山樵人祝德麟

此二帖惜未得與夢樓同賞亦翰墨緣之一闕二十九日重觀又記
芷塘評禊序書以爲運腕結體遒練虛和有太阿剸截之勢皆從
力學得來非蹈襲前人議論以示博識而已芷塘以不得與余同賞
爲悵及余訂正此帖又不獲與芷塘上下其論世事往往如此悄歎

乾隆辛丑九月雷峰太史自京師以此冊寄丹徒屬爲書籤因與夢樓居士
縱觀旬日謹題其後并以焦山金剛經拓本附而歸之 蓮巢居士潘恭壽

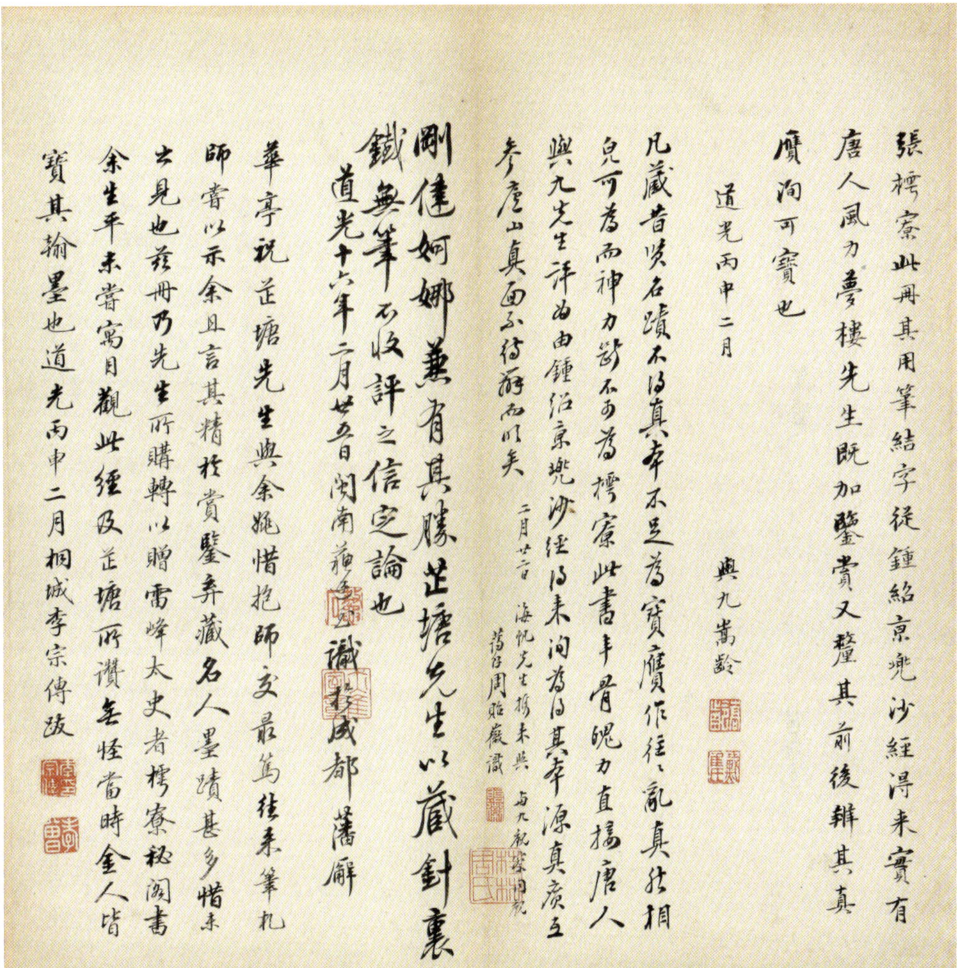

張樗寮此冊其用筆結字從鍾紹京兜沙經得來實有唐人風力夢樓先生既加鑒賞又釐其前後辨其真贋洵可寶也

道光丙申二月　與九嵩齡

凡藏昔賢名蹟不得真本不足為寶贋作往往亂真能捐免可為而神力斷不可為樗寮此書本骨魄力直揖唐人與九先生評為由鍾紹京兜沙經得來洵為得其本源真廣互參唐山真面不待辯而明矣

二月廿二日　海帆先生携來與與九叔家同觀　蒿溪周貽巖識

剛健婀娜兼有其勝芷塘先生以藏針裹鐵無筆不收評之信定論也

道光十六年二月廿五日閩南蒲□識於成都藩廨

華亭說芷塘先生與余晚惜抱師交最篤往來筆札師嘗以示余且言其精於賞鑒弃藏名人墨蹟甚多惜未出見也茲冊乃先生所購轉以贈雷峰太史者樗寮祕閣書余生平未嘗寓目觀此經及芷塘所讚無怪當時金人皆寶其翰墨也道光丙申二月桐城李宗傳跋

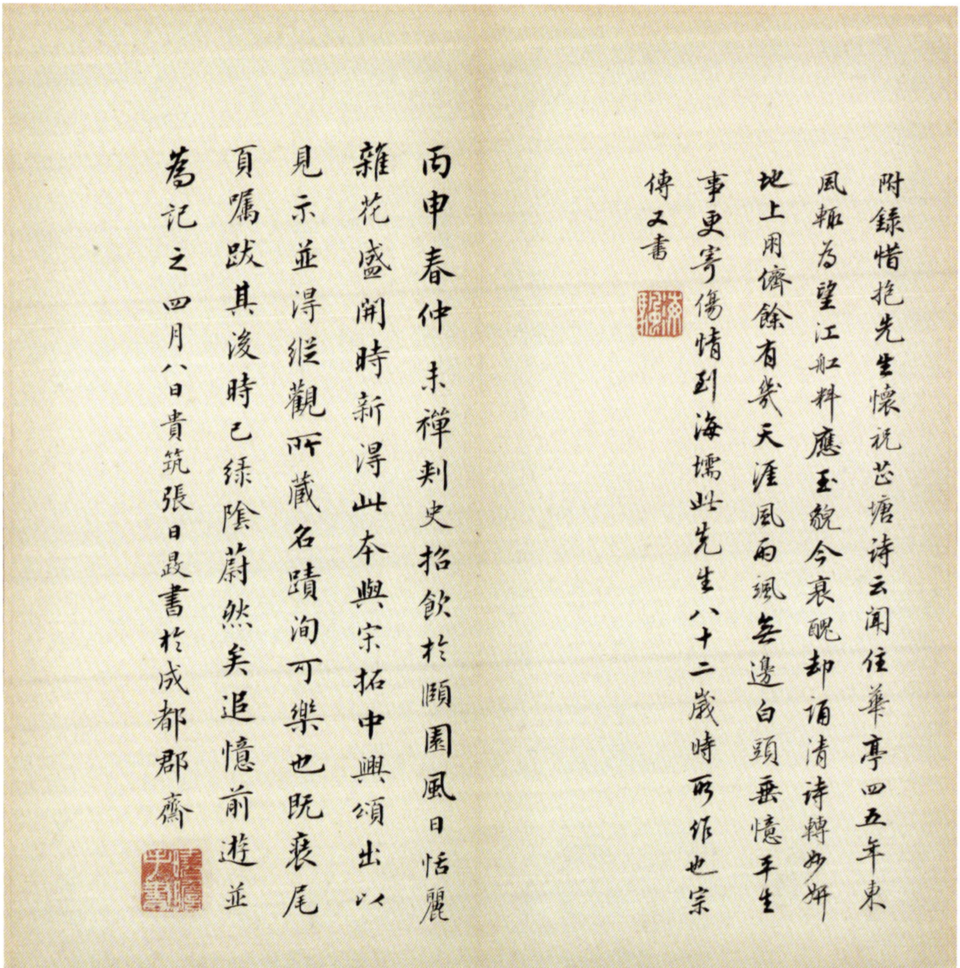
附錄惜抱先生懷祝芷塘詩云閒住華亭四五年東
風輒爲望江舡料應玉貌今衰醜却誦清詩轉妙妍
地上用儕餘有幾天涯風雨颯無邊白頭垂憶平生
事更寄傷情到海壖此先生八十二歲時所作也宗
傅又書

丙申春仲　朱禪剌史招飲於頤園風日恬麗
雜花盛開時新得此本與宋拓中興頌出以
見示並得縱觀所藏名蹟洵可樂也既裒尾
頁囑跋其後時已綠陰蔚然矣追憶前遊並
爲記之四月八日貴筑張日晸書於成都郡齋

標齋秘閣書余向未多觀此冊運腕結體虛和空靈識
得晉唐風力後二頁蓴樓先生定為贋書殆非明眼人
不能道破從 未祥刺史處借觀累月因識數語歸之
道光戊戌三月 古芩王庭

陶齋尚書藏石甲天下於書畫不甚措意然以余所知宬
古者若齋武年間人墨書木板海內未有其次者如米
海岳楷書向太后挽詞葉石林安健帖劉無言侍坐帖
林子中奈何帖周美成貧病帖林彥振峴刻帖王逆老
鸛酒帖張魏公致趙元鎮丞相論兵事書范石湖枏
盤帖吳傅朋嶽祠帖葉水心牡丹詩吳雲壑歲晏帖
揭曼碩贈劉粹衷宰旌德序皆世間瓌寶也余典山西
試近兩科皆借闈西安事畢段歸得見此冊以為平生
之幸 尚書耽文史愛朋友一時俊及相與鑑賞名蹟
繼以觴詠益極風雅盛事與斯會者漢陽黃嗣東小魯
獻縣紀鉅維悔軒瑞安黃紹箕鮮厂宿遷黃以霖甘愚
義州李葆恂猛厂番禺梁鼎芬薇兮遼陽楊鍾義芷姓
蘄水陳曾壽仁先光緒三十年三月望天門周樹模記
於桃花嶺蘭學齋

張即之字溫夫號樗寮歷陽人參知政事孝伯子中進士
舉歷司農寺丞授直秘閣以能書聞天下金人尤寶其翰
墨宋史本傳
張溫夫秘閣喜作擘窠大字不一詩輒盡一幅絹金人極
愛重之好書少陵古柏行弇州山人稾

真跡五頁半
贋書二頁半

夢樓先生謂後二葉半為贋書諦審再三莫尋
其迹殆須於筆墨外求之歟余誠不知書然亦不
敢附和前人之言謬矜明眼質之
匋齋尚書以為何如 光緒甲辰仲冬郋亭汪鳴鑾識

光緒丁未二月鄭孝胥觀

宣統戊午十一月三日溥伒敬觀

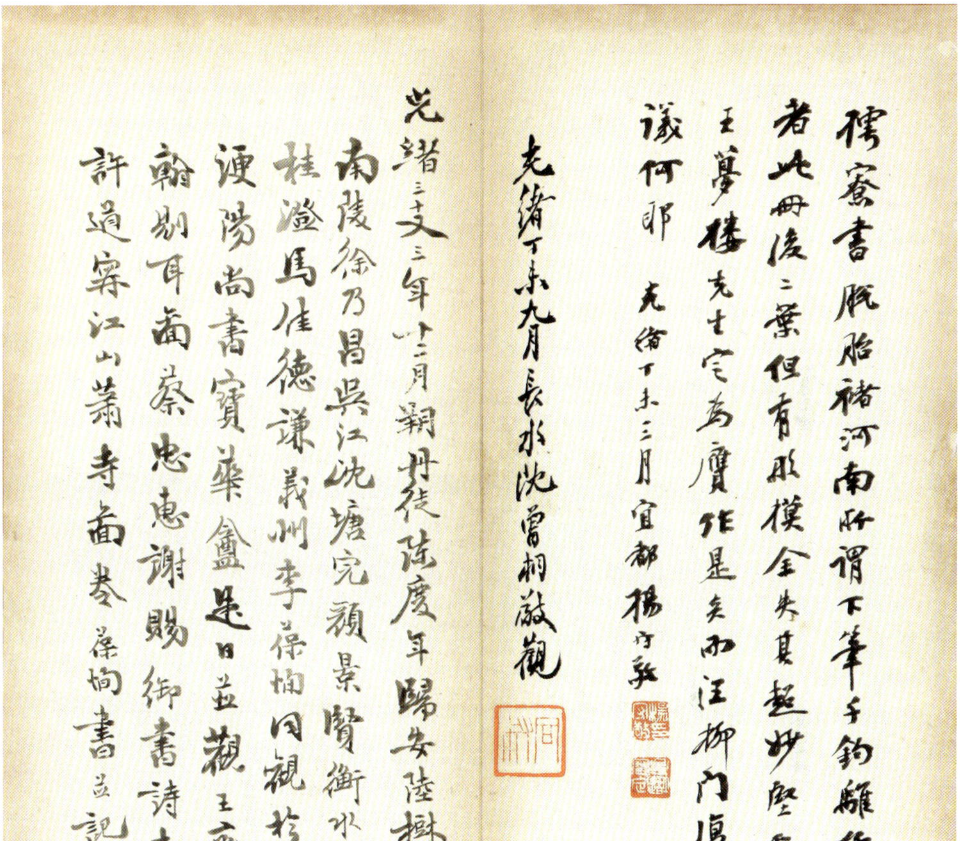
精審書脫胎褚河南所謂下筆千鈞離紙一寸者此冊後二葉但有形模全失其超妙堅勁之致王夢樓先生定為贋作是矣而汪柳門復持異議何耶 光緒丁未三月宜都楊守敬

光緒丁未九月長水沈曾桐敬觀

光緒三十三年十二月朔丹徒陸度年歸安陸樹藩南陵徐乃昌吳江沈塘完顏景賢衡水孫桂澂馬佳德謙義州李葆恂同觀於浭陽尚書寶華盦是日並觀王齊翰挑耳圖蔡忠惠謝賜御書詩表許道寧江山蕭寺圖卷 葆恂書並記

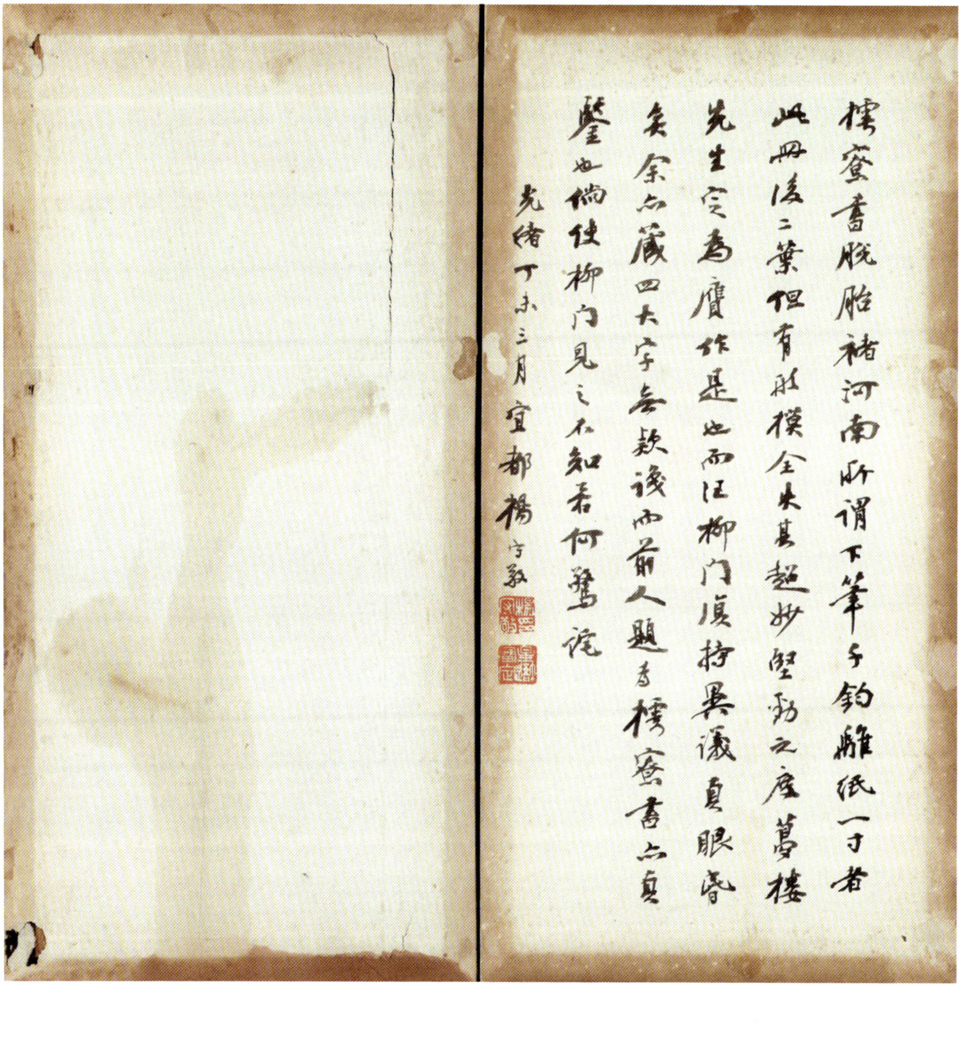
樸窗書脫胎褚河南所謂下筆千鈞離紙一寸者此冊後二葉但有形模全失其超妙堅勁之度夢樓先生定為贗作是也而汪柳門侍郎異議真眼昏矣余亦藏四大字無款識而前人題為樸窗書亦真鑒也倘使柳門見之不知若何驚詫

光緒丁未三月宜都楊守敬

草书《石鼓歌》卷

年　代：元

书法家：鲜于枢

尺　寸：纵45.7厘米，横1186.7厘米

收藏地：美国大都会艺术博物馆

入藏号：1989.363.29

鲜于枢（1246—1302年），字伯机，号困学山民、寄直老人。其书法成就主要在行草，行草书骨力劲健，真力饱满，行笔潇洒自然。元人袁裒说："困学老人善回腕，故其书圆劲，或者议其多用唐法，然与伯机相识凡十五六年间，见其书日异，胜人间俗书也。"

《石鼓歌》是唐代诗人韩愈的作品，意在请求朝廷保护石鼓，鲜于枢所书。此卷为中国书法史上的稀世墨宝。流传于世的草书《石鼓歌》共两卷，其一曾被拍卖，另一即此卷。此卷用笔以中锋直下，毫芒稍敛，呈现出苍劲丰润、浑雄凝重的意境。此卷曾经项元汴收藏，卷后有高士奇、沈尹默题跋。

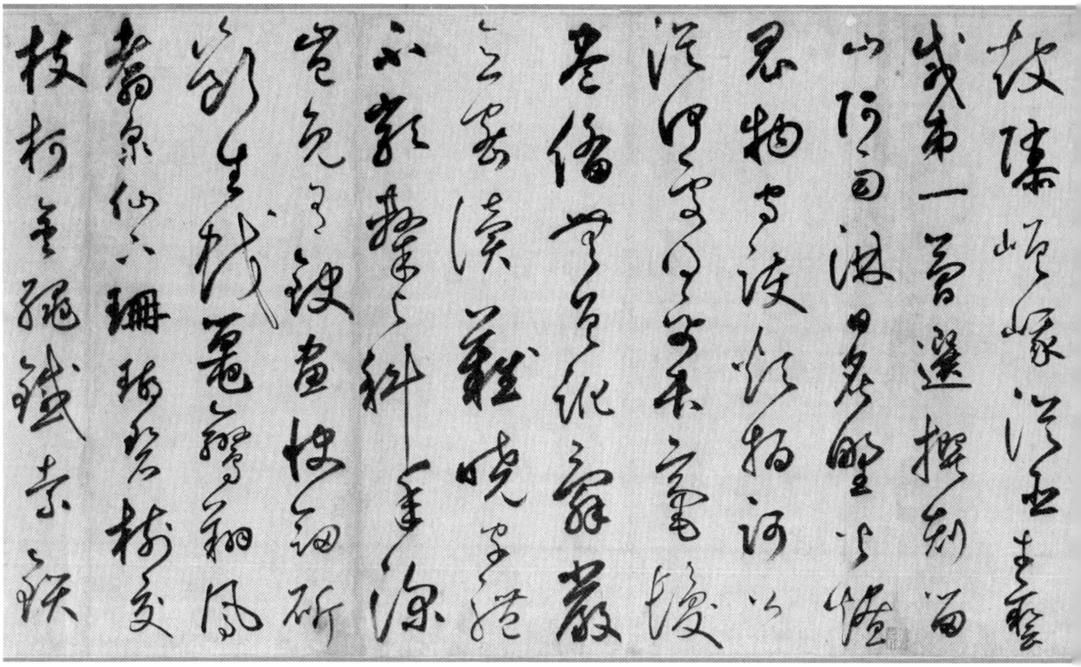

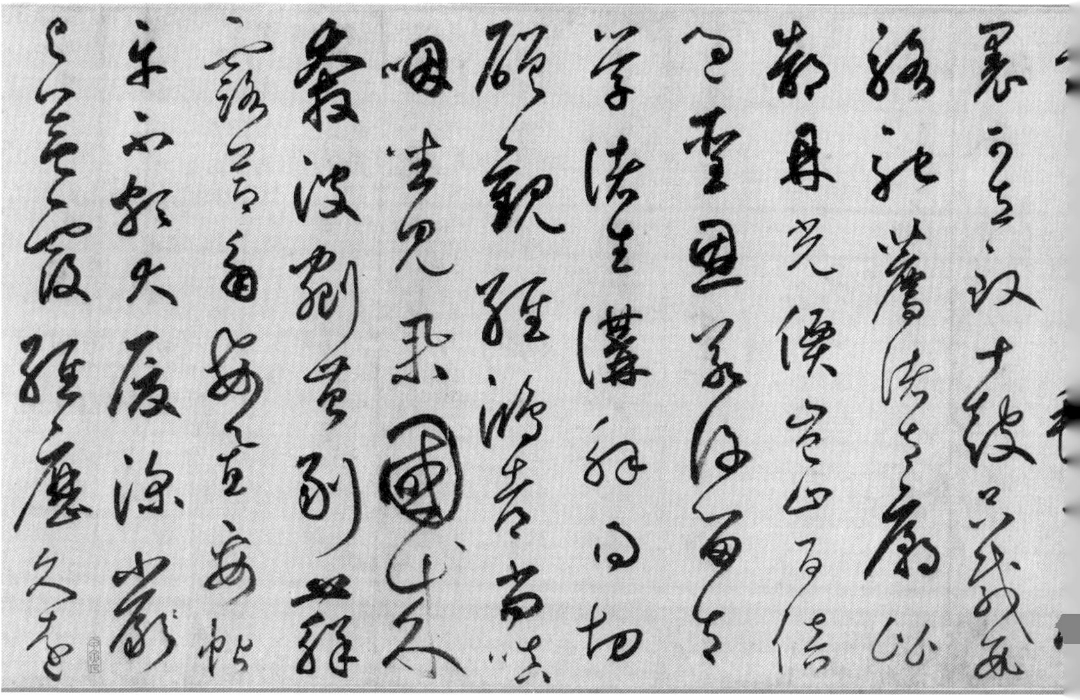

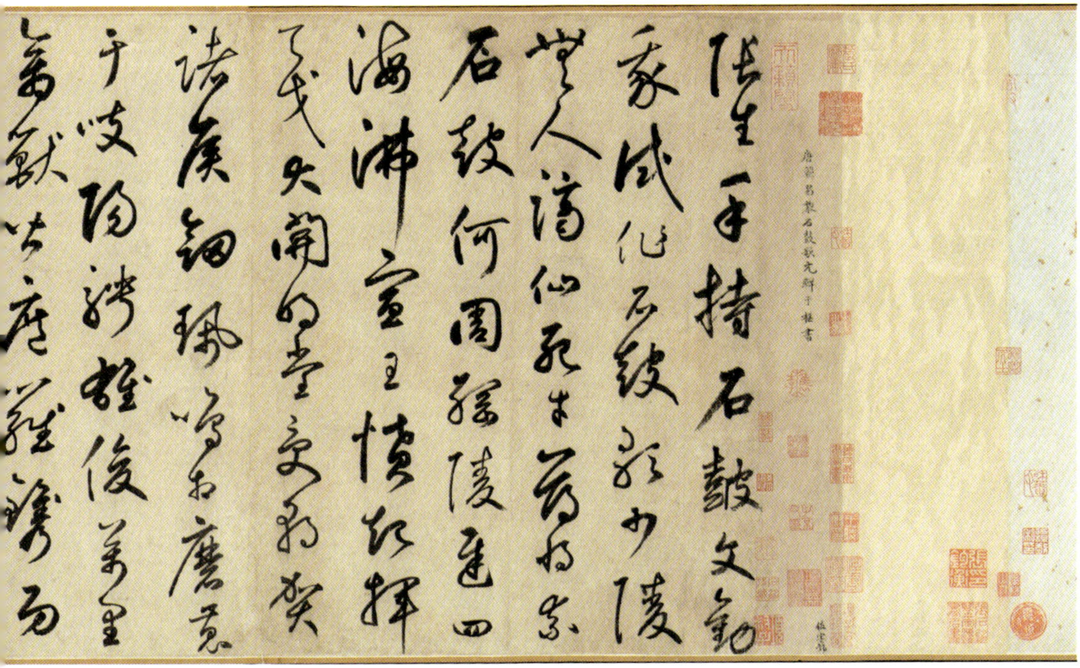

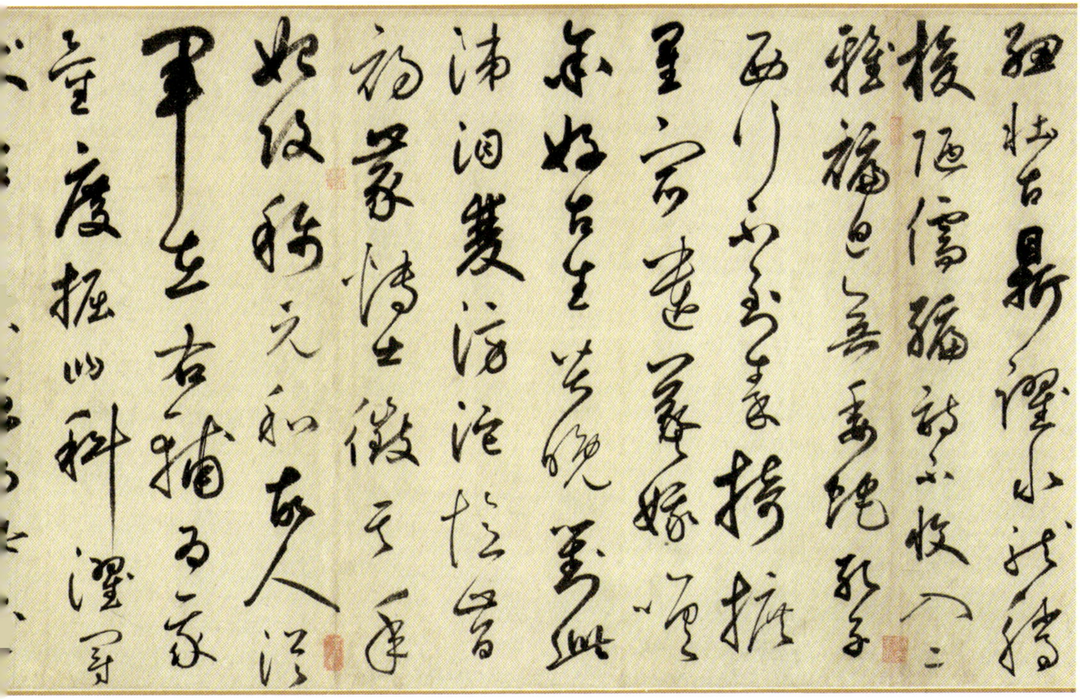

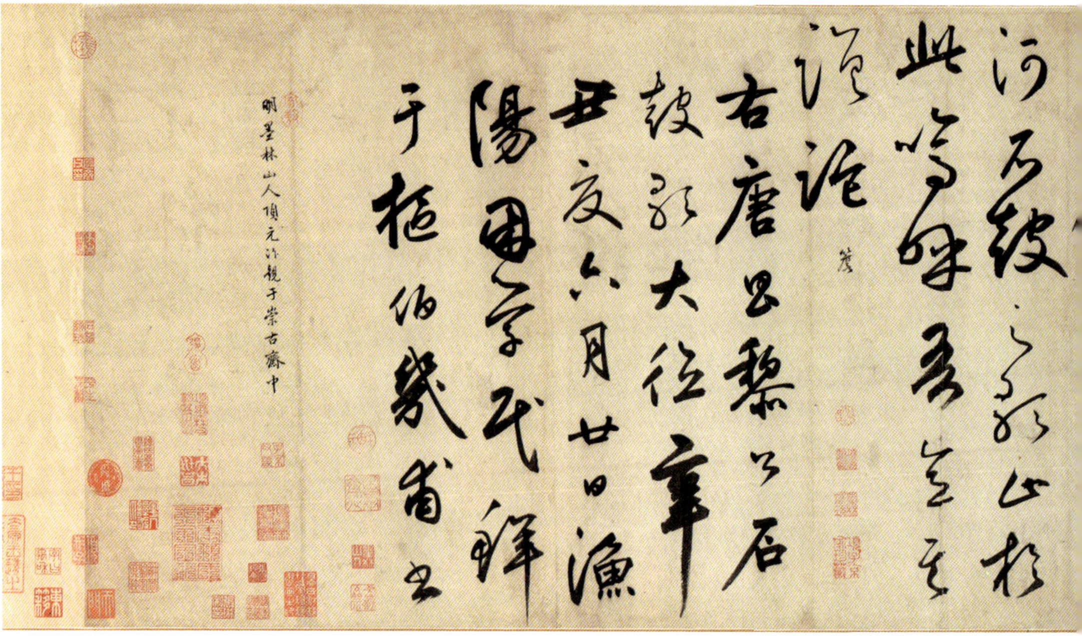
右唐昌黎公石鼓歌大德辛丑夏六月廿日漁陽困學民鮮于樞伯幾甫書
明墨林山人項元汴観于崇古齋中

道光辛卯小暑歙項芝房敬觀

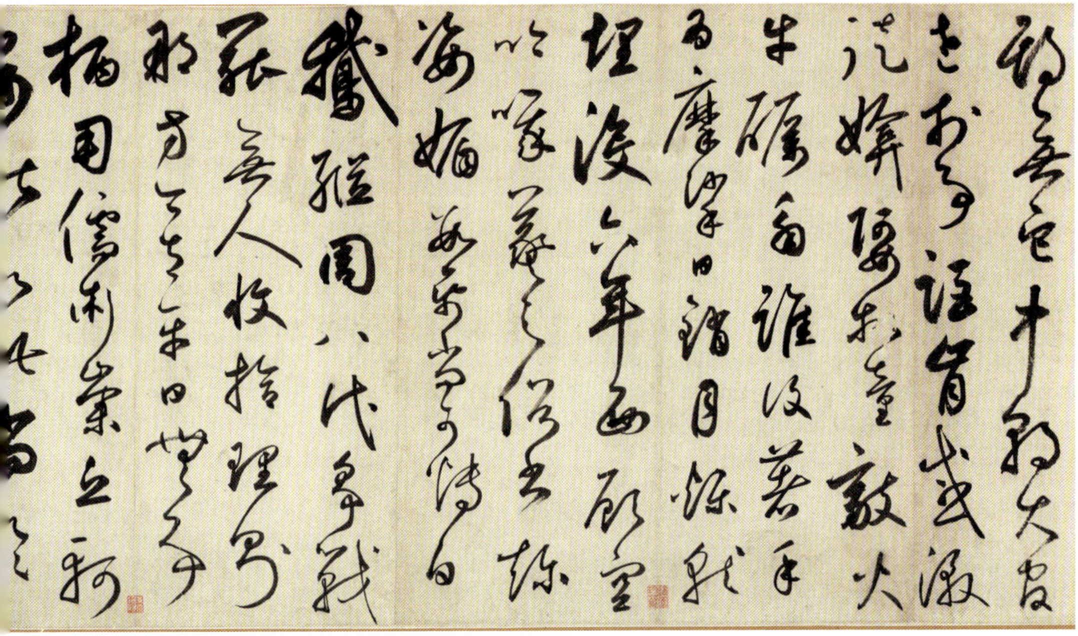

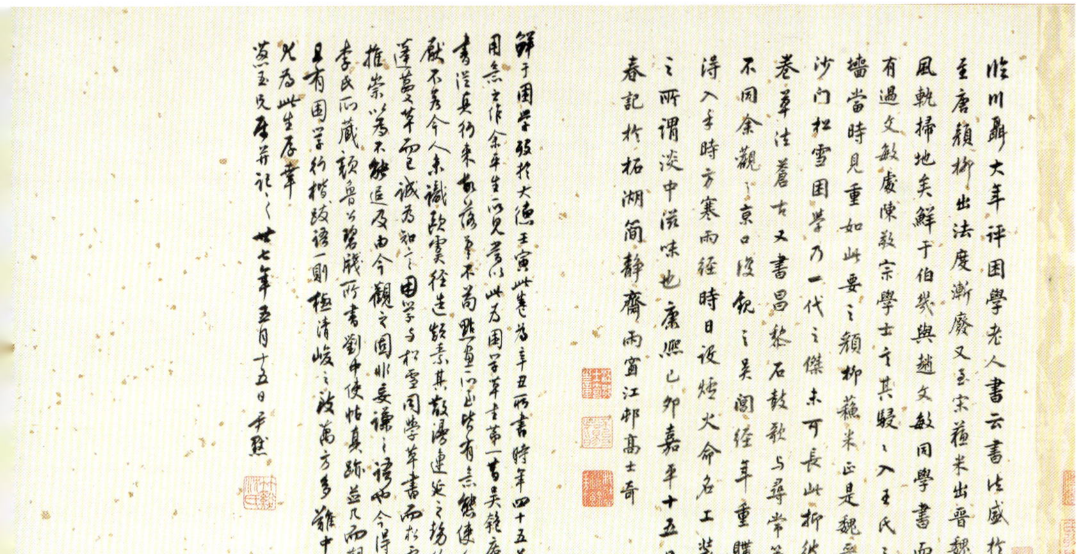
臨川顧大年評困學老人書云書法盛於晉
至唐顔柳出法度漸廢又至宋蘇米出晉魏之
風軌掃地矣鮮于伯幾與趙文敏同學書而草
有過文敏處陳敬宗學士亦其疑之入王氏之門
牆當時見重如此要之顔柳蘇米正是魏晉廣
沙门松雪困學乃一代之傑未可長此抑彼并
卷草法蒼古又書昌黎石鼓歌与尋常筆墨
不同余觀之京口後敗之吳閶經年重購始
得入手時方寒雨經時日沒烛火命名工裝潢
之所謂淡中滋味也康熙己卯嘉平十五日立
春記於柘湖簡靜齋雨窗江都高士奇

行书右军四事卷

年　代：元

书法家：赵孟頫

尺　寸：纵26.5厘米，横851.2厘米

收藏地：美国大都会艺术博物馆

入藏号：1989.363.30

赵孟頫（1254—1322年），字子昂，号松雪道人、水精宫道人，湖州（今属浙江）人。宋太祖子秦王赵德芳的后裔。宋灭亡后，归故乡闲居，后来奉元世祖征召，历仕五朝，官至翰林学士承旨、荣禄大夫，封魏国公，谥文敏。赵孟頫是元代初期很有影响的书法家，是集晋、唐书法之大成的很有成就的书法家。同时代

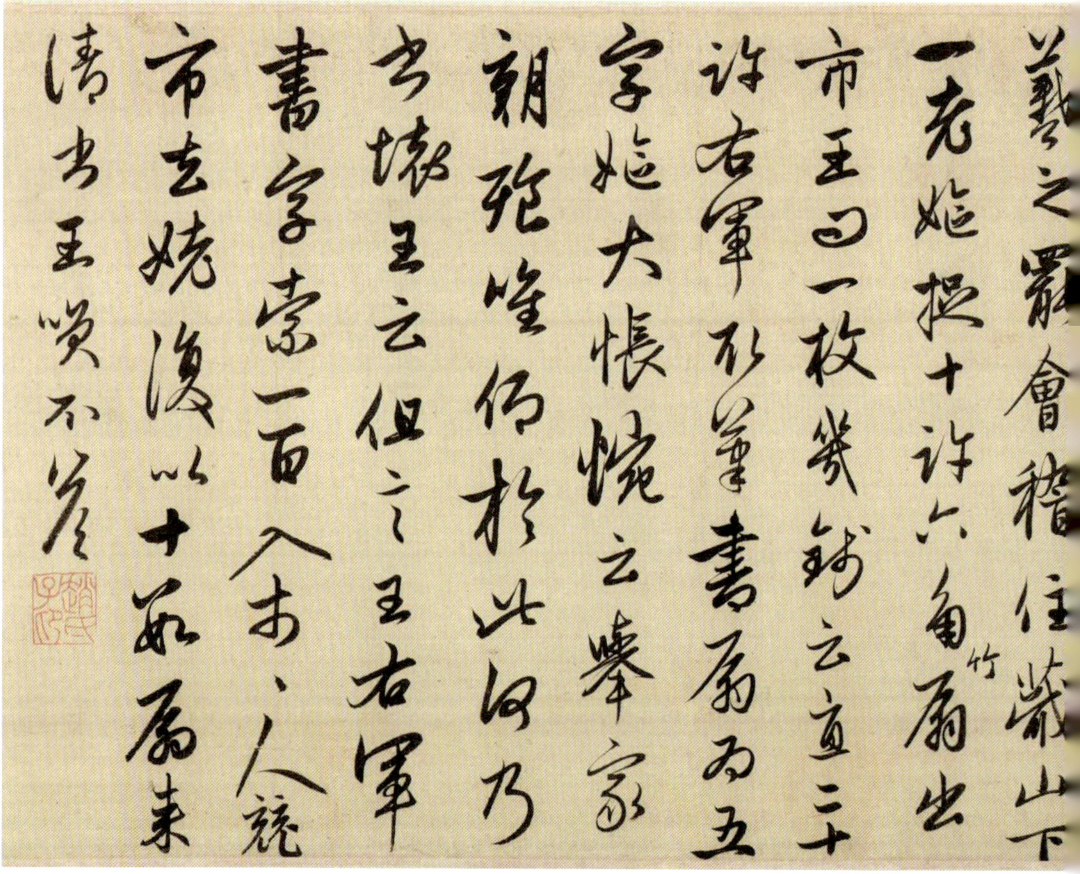

的书家对他十分推崇，后世有人将其列入楷书四大家“颜、柳、欧、赵”。

此卷又名《王羲之秩事帖》，为赵孟頫向王羲之致敬之作。体势紧密，错落有致，姿态朗逸，体现了其书法遒媚多姿、神清骨秀的艺术风神。通篇笔意安闲，气韵清新，体态优雅，妩媚动人，华丽而不乏骨力，流美而不甜腻。体现了赵孟頫极深的行楷功力。

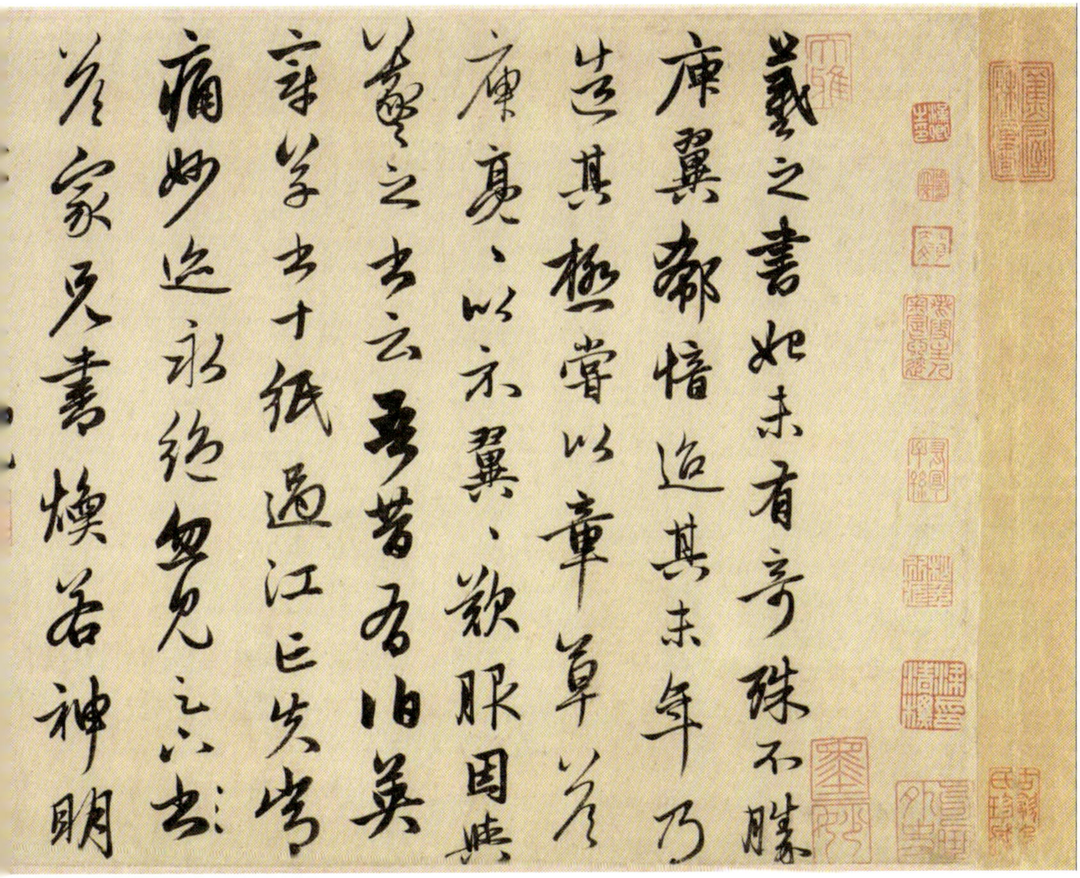

子昂書

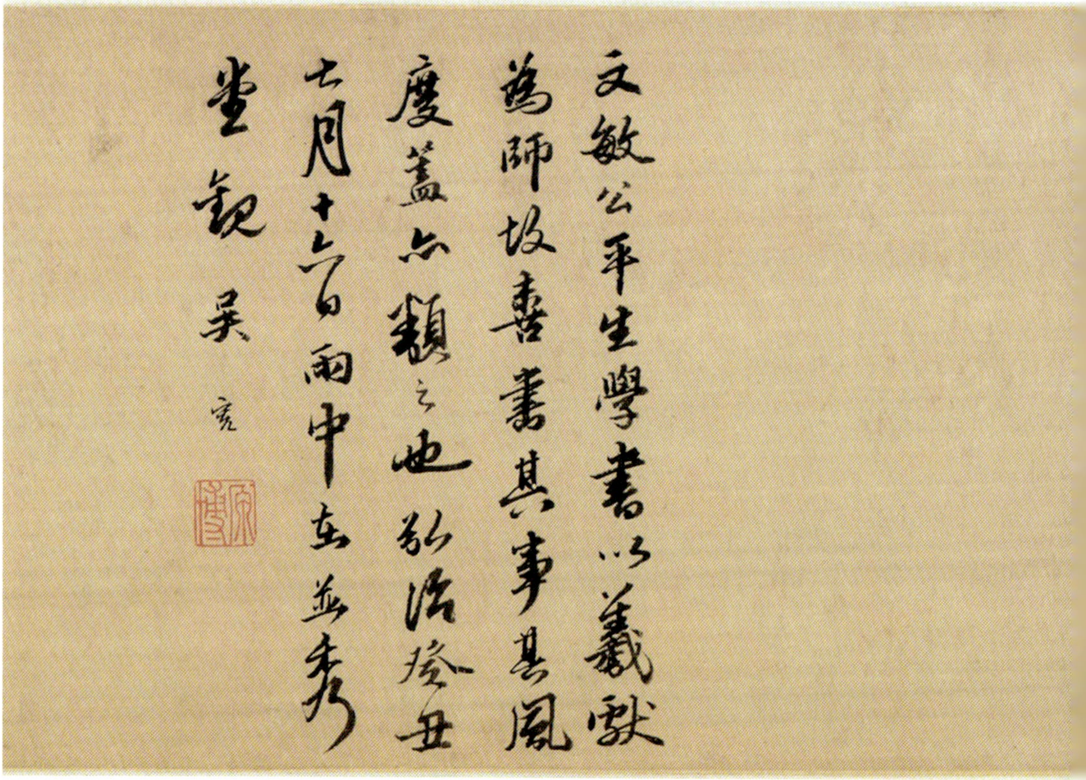
文敏公平生學書以羲獻
度蓋亦類之也弘治癸丑
吳寬

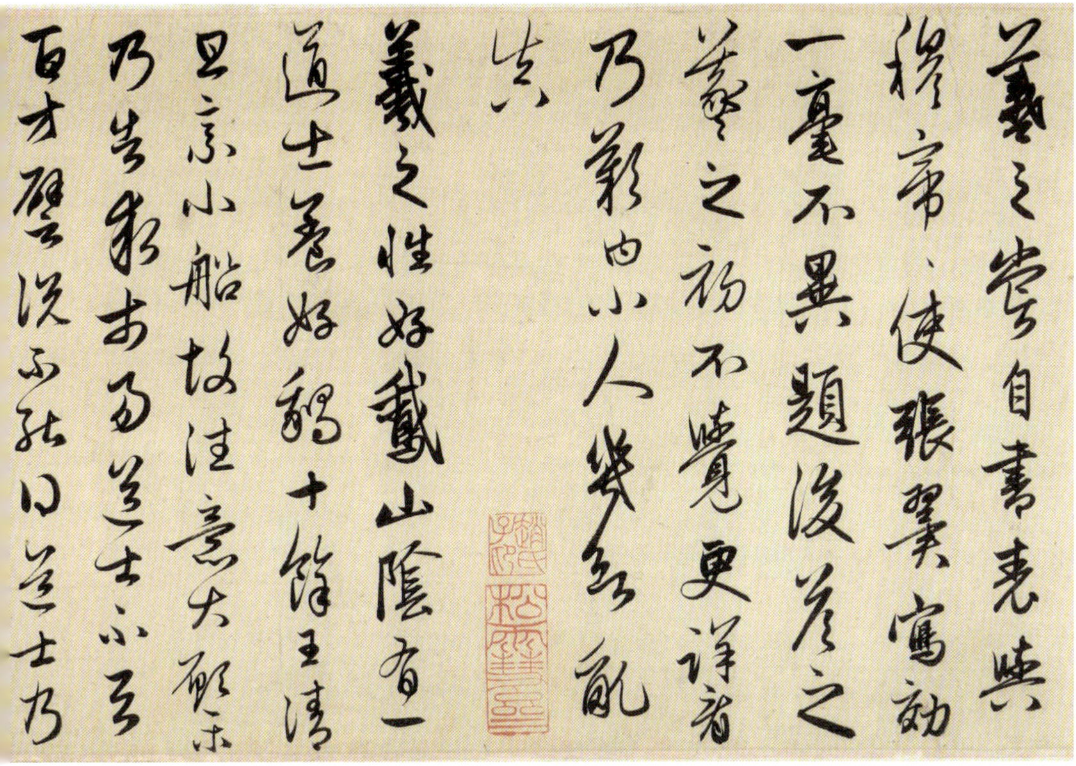
羲之嘗自書表與
穆帝帝使張翼寫効
一毫不異題後答之
羲之初不覺更詳看
乃歎曰小人幾欲亂
真
羲之性好鵝山陰有一
道士養好鵝十餘王清
旦乘小船故往意大願樂
乃告求市易道士不與
百方譬說不能得道士乃

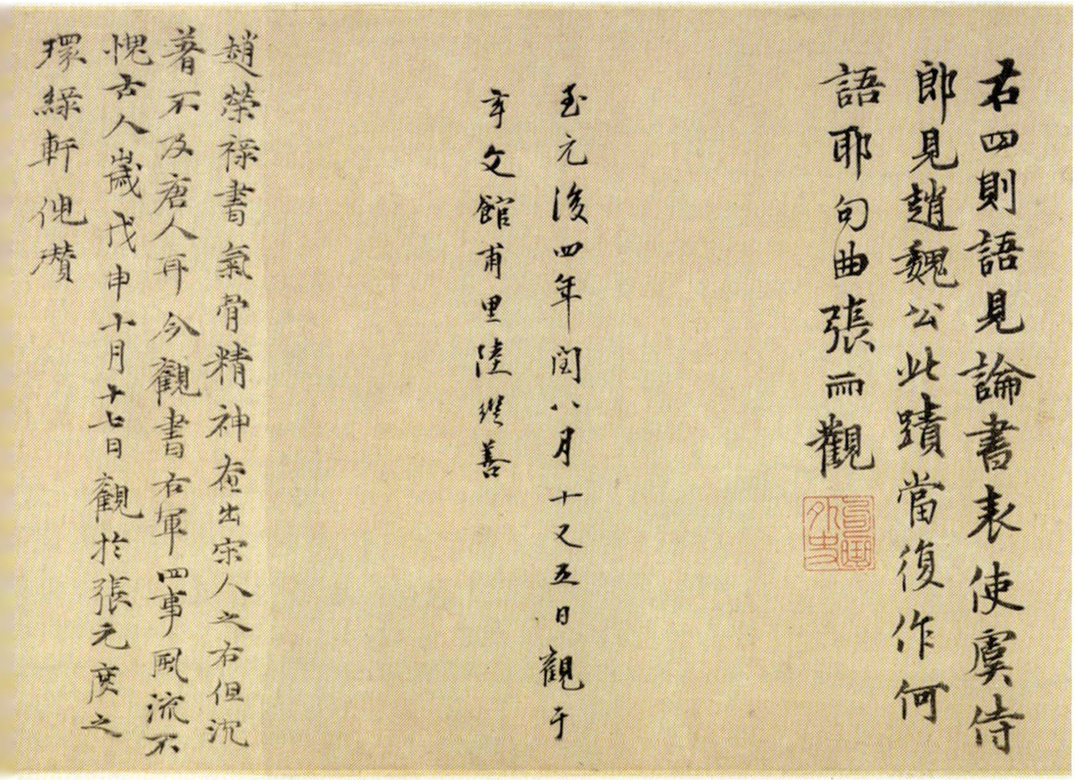
右四則語見論書表使虞侍
郎見趙魏公此蹟當復作何
語耶句曲張雨觀

至元後四年閏八月十又五日觀于
弁文館甫里陸繼善

趙榮祿書氣骨精神奄出宋人之右但沉
着不及唐人耳今觀書右軍四事風流不
愧古人歲戊申十月十七日觀於張元度之
環綠軒倪瓚

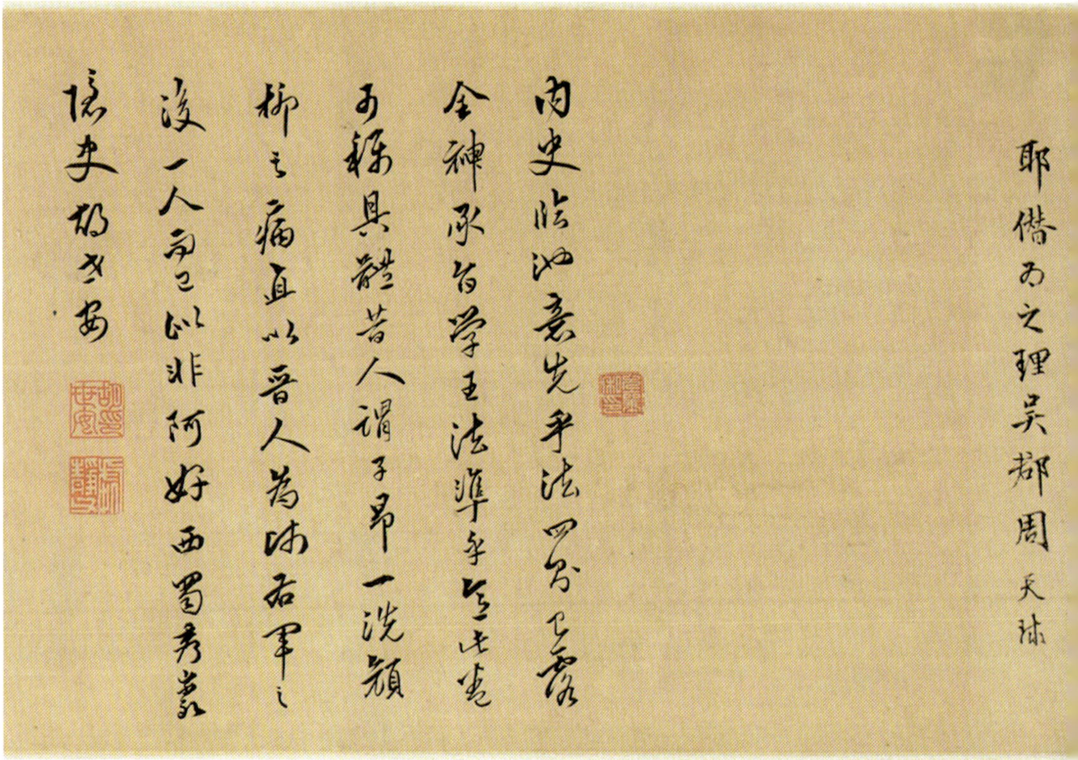
耶僭而之理吳郡周天球
內史臨池意先乎法畧不露
全神承旨學王法準乎姿態
兩稱具體昔人謂子昂一洗顏
柳之病直以晉人為沐右軍之
後一人而已似非阿好西蜀秀嵓
懷來胡書安

予既以是卷与定武蘭亭序摹刻于蘭雪齋
中又將四體千文中真草鈎勒以冠澄蘭堂法
帖之首蓋所藏松雪墨蹟銘心絕品二種俱淂上
石以垂永久後之覽者其珎重當何如耶
丙辰二月息老人旹年六十有九

隆慶庚午五月二過太傅董菴
公獲觀文敏手筆五帖其宗
得右軍家法者是十七帖臨本

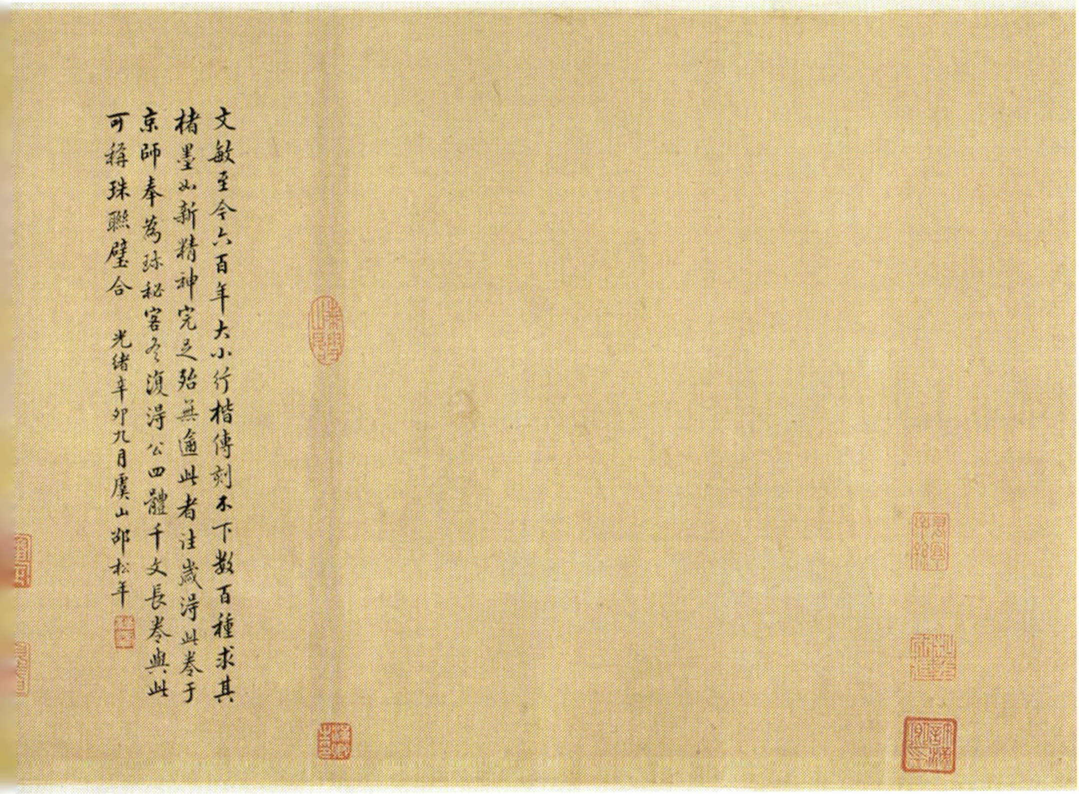

文敏至今六百年大小行楷傳刻不下數百種求其
楮墨如新精神完足殆無逾此者往歲得此卷于
京師奉爲球秘客冬復得公四體千文長卷與此
可稱珠聯璧合
光緒辛卯九月虞山邵松年

草书《梓人传》卷

年　代：元

书法家：康里巎巎

尺　寸：纵27.8厘米，横281厘米

收藏地：普林斯顿大学艺术博物馆

入藏号：y1985-11

康里巎巎（1295—1345年），字子山，号正斋、恕叟，康里部（突厥族）人，元代著名书法家。康里巎巎曾任礼部尚书、奎章阁大学士，官至翰林学士承旨，知制诰，兼修国史。康里巎巎博通群书，擅楷、行、草等书体，师法虞世南、王羲之，善以悬腕作书，行笔迅急，笔法遒媚，转折圆劲。明代解缙说：“子山书如雄剑倚天，长虹驾海。”

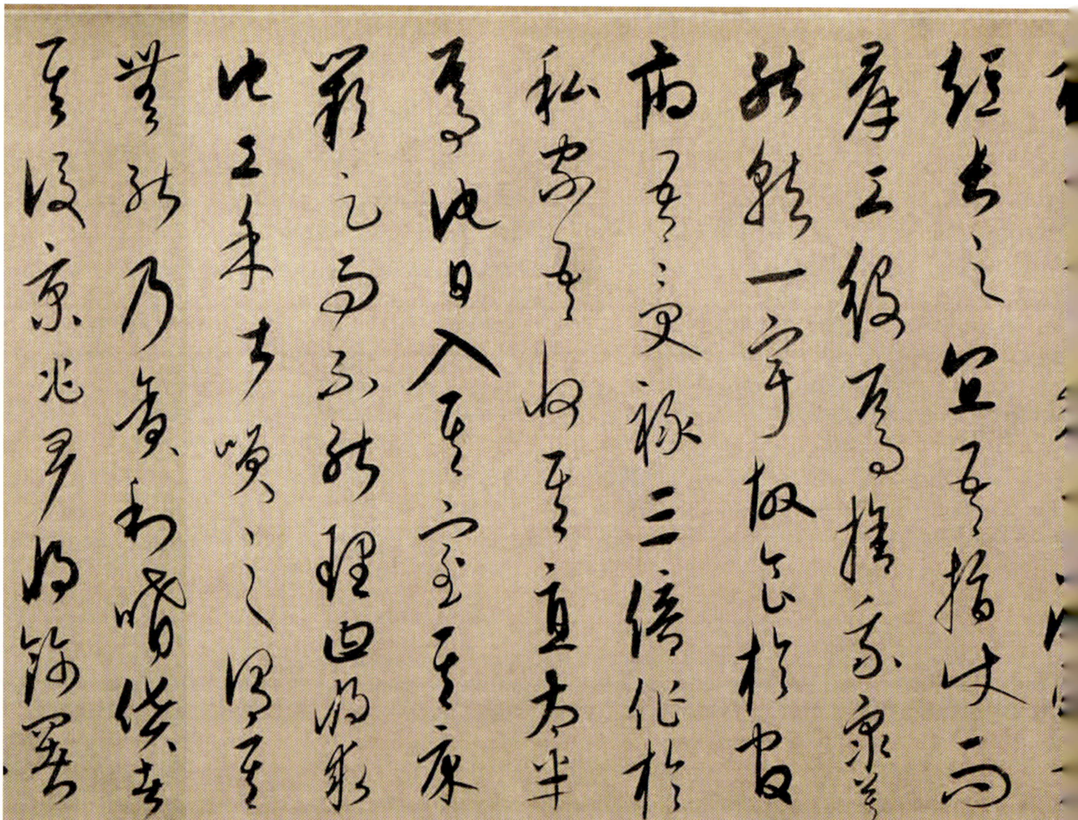

《梓人传》是唐代柳宗元的一篇散文，以“梓人”的传奇故事为喻，阐述治国之道。康里巎巎以行草书写，字画干脆爽利，用笔速度极快，末笔挑顿有力，整体风格秀逸奔放，兼具章草和狂草的风格。卷后拖纸有吴荣光、潘仕成、杨振麟等人题跋。

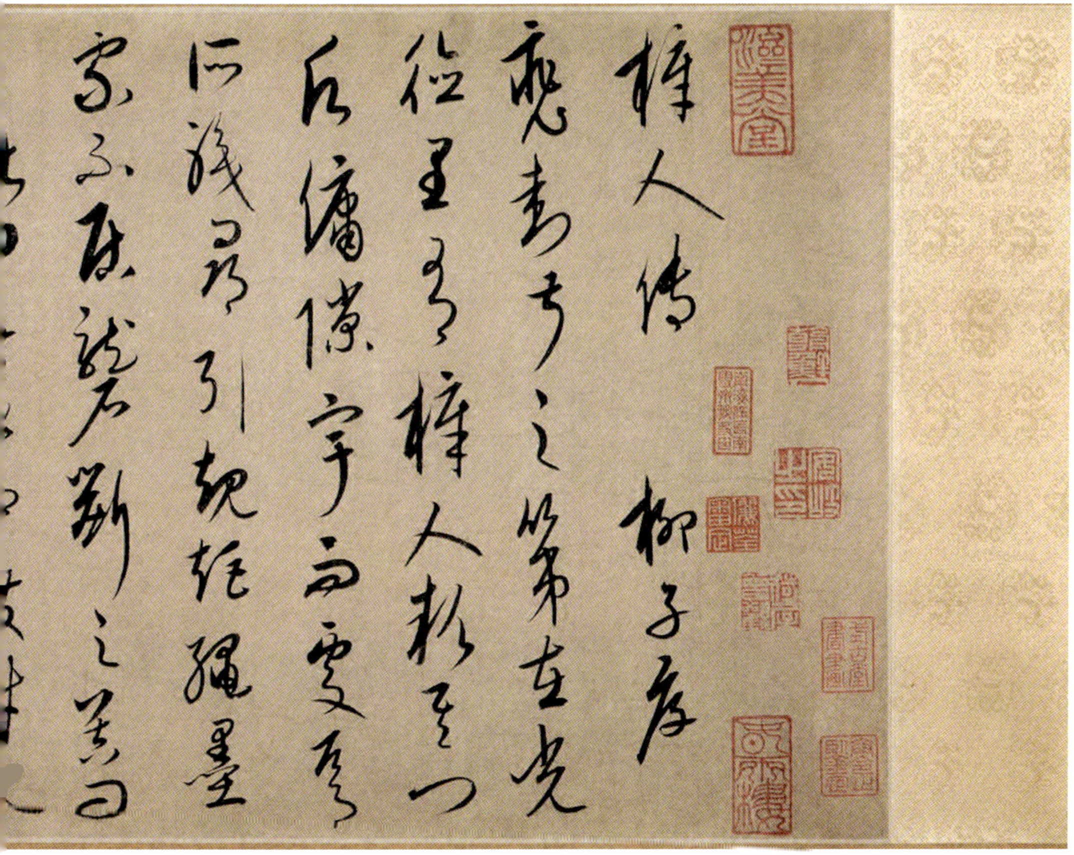

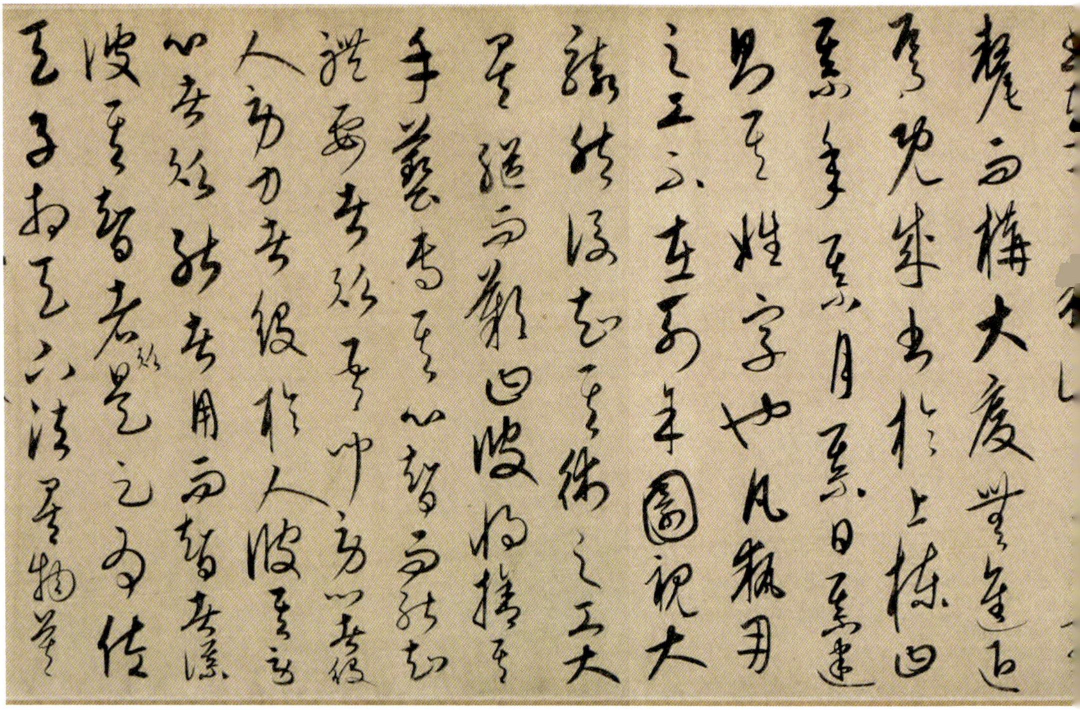

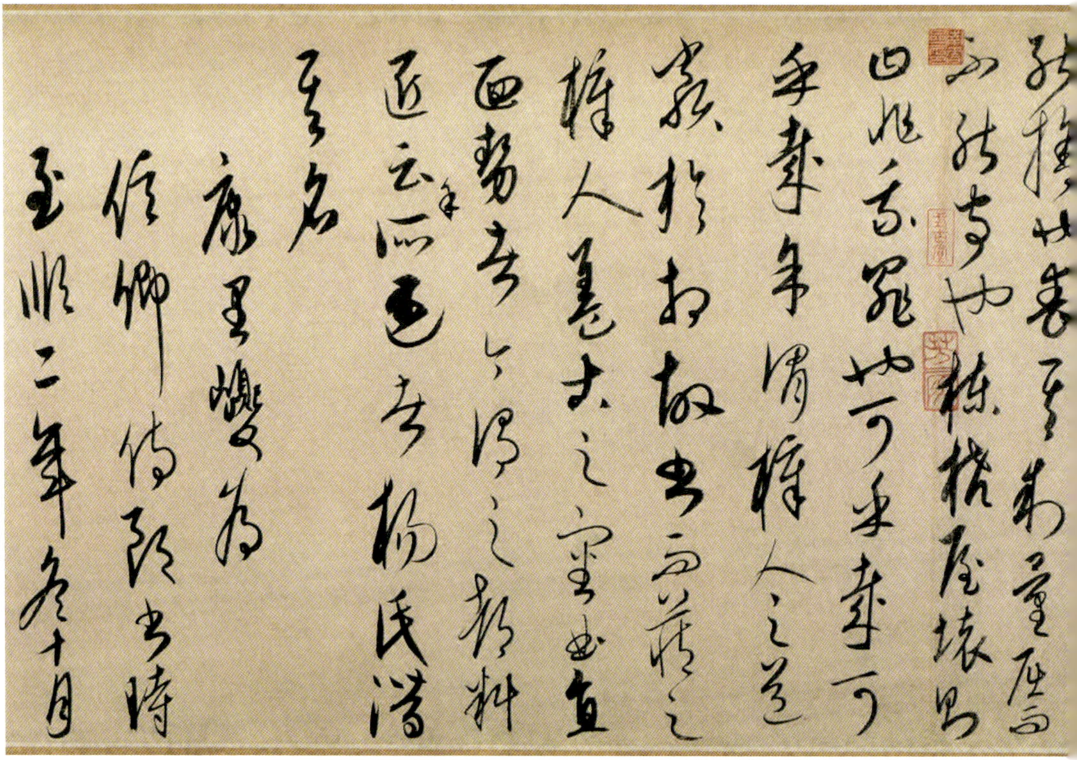

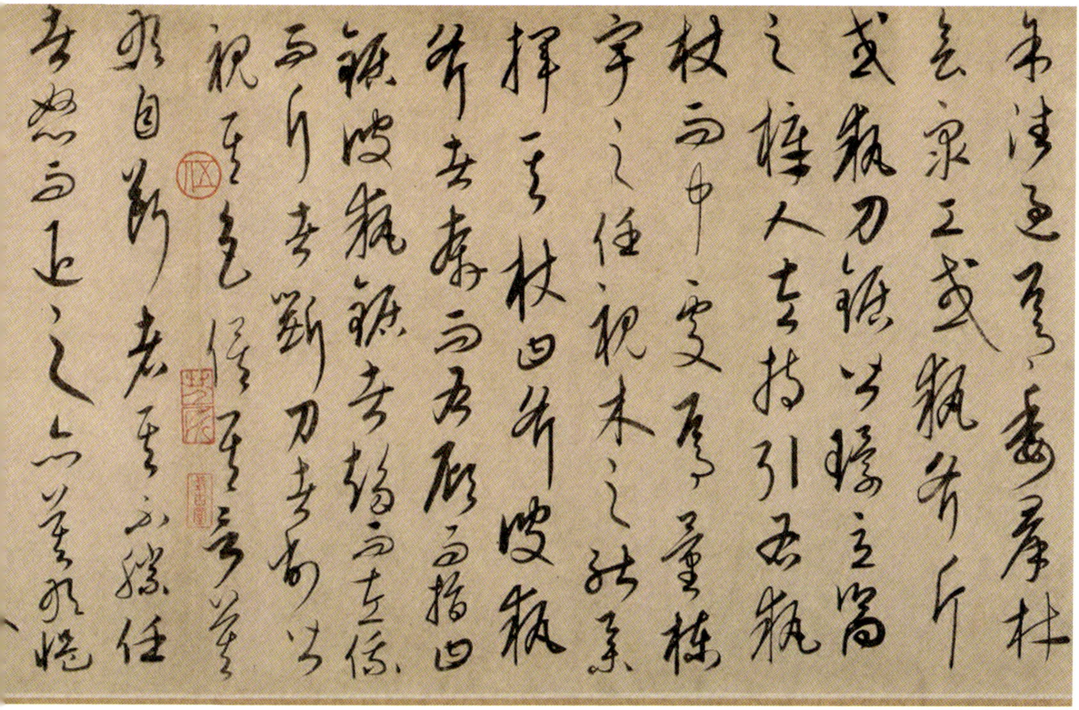

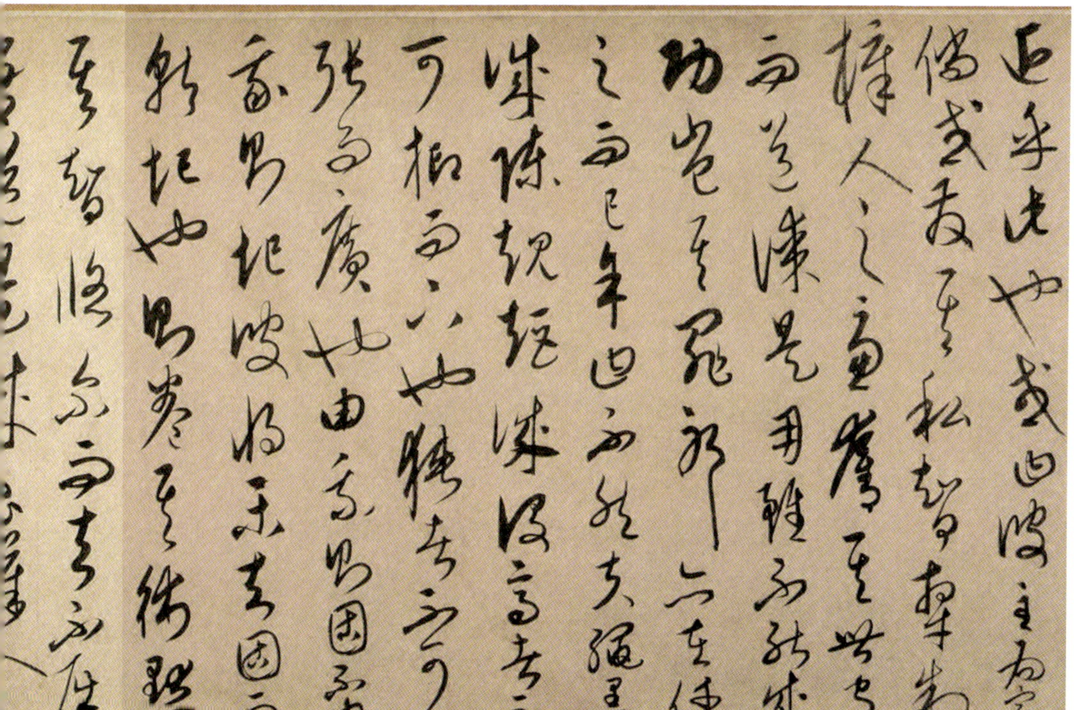

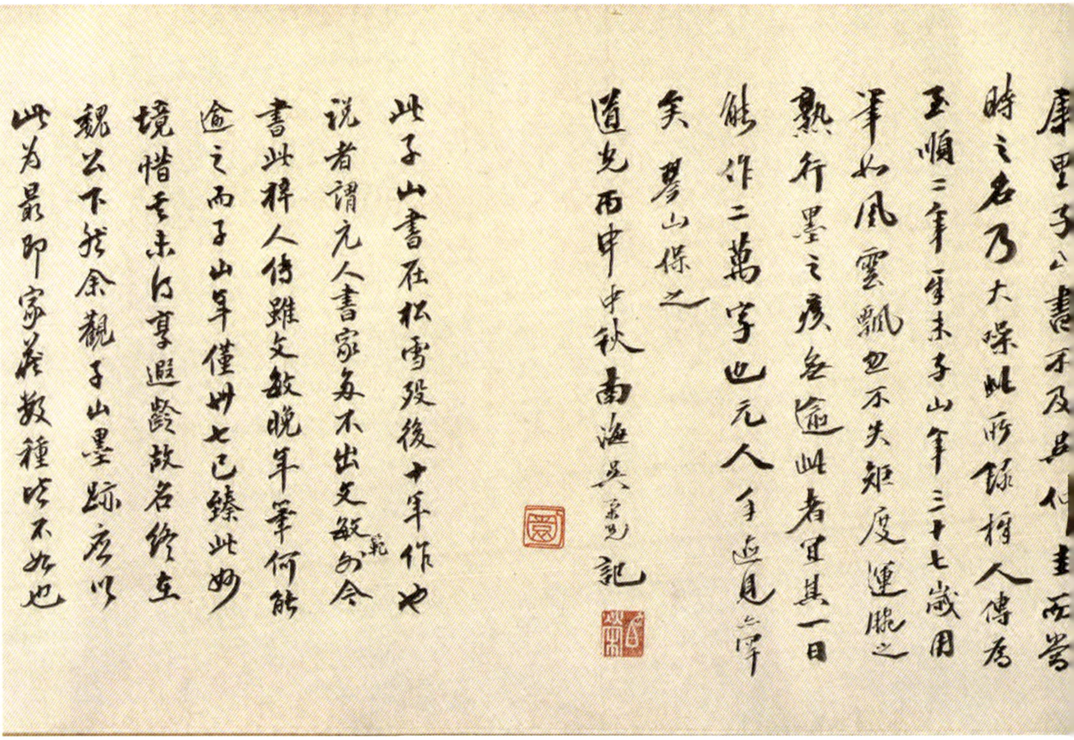
康里子山書不及其仕畫而嘗
時之名乃大噪此所録柯人傳為
至順二年辛未子山年三十七歲用
筆如風雲飄忽不失矩度運腕之
熟行墨之疾無逾此者其一日
能作二萬字也元人手迹見之罕
矣 琴山保之
道光丙申中秋南海吳榮光記
此子山書在松雪殁後十年作也
說者謂元人書家每不出文敏範圍今
書此稱人傳雖文敏晚年筆何能
逾之而子山年僅卅七已臻此妙
境惜壽未得享遐齡故名終在
魏公下耳余觀子山墨跡廣以
此為最即家藏數種皆不如也

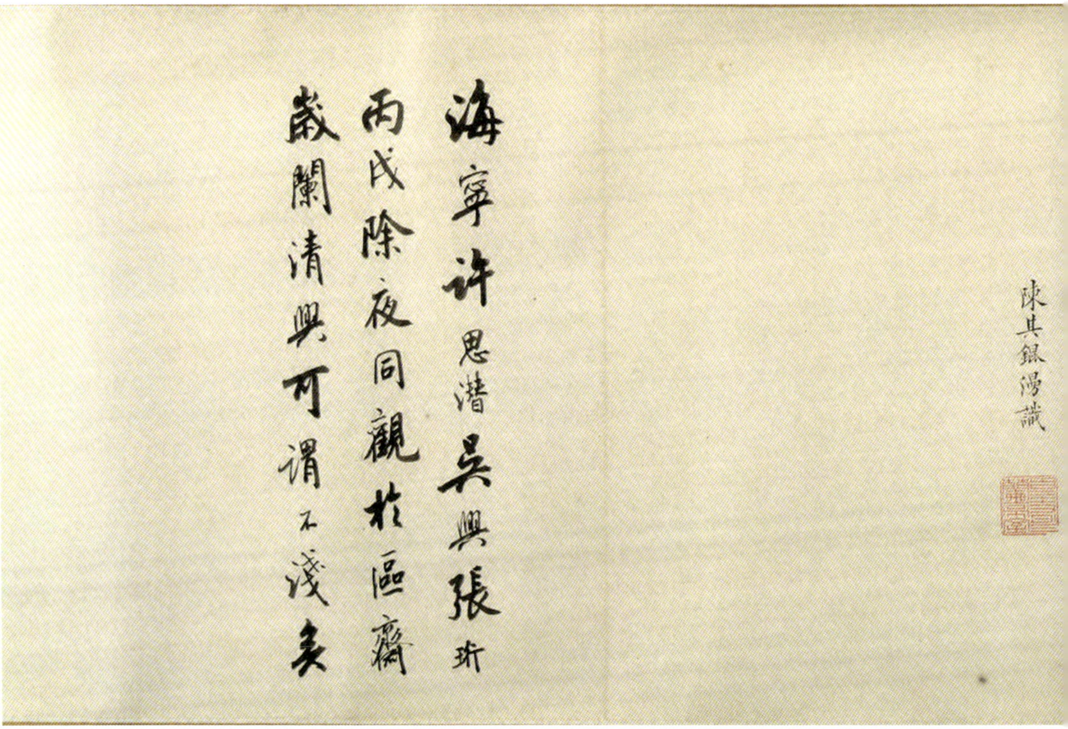
陳其錕湯識
海寧許思潛吳興張玠
丙戌除夜同觀於匯齋
歲闌清興可謂不淺矣

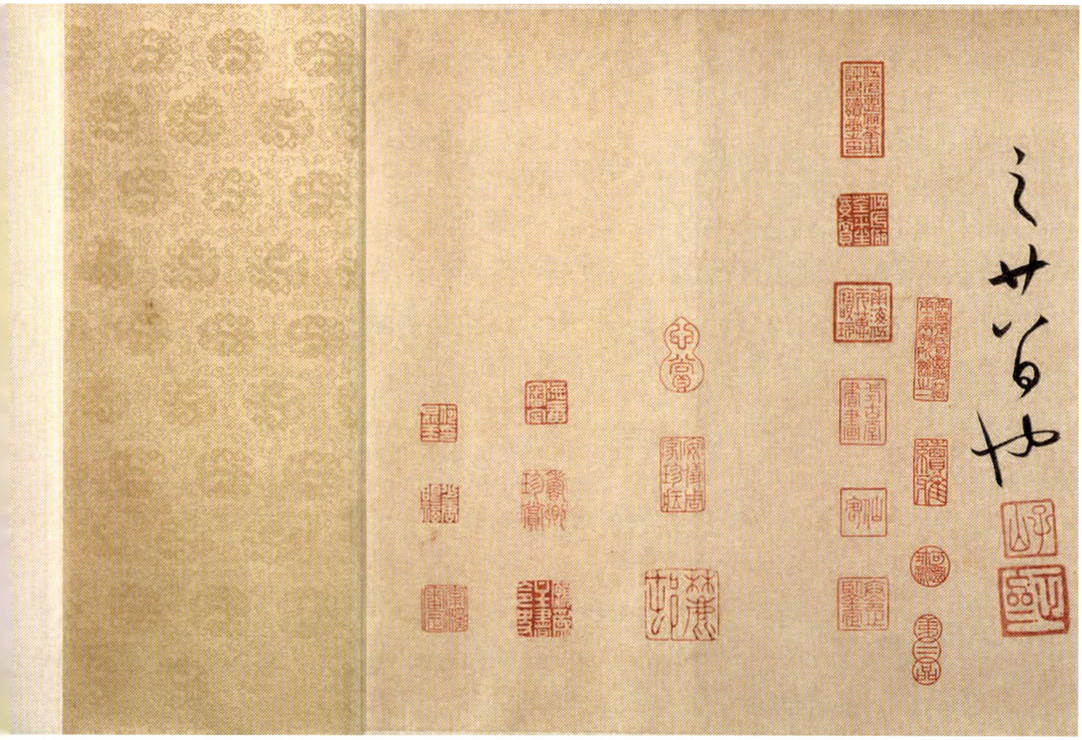
之廿首也

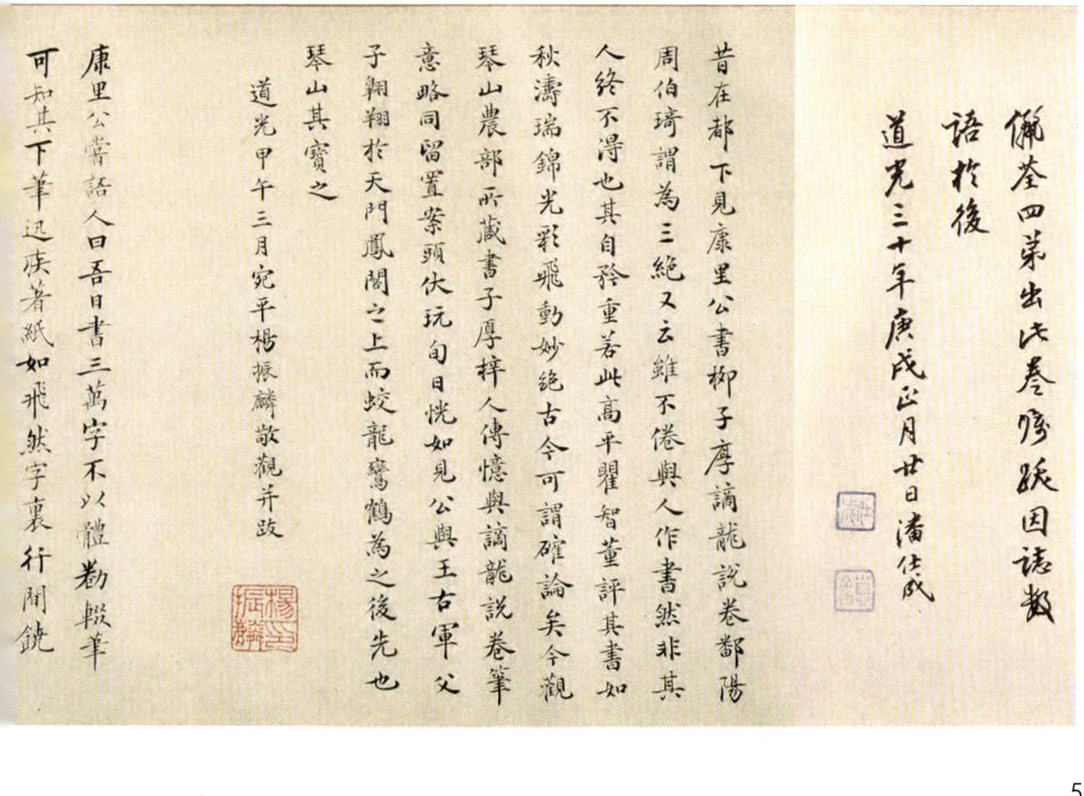
儼荃四弟出此卷屬跋因誌數
語於後
道光三十年庚戌正月廿日潘仕成
昔在都下見康里公書柳子厚謫龍說卷鄱陽
周伯琦謂為三絕又云雖不倦與人作書然非其
人終不得也其自矜重若此高平瞿智董評其書如
秋濤瑞錦光彩飛動妙絕古今可謂確論矣今觀
琴山農部所藏書子厚梓人傳憶與謫龍說卷筆
意略同留置案頭伏玩旬日恍如見公與王右軍父
子翺翔於天門鳳閣之上而蛟龍鸞鶴為之後先也
琴山其寶之
道光甲午三月宛平楊振麟敬觀并跋
康里公嘗語人曰吾日書三萬字不以體勸輟筆
可知其下筆迅疾著紙如飛然字裏行間鋭

章草《张氏通波阡表》卷

年　代：元

书法家：杨维桢

尺　寸：纵28.9厘米，横146.1厘米

收藏地：东京国立博物馆

入藏号：TB-1601

杨维桢（1296—1370年），字廉夫，号铁崖，别号东维子、抱遗老人、铁笛道人、老铁贞、梅花道人等，诸暨枫桥人（今浙江绍兴）。著名文学家、书法家。其书法取法高古，来源汉晋，风格刚劲，成就很高，特别是对章草很有领悟，将章草、隶书、行书的笔意熔于一炉，并加以发挥。

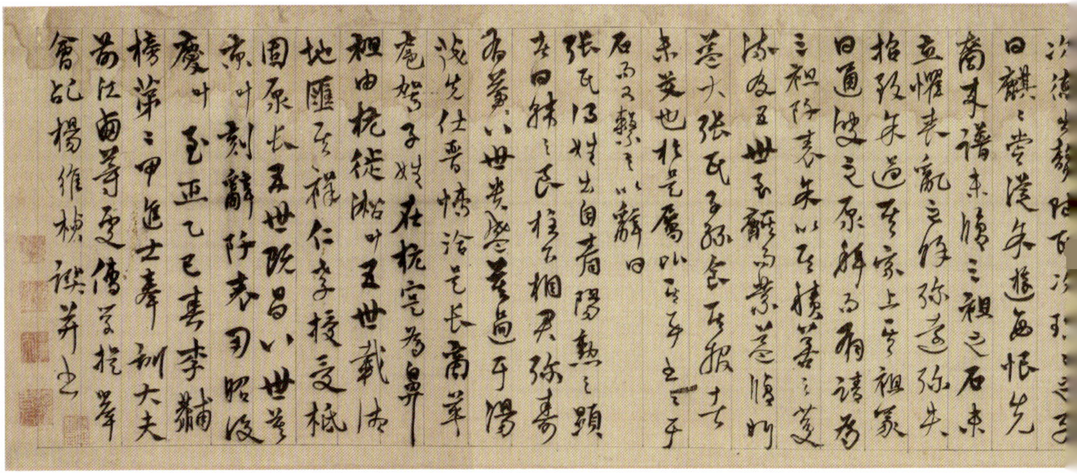

《张氏通波阡表》卷是杨维桢草书的杰出代表，是其应张麒之求所写。阡表即建于墓道之碑。本卷通篇具有浓重的章草笔意，气韵生动，生辣奇古，耐人寻味。卷尾自题：“至正乙巳春，李黼榜第二甲进士，奉训大夫前江南等处儒学提举会稽杨维桢撰并书。”

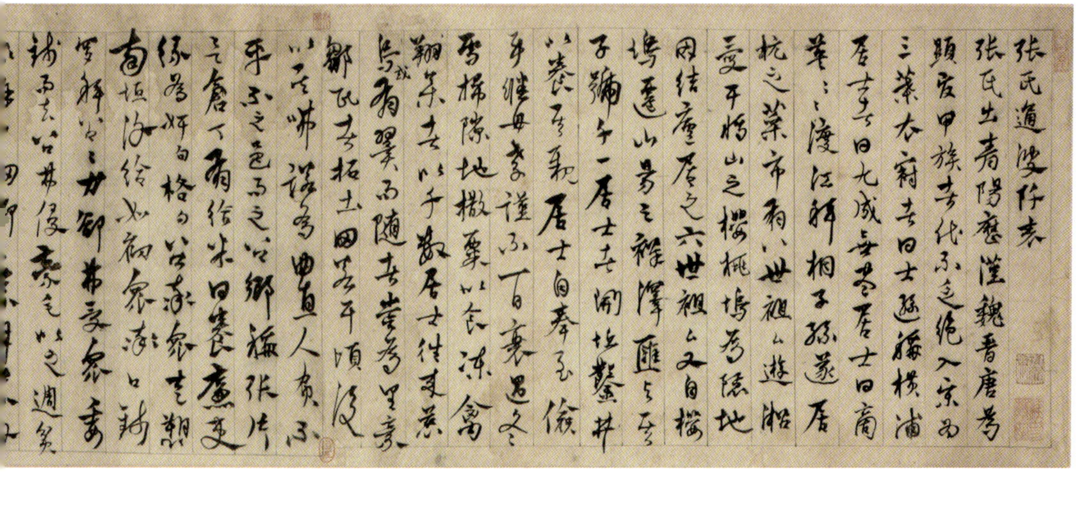

章草孙过庭《书谱》册

年　代：明

书法家：宋克

尺　寸：每开纵20.3厘米，横12.4厘米，共14开

收藏地：普林斯顿大学艺术博物馆

入藏号：1998-124 a-n

宋克（1327—1387年），字仲温，一字克温，吴郡长州（今苏州）人。居南宫里，号南宫生，人称南宫先生。曾官凤翔同知。明代初期闻名于书坛的书法家“三宋二沈”之一。其书出于魏晋，深得钟、王之法。擅长楷书、草书，尤精工章草，为当时第一。他的章草，延续赵孟頫、邓文原的风格又有所发展，融入了今草和行书的写法，更加流利、矫健。

此册是宋克赠送给他的好友俞孟京的，后未署书写年月。但纵观此册作品，熔楷、行、章草于一炉，笔力清劲健古，结字疏宕萧散，通篇千余字一气呵成，无一懈笔，真可谓于精到处见豪放，于细微中见功力，笔笔如入缣素，令人叹为观止。

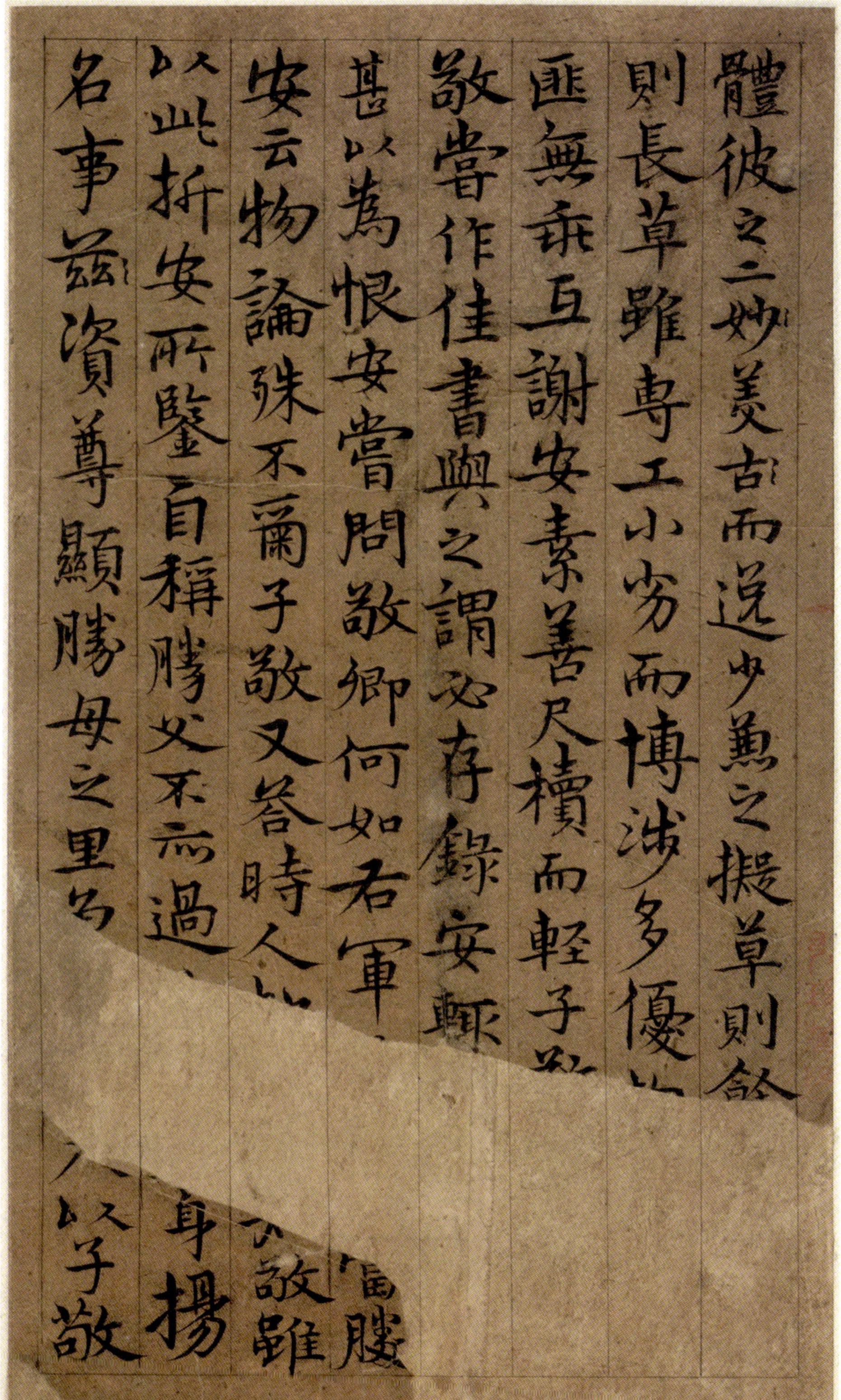

體彼之二妙羨古而逸少兼之擬草則欲
則長草雖專工小劣而博涉多優
匪無乖互謝安素善尺牘而輕子
敬嘗作佳書與之謂必存錄安輒
甚以為恨安嘗問敬卿何如右軍
安云物論殊不爾子敬又答時人
以此折安所鑒自稱勝父不亦過
名事資尊顯勝母之里

當勝
敬雖
身揚
入以子敬

之豪翰紹右軍之筆札雖復粗傳楷則實
恐未克箕裘況乃假託神仙恥崇家範以
斯成學孰愈面牆後羲之往都臨行題壁
子敬密拭除之輒書易其處私為不惡羲
之還見乃歎曰吾去时真大醉也敬乃內慚
是知逸少之不及比鍾張無或疑焉余志學之
年留心翰墨味鍾張之餘烈挹羲獻之前
規極慮專精时逾二紀有乖入木之術

無間臨池之志觀夫懸針垂露之異奔雷
墜石之奇鴻飛獸駭之資鸞舞蛇驚之態
絕岸頹峰之勢臨危據槁之形或重若崩雲
或輕如蟬翼導之則泉注頓之則山安纖纖乎
猶眾星之初月之出兵崖落落乎猶眾星之
列河漢同自然之妙有非力運之能成信
可謂智巧兼優心手雙暢翰不虛動下必
有由一畫之間變起伏於鋒杪一點之內殊劒

挫於豪芒況乃積其點畫乃成其字曾不
傍窺尺牘俯習寸陰引班超以為辭援項籍
而自滿任筆為體聚墨成形心昏擬效之
方手迷揮運之理求其妍妙不亦謬哉
然君子立身務修其本楊雄謂詩賦小道壯
夫不為況復溺思毫釐淪精翰墨者也
夫潛神對弈猶標坐隱之名樂志垂綸尚體
行藏之趣詎若功宣禮樂妙擬神仙猶埏埴

牒邯鄲淳之令範空著縑緗暨乎崔
杜以來蕭羊已往代祀綿遠名氏滋繁或
藉甚不渝人亡業顯或憑附增價身謝道
衰加以糜蠹不傳搜秘將盡偶逢緘賞
時亦罕窺優劣紛紜殆難覼縷其有顯聞
當代遺迹見存無俟抑揚自標先後且六
文之作肇自軒轅八體之興始於嬴政其
來尚矣厥用斯弘但古今不同妍質懸

隔既非所習又亦略諸復有龍蛇雲露之流
龜鶴花英之類乍圖真於率尔或寫瑞於
當年巧涉丹青工虧翰墨異夫楷式非
所詳焉代傳羲之與子敬筆勢論十章
文鄙理疏意乖言拙詳其旨趣殊非右
軍且右軍位重才高調清詞雅聲塵
未泯翰牘仍存觀其致一書陳一事造
次之際稽古斯在豈有貽謀令嗣道叶

篆方二字思起霧一至於此又云與張伯英
同學斯乃更章虛誕若指漢末伯英時
代全不相接必有晉人同號史傳何其寂寥
非訓非經宜從棄擇夫心之所達不易盡
於名言言之所通尚難形於紙墨粗可彷彿
其狀綱紀其辭冀酌希夷取會清境闕
而未逮請俟將來今撰執使轉用之由
以祛未悟執謂深淺長短之類是也

使謂縱橫牽掣之類是也用謂點畫
向背之類是也轉謂鉤環盤紆之類是也
方復會其數法歸於一途編列衆工錯綜
群妙舉前賢之未及啓後學於成規
窮其根源析其支派要使文約理贍迹
顯心通披卷可明下筆無滯詭詞
異說非所詳焉然今之所陳務裨學者
但右軍之書代多稱習良可據爲宗匠

耿立指歸豈唯會古通今亦乃情深調合致
使摹搨日廣研習歲滋先後著名多從
散落歷代孤紹非其效與試言其由略陳
數意止如樂毅論黃庭經東方朔畫讚
太史箴蘭亭集序告誓文斯並代俗所
傳真行絕致者也寫樂毅則情多怫
鬱書畫讚則意涉瓌奇黃庭經則怡懌
虛無太史箴又縱橫爭折暨乎蘭亭

興集思逸神超私門誡誓情拘志慘所
謂涉樂方笑言哀已歎豈惟駐想流波
將貽嘽嗳之奏馳神睢渙方思藻繪
之文雖其目擊道存尚或心迷議舛莫
不強名為體共習分區豈知情動形言
取會風騷之意陽舒陰慘本乎天地之
心既失其情理乖其實原其所致安有
體哉夫運用之方雖由己出規模所設信

屬目前差之一豪失之千里苟知其述適可
兼通心不厭精手不忘熟若用運盡於精
熟規矩闇於胸襟自然容與徘徊意先
筆後蕭灑流落翰逸神飛亦猶弘羊
之心預乎無際庖丁之目不見全牛嘗有
好事就吾求習吾乃粗舉綱要隨而授
之無不心悟手從言忘意得縱未窮於
衆術斷可極於所詣矣若思通楷則少

不如老學成規矩老不如少思則老而愈
妙學乃少而可勉勉之不已抑有三時然
一變極其分矣至如初學分布但求平
正既知平正務追險絕既能險絕復歸
平正初謂未及中則過之後乃通會通會
之際人書俱老仲尼云五十知命七十
從心故以達夷險之情體權變之
道亦猶謀而後動動不失宜時然後言言

必中理是以右軍之書末年多妙當緣思
慮通審志氣和平不激不厲而風規自遠
子敬已下莫不復努為力標置成體豈獨
工用不侔亦乃神情懸隔者也或有鄙
其所作或乃矜其所運自矜者將窮性
域絕於誘進之途自鄙者尚屈情涯
必有可通之理嗟乎蓋有學而不能
未有不學而能者也考之即事斷

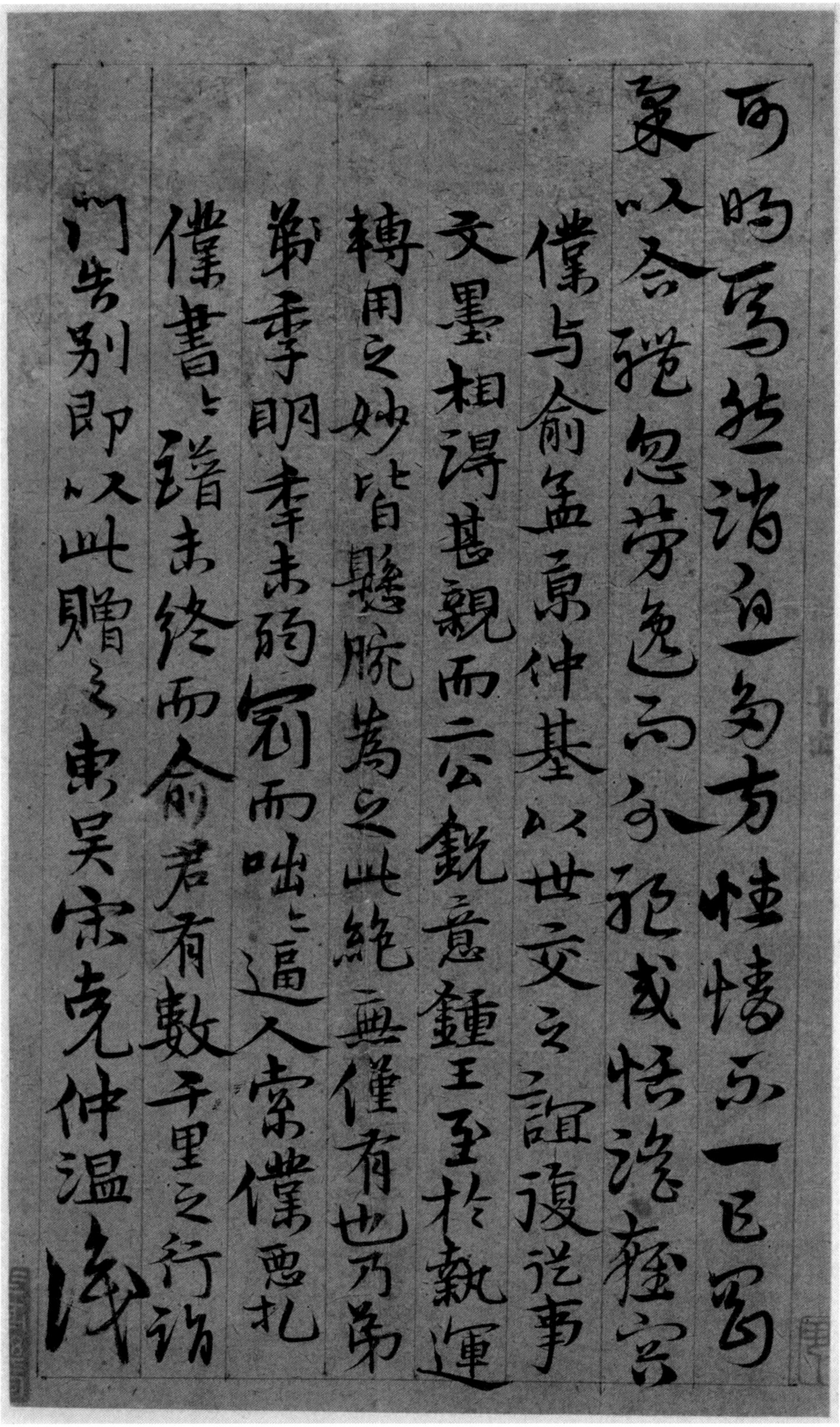

可晤焉於諸旦一匆方悰情正一區寫

象以令穪忽勞逸而承飛戟悖逸孺宗

僕與俞益原仲基以世交之誼復從事

文墨相得甚親而二公銳意鍾王至於執運

轉用之妙皆懸腕為之此絕無僅有也乃弟

季明李未弱冠而咄咄逼人索僕惡札

僕書書譜未終而俞君有數千里之行詣

門告別即以此贈之東吳宋克仲溫

元宋仲溫書譜真蹟 孫雪居舊藏

真蹟六葉引首跋尾六葉空白宋紙

六葉咸豐甲寅六月錫君子契錦冊

桐谿懶人海昌陳惪大子有甫曾鼎

山房寶藏濠書至寶

乙亥年四月二十八日宴集

韞輝齋毘陵陶洙盛恩頤梁谿薛學潛

長洲彭維梓桐鄉徐安烏程蔣祖詒元

和潘厚西充白堅同觀堅題識

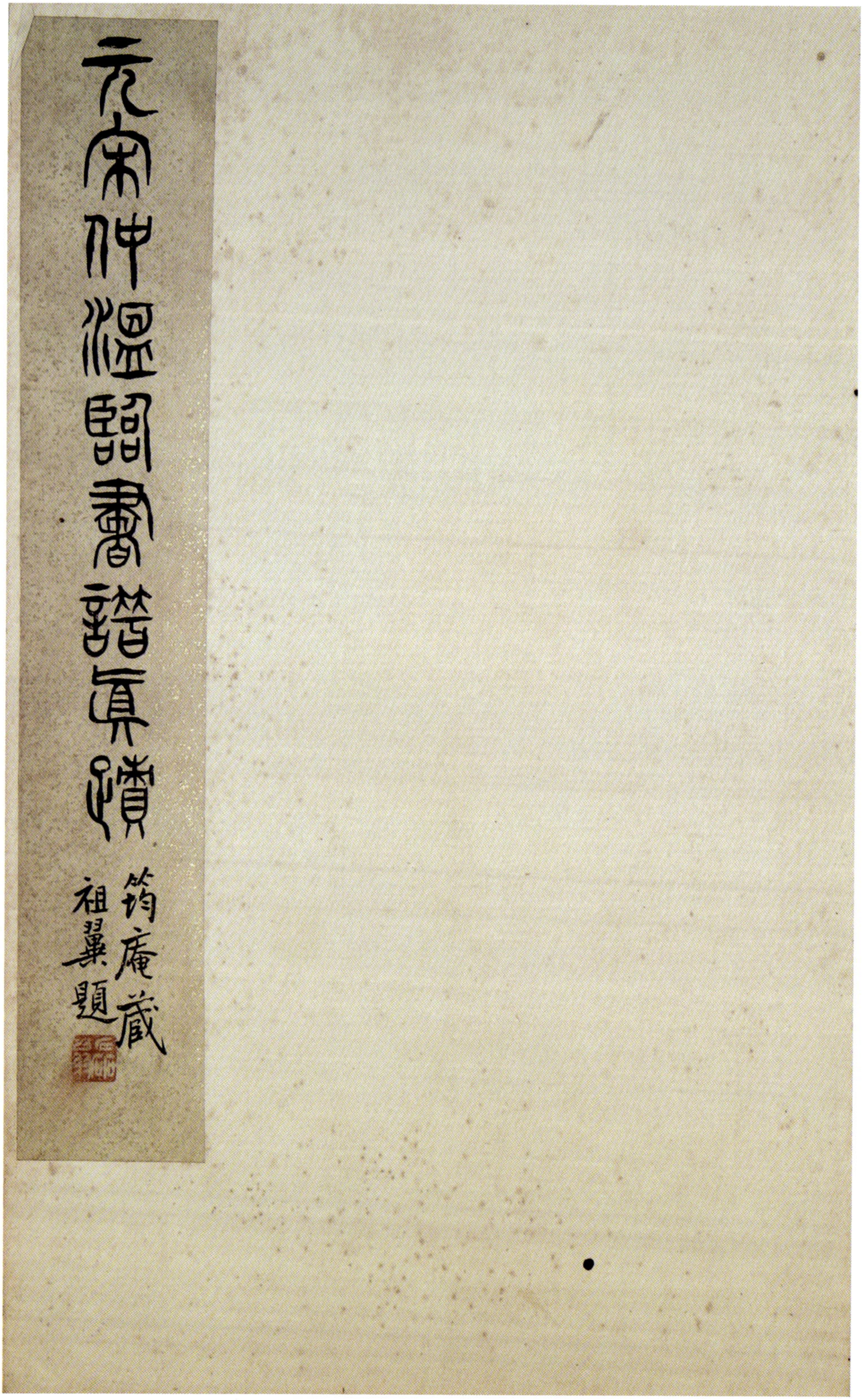
元宋仲溫臨書譜真蹟
筠庵藏
祖翼題

楷书《前后出师表》卷

年　代：明

书法家：祝允明

尺　寸：纵22厘米，横102.5厘米

收藏地：东京国立博物馆

入藏号：TB–1217

祝允明（1460—1526年），字希哲、晞喆。因右手多生一指，故自号支指生、枝指生、枝指山人、枝山、枝山居士、枝山樵人等。世称“祝京兆”。长洲（今江苏苏州）人。与唐寅、文征明、徐祯卿并称为“吴中四才子”。他的楷书早年精谨，师法赵孟頫、褚遂良；草书师法李邕、黄庭坚、米芾，功力深厚，晚年尤重变化，风骨烂熳。《名山藏》说：“允明书出入晋魏，晚益奇纵，为国朝第一。”

此卷前表32行，后表31行，每行20至22字，自跋3行，共66行，时祝允明55岁。书法上取法魏晋，得力于钟繇笔法、结体。用笔浑厚沉实，富于变化，将钟繇的古朴、欧颜的遒劲熔铸于笔下；结体平正，体态宽博，意态自然。卷尾拖纸翁方纲跋云：“有明一代小楷书能具晋法者，自南宫生开其先，惟枝指生（指祝允明）得其正脉也。”

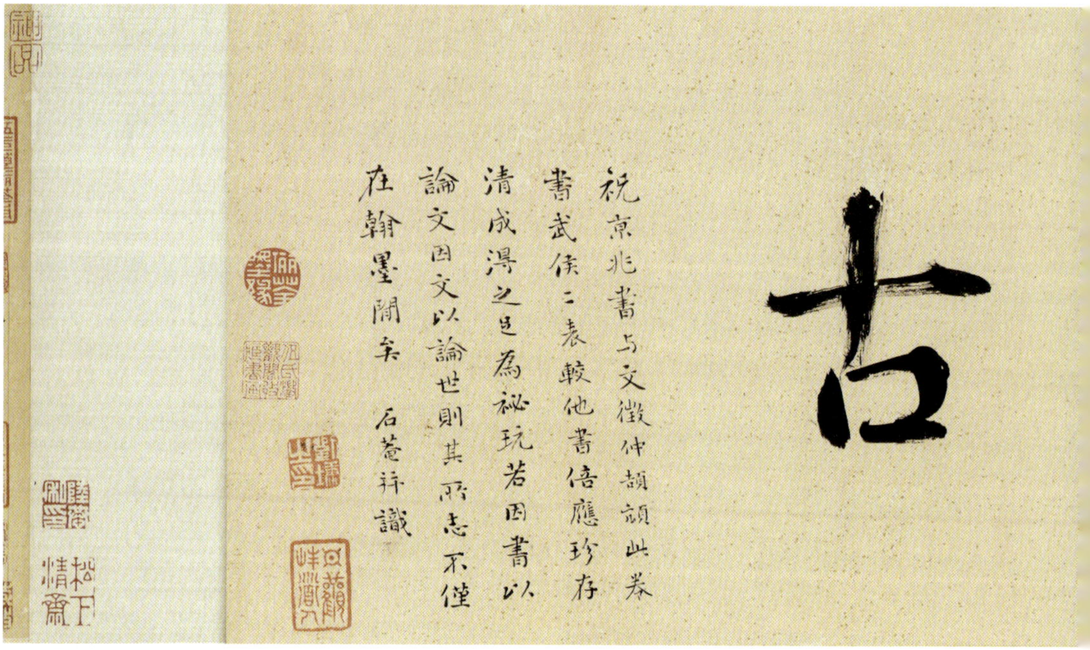
古

祝京兆書與文徵仲題頌此卷
書武侯二表較他書倍應珍存
清成湯之臣爲秘玩若因書以
論文因文以論世則其所志不僅
在翰墨間矣　石菴拜識

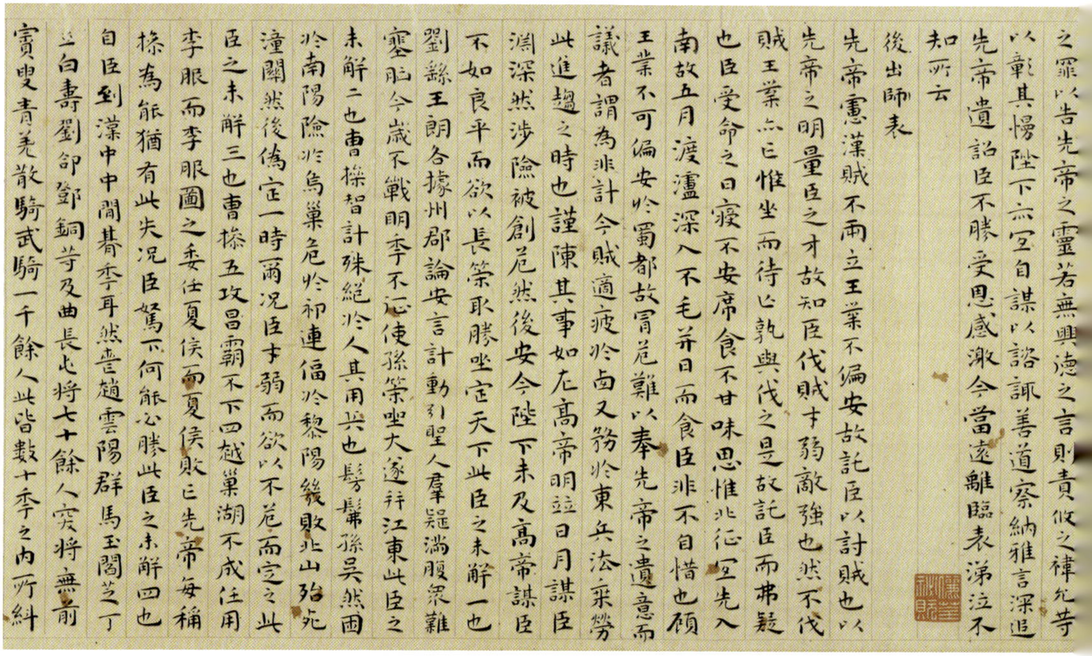
之罪以告先帝之靈若無興德之言則責攸之禕允等
以彰其慢陛下亦宜自謀以諮諏善道察納雅言深追
先帝遺詔臣不勝受恩感激今當遠離臨表涕泣不
知所云

後出師表

先帝慮漢賊不兩立王業不偏安故託臣以討賊也以
先帝之明量臣之才故知臣伐賊才弱敵彊也然不伐
賊王業亦亡惟坐而待亡孰與伐之是故託臣而弗疑
也臣受命之日寢不安席食不甘味思惟北征宜先入
南故五月渡瀘深入不毛并日而食臣非不自惜也顧
王業不可偏安於蜀都故冒危難以奉先帝之遺意而
議者謂爲非計今賊適疲於西又務於東兵法乘勞
此進趨之時也謹陳其事如左高帝明竝日月謀臣
淵深然涉險被創危然後安今陛下未及高帝謀臣
不如良平而欲以長策取勝坐定天下此臣之未解一也
劉繇王朗各據州郡論安言計動引聖人群疑滿腹衆難
塞胸今歲不戰明年不征使孫策坐大遂并江東此臣之
未解二也曹操智計殊絕於人其用兵也髣髴孫吴然困
於南陽險於烏巢危於祁連偪於黎陽幾敗北山殆死
潼關然後僞定一時爾況臣才弱而欲以不危而定之此
臣之未解三也曹操五攻昌霸不下四越巢湖不成任用
李服而李服圖之委任夏侯而夏侯敗亡先帝每稱
操爲能猶有此失況臣駑下何能必勝此臣之未解四也
自臣到漢中中間朞年耳然喪趙雲陽群馬玉閻芝丁
立白壽劉郃鄧銅等及曲長屯將七十餘人突將無前
賨叟青羌散騎武騎一千餘人此皆數十年之內所糾

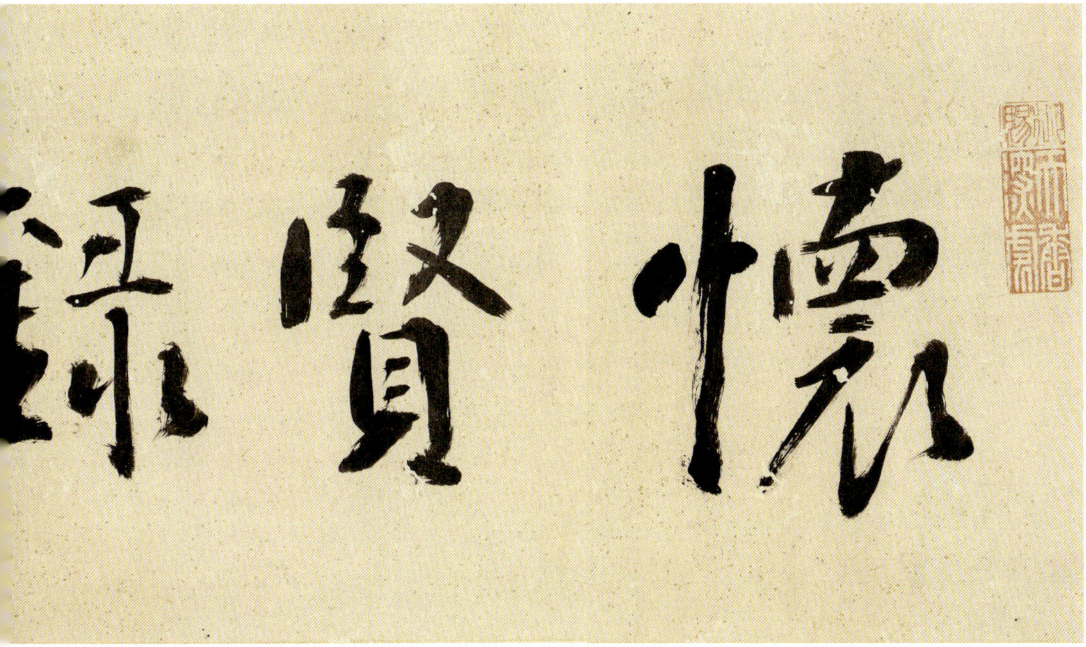

懷賢錄

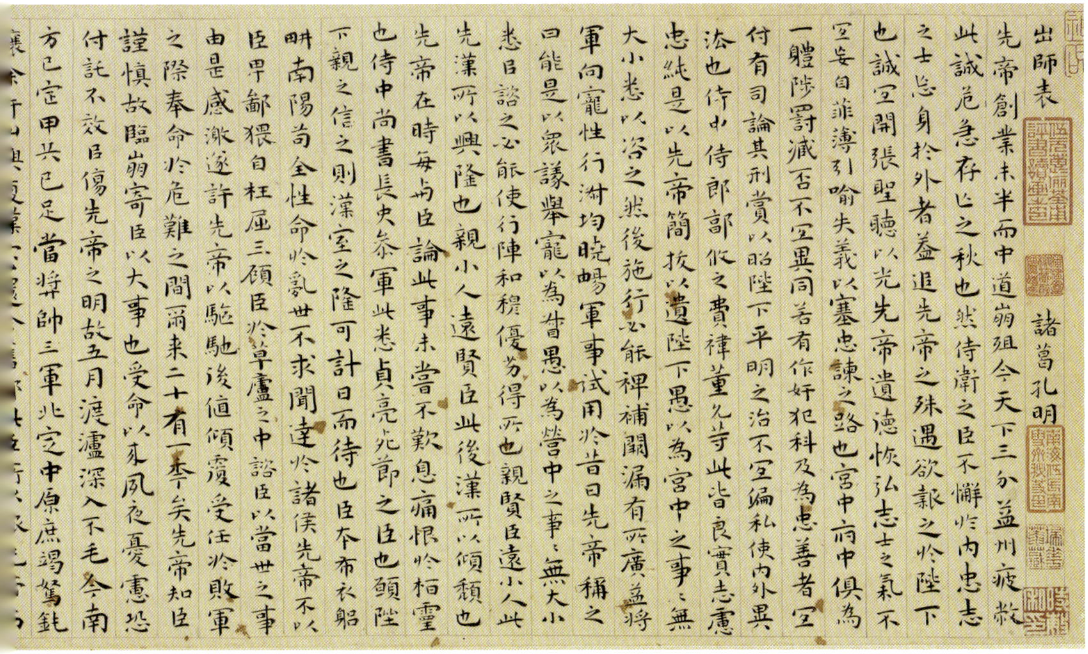

出師表
諸葛孔明
先帝創業未半而中道崩殂今天下三分益州疲敝
此誠危急存亡之秋也然侍衛之臣不懈於內忠志
之士忘身於外者蓋追先帝之殊遇欲報之於陛下
也誠宜開張聖聽以光先帝遺德恢弘志士之氣不
宜妄自菲薄引喻失義以塞忠諫之路也宮中府中俱為
一體陟罰臧否不宜異同若有作奸犯科及為忠善者宜
付有司論其刑賞以昭陛下平明之治不宜偏私使內外異
法也侍中侍郎郭攸之費禕董允等此皆良實志慮
忠純是以先帝簡拔以遺陛下愚以為宮中之事事無
大小悉以咨之然後施行必能裨補闕漏有所廣益將
軍向寵性行淑均曉暢軍事試用於昔日先帝稱之
曰能是以眾議舉寵以為督愚以為營中之事事無大小
悉以咨之必能使行陣和睦優劣得所也親賢臣遠小人此
先漢所以興隆也親小人遠賢臣此後漢所以傾頹也
先帝在時每與臣論此事未嘗不歎息痛恨於桓靈
也侍中尚書長史參軍此悉貞亮死節之臣也願陛
下親之信之則漢室之隆可計日而待也臣本布衣躬
耕南陽苟全性命於亂世不求聞達於諸侯先帝不以
臣卑鄙猥自枉屈三顧臣於草廬之中諮臣以當世之事
由是感激遂許先帝以驅馳後值傾覆受任於敗軍
之際奉命於危難之間爾來二十有一年矣先帝知臣
謹慎故臨崩寄臣以大事也受命以來夙夜憂慮恐
付託不效以傷先帝之明故五月渡瀘深入不毛今南
方已定甲兵已足當獎帥三軍北定中原庶竭駑鈍

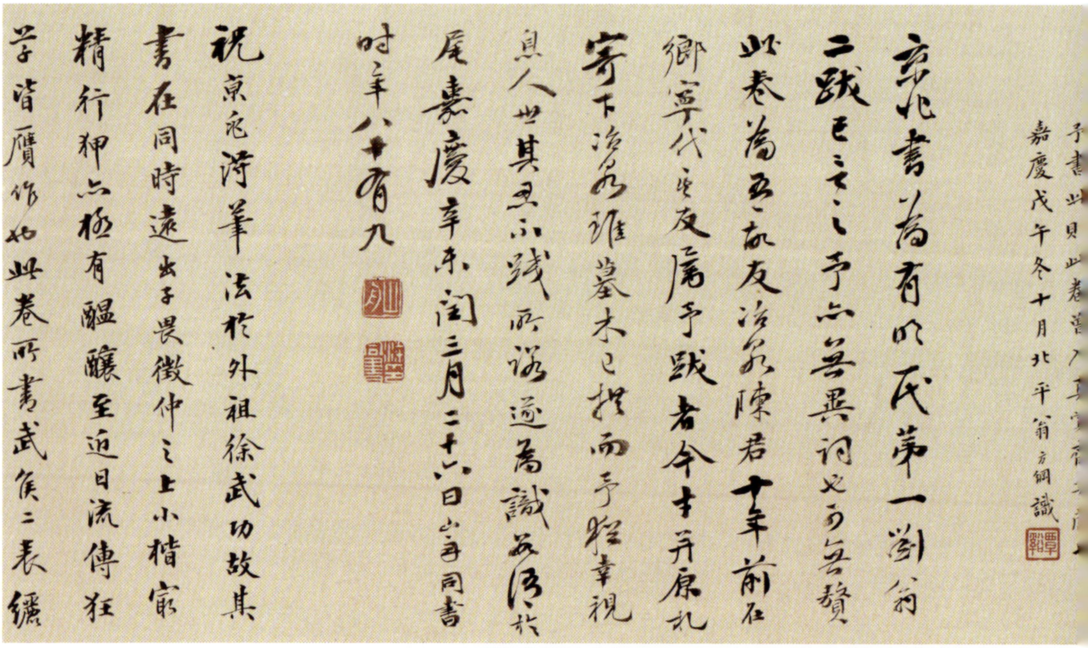
嘉慶戊午冬十月北平翁方綱識

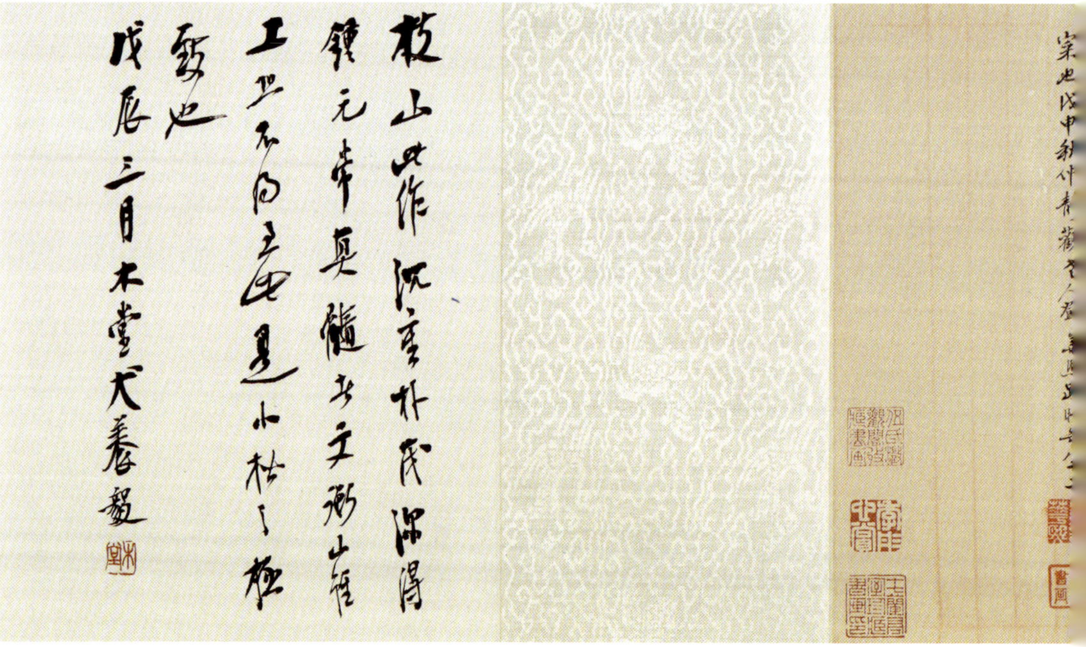
戊辰三月木堂犬養毅

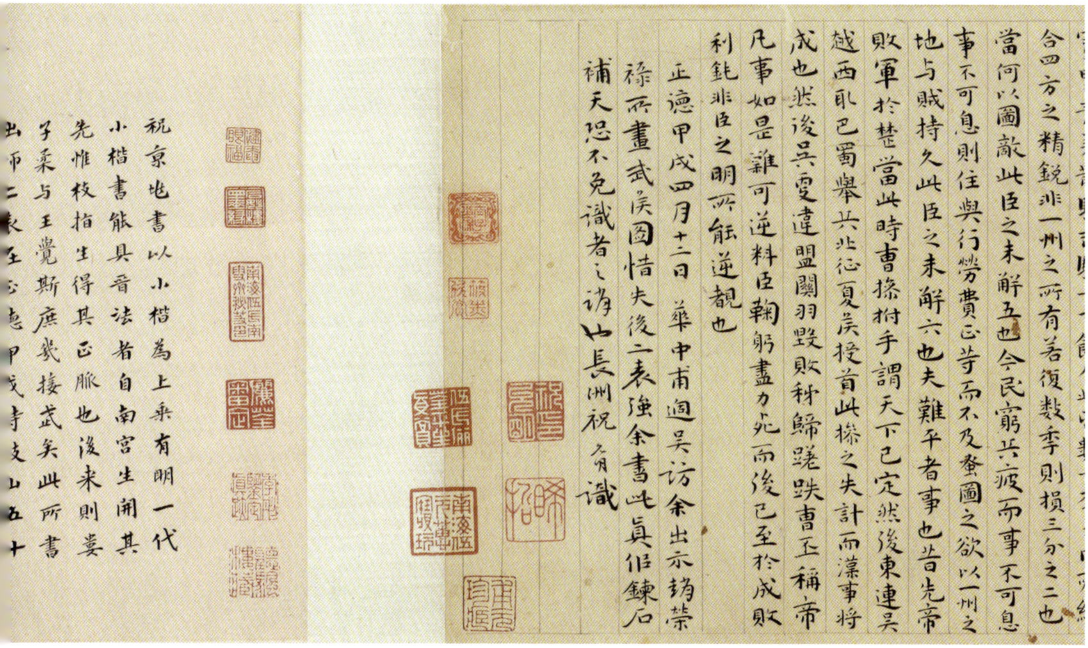

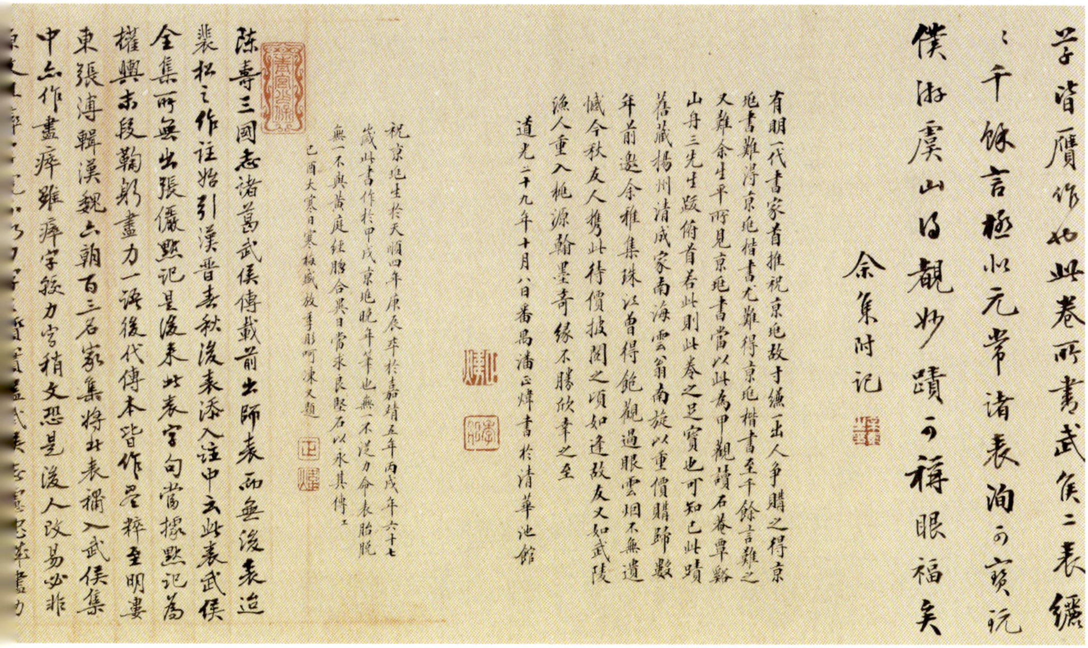

草书四诗卷

年　代：明

书法家：文征明

尺　寸：纵38.1厘米，横700.7厘米

收藏地：美国国立亚洲艺术博物馆

入藏号：F1988.6

文征明（1470—1559年），初名壁（也作璧），征明是他的字，后来又改字征仲，祖籍衡山，自号衡山居士，人称文衡山，斋名停云馆。长洲（今江苏苏州）人，官至翰林待诏，私谥贞献先生。文征明在书法史上以兼善诸体闻名，尤擅长行书和小楷，王世贞在《艺苑卮言》上评论说：“待诏（文征明）以小楷名海内，

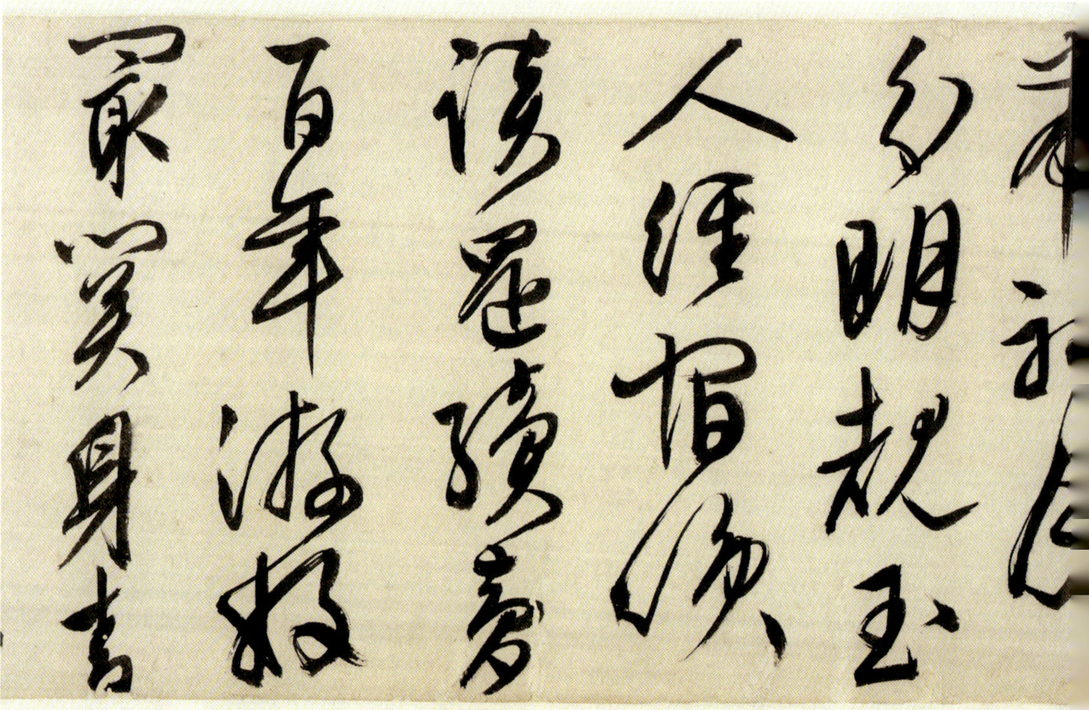

其所沾沾者隶耳，独篆不轻为人下，然亦自入能品。”

卷尾自题：“鄙诗书似邦直先生请教。征明顿首。”可知此卷为文征明用行草书写的自作诗。其行草书法师法怀素而兼具黄庭坚的神韵，此卷点画苍劲有力，结体奔放，张弛有度。整幅作品前后呼应，血脉贯通，气息绵延，乃是文征明行草的佳作。

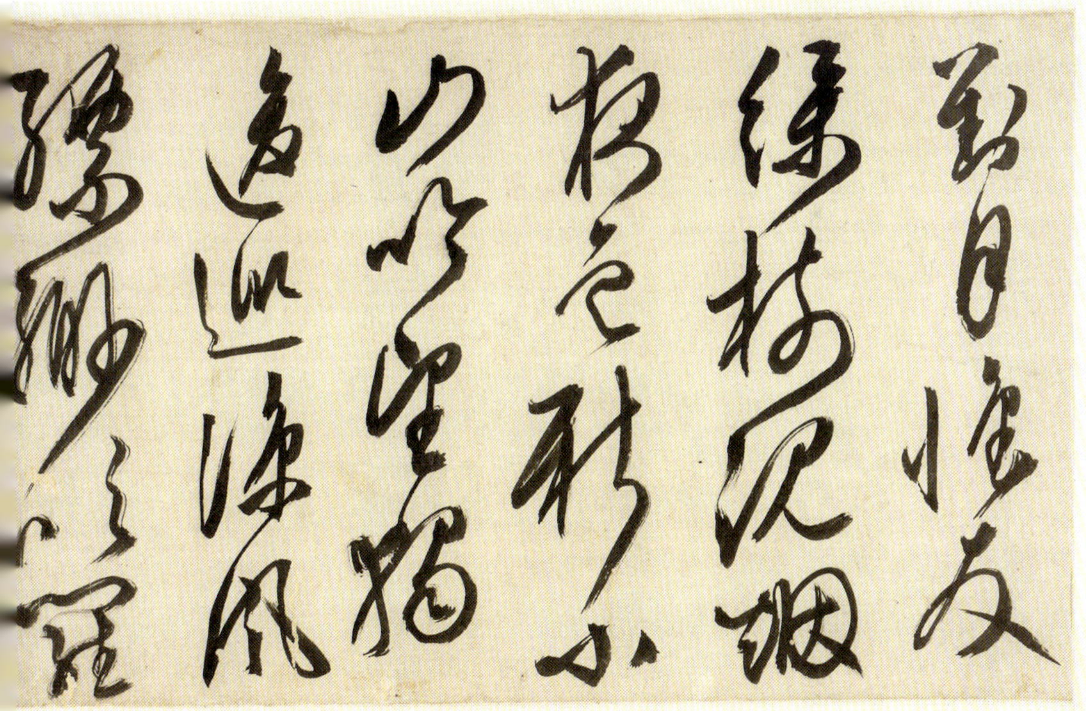

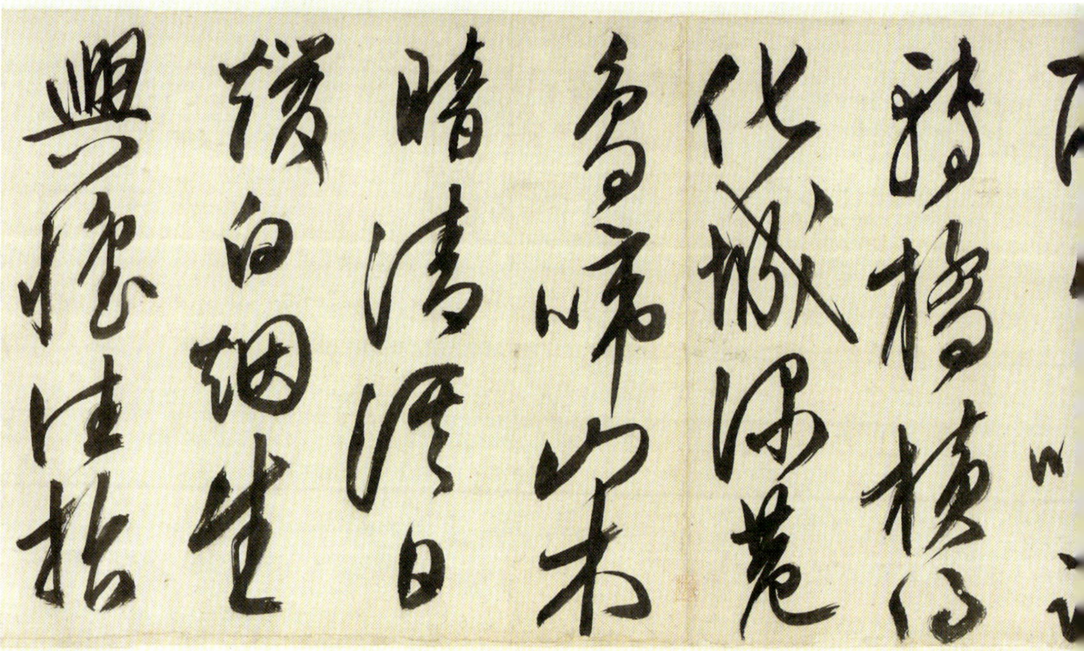

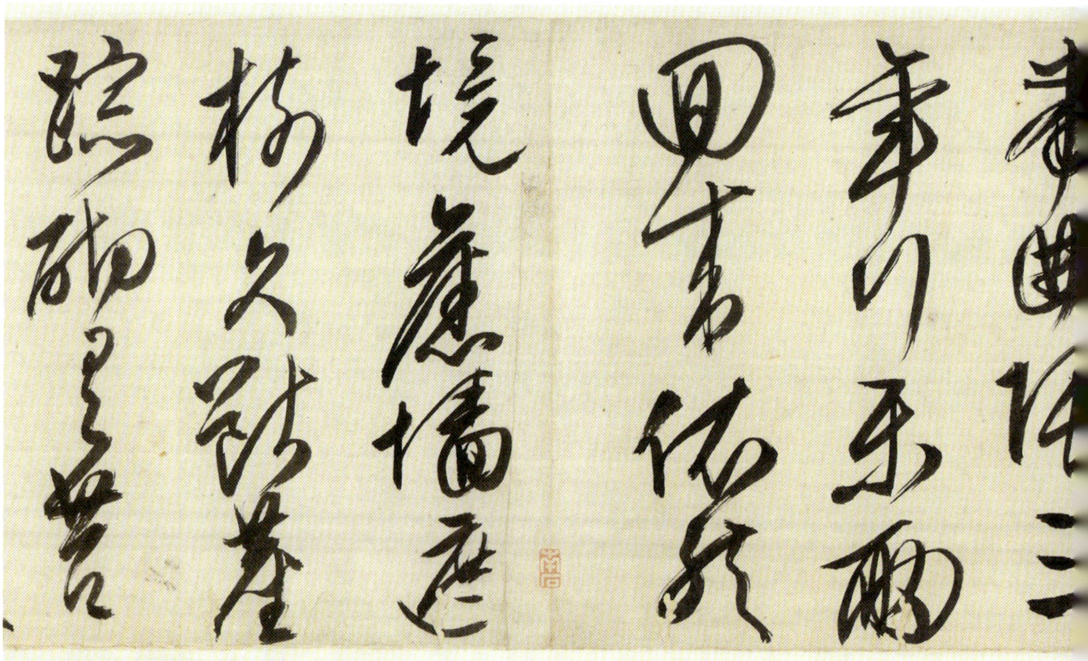

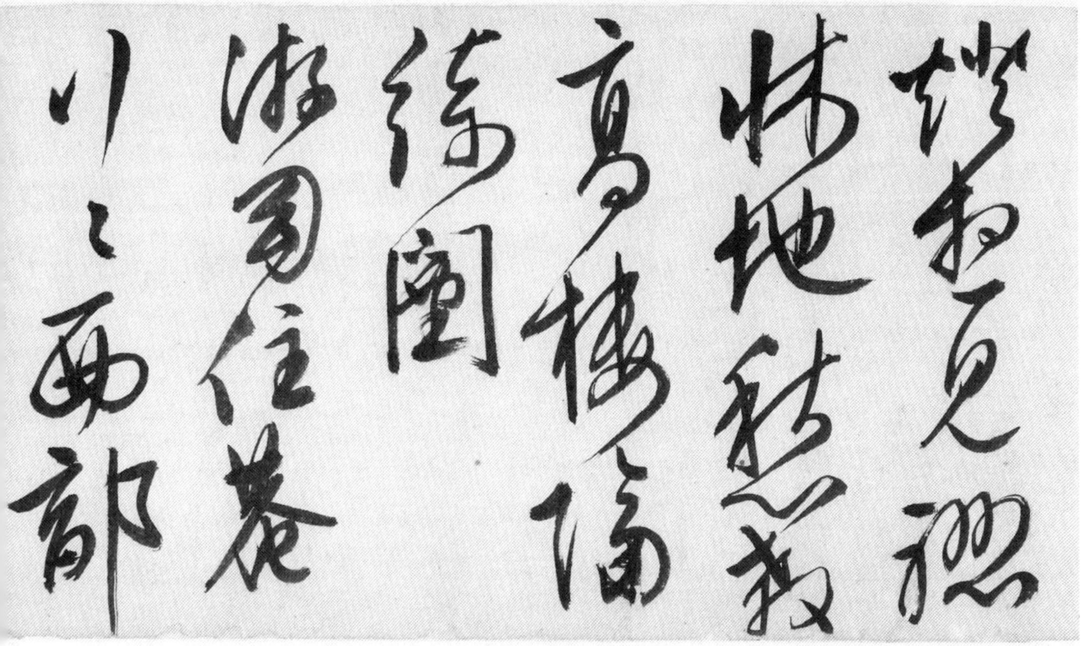

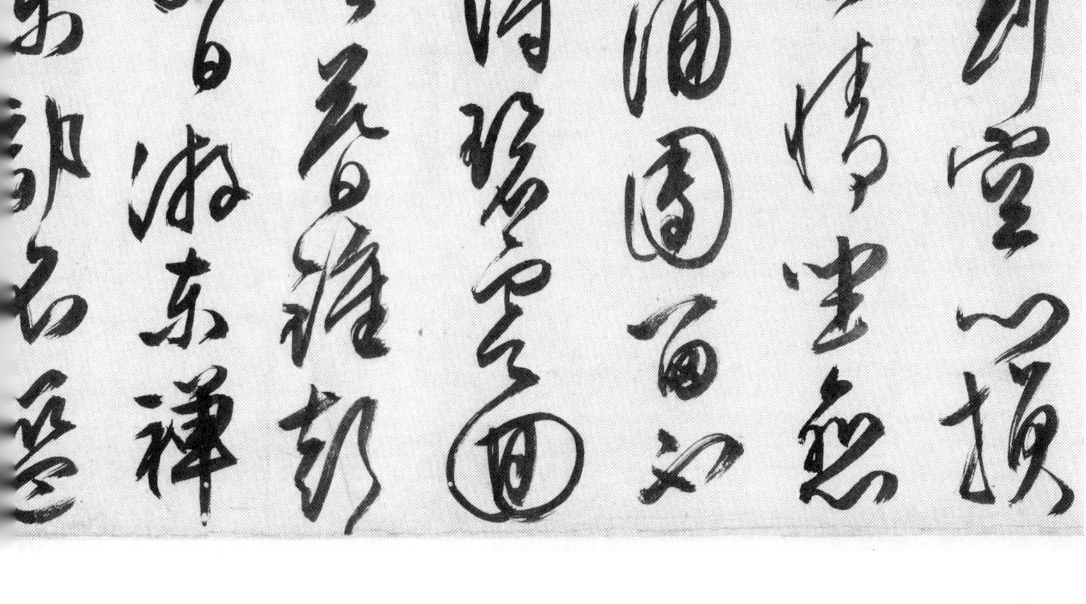

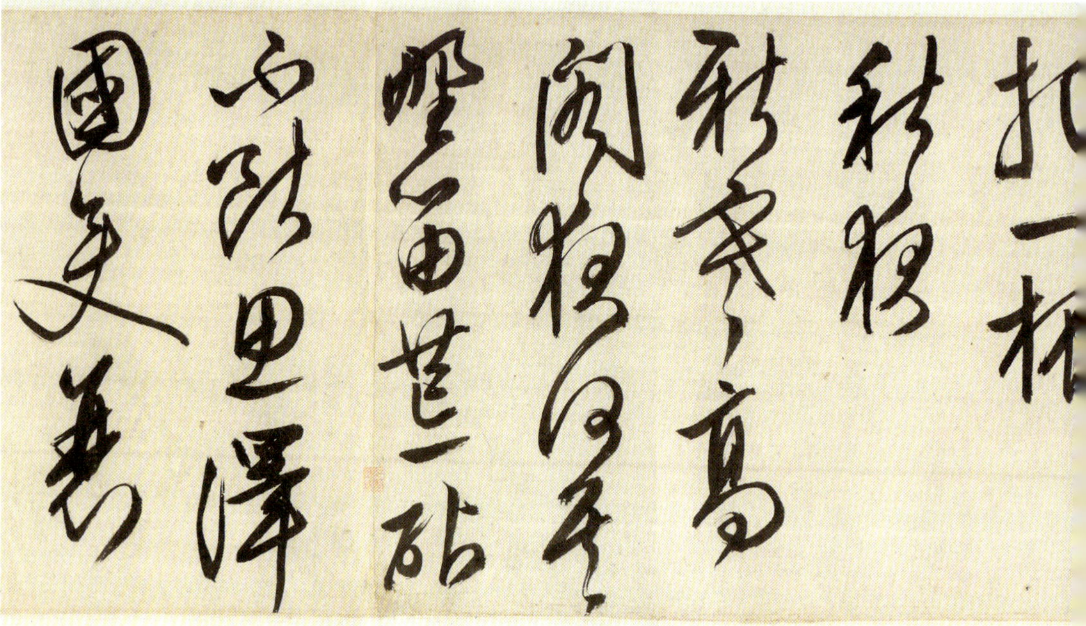

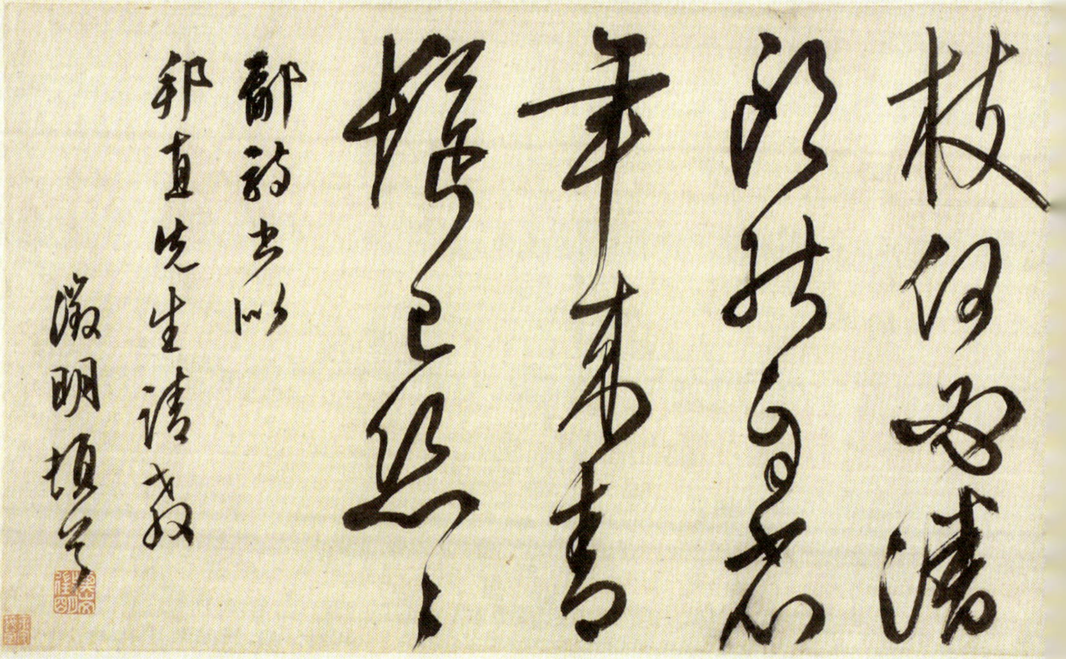

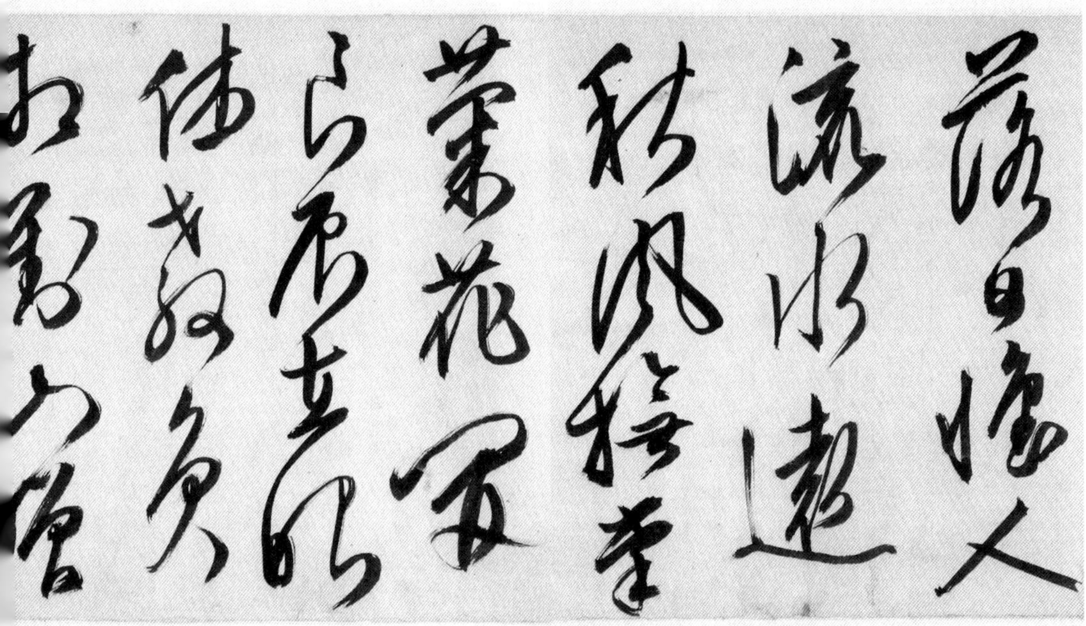

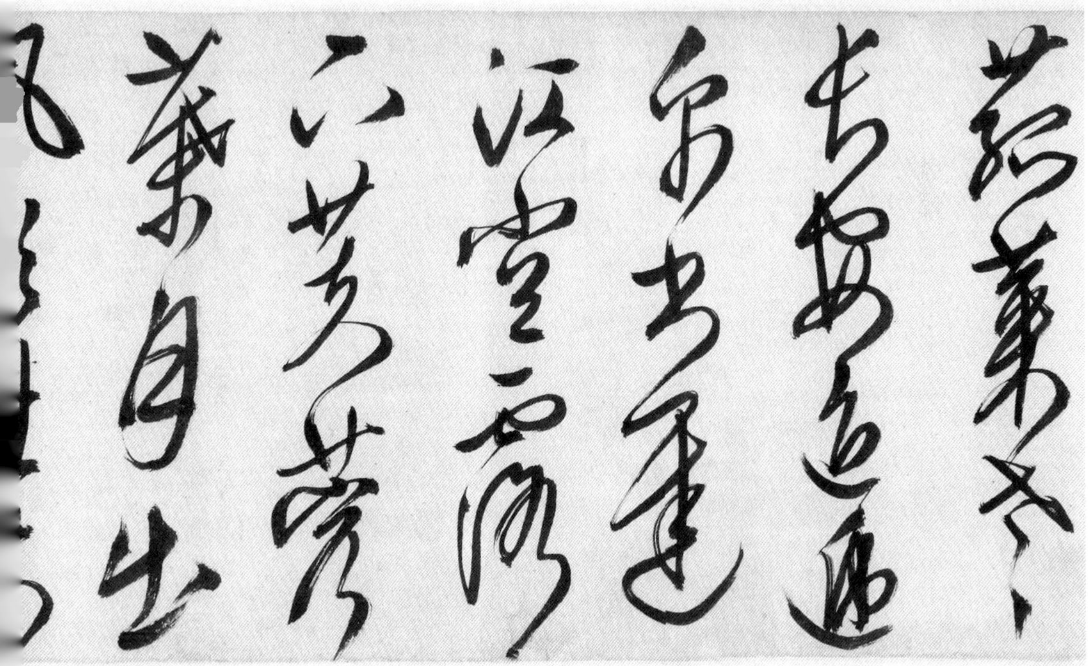

行书致若容尺牍页

年　代：明

书法家：唐寅

尺　寸：纵27.3厘米，横64.1厘米，

收藏地：美国大都会艺术博物馆

入藏号：1989.363.56

唐寅（1470—1523 年），字伯虎，更字子畏，号桃花庵主、鲁国唐生、逃禅仙吏、南京解元、江南第一风流才子等。晚年信佛，有六如居士等别号。吴县（今江苏苏州）人。唐寅书法主要学赵孟頫，更受李北海影响，俊逸挺秀，

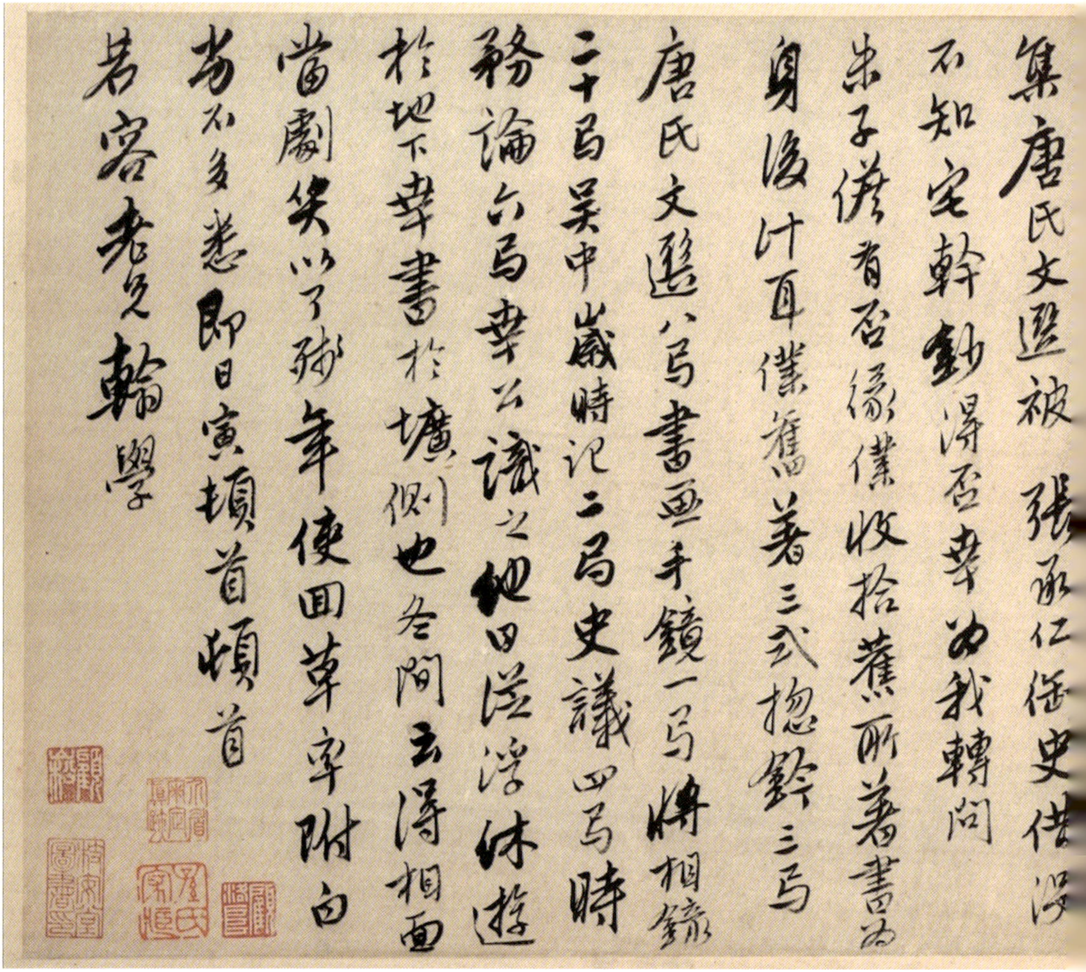

妩媚多姿，行笔圆熟而洒脱，唯笔力稍弱，钩挑牵丝绵软，结构亦略趋松散。

此页是唐寅写给友人若容的信件，通纸以行书书写，点画分明，用笔流利，姿态妩媚，或许是因为书信的缘故，反而没有其他书法作品笔力孱弱的弊病，是唐寅行书中的杰作。

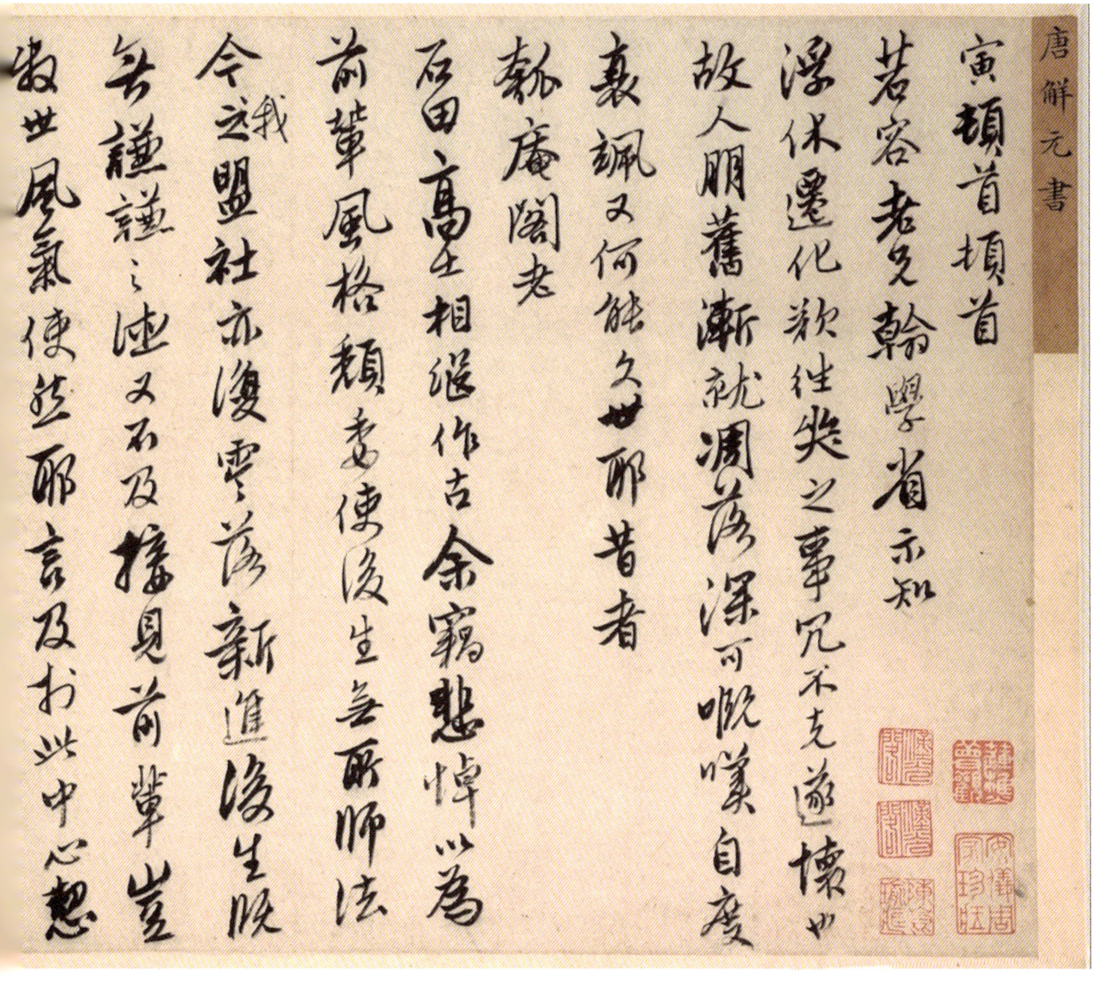
唐解元書
寅頓首頓首
若容老兄翰學者亦知
浮休遷化歎往哭之事冗不克遂懷也
故人朋舊漸就凋落深可嗟嘆自度
衰颯又何能久世耶昔者
敬庵閣老
石田高年相繼作古余竊悲悼以為
前輩風格類多使後生無所師法
今茲我盟社亦復零落新進後生既
無謹謹之迹又不及接見前輩豈
復世風氣使然耶言及於此中心想

行书节录谢惠连《雪赋》卷

年　代：明

书法家：董其昌

尺　寸：纵26.7厘米，横183.7厘米

收藏地：美国大都会艺术博物馆

入藏号：1989.363.98

董其昌（1555—1636年），字玄宰，号思白，又号香光居士，松江华亭（今上海市松江区）人，官至南京礼部尚书，谥文敏。世称董香光、董文敏、董华亭，在明末以书画名重海内。书法至董其昌，可以说是集古法之大成，“六体”和“八法”在他手下无所不精，在当时已“名闻外国，尺素短札，流布人间，争购宝之”。

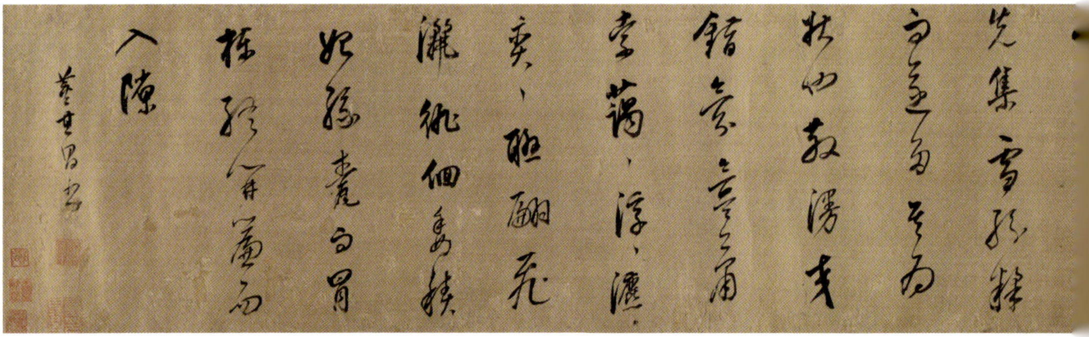

他的书法以行草造诣最高，行书以“二王”为宗，又得力于颜真卿、米芾、杨凝式诸家，赵孟頫的书风也或多或少地影响到他的创作。董其昌对自己的楷书，特别是小楷也相当自负。

此卷节录南朝宋文学家谢惠连的《雪赋》，整体笔法细腻，结体疏朗，点画分明，将其书法的秀媚之风发挥得淋漓尽致，体现了董其昌行草的最高水准。

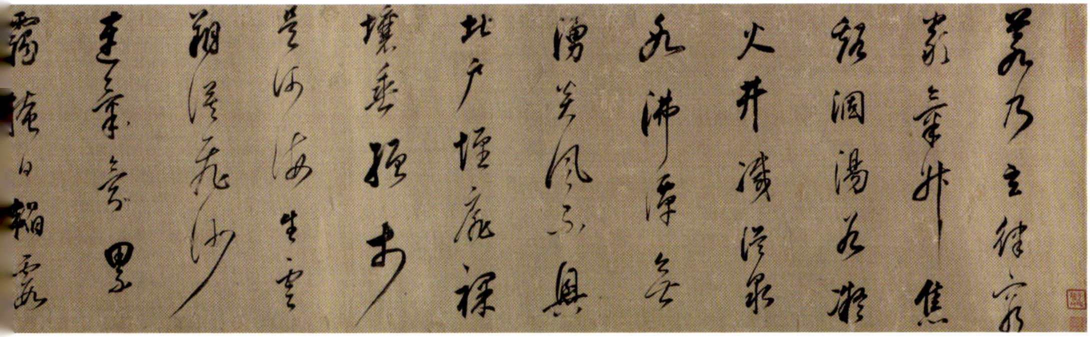

行书《项墨林墓志铭》卷

年　代：明

书法家：董其昌

尺　寸：纵27厘米，横543厘米

收藏地：东京国立博物馆

入藏号：TB-1238

项墨林即收藏家项元汴。此卷书于崇祯八年（1635年），时年董其昌八十一岁，而项墨林已经去世四十六年，是应项墨林次子项德成之请书写的。董其昌与项氏交游深厚，曾多次去项氏天籁阁饱览其藏品。因此在书写《项墨林墓志铭》时，董其昌以深情的笔墨回忆了项氏的关爱激赏。此卷虽是其去世

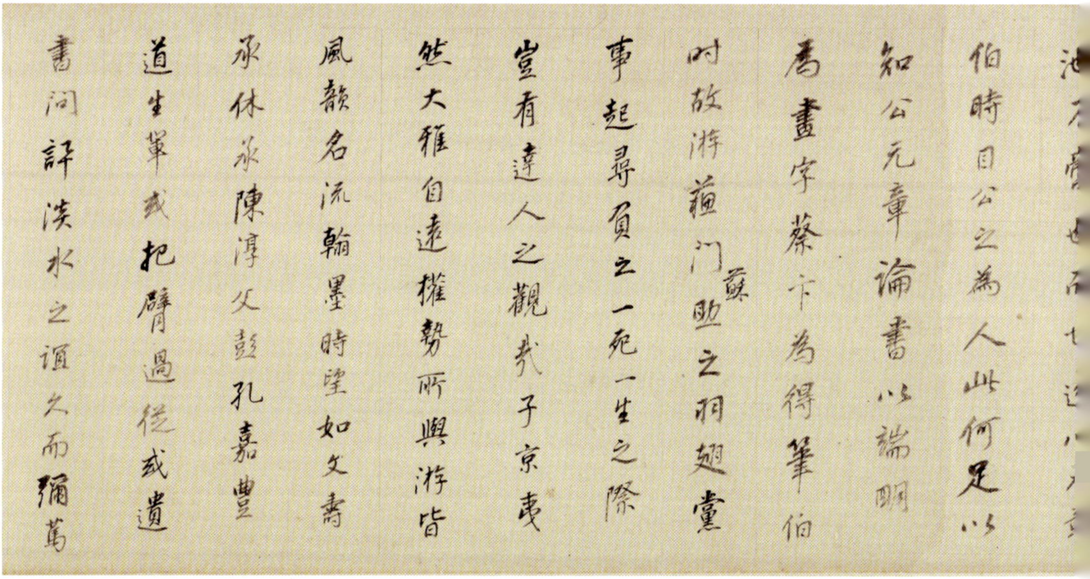

前一年的作品，却丝毫不见衰弱之态，用笔劲利，直率不流，体态遒媚，虚和舒朗，尤其是淡墨的运用，不仅呈现出墨色的变化，更呈现出感情的变化，是董其昌晚年书法的杰作。

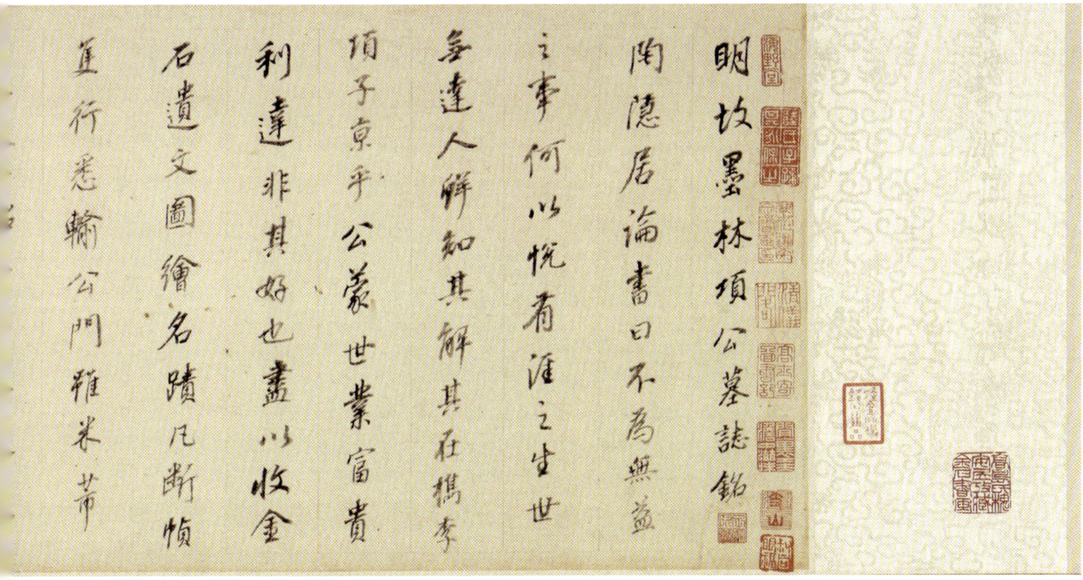

經生贈吏部郎銓銓有丈夫
子三人長上林丞元淇次
東粵少參萬壽公其季也
少而穎敏十歲屬文不雜
究其家學已念贈公既
背養而太宜人苦節即
仲致身玉堂不遑將母
吾寧以青氈故重遠子
舍乎於是絕意帖括顓
奉太宜人色養親自浣
滌終身孺慕少參公忠

堂搆斯在不欲令子弟亦
知達生之趣有六子各受
一經嚴為程課猶子孝廉
夢原六齡失母鞠誨備
至來應蔚為名儒而諸子
彬彬皆不愧王謝家風云
公畫山水學元季黃公望
倪瓚尤醉心於倪得其勝
趣每作縑素自題韻語
書法亦出入智永趙吳興
絕無俗筆人爭傳購初

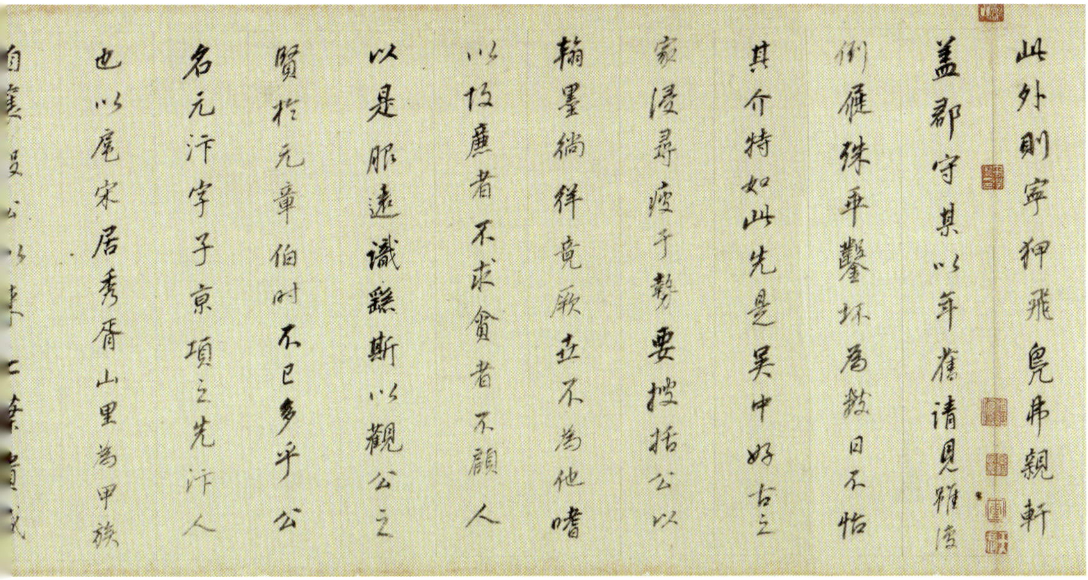
此外則寧押飛凫弗親軒
蓋郡守某以年舊請見雖援
例僱殊乖鑿坏為數日不怡
其介特如此先是吳中好古之
家浸尋瘦于勢要捜括公以
翰墨綃緗竟厥去不為他嗜
以故廉者不求貪者不顧人
以是服遠識懸斷以觀公之
賢於元章伯时不已多乎公
名元汴字子京項之先汴人
也以扈宋居秀香山里為甲族

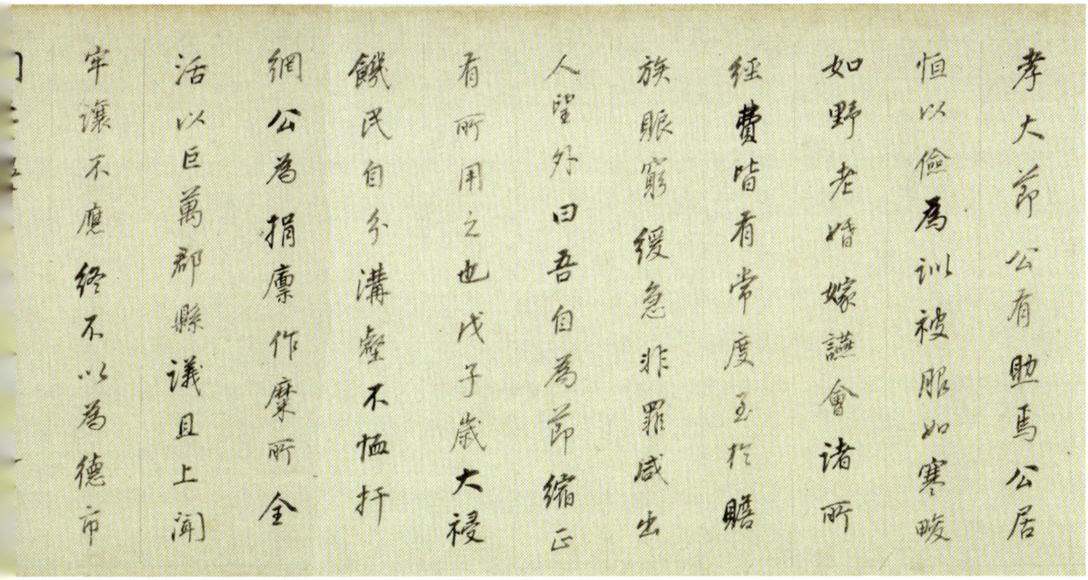
孝大節公有贈馬公居
恒以儉為訓被服如寒畯
如野老婚嫁讌會諸所
經費皆有常度至於贍
族賑窮緩急非罪咸出
人望外曰吾自為節縮正
有所用之也戊子歲大祲
饑民自分溝壑不恤扞
網公為捐廩作糜所全
活以巨萬郡縣議且上聞
牢讓不應終不以為德市

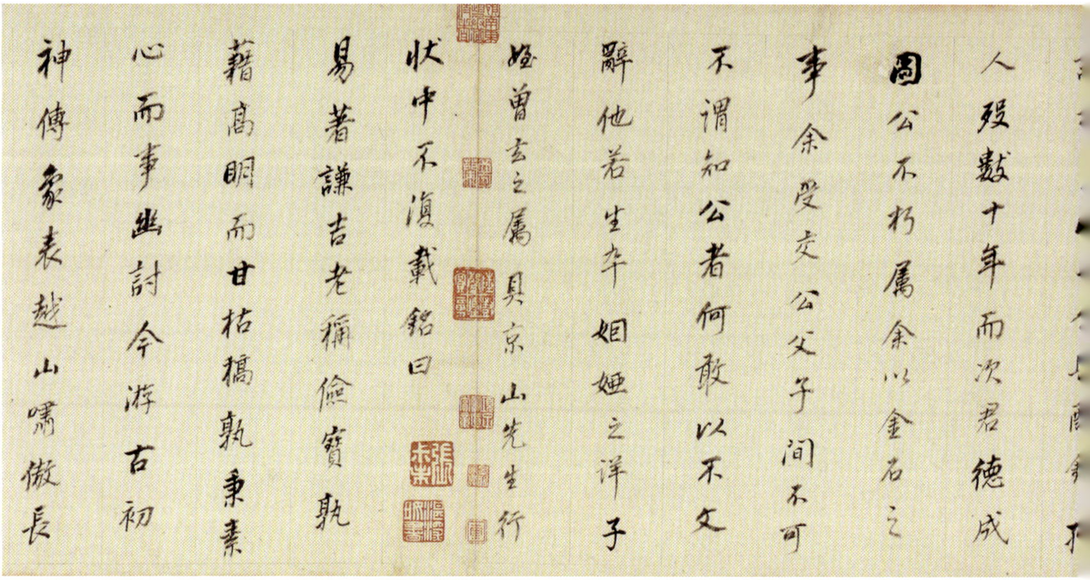
人歿數十年而次君德成
圖公不朽屬余以金石之
事余受交公父子間不可
不謂知公者何敢以不文
辭他若生卒姻婭之詳子
姓曾玄之屬具京山先生行
狀中不復載銘曰
易著謙吉老稱儉寶孰
藉高明而甘枯槁孰秉素
心而事幽討今游古初
神傳家表越山嘯傲長

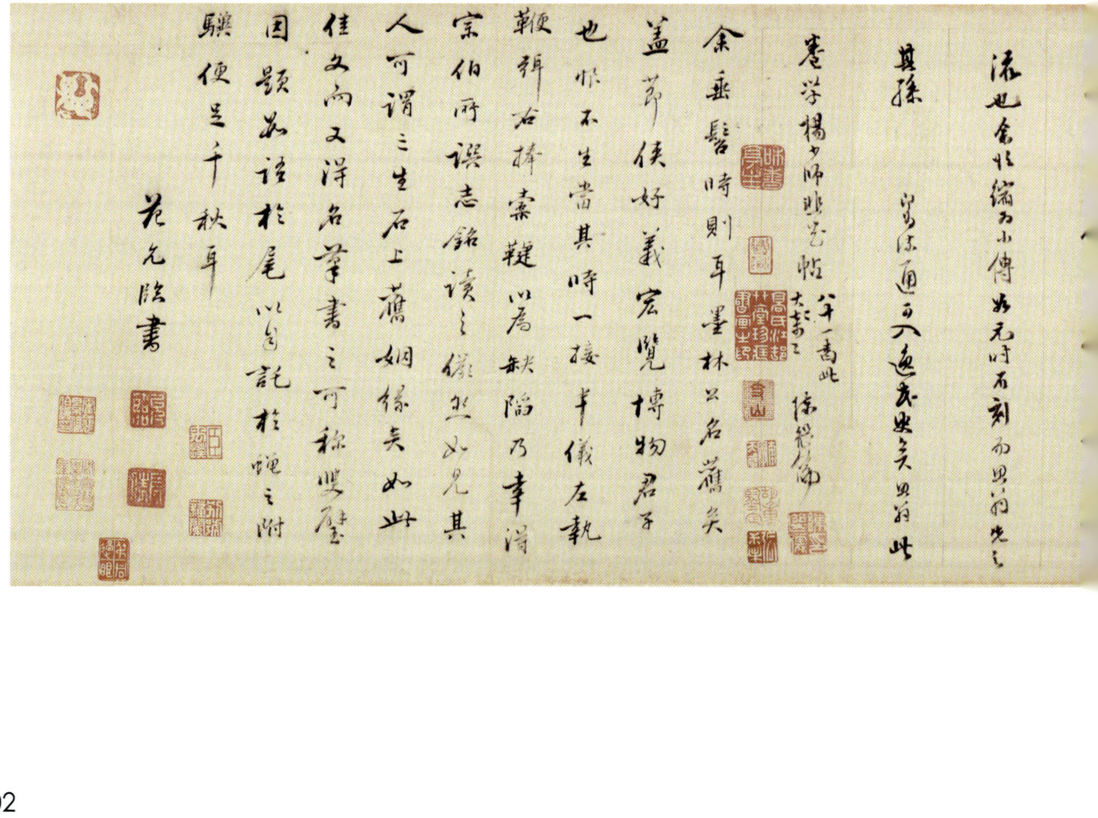
余垂髫時則耳墨林以名薦矣
蓋節俠好義宏覽博物君子
也恨不生當其時一接半儀左執
鞭弭右捧橐鞬以為缺陷乃幸得
宗伯所撰志銘讀之儼然如見其
人可謂三生石上舊姻緣矣如此
佳文而又得名筆書之可稱雙璧
因題數語於尾以為記於蠅之附
驥便足千秋耳
范允臨書

稱墨林居士皇甫子循
作墨林賦以貽之晚年意
在禪悅與野衲遊因感
異夢更顏其齋爲幻浮
且手題榜楔比於司空表
聖之誌生壙者洵稱達人
矣憶予爲諸生時游檇李
公之長君德純寔爲風學
以是日習於公公每稱輩
先輩風流及書法繪品
上下千載較若列眉余永

水潦倒清虛之鄉達人
所保有當其身旋及國革
有朴其容藝窮文巧死
何如生大夢獨曉向平猶
惑彭祖爲夭史銘諸幽聊
識其小舟壑之藏韲白
可攷
墨林雅士名滿吳越百
余此誌亦具其神照次孫
相訪請余書且以鐫石云
王謝子弟家風也書此贈之
崇禎八年乙亥子月董其昌跋

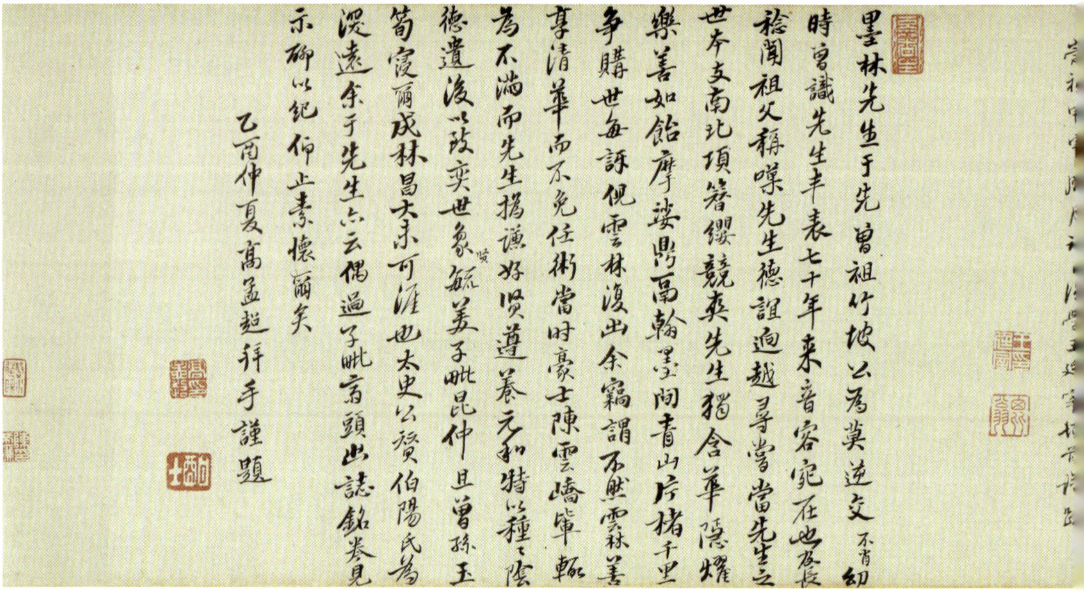

墨林先生于先曾祖竹坡公爲莫逆交不肖幼
時曾識先生丰表七十年來音容宛在也及長
稔聞祖父稱嘆先生德誼迥越尋常當先生之
世本支南北項簪纓競爽先生獨含華隱耀
樂善如飴摩娑鼎鬲翰墨間青山片楮千里
爭購世每訴倪雲林復出余竊謂不然雲林善
享清華而不免任術當時豪士陳雲嶠輩輒
爲不滿而先生撝謙好賢遵養元和特以種種陰
德遺後以致奕世象賢毓美子毗昆仲且曾孫玉
筍霞爾成林昌大未可涯也太史公贊伯陽氏爲
深遠余于先生亦云偶過子毗齋頭出誌銘卷見
示聊以紀仰止素懷爾矣
乙酉仲夏高孟超拜手謹題

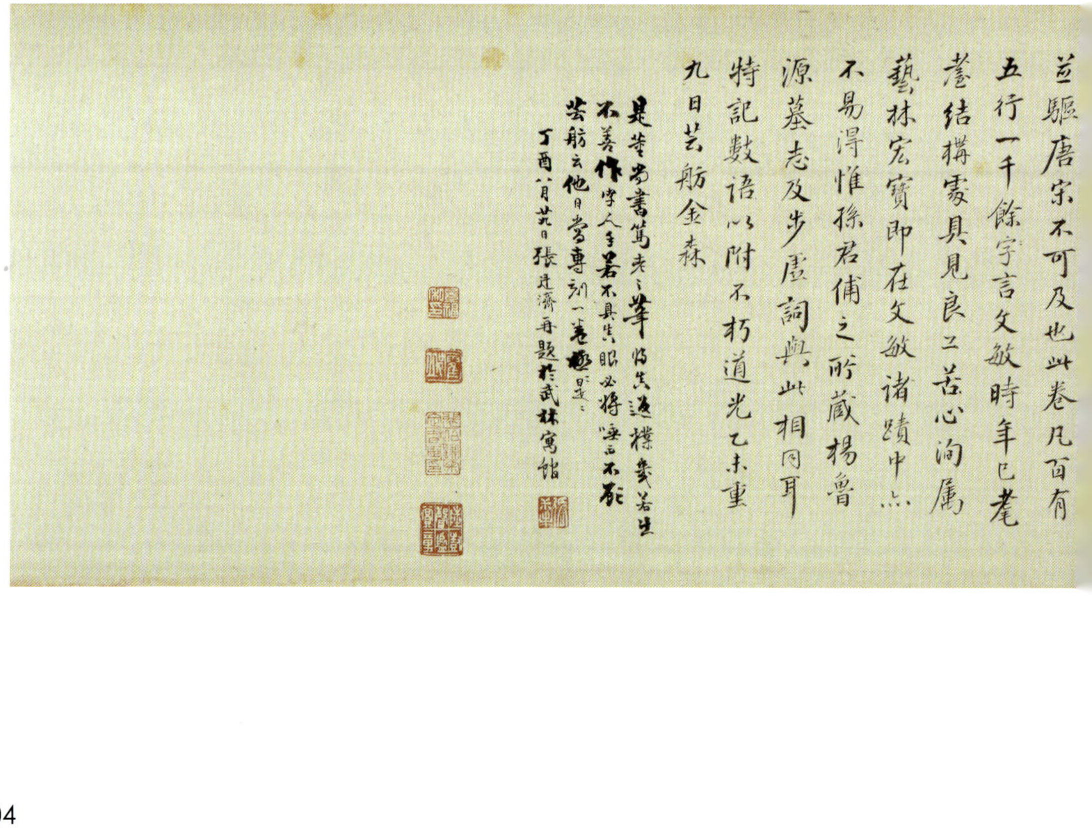

並驅唐宋不可及也此卷凡百有
五行一千餘字言文敏時年已耄
耋结構雾具見良工苦心洵屬
藝林宏寶即在文敏諸蹟中亦
不易得惟孫君備之所藏楊曾
源墓志及步虛詞與此相同耳
特記數語以附不朽道光乙未重
九日芸舫金森

是卷當書篤老之筆的先後樸茂若生
不善作字人手若不具隻眼必將啞然不能
芸舫云他日當專訂一卷題之
丁酉八月廿九日張廷濟再題於武林寓館

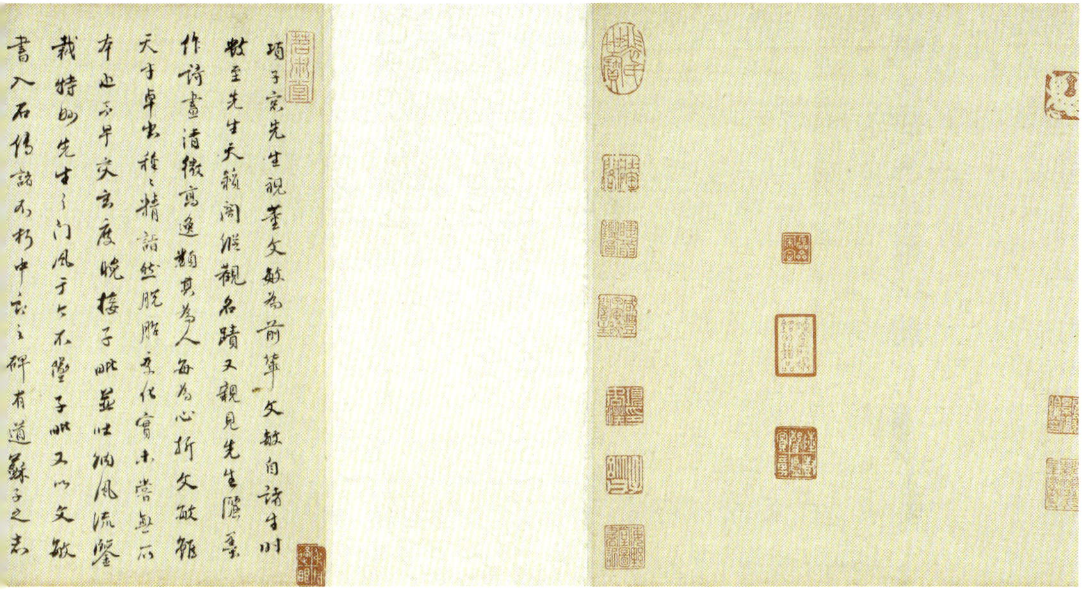

項子京先生視董文敏為前輩文敏自謂生時
數至先生天籟閣縱觀名蹟又親見先生隱棲
作詩畫清微高逸類其為人每為心折文敏顧
天才卓出積之精詣然脫略變化實未嘗無所
本也予早交玄度晚接子毗並吐納風流鑒
裁特妙先生之門風于今不墜子毗又以文敏
書入石傳諸不朽中玄之碑有道蘇子之志

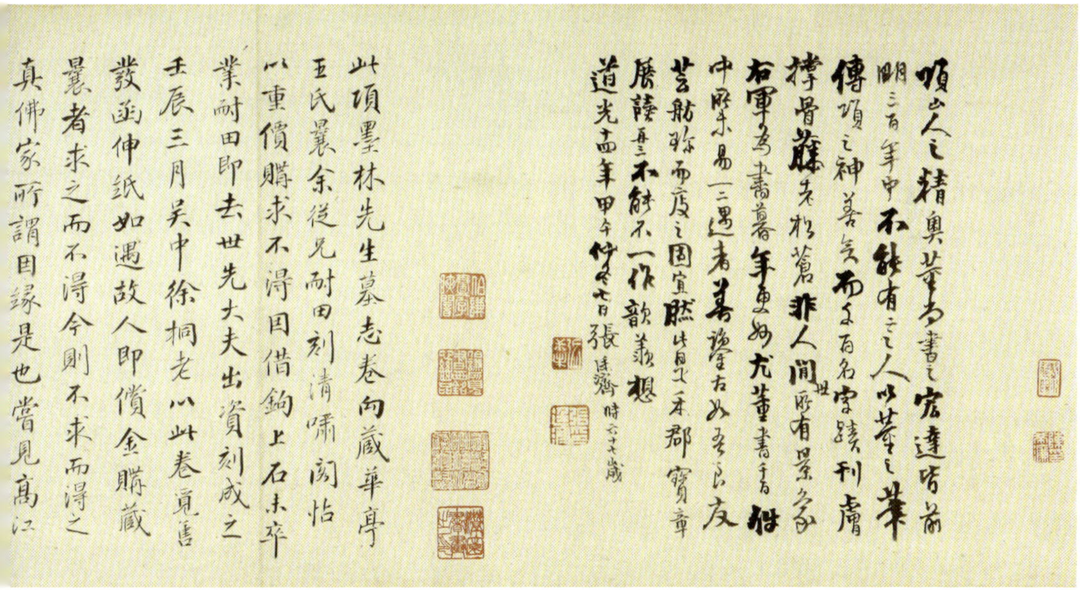

此項墨林先生墓志卷向藏華亭
王氏曩余從兄耐田刻清嘯閣帖
以重價購求不得因借鈎上石未卒
業耐田即去世先大夫出資刻成之
壬辰三月吳中徐桐老以此卷見售
數函伸紙如遇故人即償金購藏
曩者求之而不得今則不求而得之
真佛家所謂因緣是也嘗見高江

草书苏轼《后赤壁赋》册

年　代：明

书法家：张瑞图

尺　寸：每开纵28.9厘米，横19.1厘米

收藏地：美国大都会艺术博物馆

入藏号：56.115

张瑞图（1570—1641年），字长公，一字果亭，号二水、白毫庵主、芥子居士、平等居士、果亭山人等。晋江人（今福建泉州）。善画山水，尤工书，以“金刚杵”笔法著称于世。特别擅长行草，气魄宏大，笔势雄伟。清代秦祖永在《桐荫论画》中云：“瑞图书法奇逸，钟王之外，另辟蹊径。”梁巘在《评书帖》中亦曰：“张二水书，圆处皆作方势，有折无转，于古法一变。”

此册以草书书写苏轼的《后赤壁赋》，笔势矫健跌宕，锋芒毕露，方笔多于圆笔，具有剑拔弩张之势，一扫元明时期俏媚秀气之风，是张瑞图草书的佳作。册后自题：“天启丙寅春仲，书于东湖之审易轩。瑞图。”下钤“张瑞图印”“文章学士”二印。

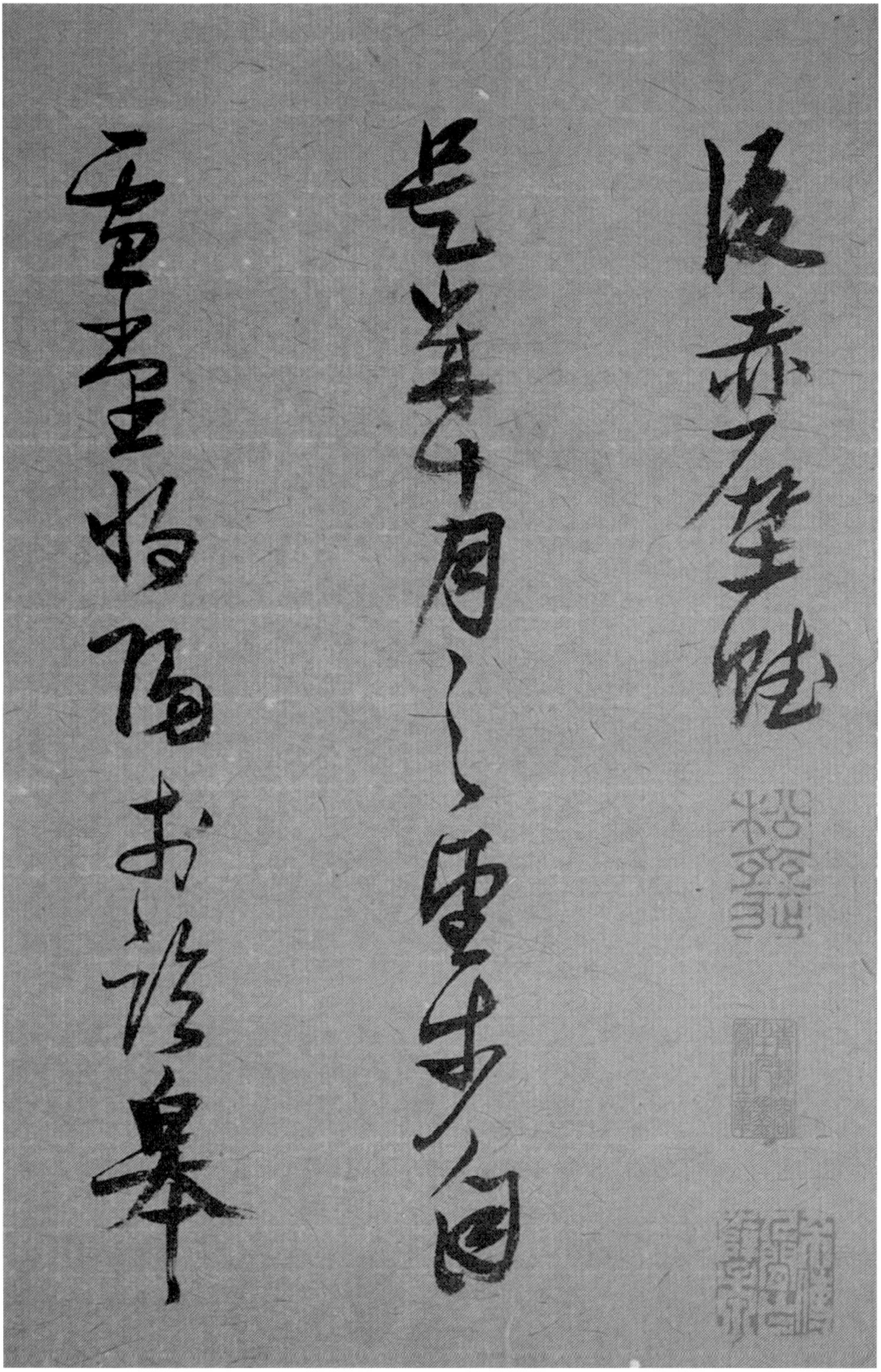
後赤壁賦
是歲十月之望步自
雪堂將歸於臨皋

二字況余已七只從之
坂勇古覓降六葉書
役人新土地御覽脇同

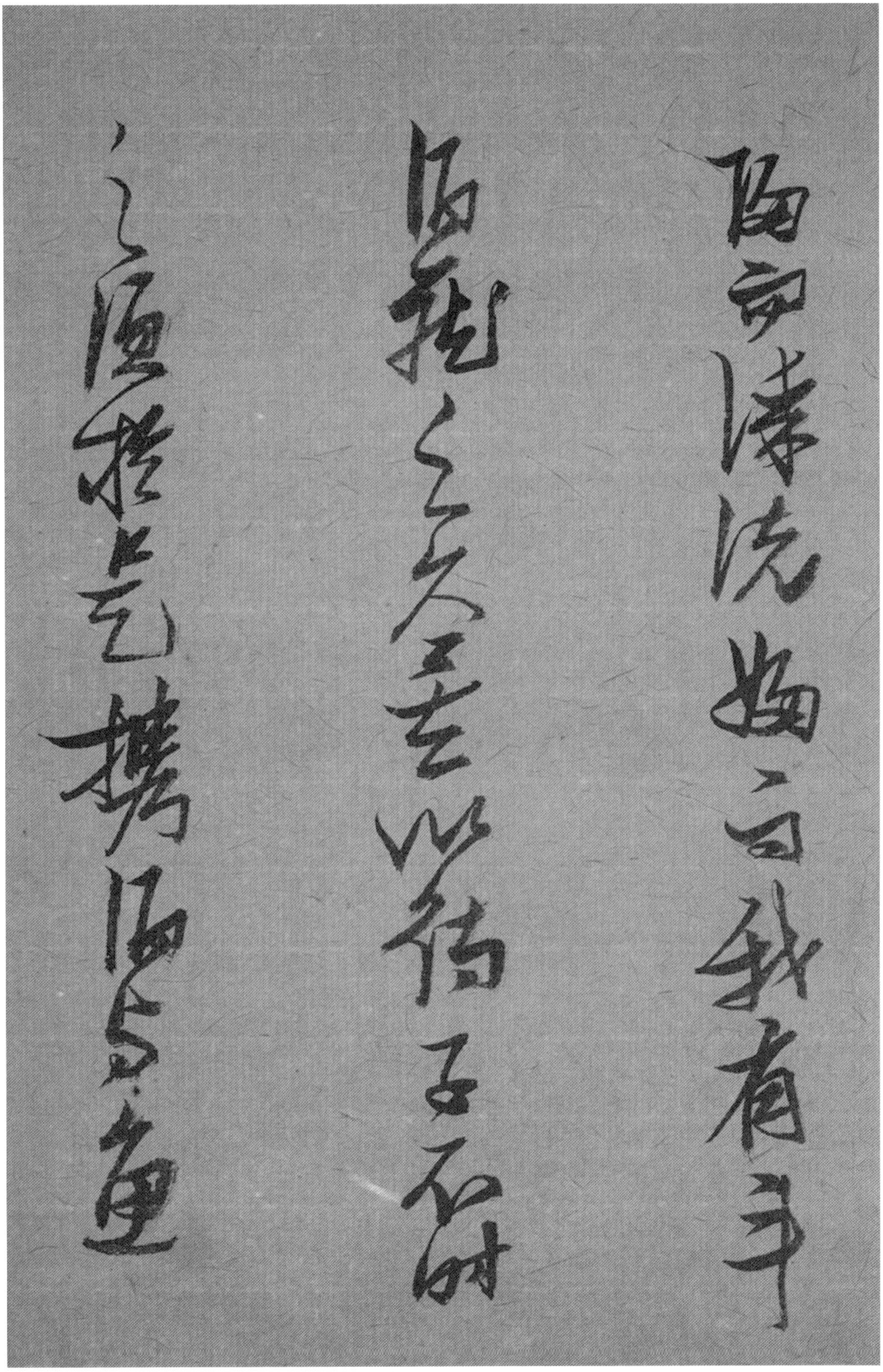

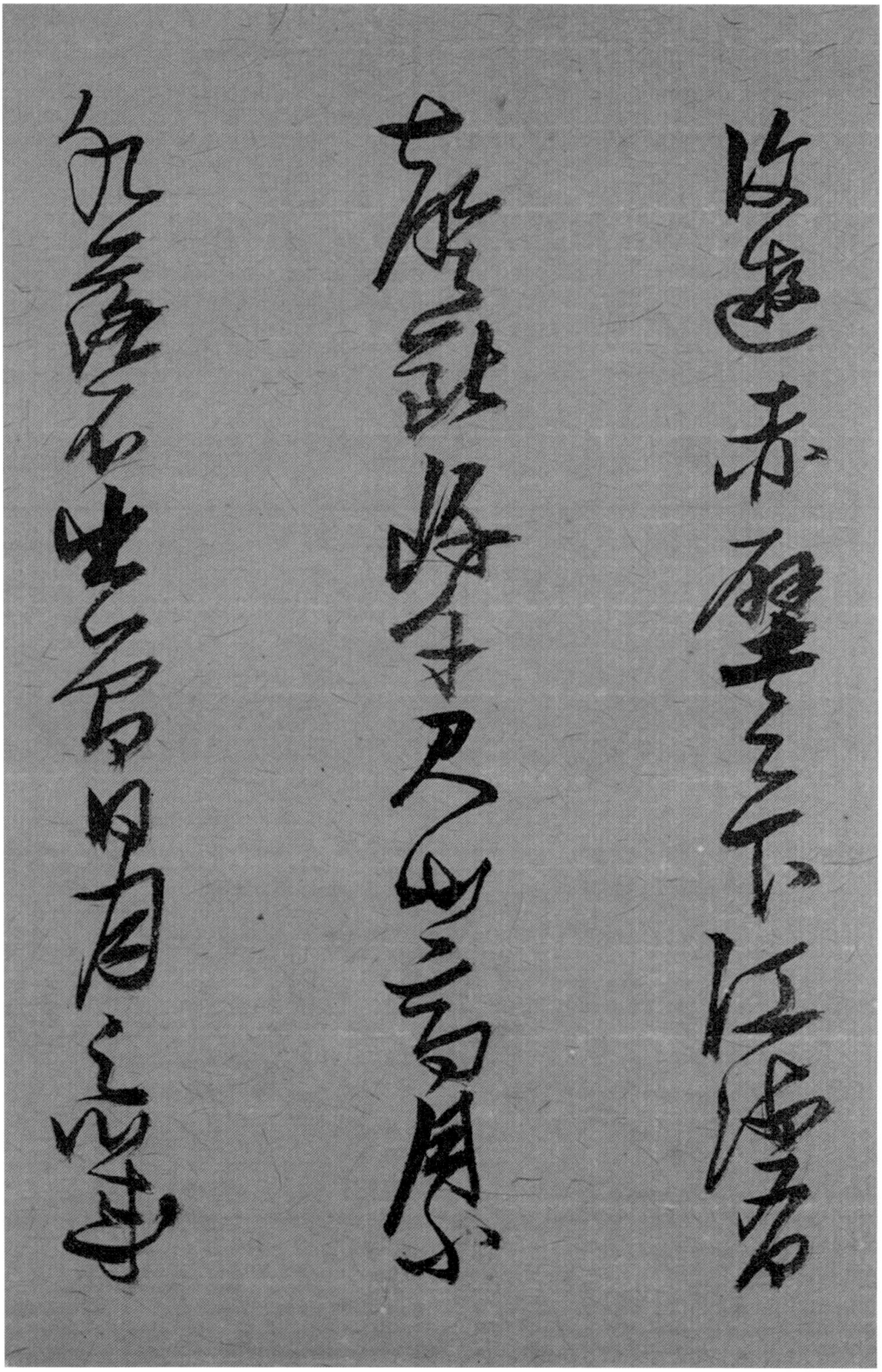

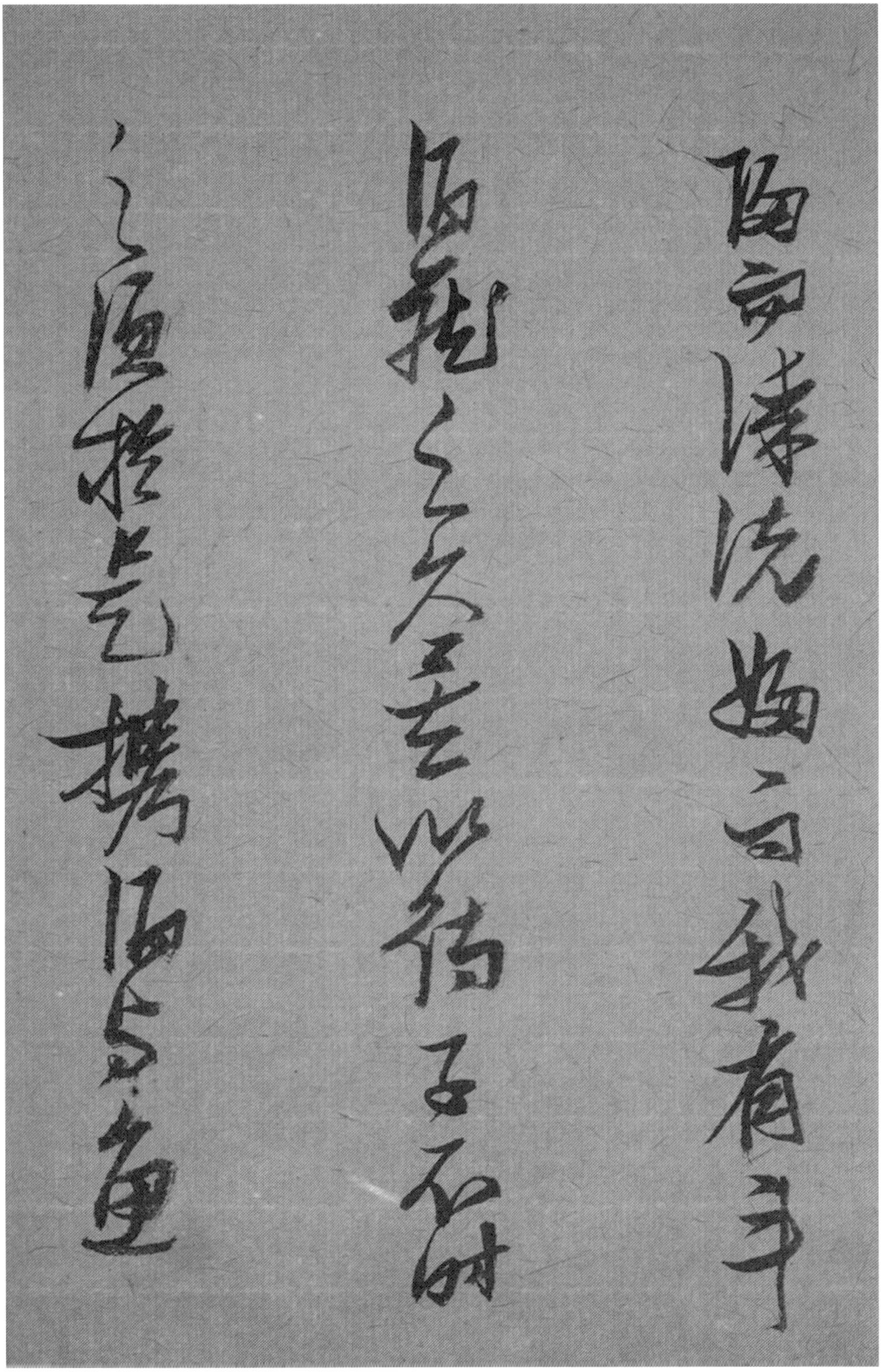

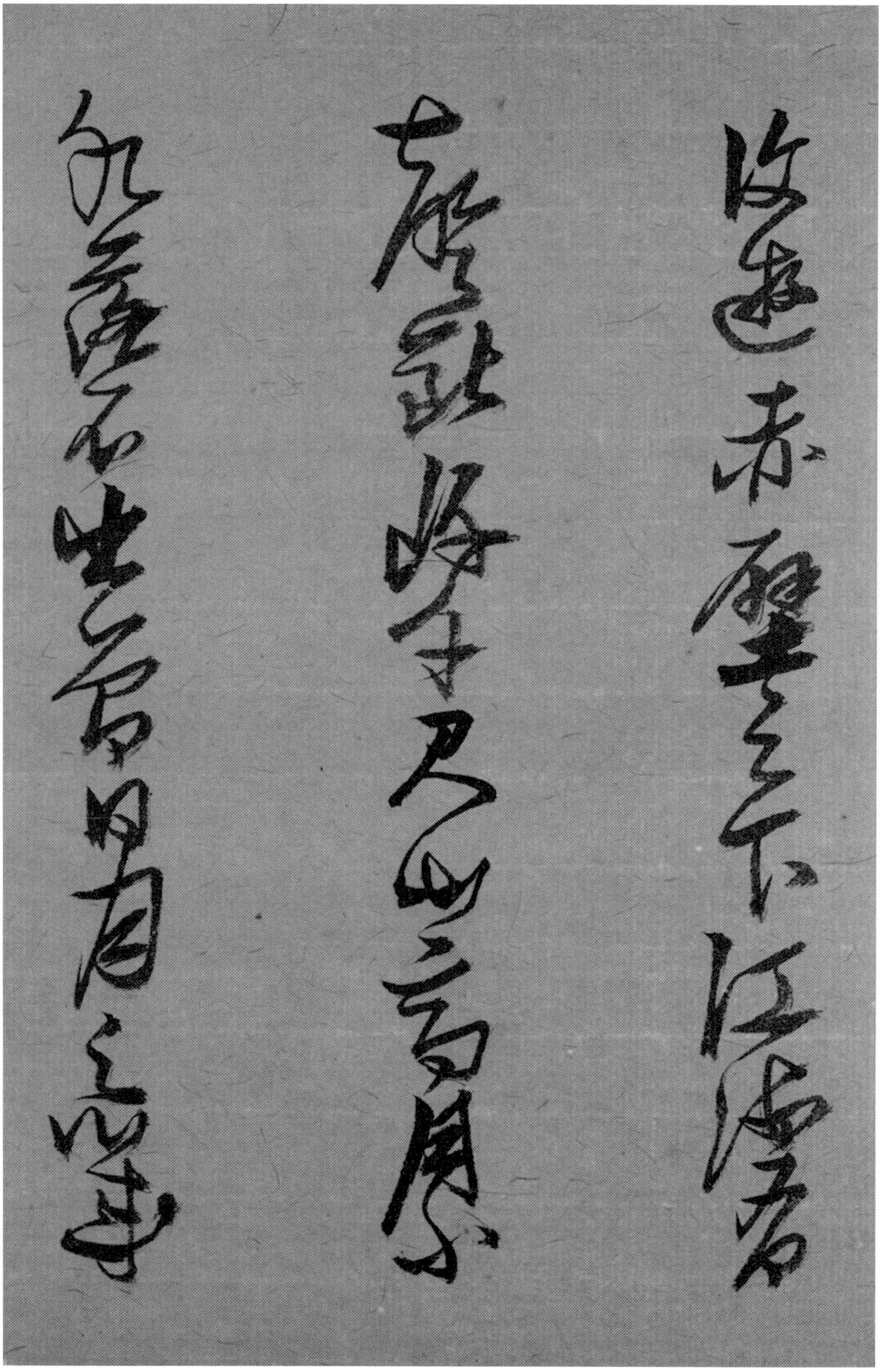
復遊赤壁之下江流
有聲斷岸千尺山高月
小水落石出曾日月之幾

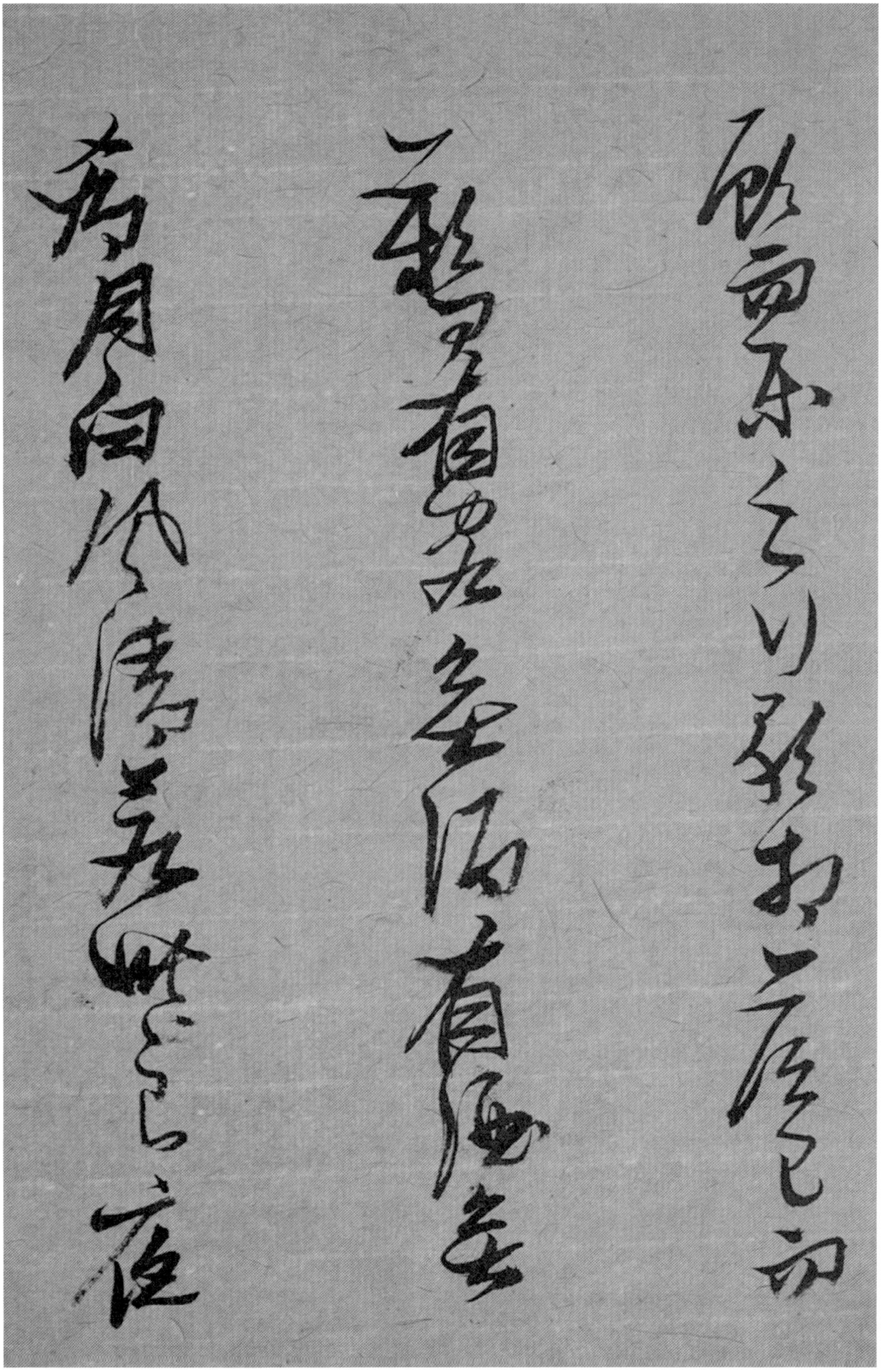

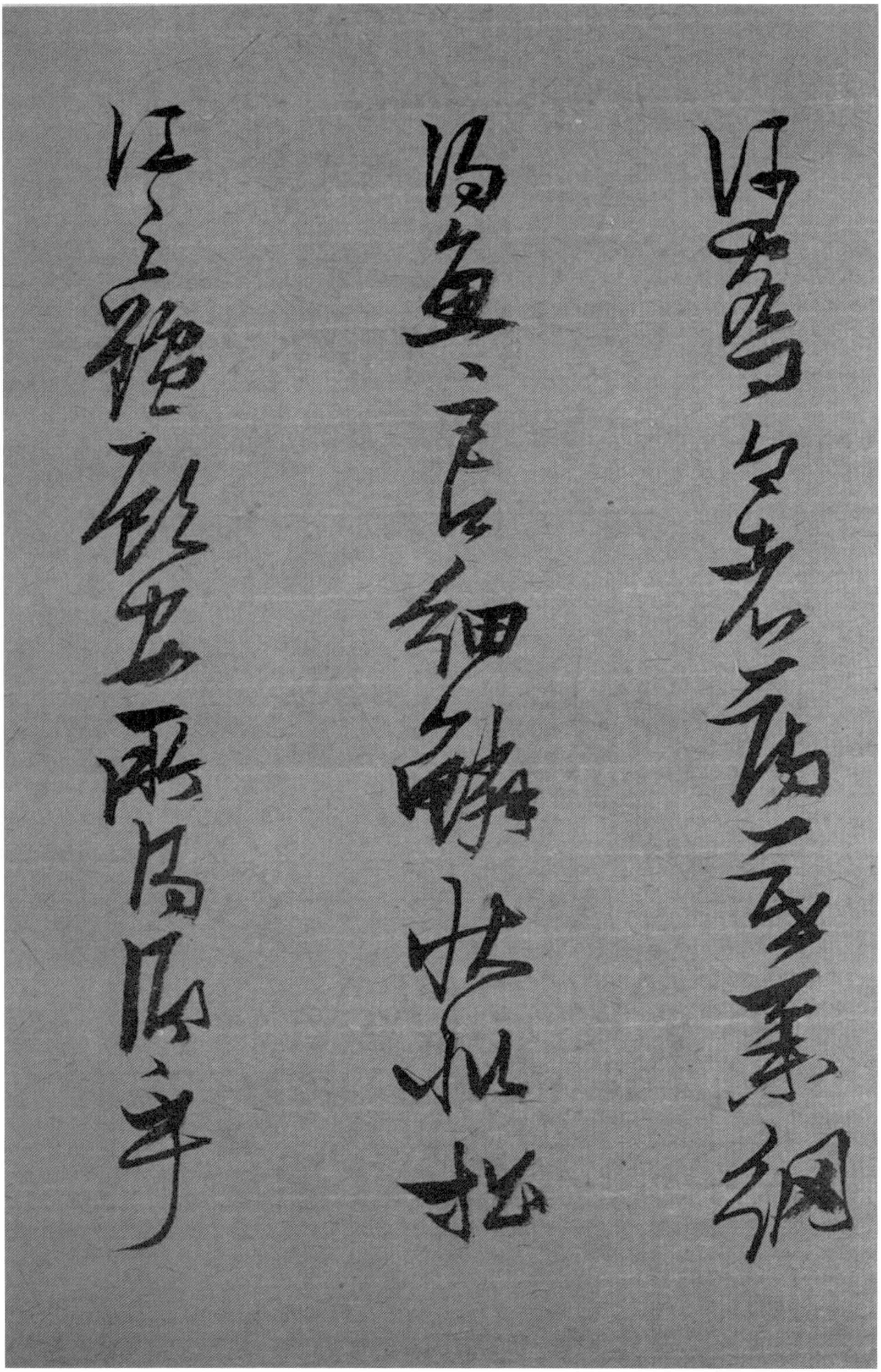

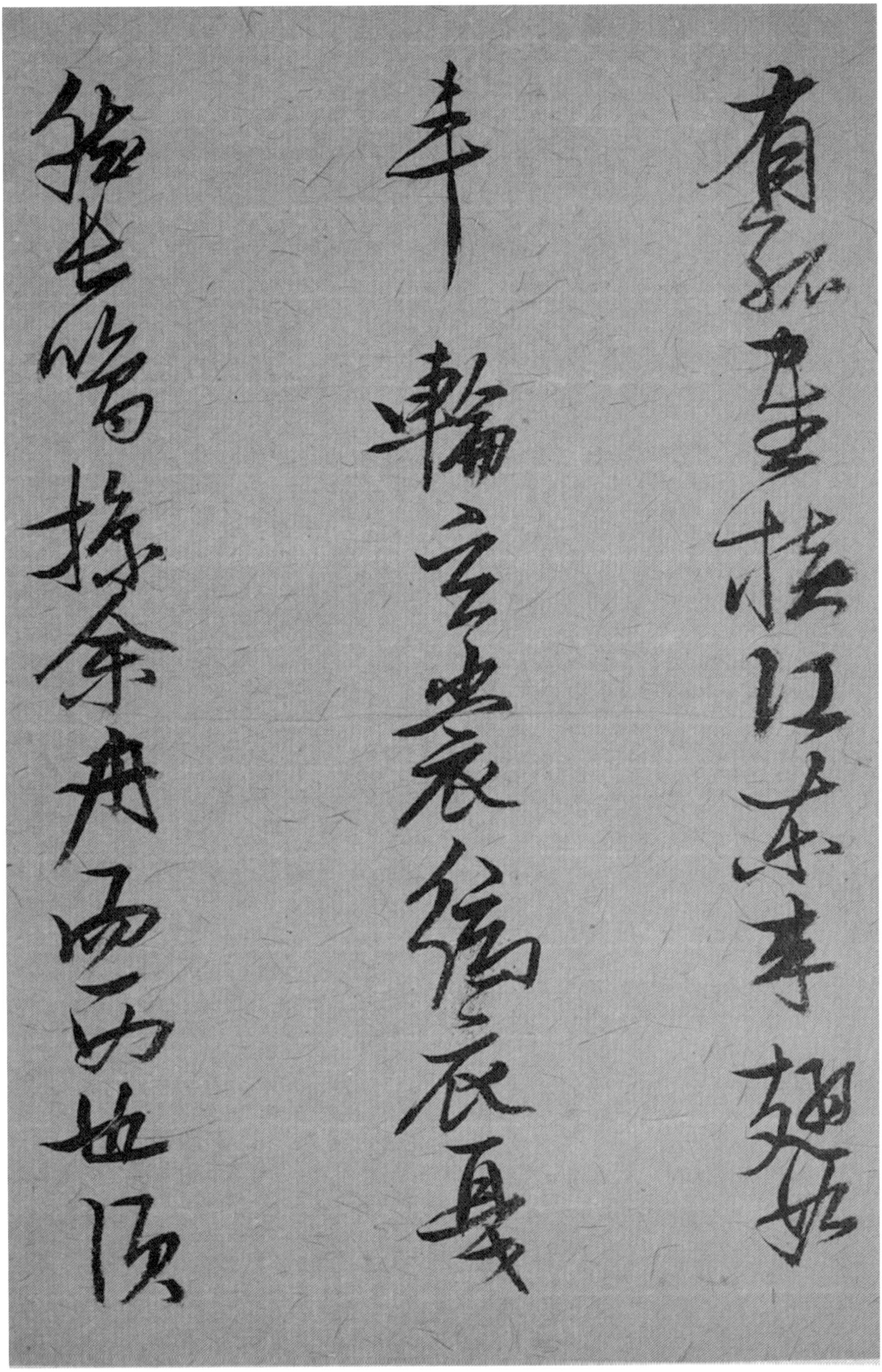

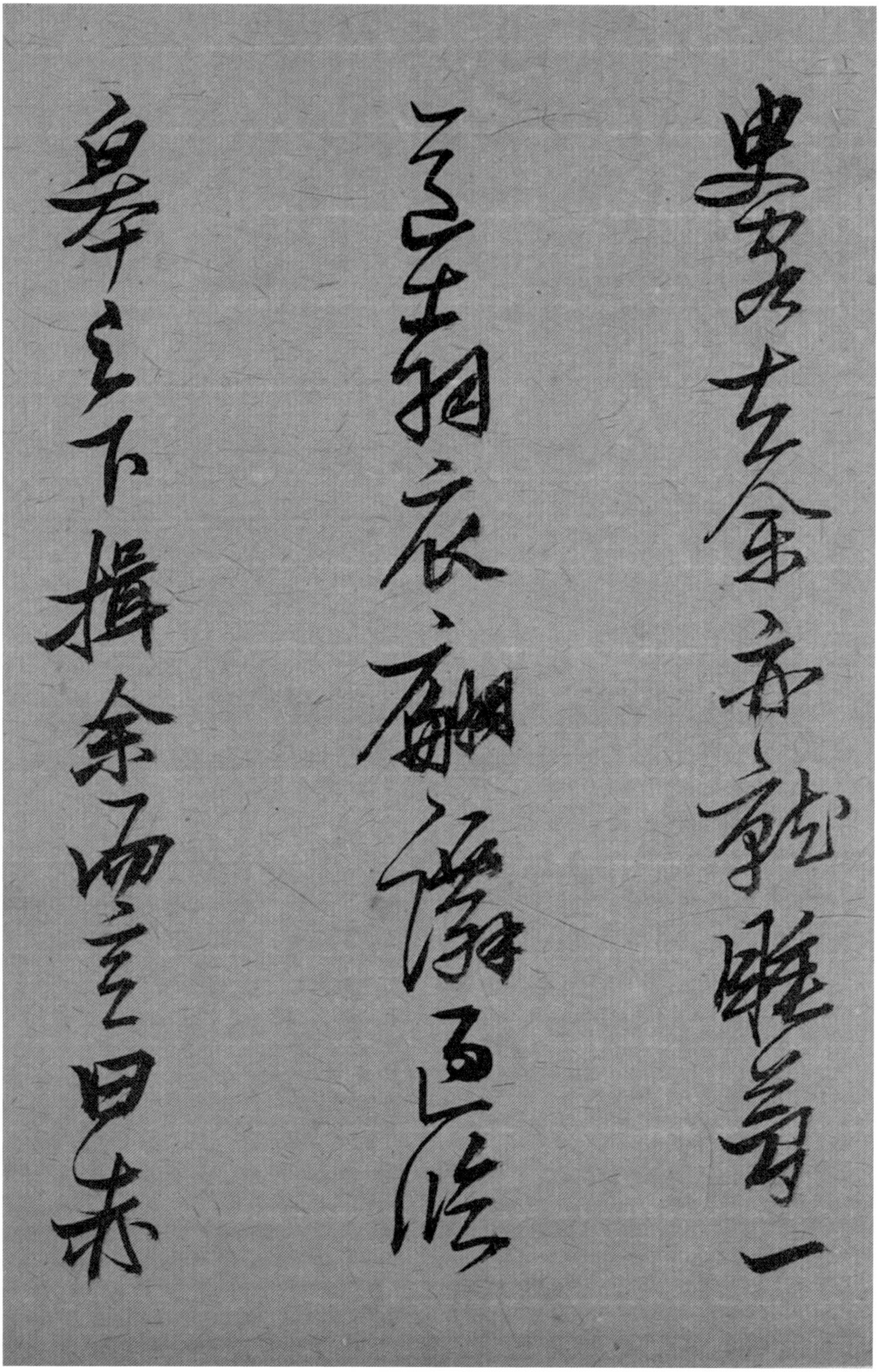

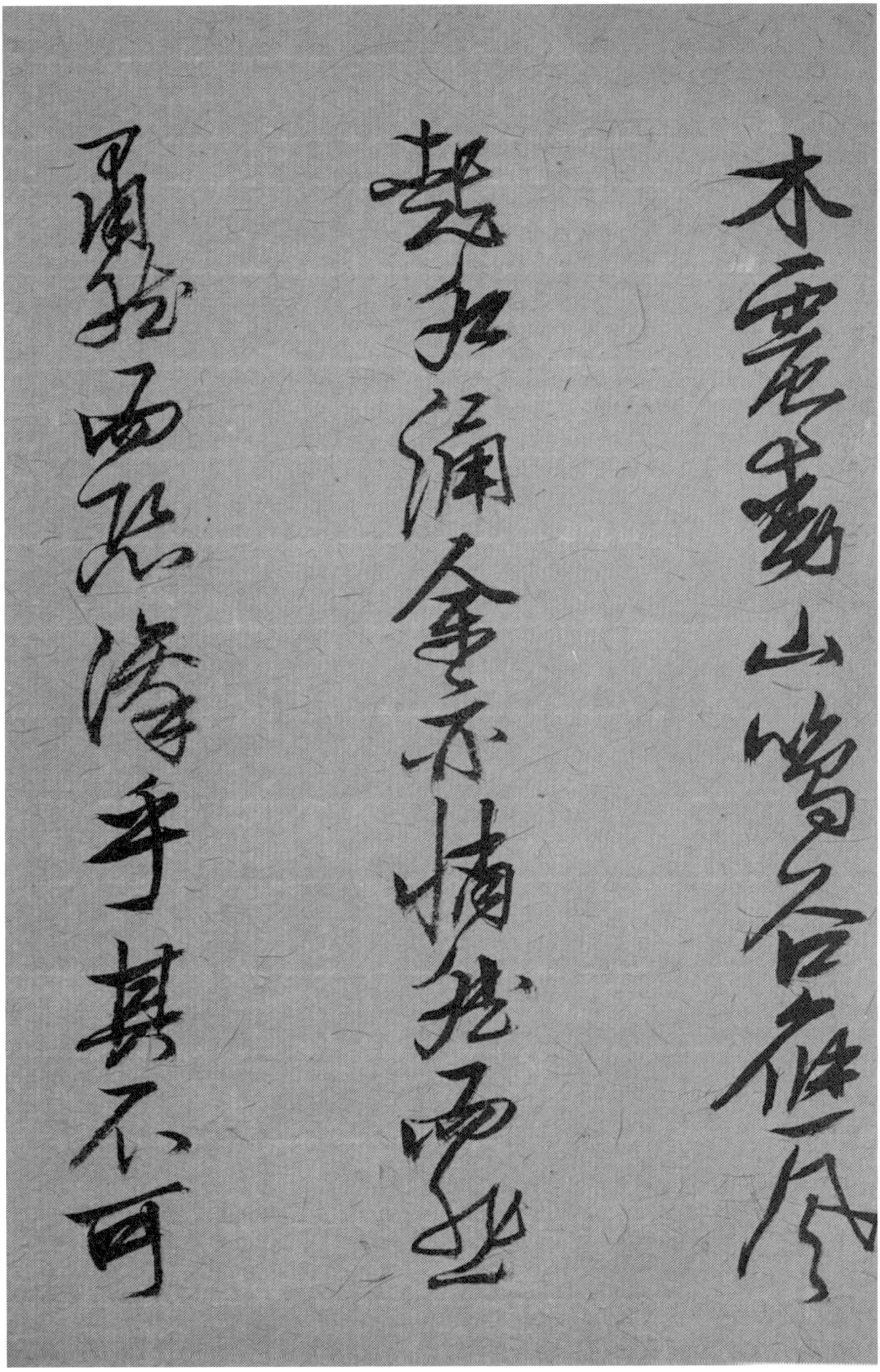

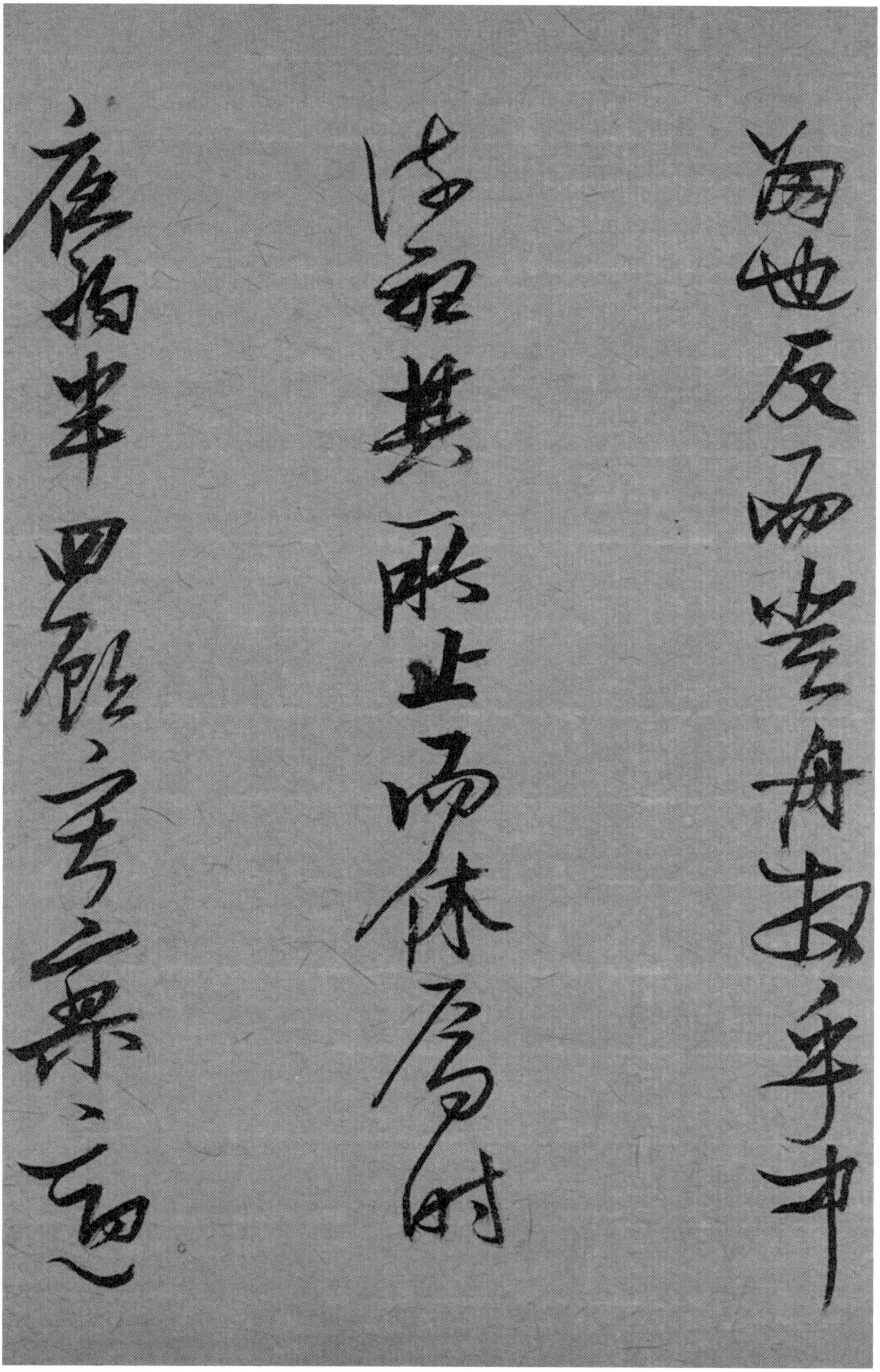

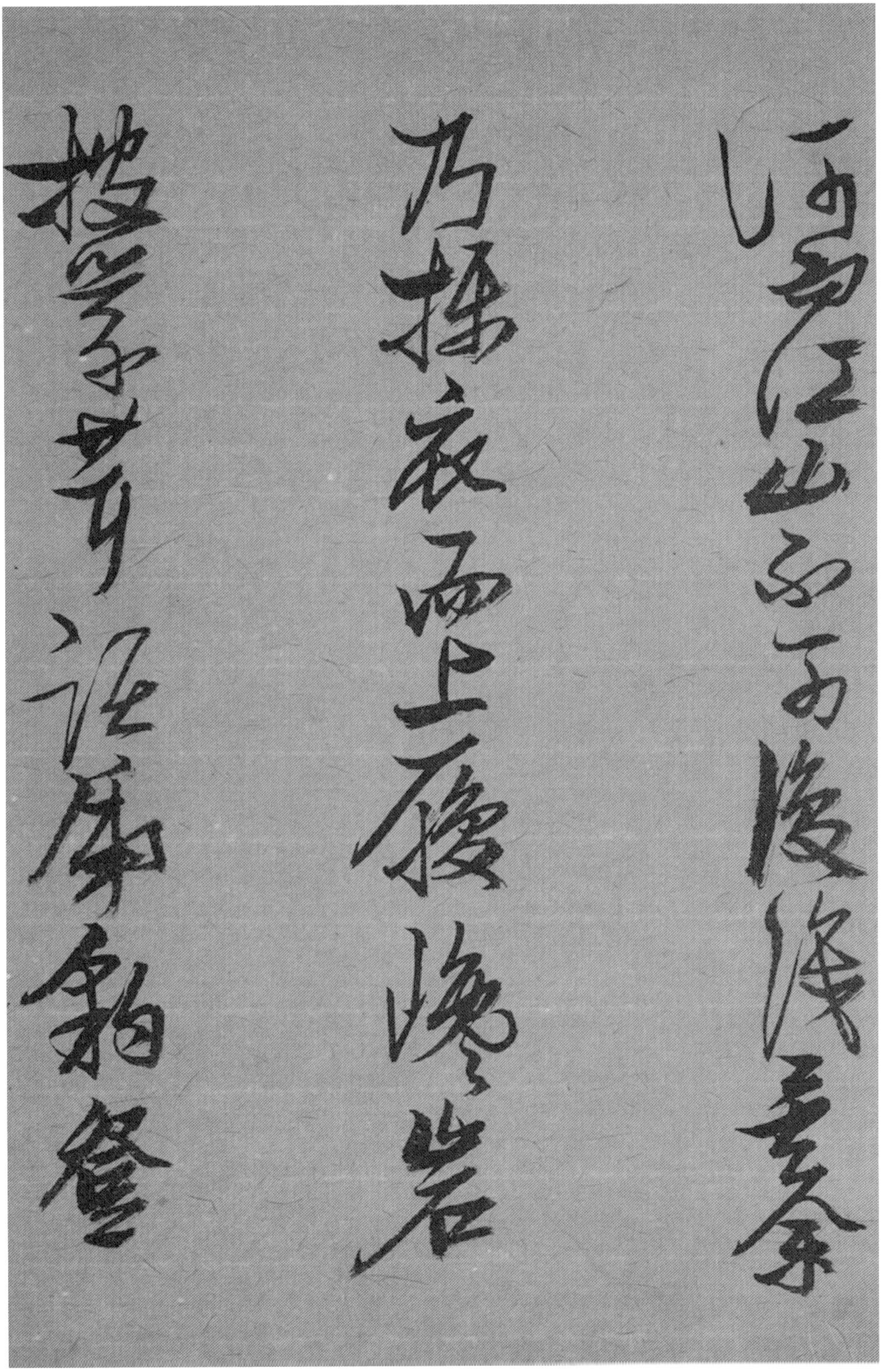
江山不可復識矣余
乃攝衣而上履巉巖
披蒙茸踞虎豹登

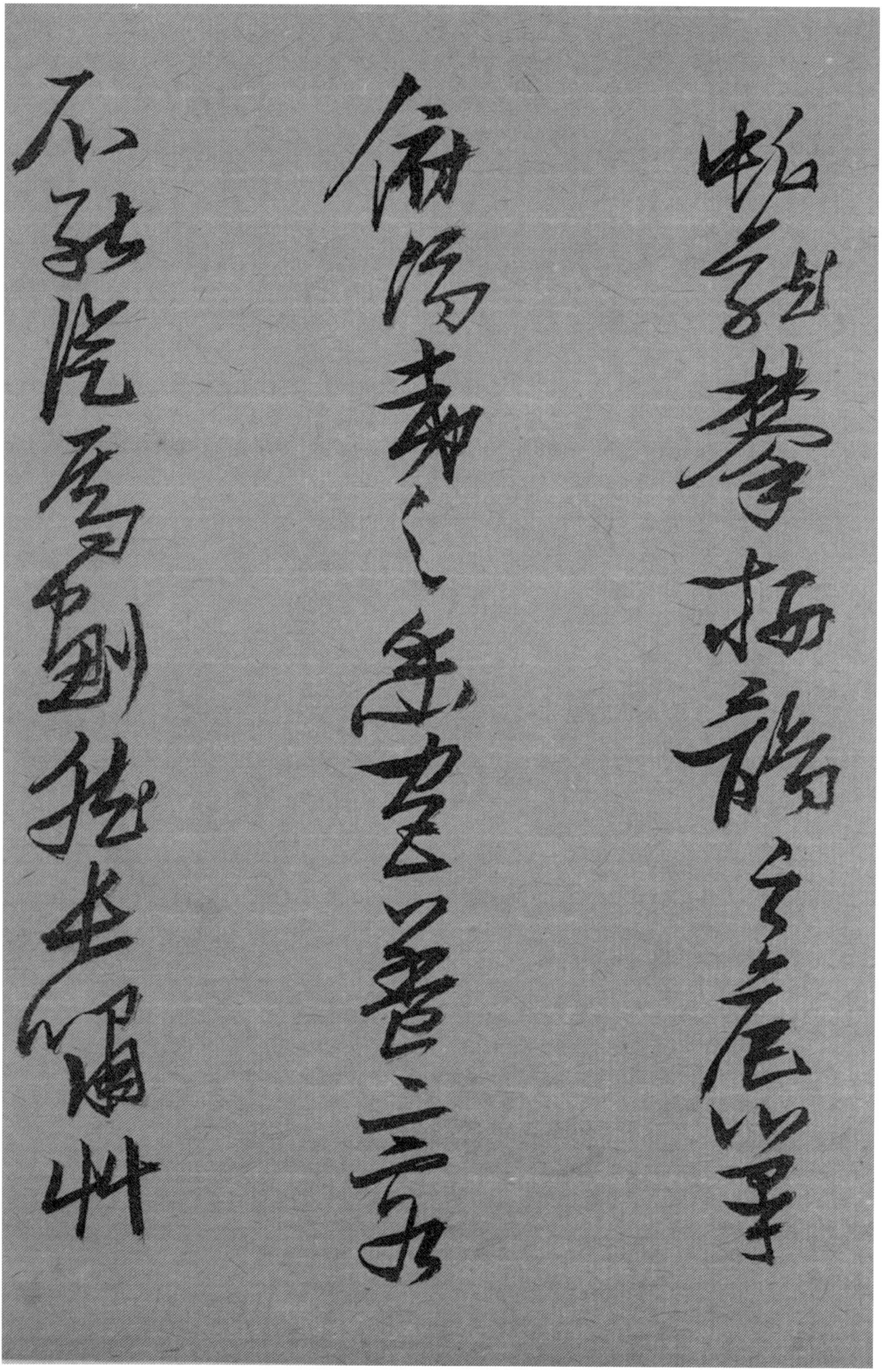

壁之遊樂乎問其姓名
俛而不答嗚呼噫嘻
我知之矣疇昔之夜

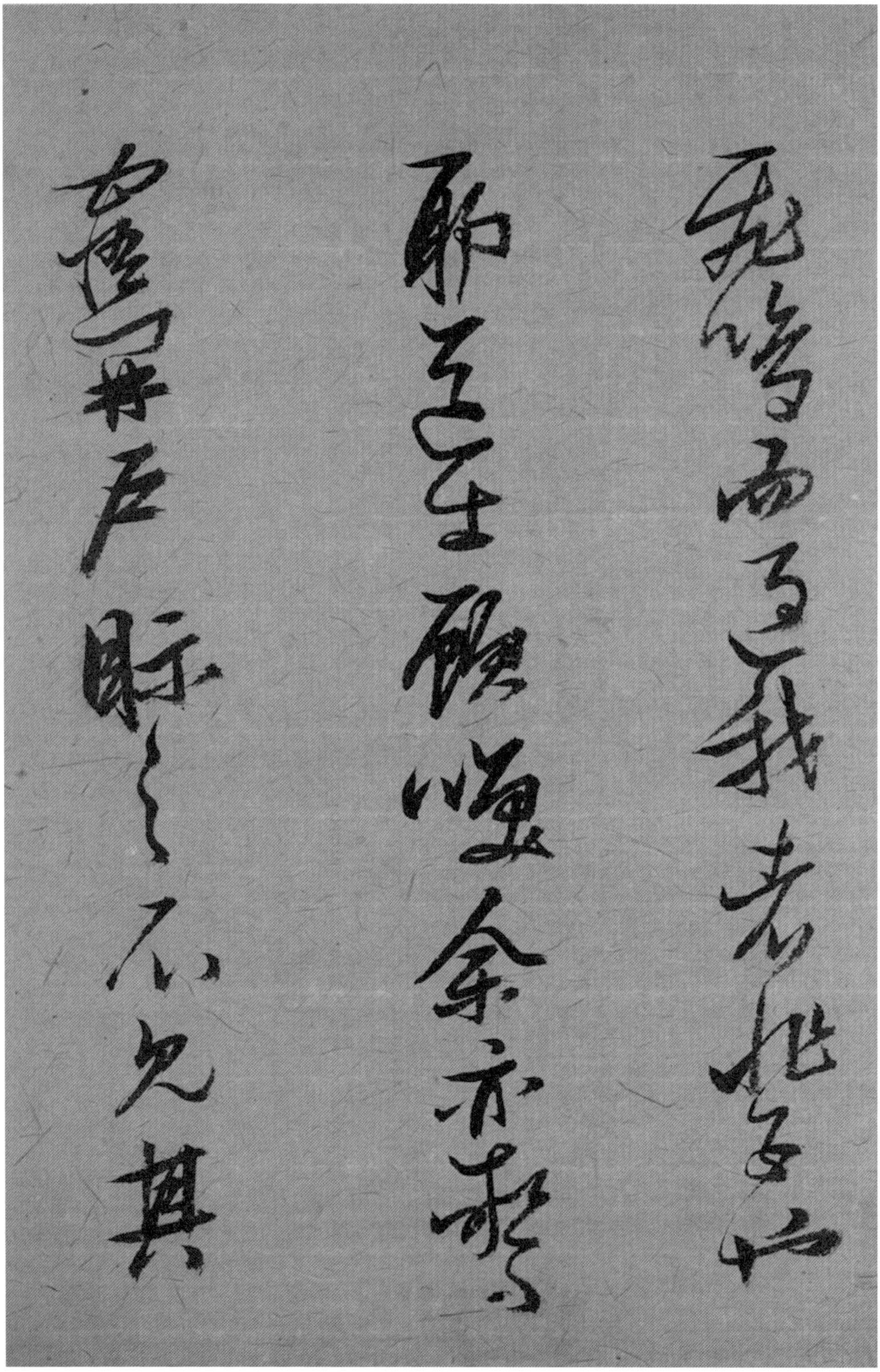

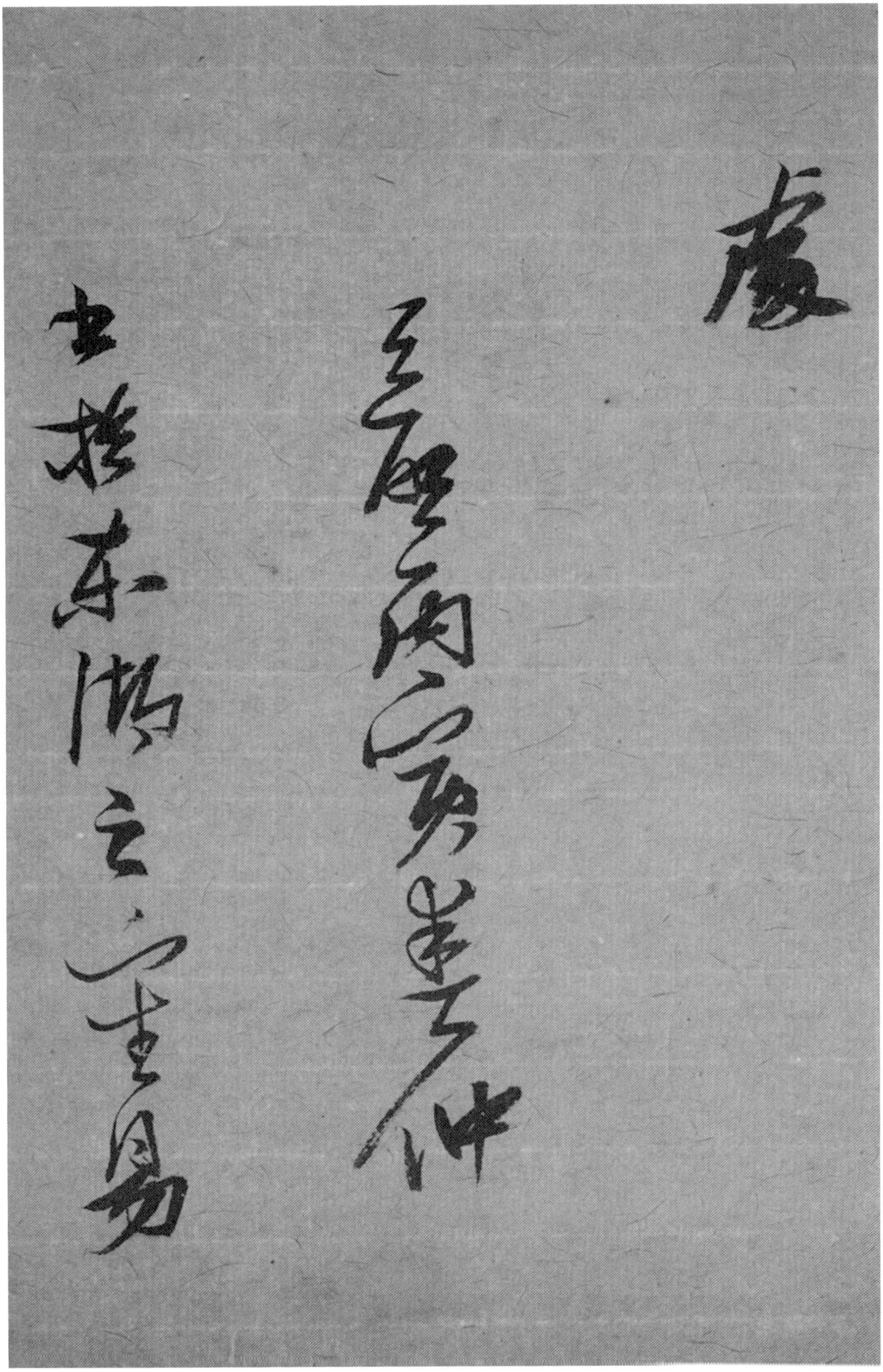

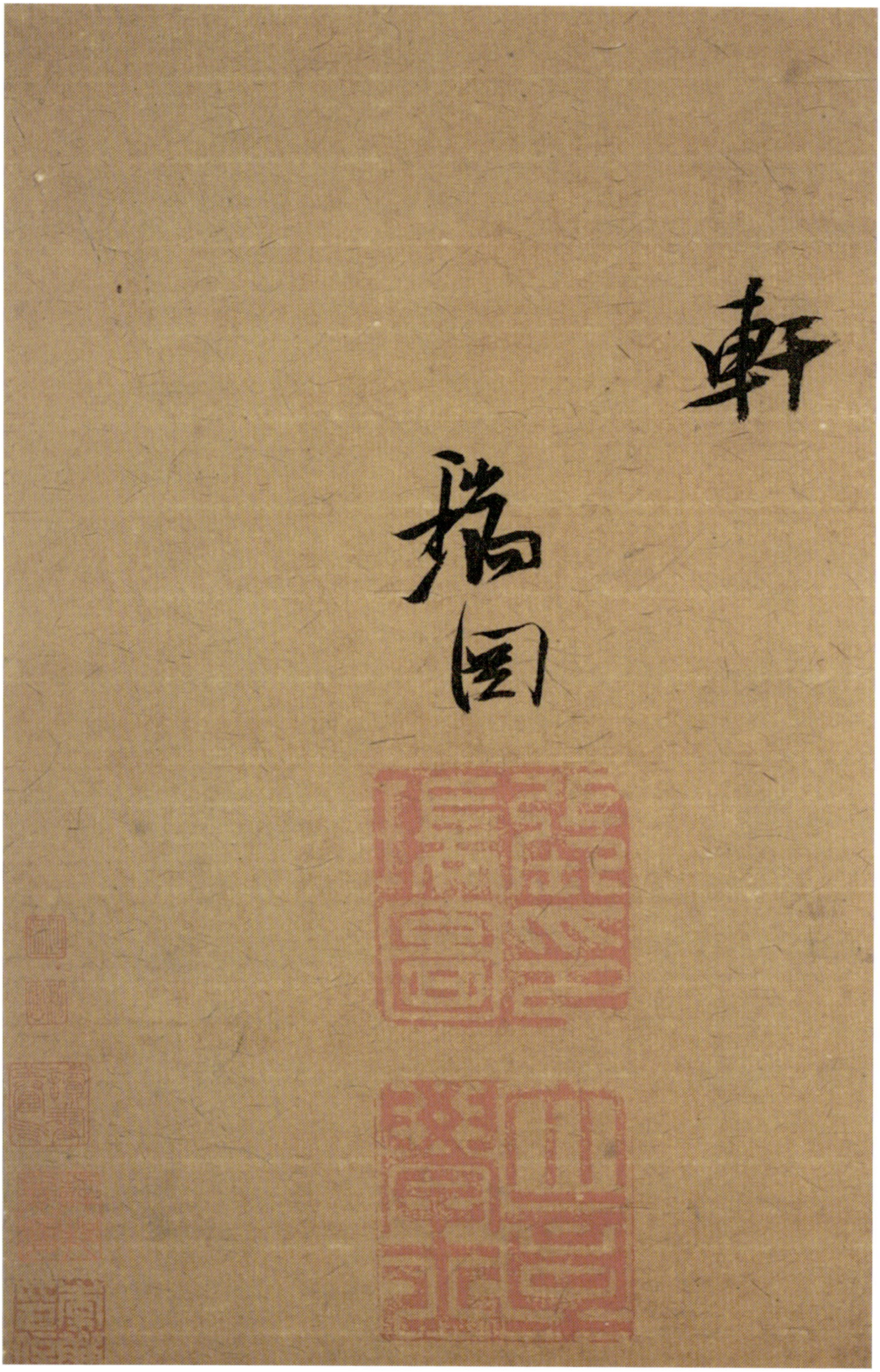
軒
瑞圖

草书七言律诗轴

年　代：明

书法家：黄道周

尺　寸：纵236厘米，横53厘米

收藏地：东京国立博物馆

入藏号：TB–1256

黄道周（1585—1646 年），字幼玄（或幼平），又字螭若、螭平，号石斋，福建漳浦铜山（今福建东山）人，明末著名的学者、书画家。天启二年（1622 年）进士，官至礼部尚书，明亡后抗清，被俘殉国，谥忠烈。黄道周是明代最有创造性的书法家之一，擅长楷书、行书和草书。他的行书和草书，行笔转折刚劲有力，体势方整，书风雄健奔放。他的楷书主要学习钟繇，比起钟繇的古拙厚重来，更显得清秀、飘逸。

此轴是黄道周写给屈静根的一首七言律诗，此轴笔意中颇具魏晋神韵，而其字体方正峻拔，险劲倔强，结体呈欹侧俯仰之势，章法严谨，布局森然。自题："石城寺诸友过集，录似屈静根给谏正之。黄道周。"

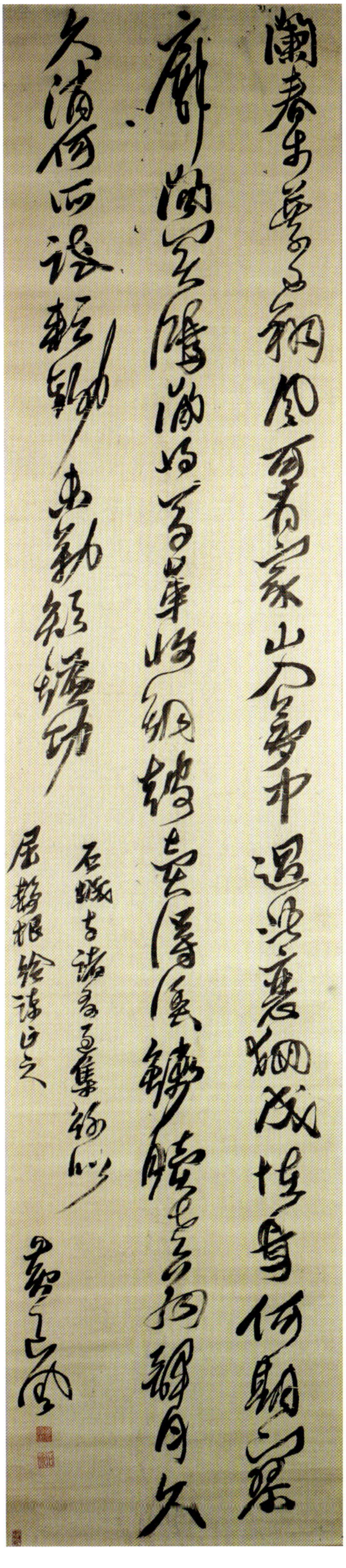

行书自书诗卷

年　代：明

书法家：王铎

尺　寸：纵32厘米，横658厘米

收藏地：东京国立博物馆

入藏号：TB–1257

王铎（1592—1652年），字觉斯，一字觉之。号嵩樵、十樵、石樵、痴庵、东皋长等。河南孟津人，世称“王孟津”，有“神笔王铎”之誉，明末清初时的著名书法家。王铎的书法笔力雄健，长于布白，楷、行、隶、草，无不精妙，主要得力于钟繇、王羲之、王献之、颜真卿、米芾等各家。

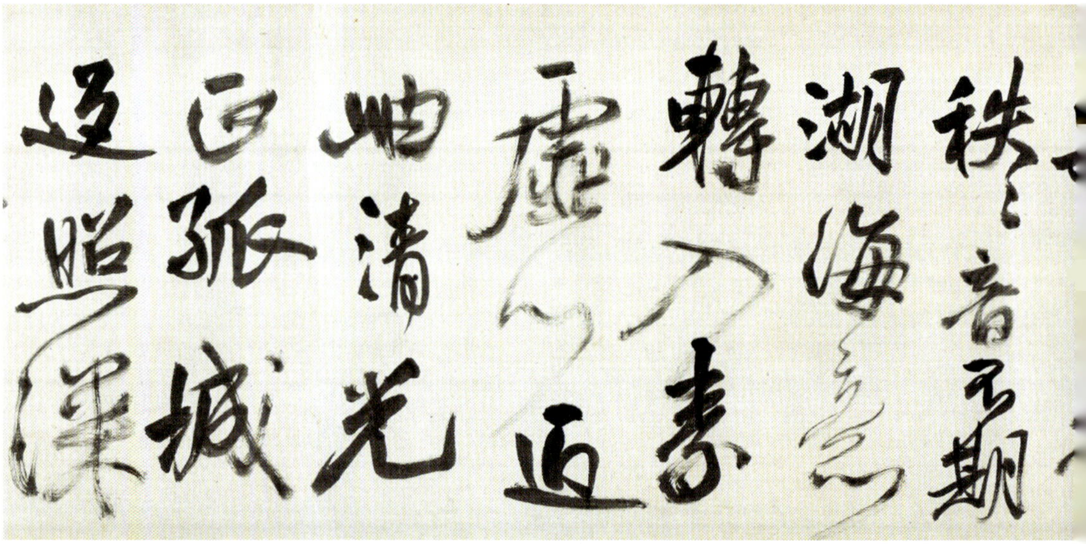

此卷又名《赠张抱一草书诗卷》，是崇祯十五年（1642 年）王铎为张抱一书写的自作诗，全卷共有七律五首。王铎早期书法善于临摹，晋唐诸家书法对其影响很大。此卷则是逐步呈现自家面目、摆脱临摹痕迹的作品，用笔充满激情，笔画的顿挫抑扬、奇崛突变十分明显，墨象万千，酣畅淋漓。

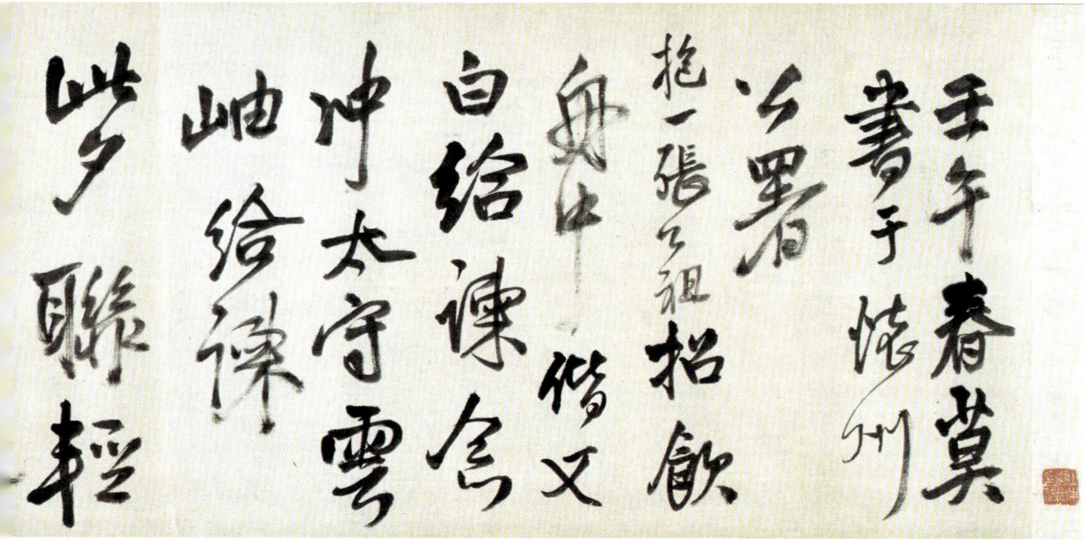

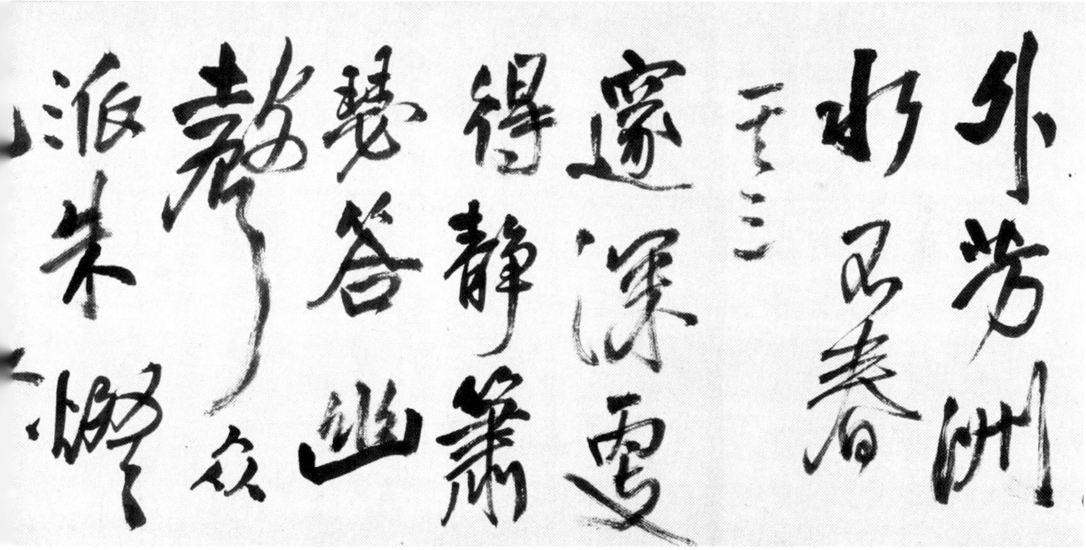

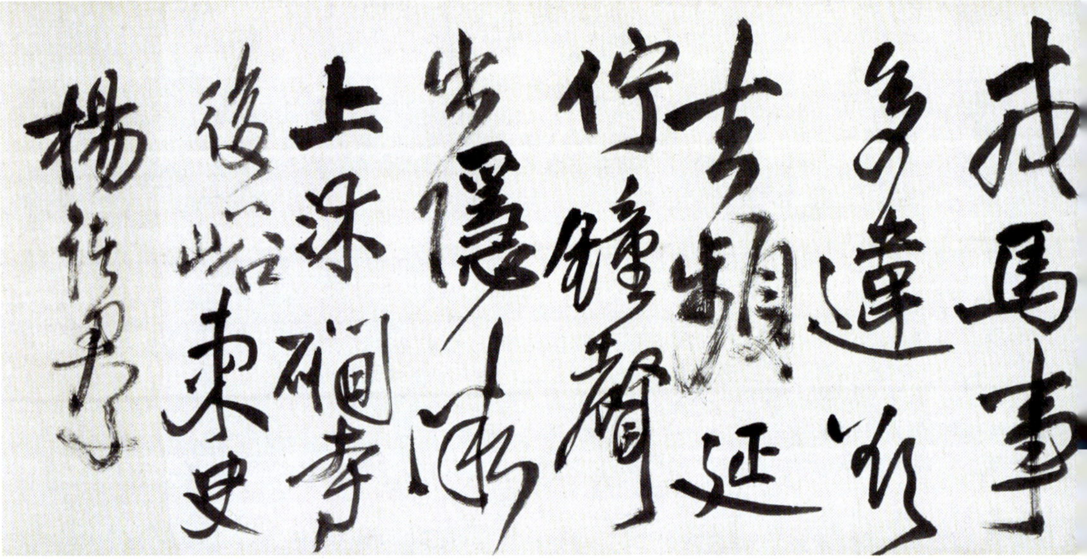

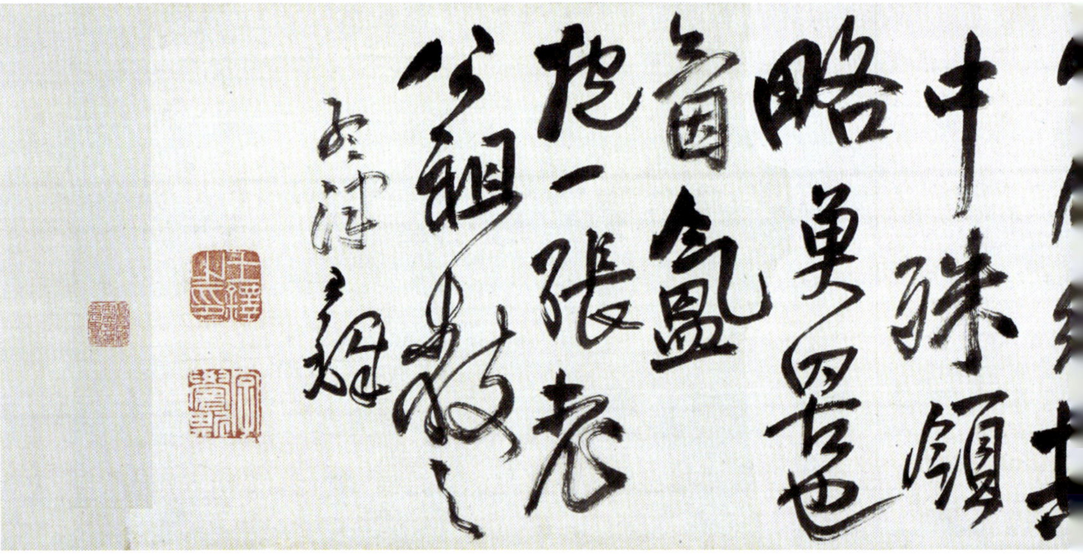

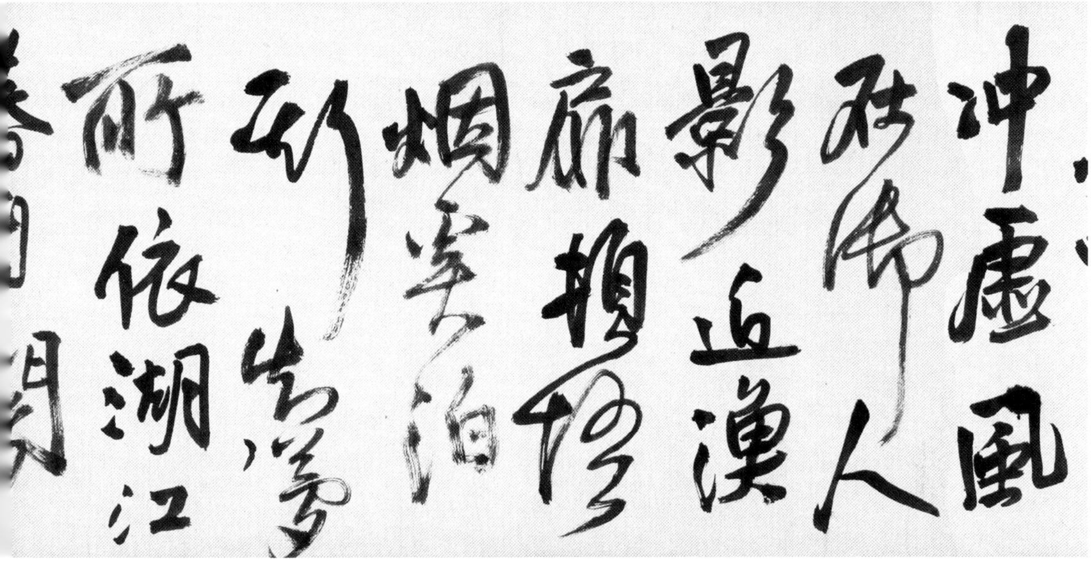

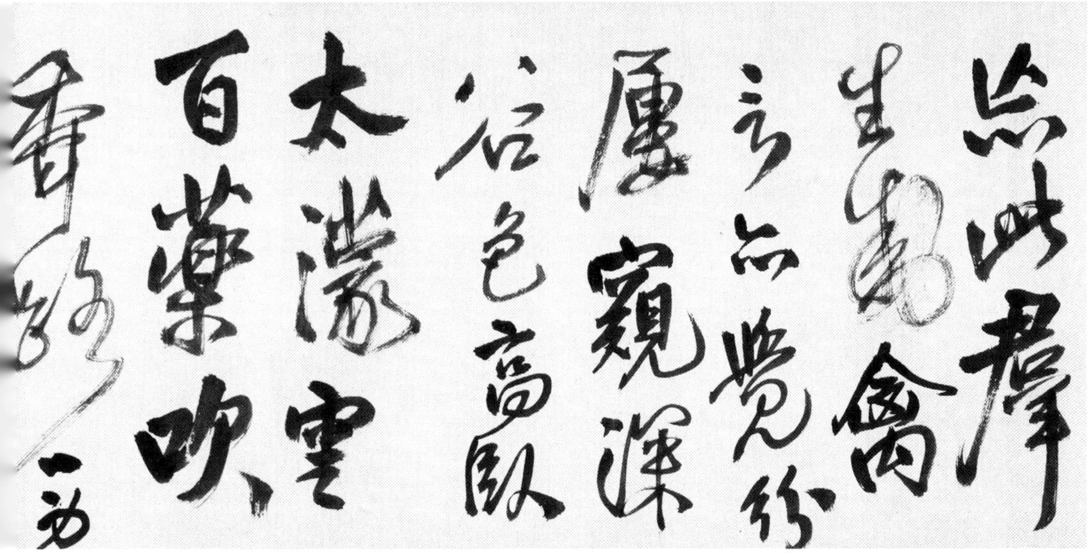

真行草书画说卷

年　代：清

书法家：法若真

尺　寸：纵31.1厘米，横367厘米

收藏地：美国大都会艺术博物馆

入藏号：1989.363.130

法若真（1613—1691年），字汉儒，号黄山、黄石，祖籍济南，先祖于明朝景泰年间任职胶州，法氏后人遂定居胶州城里，以为故里。他精于书法，师魏晋“钟王”神韵，不效元明诸家，行、篆、草、楷都精且都显示出独特的风格。行书“有鸾停鹤峙之势”，草书“巨幅大笔，气势魂魄”。

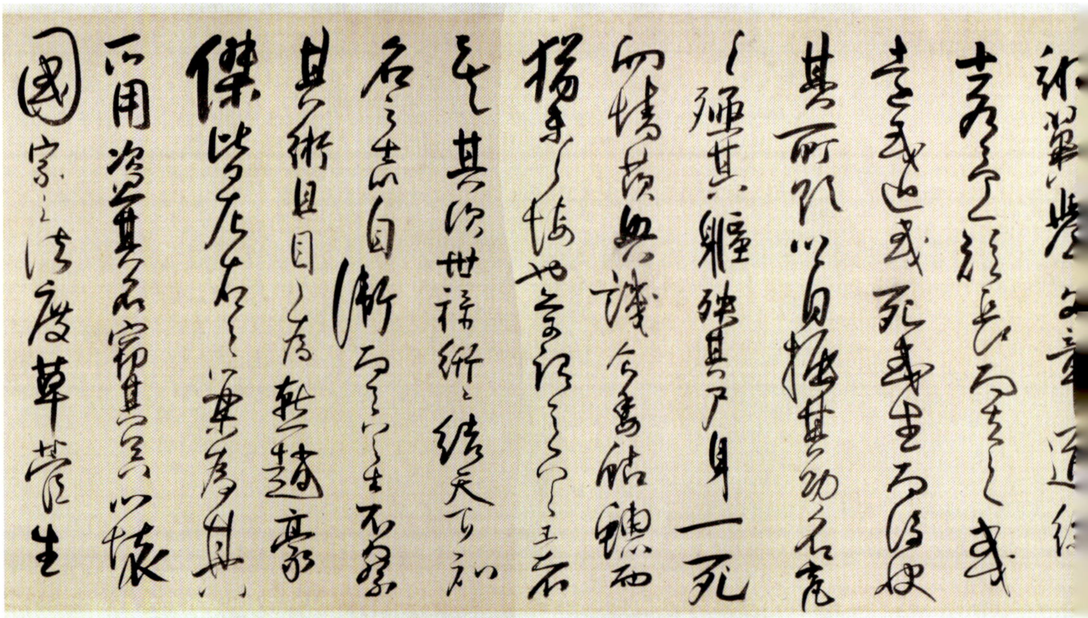

此卷为法若真书法中少见的长卷，其内容为《画说》并附诗二首，卷尾自题："丁未七月为命石年台词宗请正。黄山法若真。"法若真的行书出自颜真卿，苍茫浑朴，大气磅礴，大处落墨，不拘细行。此作信手拈来，不计工拙，用笔逆藏提衄，虚实纵敛，错落有致，可谓无往不收、无垂不缩。

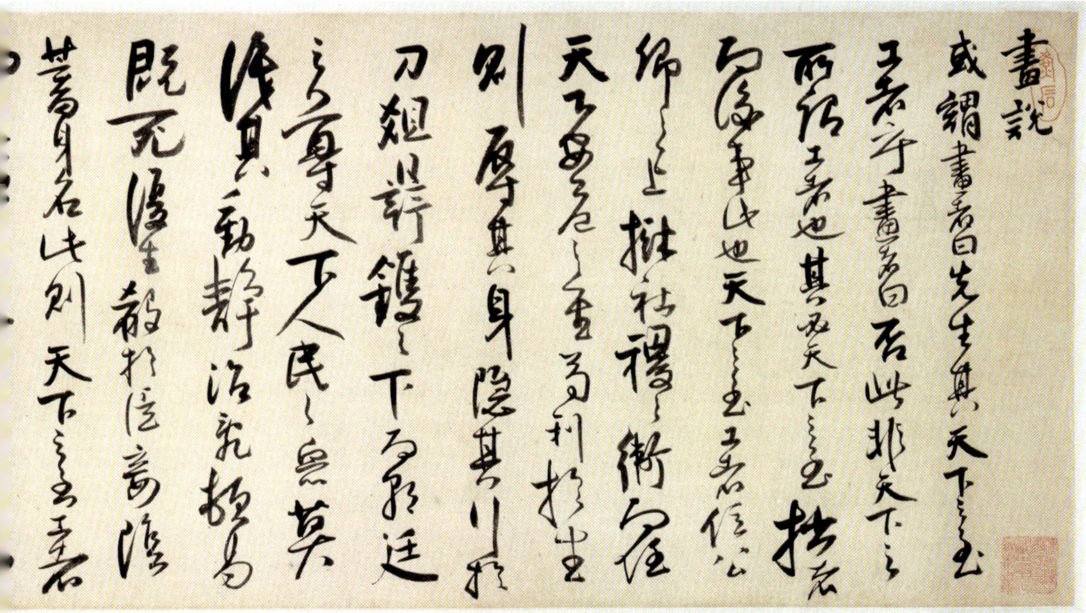

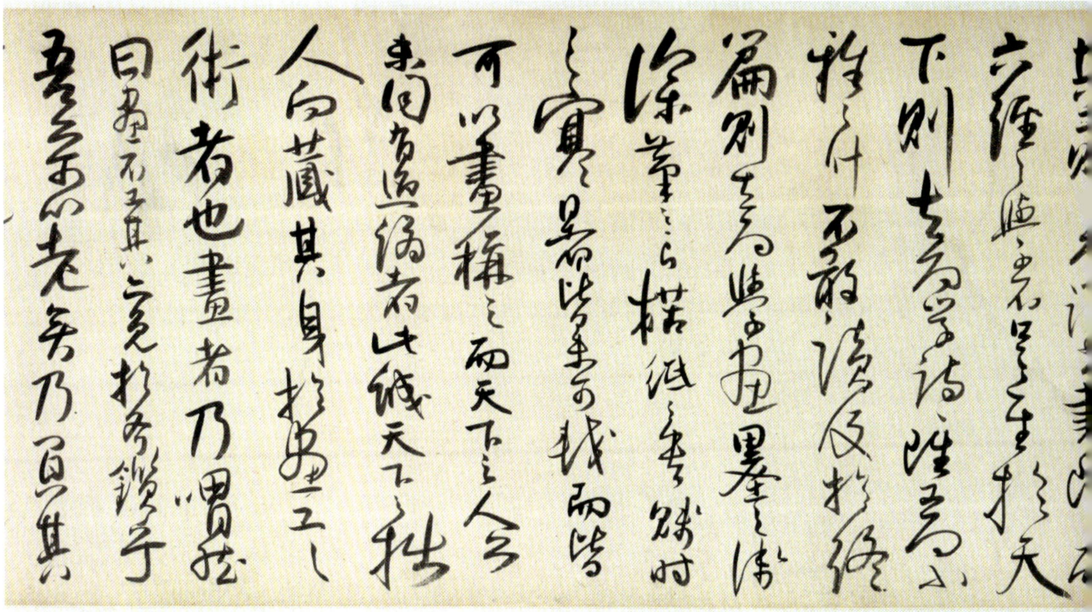

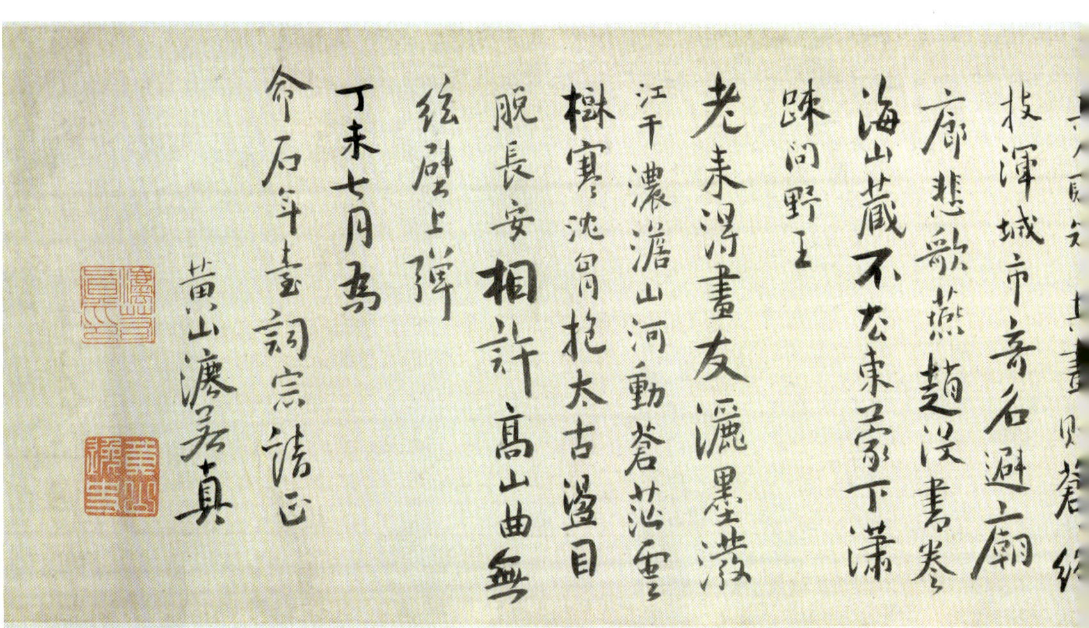

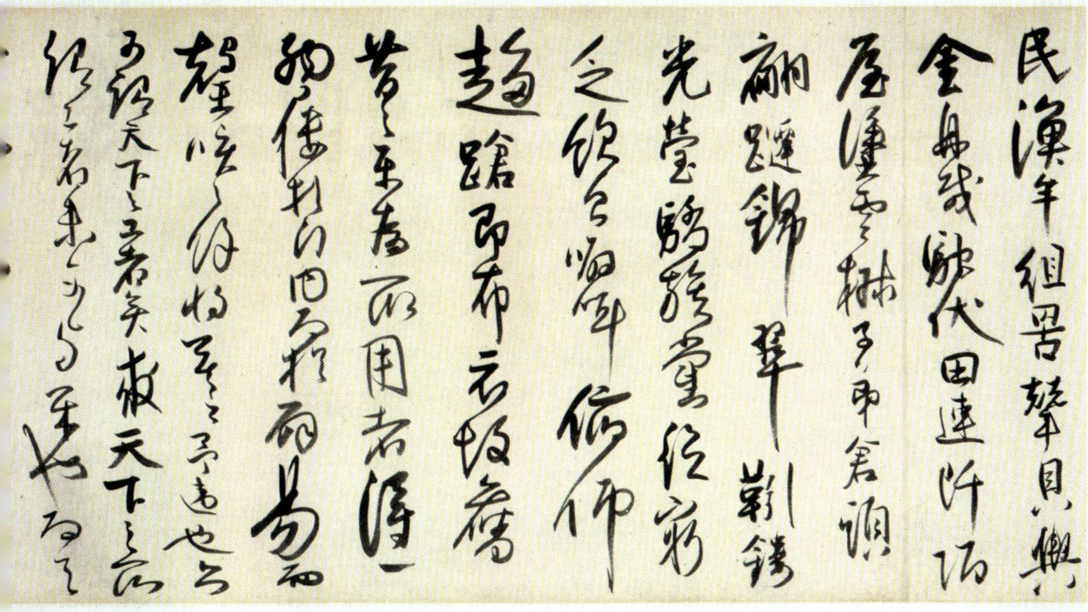

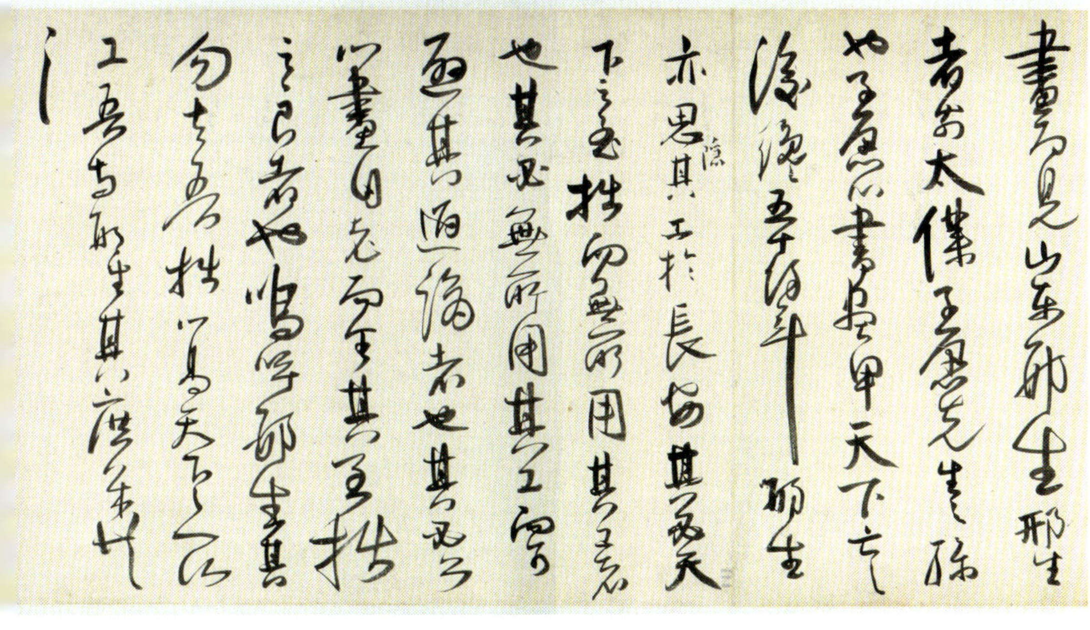

临兴福寺半截碑册页

年　代：清

书法家：八大山人

尺　寸：每开纵25.3厘米，横88厘米

收藏地：美国国立亚洲艺术博物馆

入藏号：F1998.40.1–20

八大山人（1626—1705 年），即朱耷，原名统𨨗，号八大山人、雪个、个山、个山驴、人屋、良月、道朗等。江西南昌人，为明朝宁献王朱权的后裔。朱耷是清代著名的书画家。他的简笔写意花鸟画，以独特的面貌，开一代新风。书法亦与绘画风格相似，极为简练，到晚年喜用秃笔，中锋圆润，又婉约多姿且厚重浑成，富有晋人气度。

《兴福寺半截碑》是唐朝大雅集王羲之帖中之字，为一位将军立的碑。此碑明万历年间在陕西发现，八大山人得其拓本后临写。书写此册之时，八大山人自己的书体已经形成，所书字形，仍是八大山人晚年面目，而晋人书法之气贯，却蕴藏于内，难以点画求之。笔法浑厚，字体外形气盛，而内含丰满，耐人寻味。

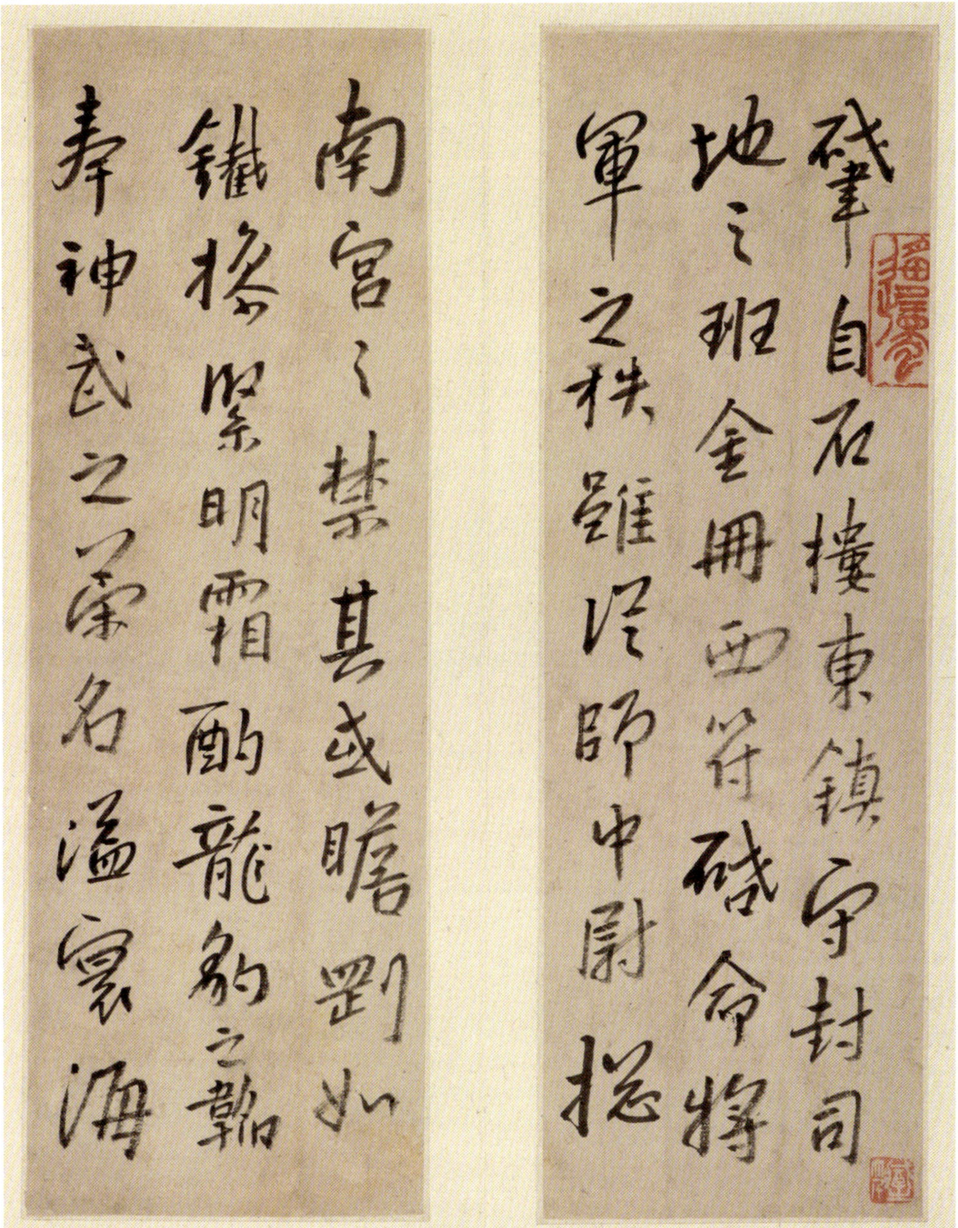
碣聿自石樓東鎮守封司
地之班金冊西符碣命將
軍之秩雖從師中尉總
南宮之禁甚盛瞻劉如
鐵格緊明霜酌龍豹之韜
奉神武之家名溢寰海

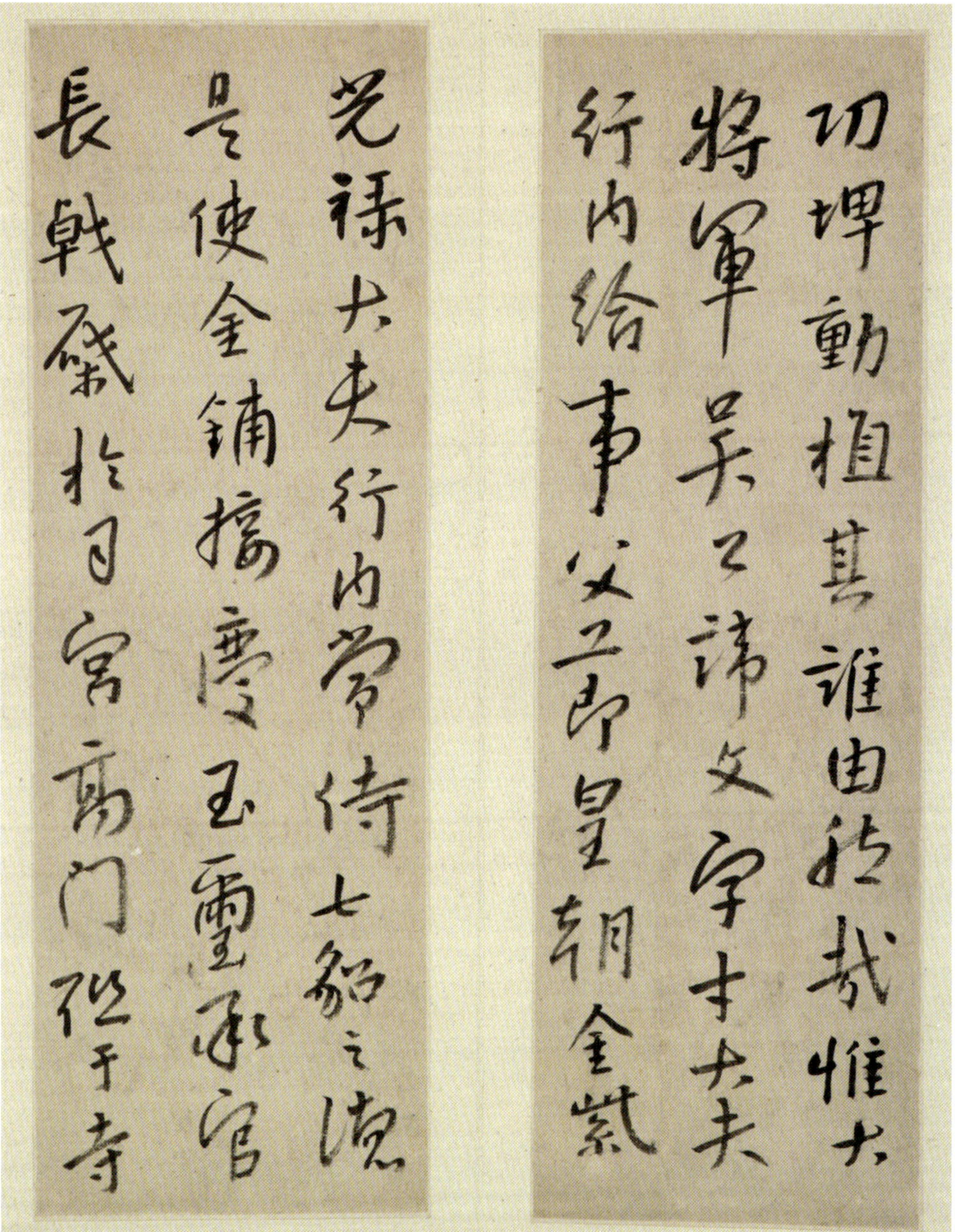
功埤動植其誰由於哉惟大
將軍吳又請文字于大夫
行內給事父立即皇朝金紫
光祿大夫行內常侍七貂之流
是使金鋪摛麗玉靈承宮
長戟儼於月宮高門從于寺

不曉玉犬吠而然以暮瘞將軍於地
下意氣附于平生留帳珠於窀穸
則以來人之頭顱頗不合於健棺

伯公雖局蹐於旅年量轉音
覩英斷裁於稚齒源之乎
鵬之為鳥不飛詎勵已荷以不

敢對敭天子之休命也唐元年
又制進封二冊三階應曆以命騰
遷持大義而不可奪保元勳而
私補過惕惕於官閫匪懈兢兢
於夙夜勞極以祛操以文林郎
適舉從班也以謹密居體謹

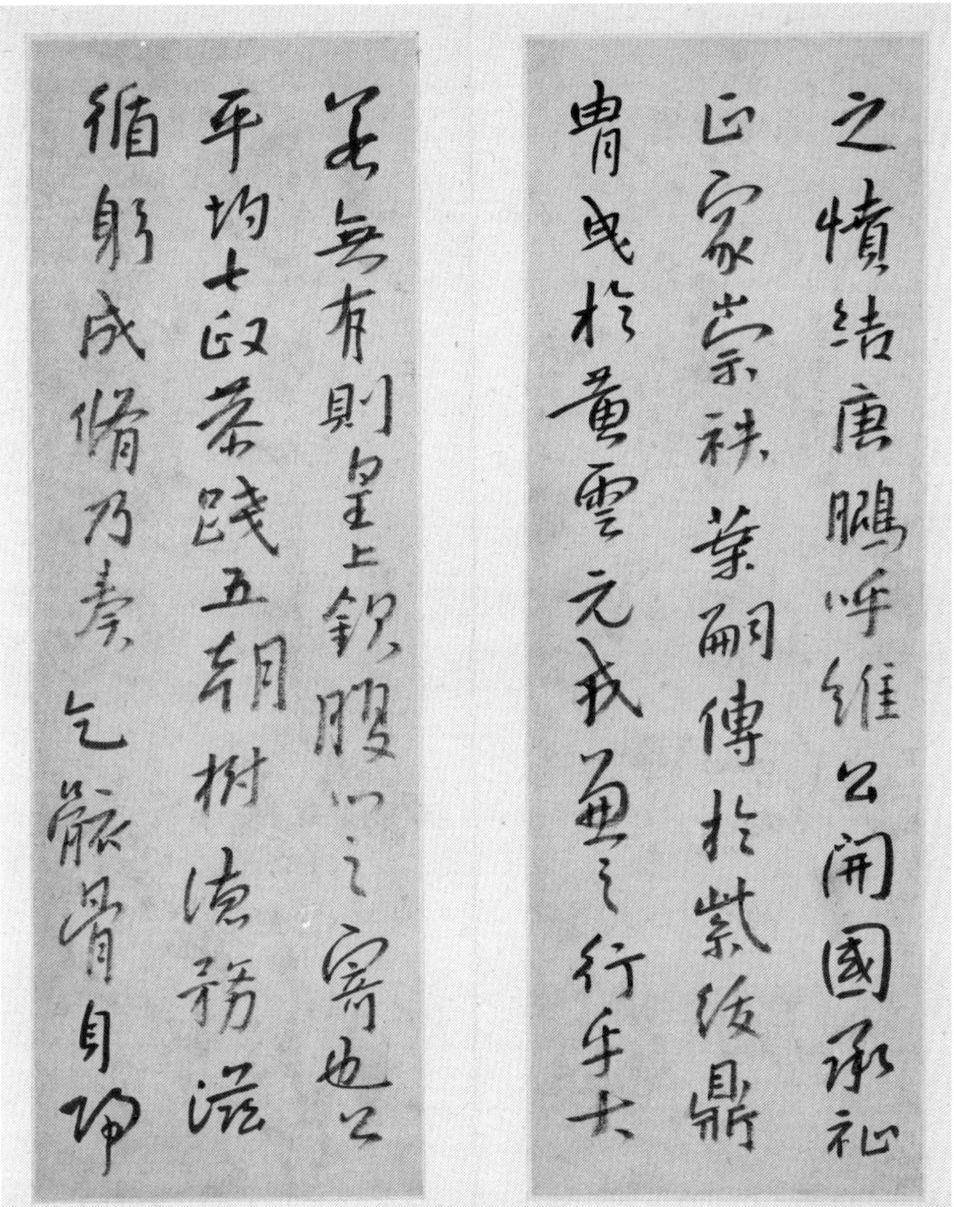
之情結唐鵬呼維公開國承祀
正家崇祚葉嗣傳於紫綬鼎
胄武於黃雲元戎西之行乎大
矣無有則皇上欽服之寵也以
平均七政蒸踐五朝樹德務滋
循躬成脩乃奏乞骸骨自印

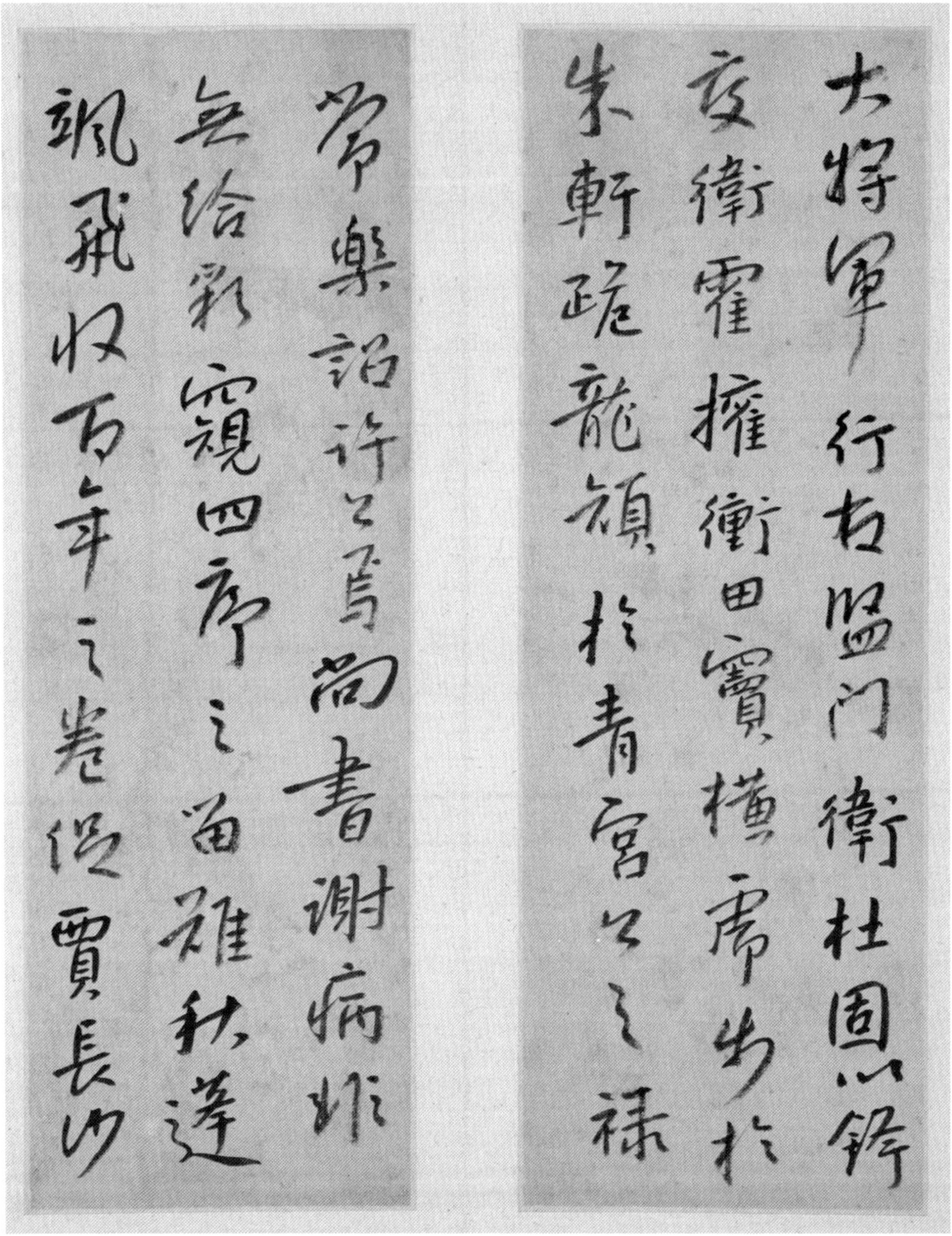

大將軍 行右監門衛杜固以銜
左衛霍擢衛田寶橫帶步於
朱軒蹈龍頟於青宮之禄
常樂韶許之尚書謝病歸
無給親窺四序之留雜秋逢
颯飛收百年之卷似賈長沙

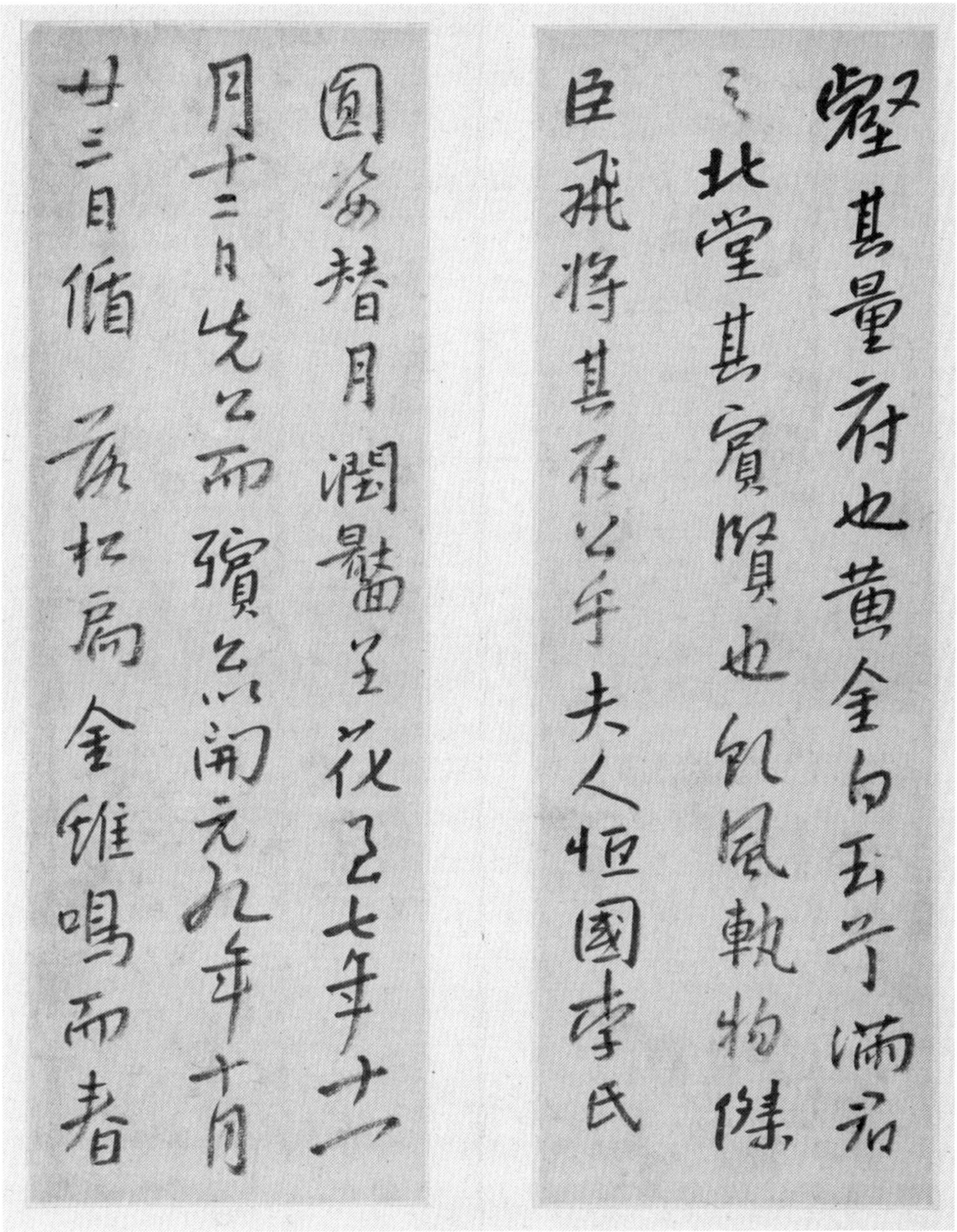

壑其量府也黄金白玉予滿君
之北堂其賓賢也凱風軌物傑
臣飛將其在公乎夫人恒國李氏
圓姿替月潤暑薔笙花乙七年十一
月十二日先公而殯出開元九年十月
廿三日循蕨松扃金雉鳴而春

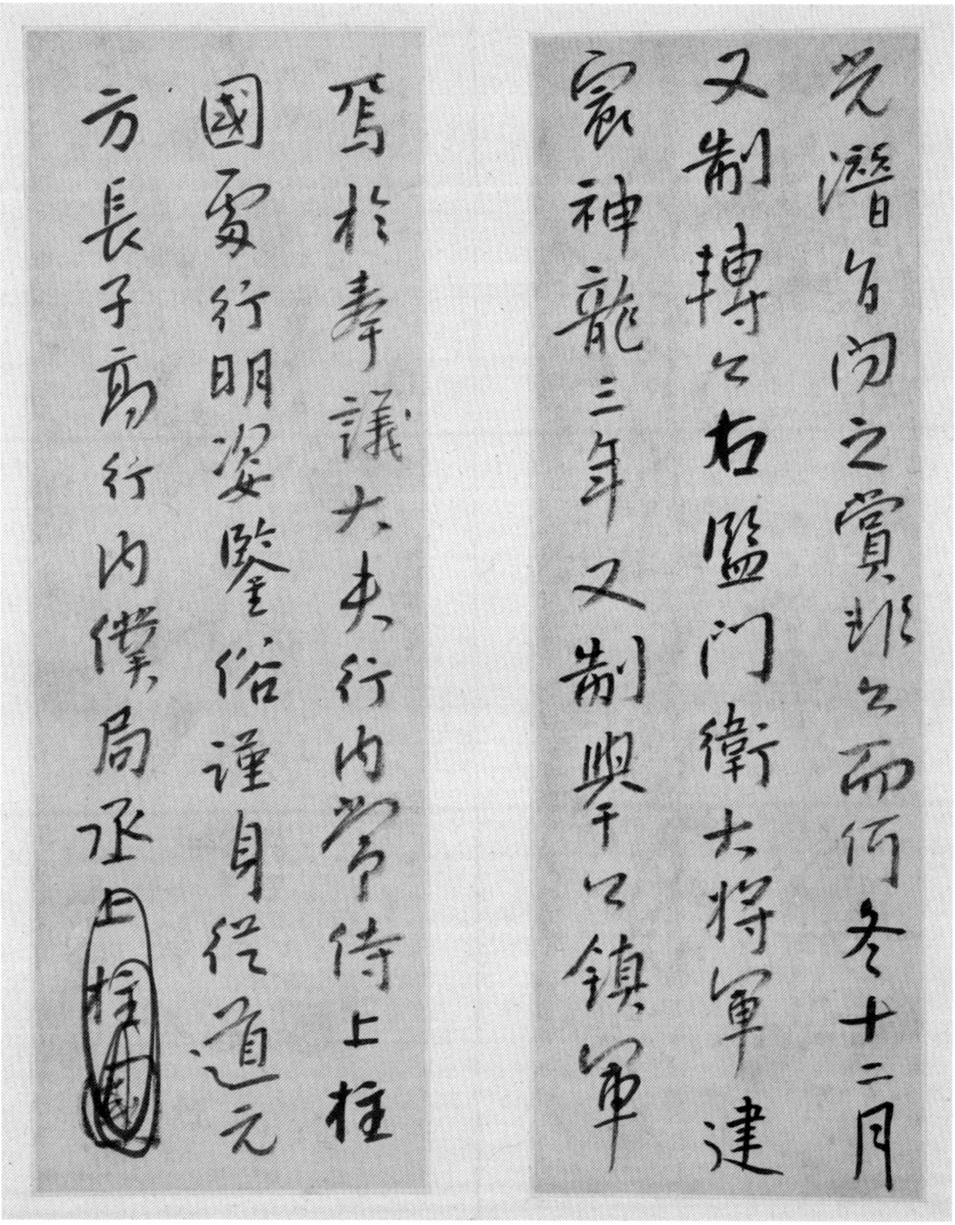
光潛旨問之賞非之而何冬十二月
又制擢之右監門衛大將軍建
宸神龍三年又制舉之鎮軍
駕於孝議大夫行內常侍上柱
國愛行明姿鑒俗謹身從道元
方長子高行內僕局丞上柱國

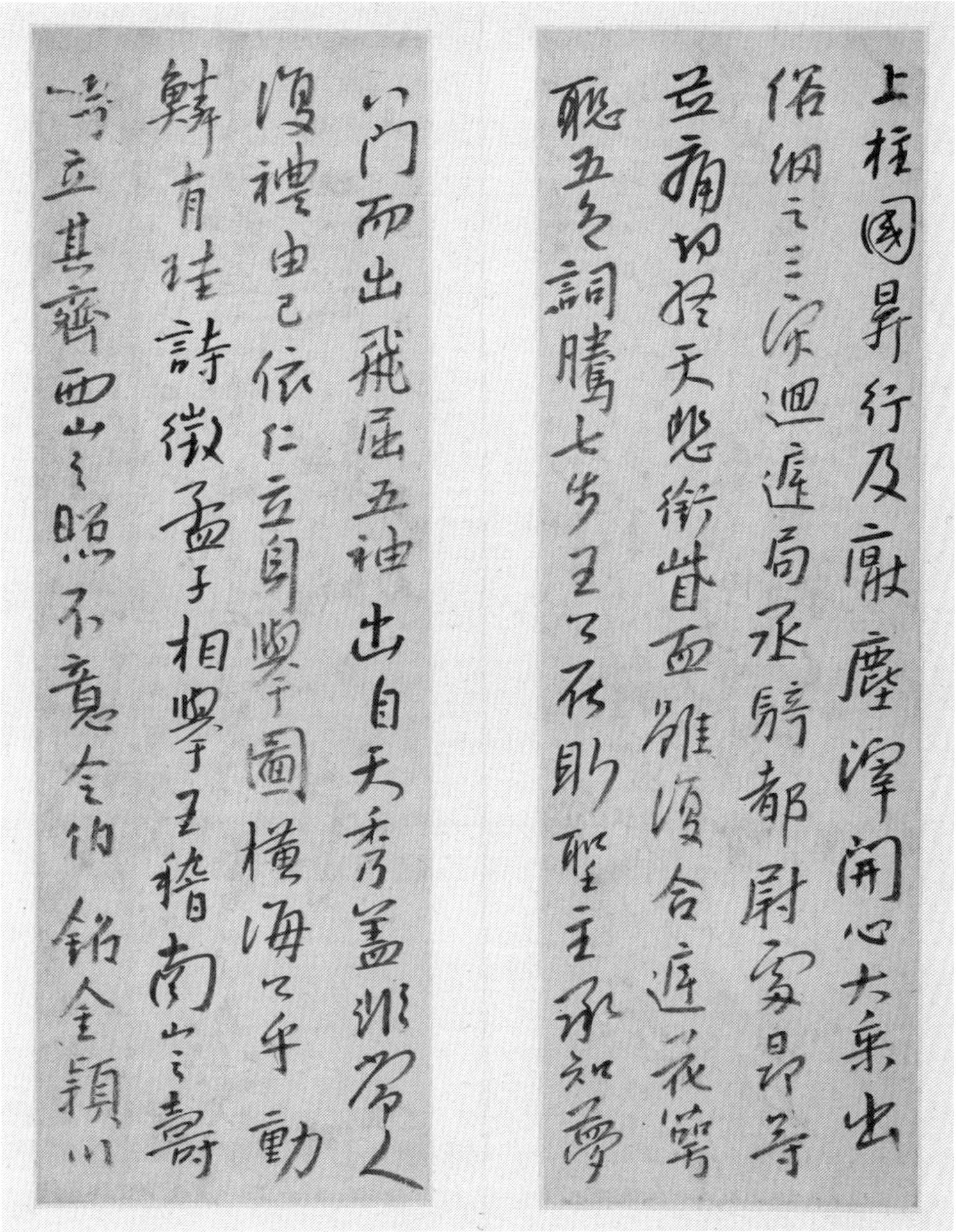

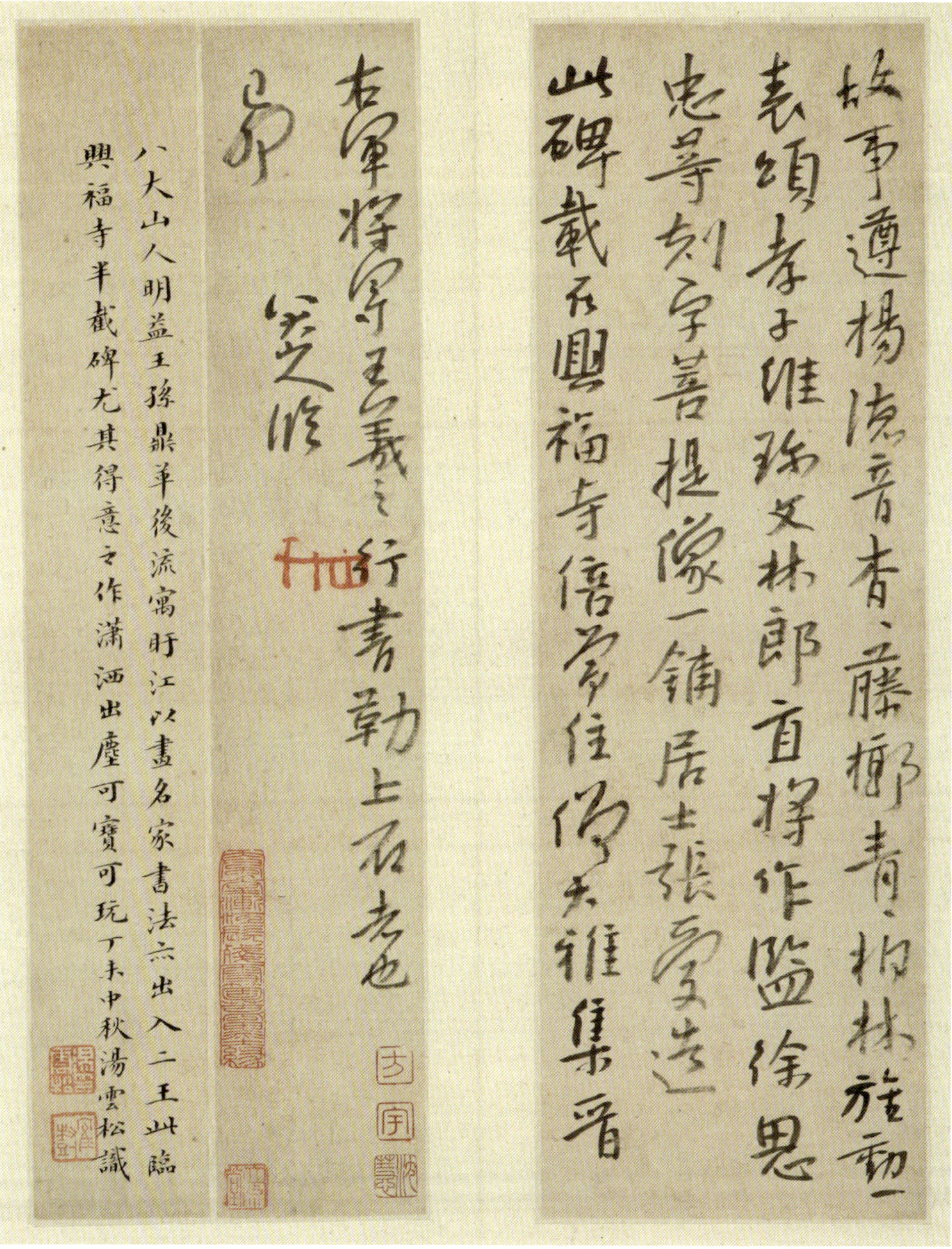
故事遵楊德音杳杳藤鄉青柏林旌動一
表頌孝子維孫文林郎直將作監徐思
忠等刻字菩提像一鋪居士張愛造
此碑載在興福寺僧賞住何大雅集晉
右軍將軍王羲之行書勒上石者也
八大山人明益王孫鼎革後流寓盱江以畫名家書法亦出入二王此臨
興福寺半截碑尤其得意之作瀟洒出塵可寶可玩丁未中秋湯雲松識

行书五律诗轴

年　代：清

书法家：王文治

尺　寸：纵178.7厘米，横44.9厘米

收藏地：美国国立亚洲艺术博物馆

入藏号：F1997.43

王文治（1730—1802年），字禹卿，号梦楼。江苏丹徒（今江苏镇江）人。十二岁便吟诗作书，诗有唐人风范，书学米、董，后法二王，得力李北海，喜用淡墨。乾隆三十五年（1770年）探花，时称“淡墨探花”“淡墨宰相”。

此轴所书为清人陈淮所作《月夜登黄鹤楼》，据《随园诗话》记载，王文治去见袁枚的时候，专门向袁枚背诵了陈淮的这首诗，足见其对此诗的喜爱，因此才特意形诸笔墨，以传不朽。此轴行笔流畅，缓急相间，结构工稳，布局合理，偶有淡墨飞白，显得清妙妍美，足见王文治晋唐功底之深。

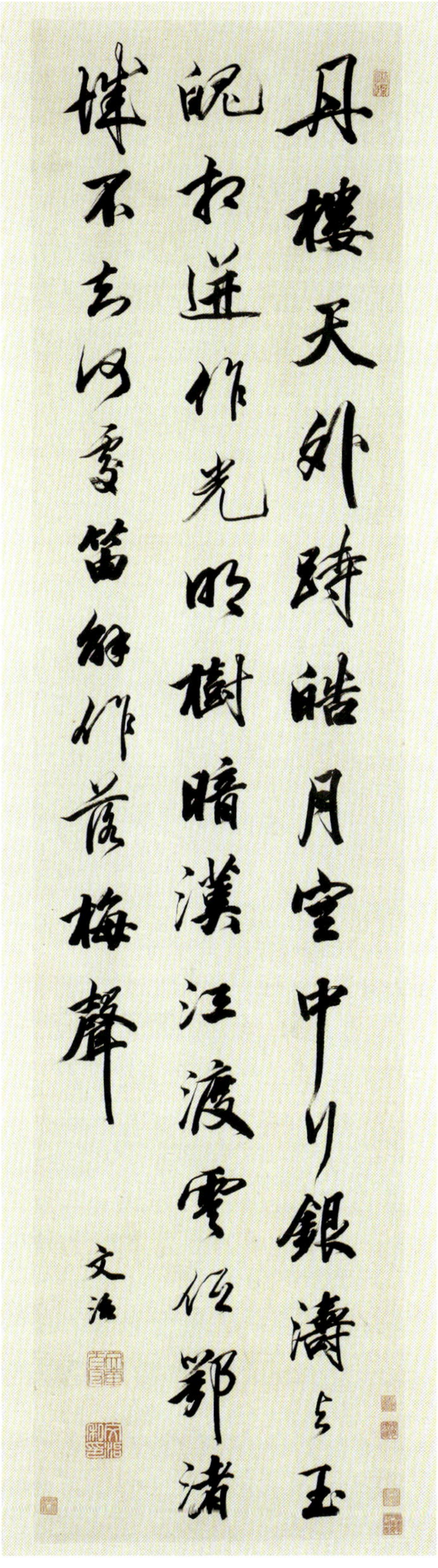

行书节录唐王涯语轴

年　代：清

书法家：梁同书

尺　寸：纵133.4厘米，横60.3厘米

收藏地：东京国立博物馆

入藏号：TB–1620

梁同书（1723—1815年），字元颖，号山舟，晚年自署不翁，钱塘（今浙江省杭州市）人。其父是大学士梁诗正。梁同书于乾隆十二年（1747年）中举人，十七年特赐进士，官侍讲。梁同书工于楷、行书，到晚年犹能写蝇头小楷，其书大字结体紧严，小楷秀逸，尤为精到。与刘墉、翁方纲、王文治并称“清四大家”。

此轴节录唐文宗时期宰相王涯语，梁同书作为书法家，在乾隆时期颇负盛名，常为乾隆皇帝代笔。此轴为行书，用笔精致，一丝不苟，徐疾有致，点画圆润丰腴，结字自然浑成，字里行间洋溢着浓郁的文人气息。正如《清稗类钞》所评：“山舟学士书法名播中外，论者谓刘文清朴而少姿，王梦楼艳而无骨，翁覃溪临摹三唐，面目仅存，汪时斋谨守家风，典型犹在。惟梁兼数人之长，出入苏、米，笔力纵横，如天马行空”。

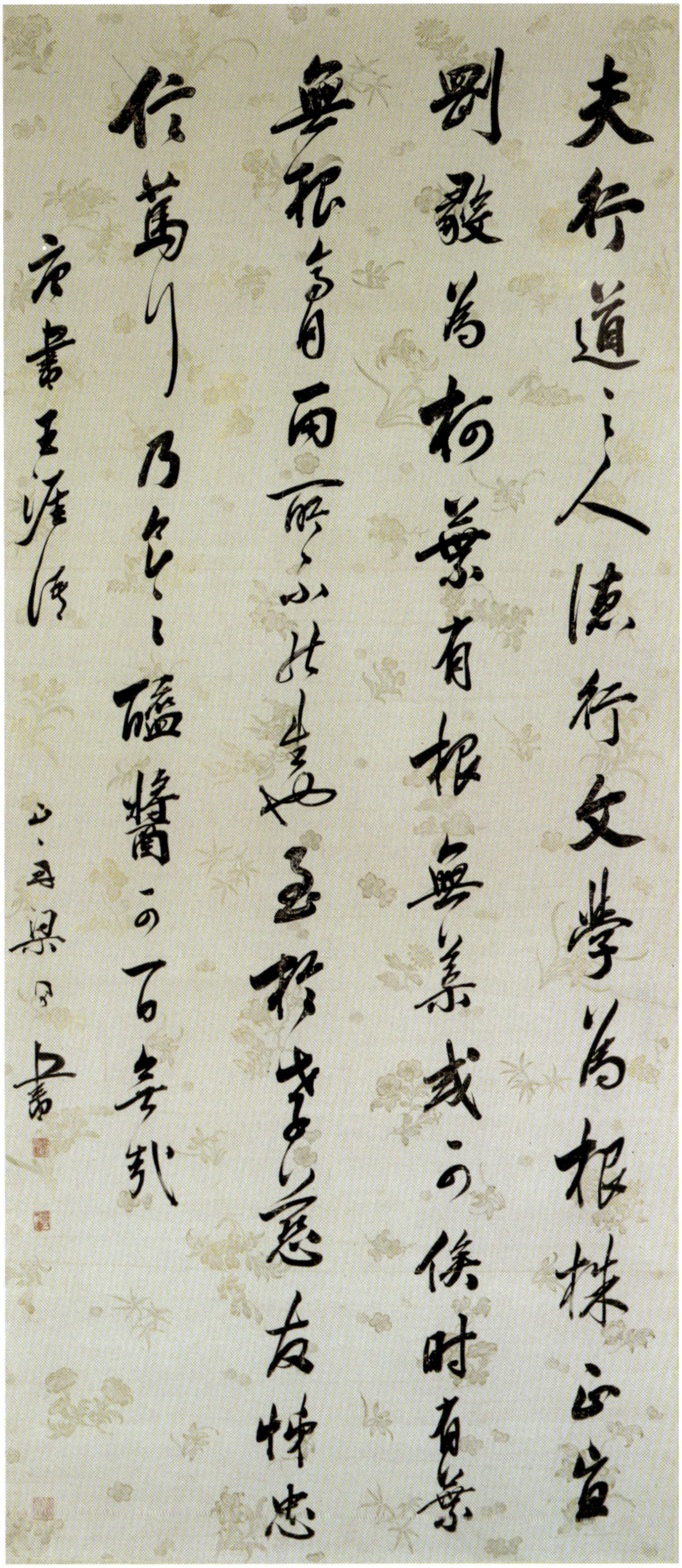

临颜真卿帖轴

年　代：清

书法家：刘墉

尺　寸：纵156.3厘米，横88.6厘米

收藏地：美国国立亚洲艺术博物馆

入藏号：F1980.4

刘墉（1719—1804年），字崇如，号石庵、青原、日观峰道人等。山东诸城人。乾隆十六年（1751年）中进士，官至体仁阁大学士加太子太保，卒谥文清。刘墉的书法，初看圆软滑，若团团棉花。细审则骨骼分明，内含刚劲。刘墉书法之境界可以“静”“淡”“清”三字概括，有“浓墨宰相”之美称。

原帖为唐代颜真卿所书，此幅节录其中一部分。此书运笔圆劲，古朴飘逸，方圆兼备，苍润互见。《清稗类钞》评刘墉书：“自入词馆以迄登台阁，体格屡变，神妙莫测。其少年时为赵体，珠圆玉润，如美女簪花。中年以后，笔力雄健，局势堂皇。迨入台阁，则炫烂归于平淡，而臻炉火纯青之境矣。”

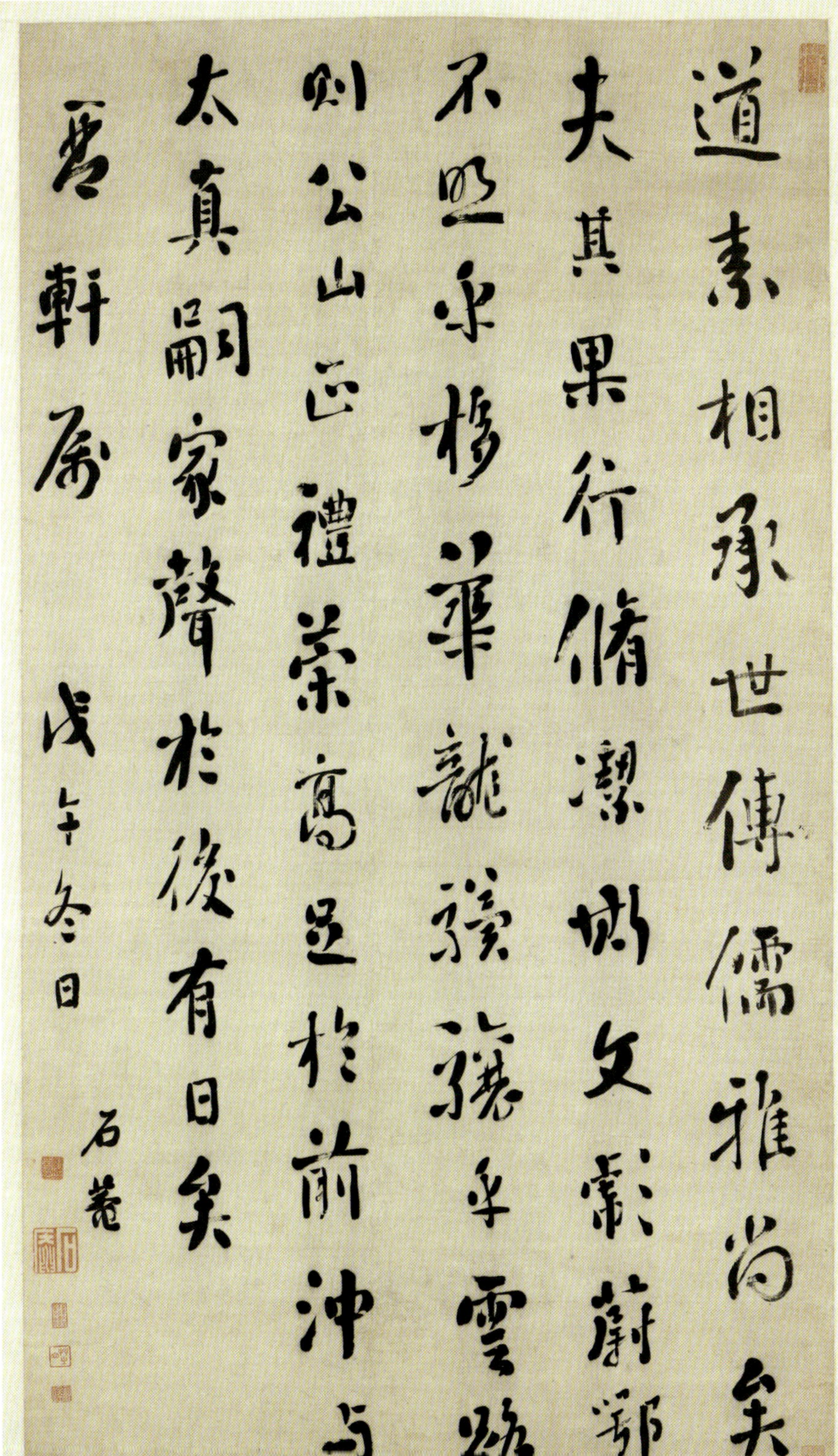
道素相承世傳儒雅尚矣
則公山正禮榮高顯於前沖與
太真嗣家聲於後有日矣
戊午冬日
石菴

行书论书轴

年　代：清

书法家：翁方纲

尺　寸：纵77.3厘米，横28.1厘米

收藏地：美国国立亚洲艺术博物馆

入藏号：F1998.98

翁方纲（1733—1818年），字正三，一字忠叙，号覃溪，晚年得到苏轼书《天际乌云帖》，因此又号苏斋。直隶大兴（今属北京）人，乾隆十七年（1752年）进士，授编修。历督广东、江西、山东三省学政，官至内阁学士。精通金石、谱录、书画、词章之学，书法与同时的刘墉、梁同书、王文治齐名。擅长正楷与隶书。行草学习米芾、董其昌，飘逸跌宕，气清韵通。

翁方纲以帖学闻名于世，此轴是其典型的传统帖学书法风格的代表，整体上用笔连贯柔和，不急不躁，循规蹈矩，不失大家风范。用墨浓而不腻，粗而富于变化，体现了较高的艺术水准。

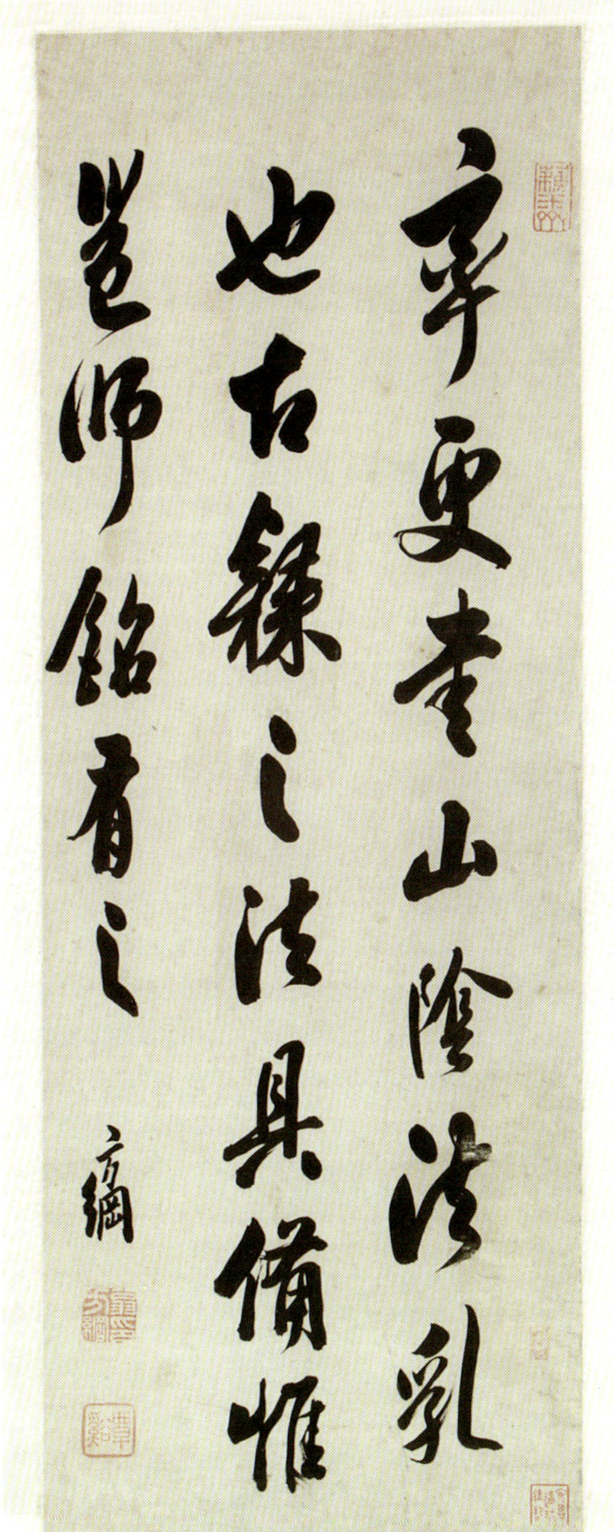

草书诗轴

年　代：清

书法家：爱新觉罗·永瑆

尺　寸：纵175厘米，横72.4厘米

收藏地：美国国立亚洲艺术博物馆

入藏号：F1998.107

爱新觉罗·永瑆（1752—1823年），字镜泉，号少厂。清乾隆皇帝十一子，封成亲王，谥曰哲。嘉庆年间为军机处行走。因皇太后赐陆机《平复帖》，又号诒晋斋主人。永瑆楷书学赵孟頫、欧阳询，小楷出入晋、唐，其书法用笔俊逸，结体疏朗，风格典雅。行草书亦纵逸深厚，颇具风采。博涉诸家，兼工各体，与刘墉、翁方纲、铁保并称“乾隆四大书家”。

此轴自书《自杭归登钟山作》五言古诗一首，其风格颇具董其昌行草韵味，这与当时乾隆皇帝推崇董其昌书法有很大关系。

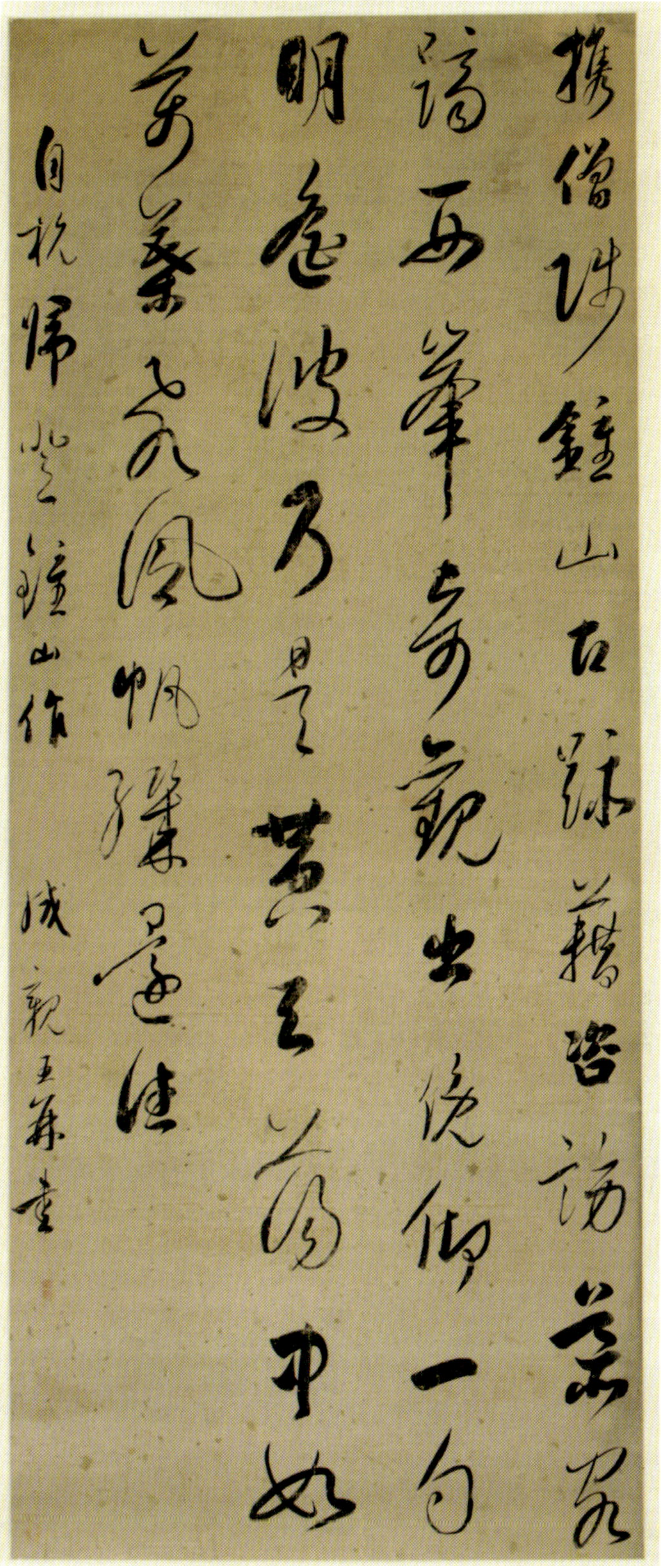

行书怀素自叙帖语轴

年　代：清

书法家：郑燮

尺　寸：纵178厘米，横89.4厘米

收藏地：东京国立博物馆

入藏号：TB-1199

郑燮（1693—1765年），字克柔，号板桥，人称板桥先生，江苏兴化人，祖籍苏州。康熙秀才，雍正十年（1732年）举人,乾隆元年（1736年）进士。官山东范县、潍县县令，有政声，“以岁饥为民请赈，忤大吏，遂乞病归。”后客居扬州，以卖画为生。为“扬州八怪”之一，其诗、书、画世称“三绝”，擅画兰竹。“六分半”书是郑板桥对自己独创性书法的一种谐谑称谓。隶书中有一种笔画多波磔的“八分书”，所谓“六分半书”，其意大体是隶书，但掺杂了楷，行、篆、草等别的书体。

此幅笔法中侧方圆、曲直、粗细无不毕备，妙在以“画法行之”，正斜疏密，错落自然，正所谓“乱石铺街”“雨夹雪”。结体扁形，又多夸张，肥瘦大小，偃仰欹斜，呈奇异狂怪之态；章法纵横错落，整整斜斜，如乱石铺街，不落前人窠臼，别具一番风味。

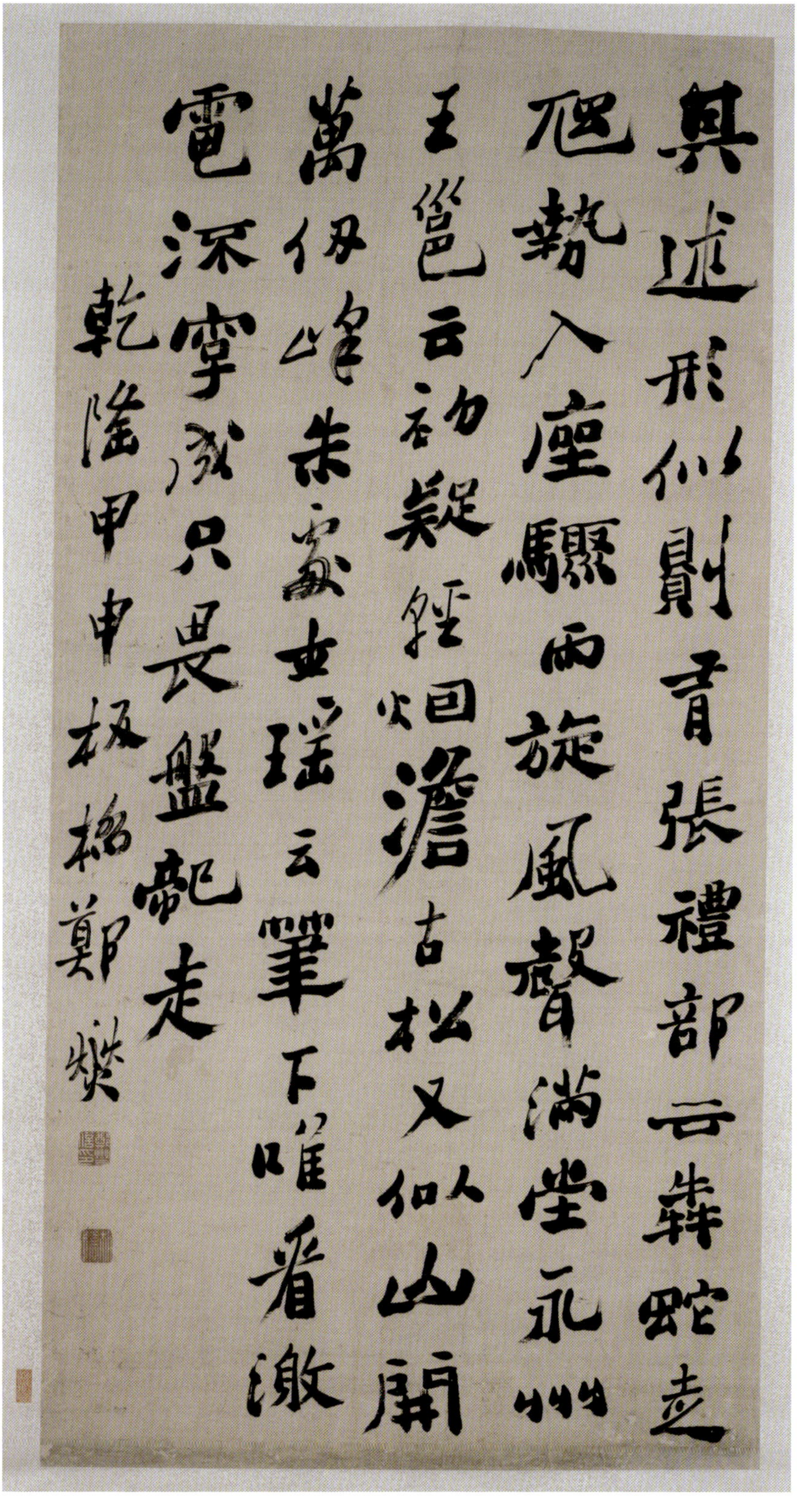
真迹形似剔青張禮部云犇蛇走
虺勢入座驟雨旋風聲滿堂永州
王邕云初疑輕煙澹古松又似山開
萬仞峰朱處士遙云筆下唯看激
電流字成只畏盤龍走
乾隆甲申板橋鄭燮

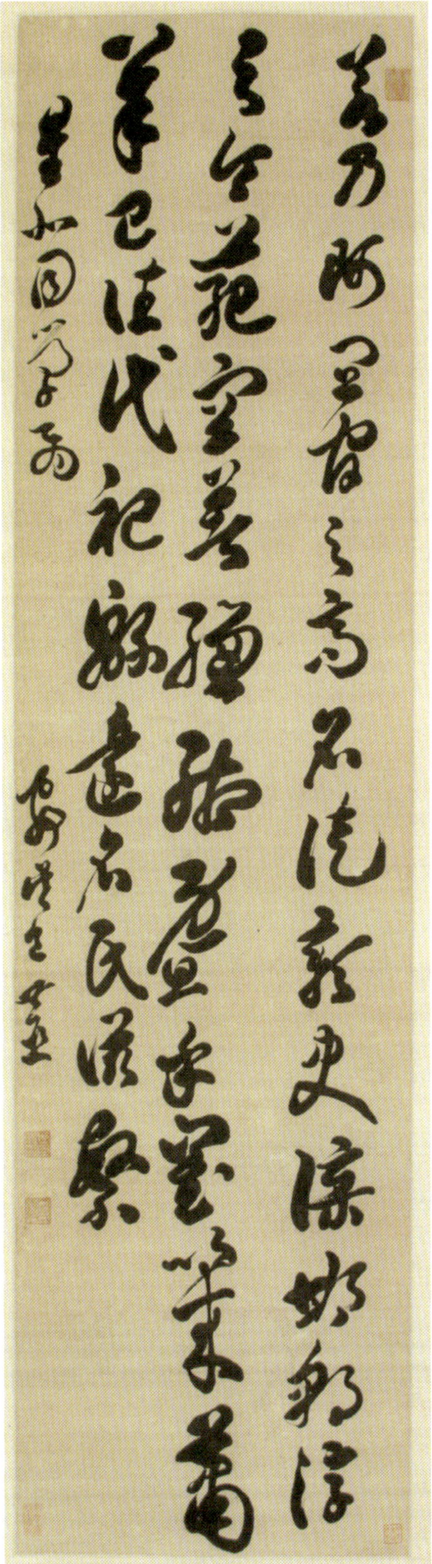

草书临帖轴

年　代：清

书法家：包世臣

尺　寸：纵167.1厘米，横43.8厘米

收藏地：美国国立亚洲艺术博物馆

入藏号：F1998.124

包世臣（1775—1855年），字慎伯，号倦翁，安徽泾县人。以书法闻名，28岁时遇邓石如，师从学篆隶，后又倡导北碑。晚年习二王。通过《艺舟双楫》倡导碑学，对清代中、后期书风的变革影响很大。

此轴是包世臣的临帖书法，作为晚清书法的巨擘，包世臣的作品既具有帖学的深厚底蕴，又具有碑学的严谨态度，故其作品墨色浓郁，气势磅礴，体现了一个书法家深厚的修养和功力。

绘画

绘画，又称为丹青，是与书法并称的中国传统艺术门类，是中华文化的重要组成部分。中国绘画自诞生之日起就具有鲜明的中国特色，以毛笔为工具，以水墨丹青进行敷染，以绢纸为载体。精细者写形状物栩栩如生，写意者笔墨淋漓意态飞扬。千百年来，画家辈出，流派纷呈，流传下了不胜枚举的艺术精品。

十日画一水，五日画一石。能事不受相促迫，王宰始肯留真迹。壮哉昆仑方壶图，挂君高堂之素壁。巴陵洞庭日本东，赤岸水与银河通，中有云气随飞龙。

——杜甫《戏题王宰画山水图歌》

女史箴图卷（唐摹本）

年　代：东晋

画　家：顾恺之

尺　寸：纵24.6厘米，横343.75厘米。

收藏地：英国不利颠博物馆

入藏号：1903,0408,0.1

顾恺之（约345—409年），字长康，晋陵无锡（今属江苏）人，东晋画家，曾任桓温、殷仲堪参军，散骑常侍。他博学多才，工诗善书，尤精绘画，长于人物、肖像、道释、禽兽、山水等，并有《论画》《魏晋胜流书赞》《画云台山记》等画论著作。

此图据西晋张华《女史箴》的内容绘制。现存画面自“玄熊攀槛，冯媛趋进”至“女史司箴，敢告庶姬”止，共九段。对比原文考察，已缺前三段。图卷

采用一文一图的形式，每图前楷书“箴”文。人物用游丝描，细劲流畅，不惟造形准确，于神情也描绘得颇为生动。画中舍身挡熊的冯媛在众人恐慌避走之时傲然不惧。对镜梳妆的姬妾，典雅秀逸姿态从容，表现出贵族女子的特征。画风古朴，笔法如春蚕吐丝紧劲连绵；山石仅用笔勾染而无皴，人与山的比例亦不相称，反映出早期山水画的形态。卷尾署有“顾恺之画”四字，学者普遍认为此卷属唐摹本。以出土画迹相对照，其画风与大同北魏司马金龙墓的屏风漆画《列女古贤图》颇多相近之处，更印证了此图是一卷古摹本。卷中钤有北宋宣和内府，南宋绍兴内府、贾似道，金章宗，明安国、项元汴、张则之，清梁清标、笪重光等鉴藏印，《宣和书谱》、米芾《画史》、陈继儒《妮古录》、卞永誉《式古堂书汇考》、吴升《大观录》、安岐《墨缘汇观》《石渠宝笈初编》著录。1900 年八国联军入侵北京，被英军士兵从圆明园盗出劫往国外。

班婕有辭割歡同輦夫豈不懷防微慮遠

人咸知脩其容莫知飾其性性之
不飾或愆禮正斧之藻之克念作
聖
出其言善千里應之苟違斯義
同衾以疑

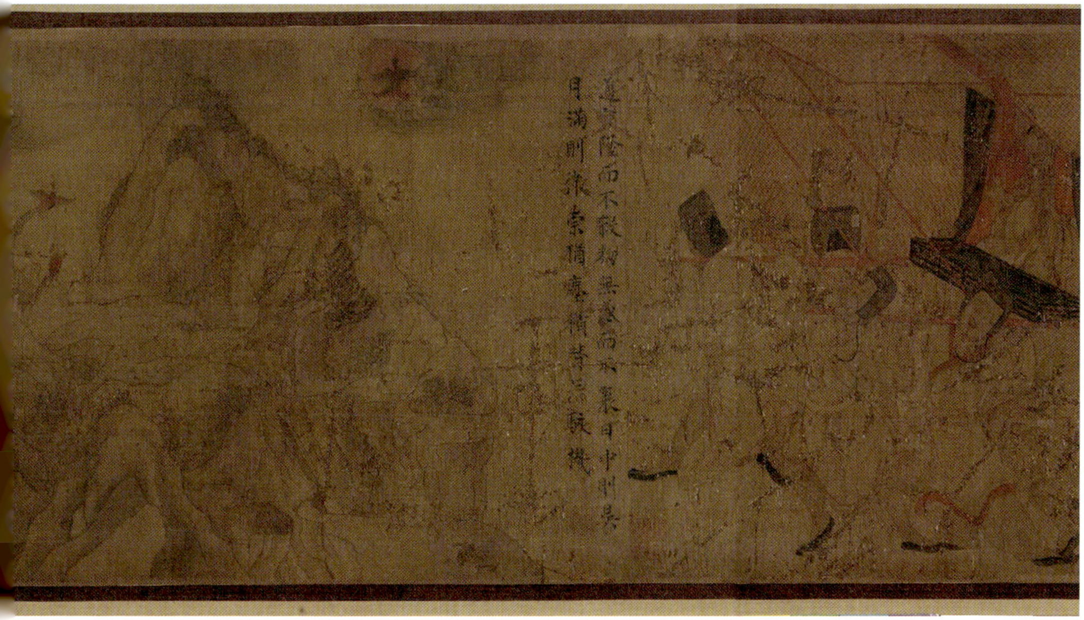
道罔隆而不殺物無盛而不衰日中則昃
月滿則微崇猶塵積替若駭機

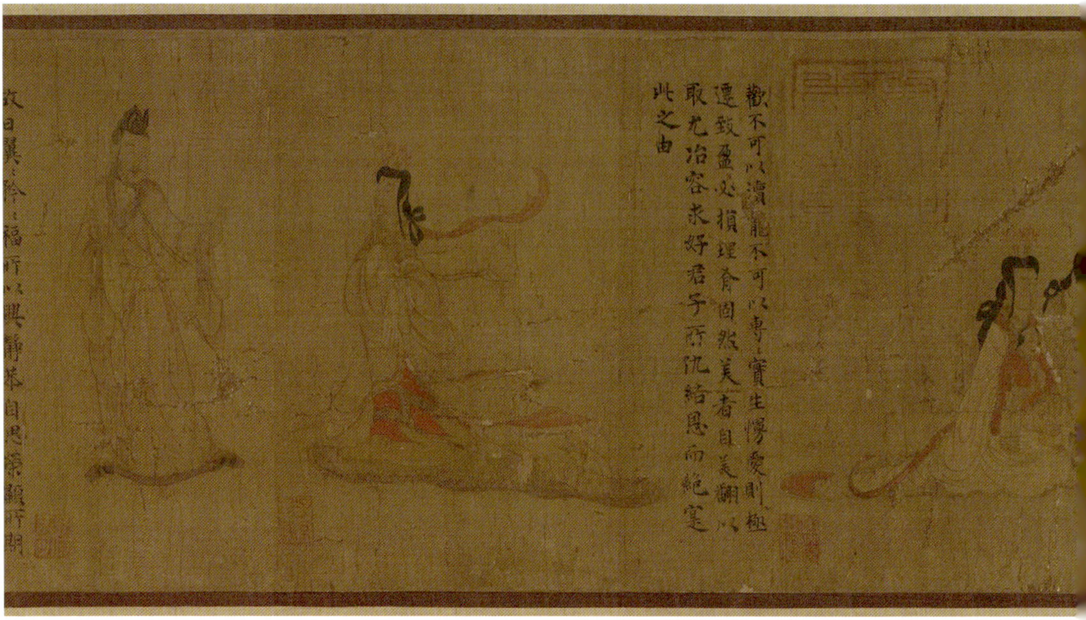
歡不可以瀆〻寵不可以專〻實生慢〻愛則極
遷致盈〻必損理有固然美者自美翩以
取尤冶容求好君子所讎結恩而絕寔
此之由
故曰翼〻矜〻福所以興靜恭自思榮顯所期

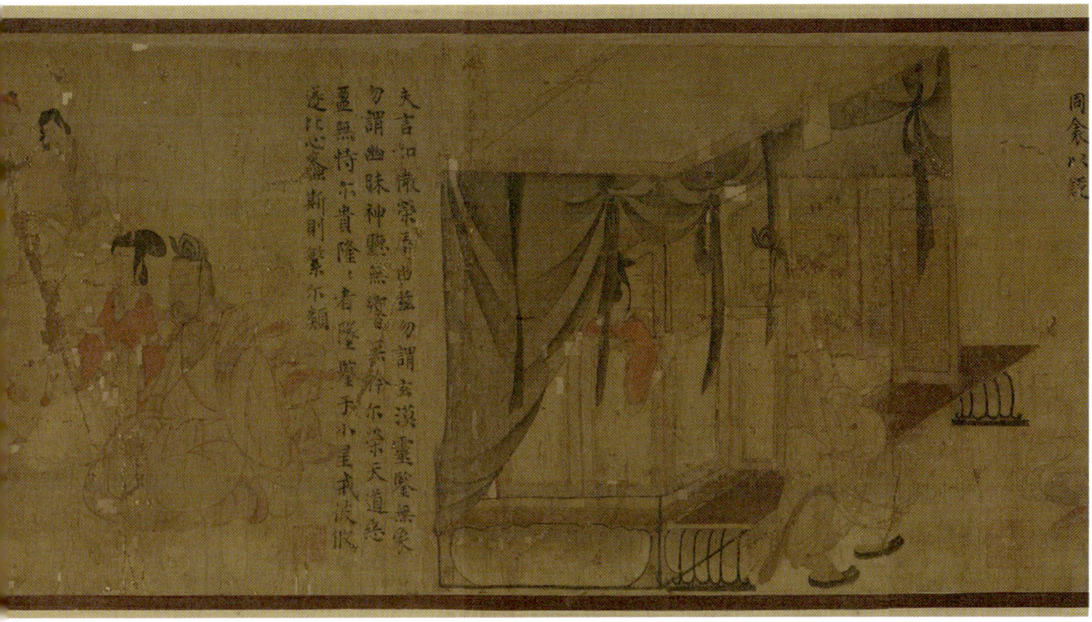
同衾以疑
夫言如微榮辱由茲勿謂玄漠靈鑒無象
勿謂幽昧神聽無響無矜爾榮天道惡
盈無恃爾貴隆隆者墜鑒于小星戒彼攸
遐比心螽斯則繁爾類

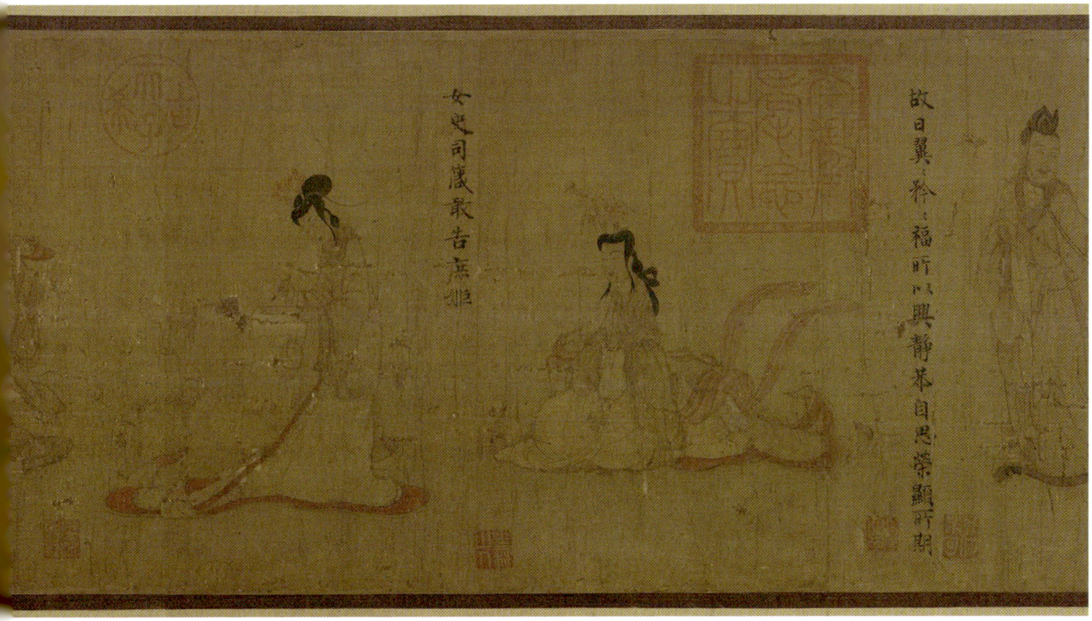
故曰翼翼矜矜福所以興靜恭自思榮顯所期
女史司箴敢告庶姬

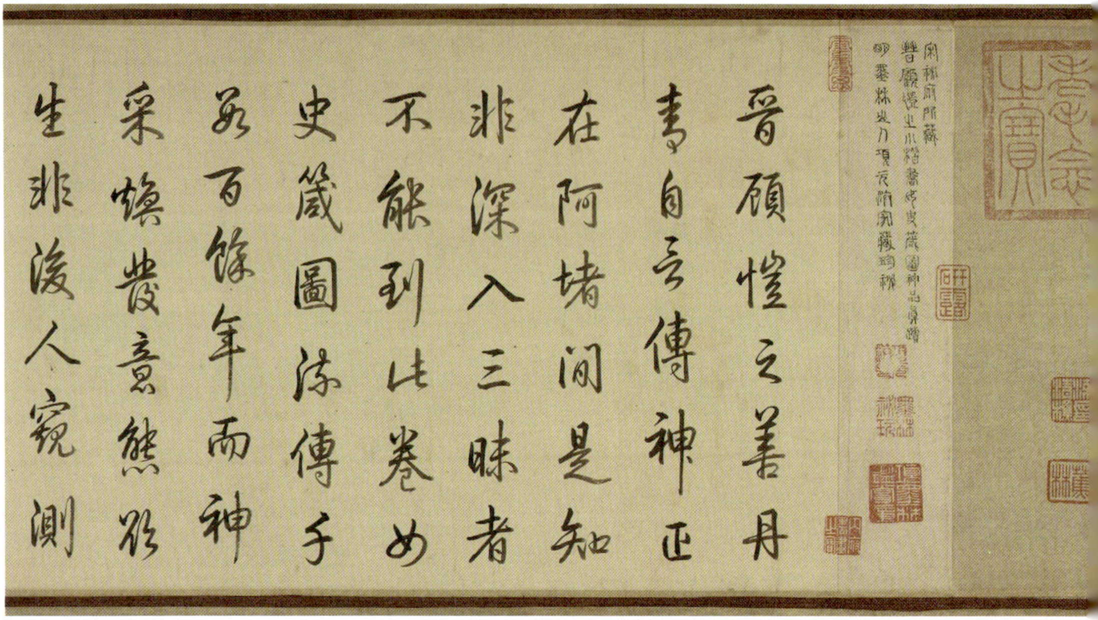
晉顧愷之善丹
青自云傳神正
在阿堵間是知
非深入三昧者
不能到此卷女
史箴圖流傳千
有百餘年而神
采煥發意態殆
生非後人窺測

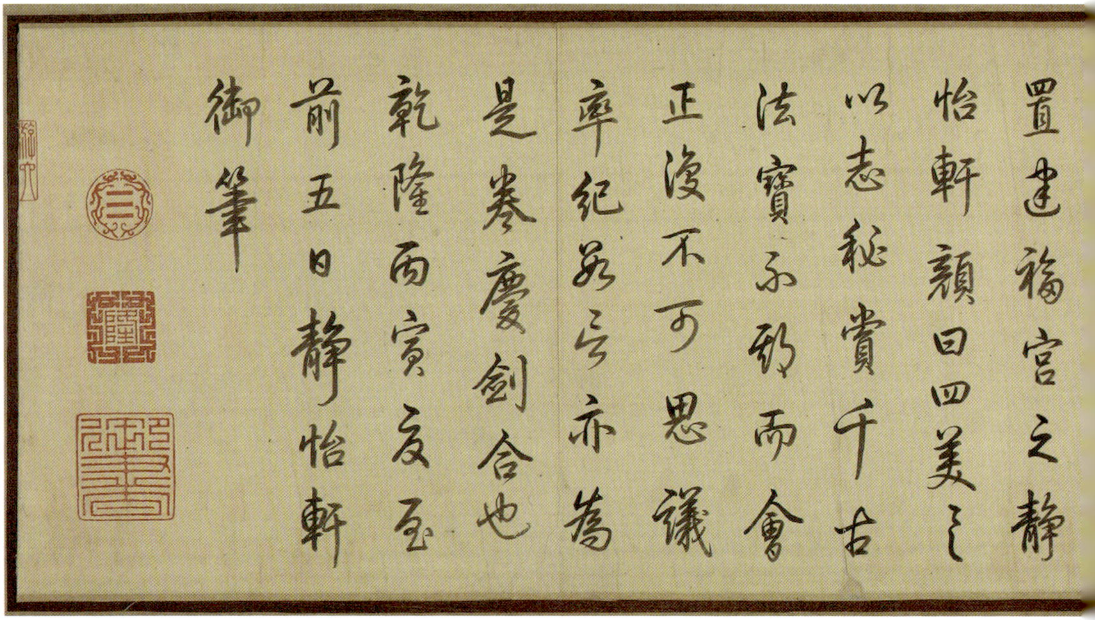
置建福宮之靜
怡軒顏曰四美具
以志祕賞千古
法寶不期而會
正復不可思議
率紀數言亦爲
是卷慶劍合也
乾隆丙寅夏至
前五日靜怡軒
御筆

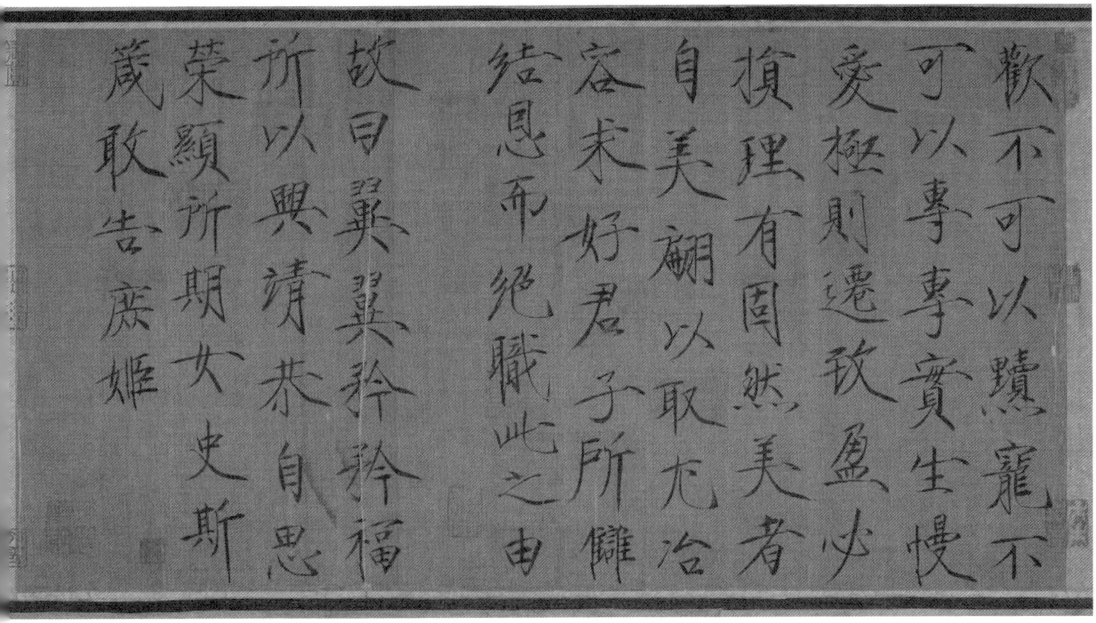
歡不可以黷寵不
可以專專實生慢
愛極則遷致盈必
損理有固然美者
自美翩以取尤冶
容求好君子所讎
結恩而絕職此之由
故曰翼翼矜矜福
所以興靖恭自思
榮顯所期女史斯
箴敢告庶姬

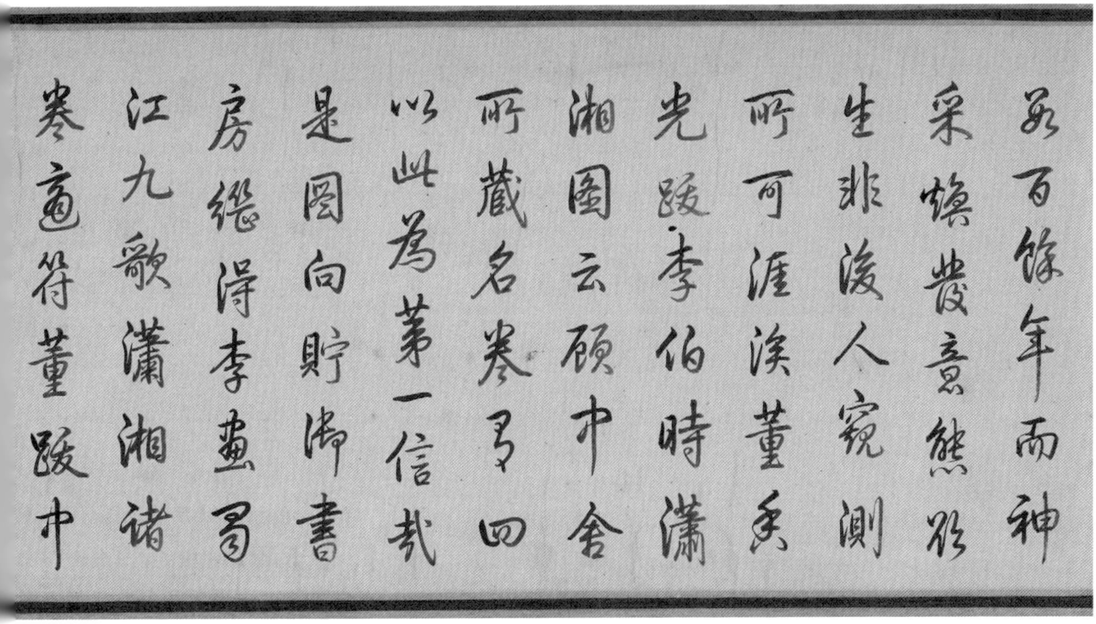
千百餘年而神
采煥發意態欲
生非後人窺測
所可涯涘董香
光跋李伯時瀟
湘圖云顧中舍
所藏名卷有四
以此為第一信哉
是圖向貯御書
房繼得李畫蜀
江九歌瀟湘諸
卷適符董跋中

洛神赋图卷（宋摹本）

年　代：东晋

画　家：顾恺之

尺　寸：24.2厘米，横310.9厘米

收藏地：美国国立亚洲艺术博物馆

入藏号：F1914.53

顾恺之《洛神赋图卷》现存四个摹本，其余分别藏于故宫博物院、辽宁省博物馆、台北故宫博物院。各幅描绘的内容都以曹植的《洛神赋》为依据。顾恺之在画卷中巧妙再现了曹植作品的精神实质，具有丰富的想象力，充满了浓厚的浪漫主义气息。此卷后有董其昌跋文，曾被人为是顾恺之所作。画卷上盖有“陇西记”“洗玉池”收藏印，说明此作曾为李公麟所藏，其后相继

被宋宣和内府、明内府收藏，后流转至明成国公、项元汴、董其昌及清梁清标、端方等人手中,民国时期经福开森之手流失至美国。此卷后有董其昌跋文,引纸上有杨守敬、黄以霖及日本人犬养毅等人跋文。根据卷上的绘画风格判断，应是宋代摹本。

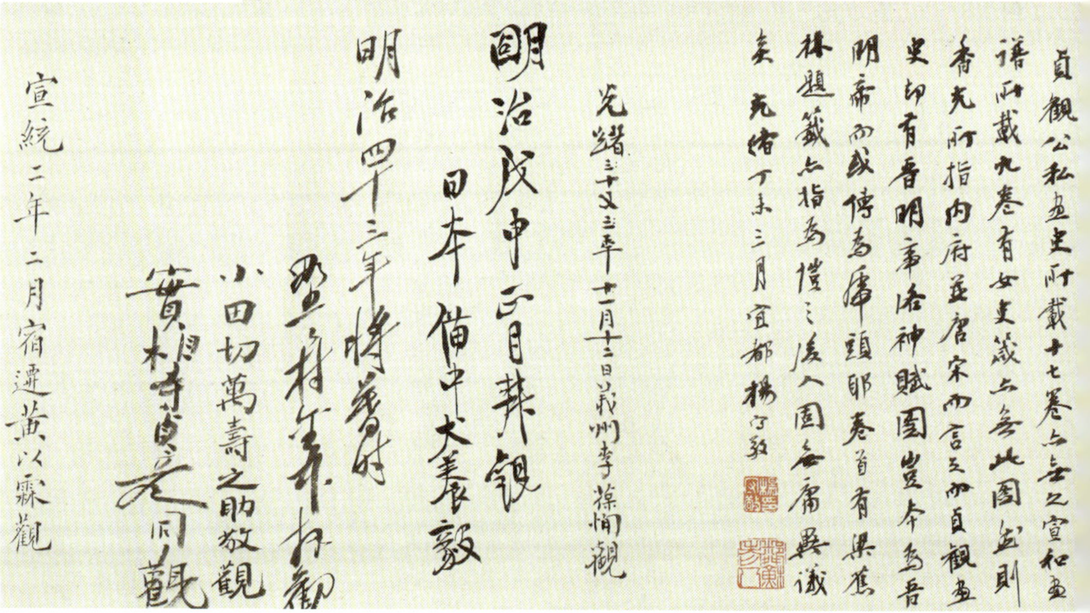

光緒三十又三年十一月十二日義州李葆恂觀
明治戊申正月拜觀
日本 備中犬養毅
小田切萬壽之助敬觀
宣統二年二月宿遷黃以霖觀

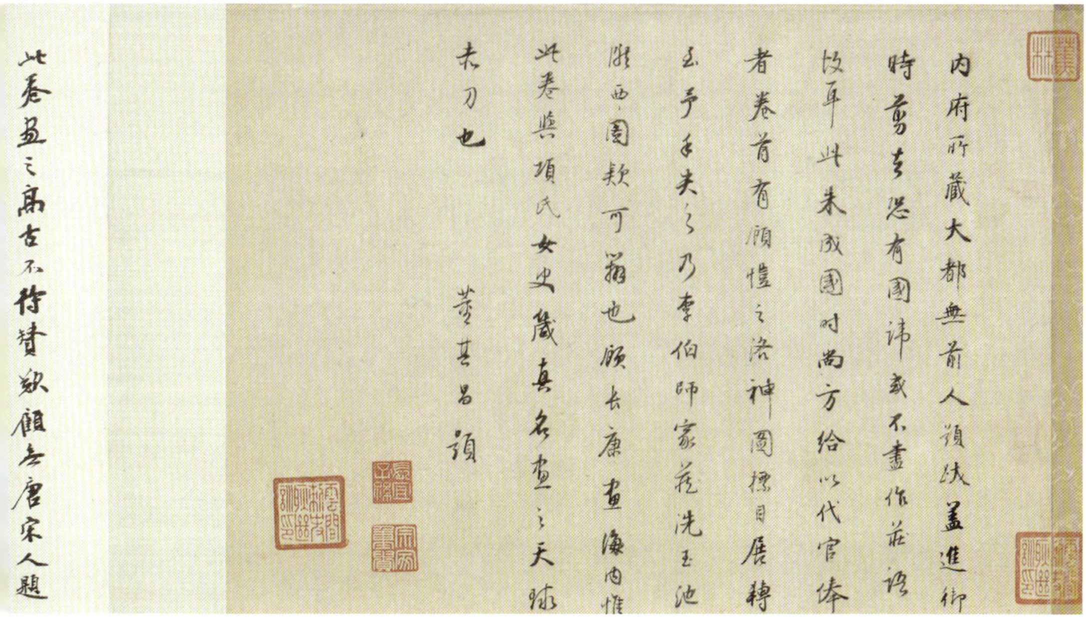
内府所藏大都無前人題跋蓋進御
時剪去恐有國諱或不盡作莊語
故耳此朱成國时尚方給以代官俸
者卷首有顧愷之洛神圖標目展轉
至爭手矣乃李伯時家藏洗玉池
卧西園款可簽也顧長康畫像內惟
此卷與項氏女史箴真名畫之天球
未刀也
董其昌題
此卷盈之高古不待贊歎顧在唐宋人題

北齐校书图卷（宋摹本）

年　代：北齐

画　家：杨子华

尺　寸：纵27.5厘米，横114厘米

收藏地：波士顿美术博物馆

入藏号：31.123

杨子华，北齐画家，擅画人物、宫苑、车马等，曾任直阁将军、员外散骑常侍。

此图绘于北齐天保七年（556年），内容为文宣帝高洋命樊逊等人校勘秘府藏书的情形。图卷描绘了三组人物，起首为一要员坐胡床上执笔书写，数人侍于其旁。中间一组画四位文士坐于榻上，上陈设壶、琴、砚、果盘之属。可能正值夏季，四人袒胸着纱披，其中二人执笔卷校勘，一人扶小童着靴下榻，另一人回身挽带留之。榻旁女侍或捧杯，或持凭几，或抱隐囊，或执书卷。卷尾绘奚官牵马侍立。此图无款，原题为唐阎立本所作，但人物线描细劲流畅，赋色精微，已具北宋人物画风格，而图中榻上文士所着纱披衫子，内露出有襻带

的“两当”“袙腹”。女侍所梳双螺髻，所抱的隐囊等都是北齐流行的服饰、发式和器具。由此可见，此图当是颇有来历的摹本，其底本很可能在北齐时。

此图虽系摹本，仍不失为探究北朝绘画的重要资料。图后有宋范成大、韩元吉、郭见义、陆游、谢谔及清周寿昌、李兹铭、完颜景贤等人题跋。居中钤有“宁江军承宣使之印”“康州观察使印”等官印，钤有清梁清标、安元忠、怡亲王胤祥、陆树声、周寿昌、完颜景贤及近人金城等人鉴藏印。《大观录》《墨缘汇观》《穰梨馆过眼录》等书著录。

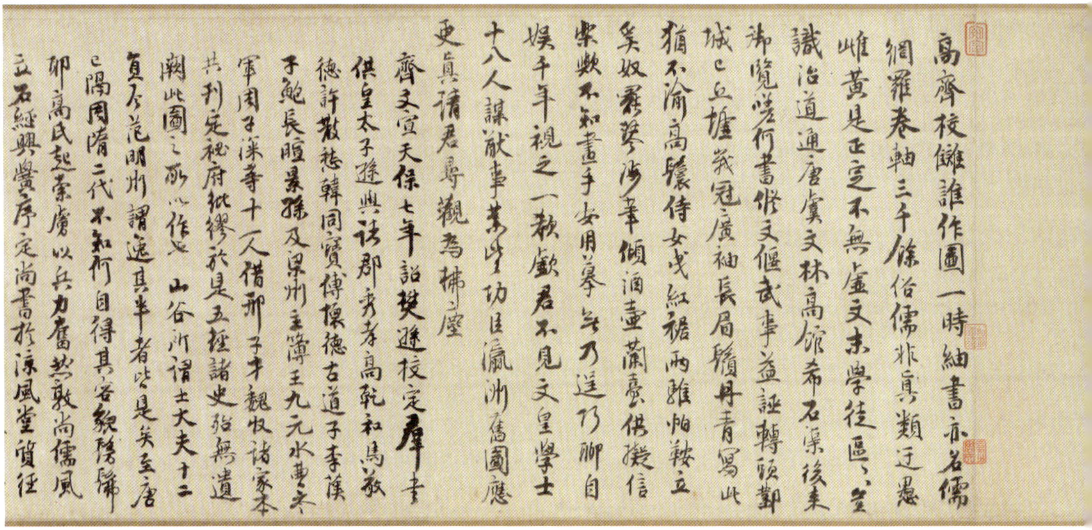

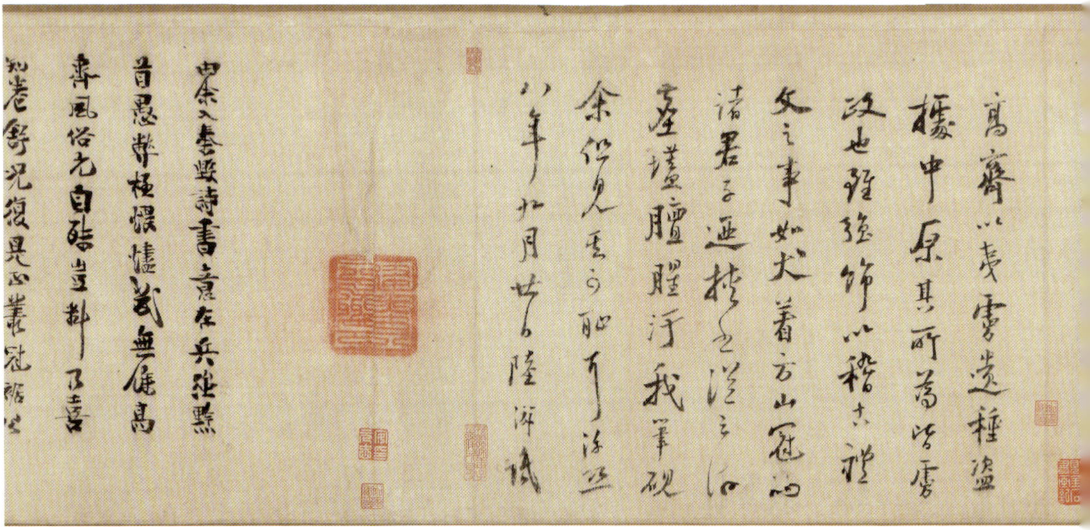

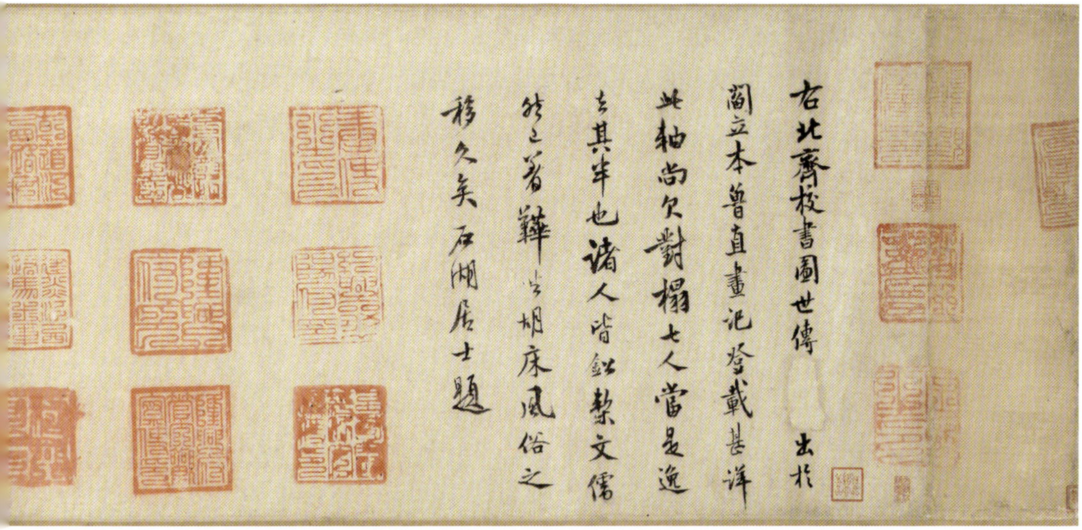
右北齊校書圖世傳 出於
閻立本曾直畫記登載甚詳
此軸尚欠對榻七人當是逸
去其半也諸人皆鉛槧文儒
然亦著韡坐胡床風俗之
移久矣 石湖居士題

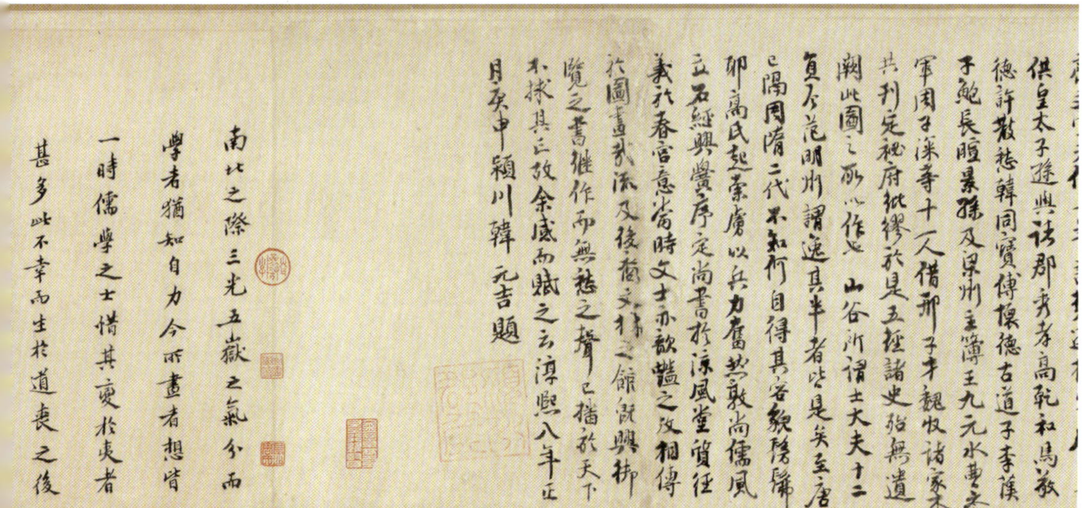
供皇太子延興諸郡秀孝高乾和馬敬
德許散愁韓同寶傅懷德古道子李漢
子鮑長暄景孫及梁州主簿王九元水曹參
軍周子深等十一人借邢子才魏收諸家本
共刊定秘府紙繆於是五經諸史殆無遺
闕此圖之所以作也 山谷所謂士大夫十二
員及范明州謂逸其半者皆是矣至唐
已陽周隋二代不知何自得其容貌髣髴
卯高氏起衆虜以兵力奮然敦尚儒風
之石經與黌序定尚書於涼風堂質經
義於春宮意當時文士亦歆豔之故相傳
於圖畫猶流及後齊文林之館設興御
覽之書繼作而無愁之聲已播於天下
不救其亡故余感而賦之云淳熙八年正
月庚申穎川韓元吉題
南北之際三光五嶽之氣分而
學者猶知自力今所畫者想皆
一時儒學之士惜其變於夷者
甚多此不幸而生於道喪之後

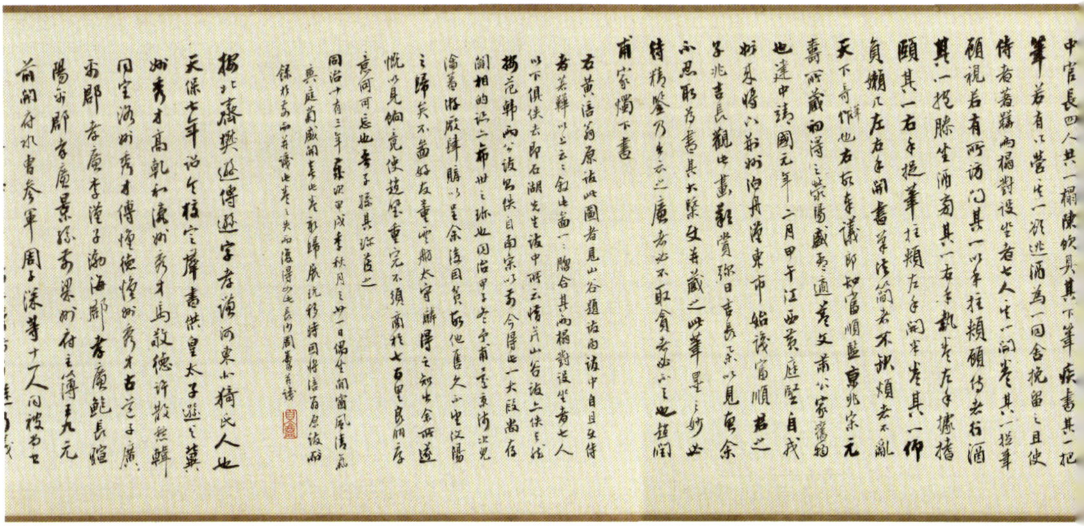

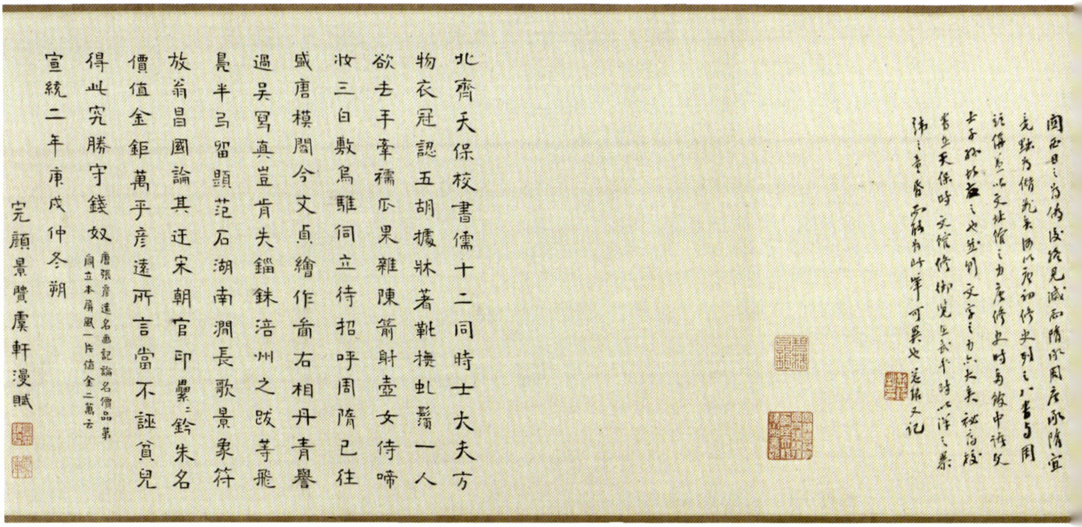
北齊天保校書儒十二同時士大夫方
物衣冠認五胡擾牀著靴換虬髯一人
欲去手牽襦瓜果雜陳箭射壺女侍啼
妝三白敷烏騅伺立待招呼周隋已往
盛唐模閻令文貞繪作崙右相丹青譽
過吳寫真豈肯失錙銖涪州之跋荐飛
鳧半弖留題范石湖南澗長歌景象符
放翁昌國論其迂宋朝官印纍纍鈐朱名
價值金鉅萬乎彥遠所言當不誣貧兒
得此究勝守錢奴
唐張彥遠名畫記論名價品第閻立本屏風一片值金二萬云
宣統二年庚戌仲冬朔
完顏景賢虞軒漫賦

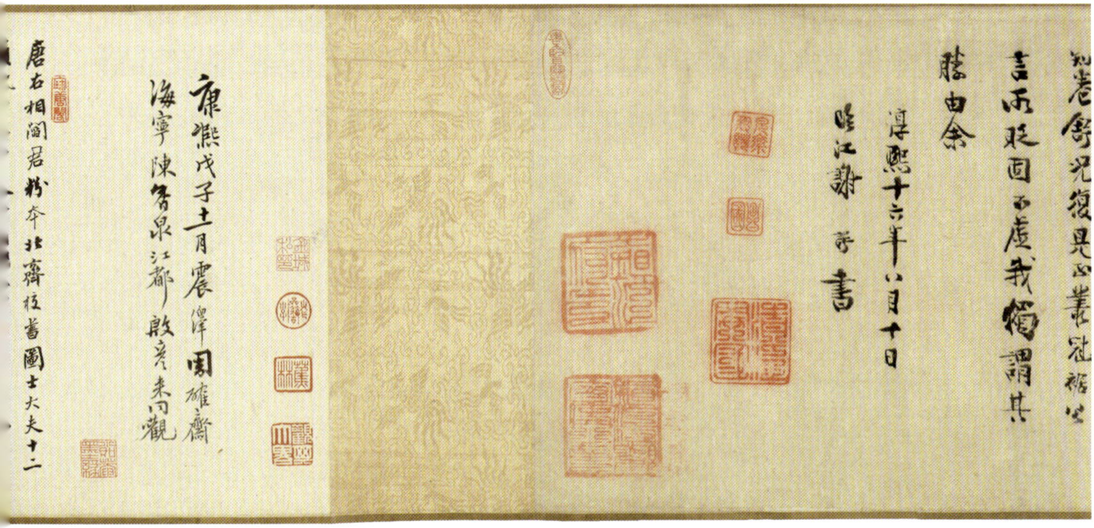
淳熙十六年八月十日
康熙戊子十一月
唐右相閻君粉本北齋校書圖士大夫十二

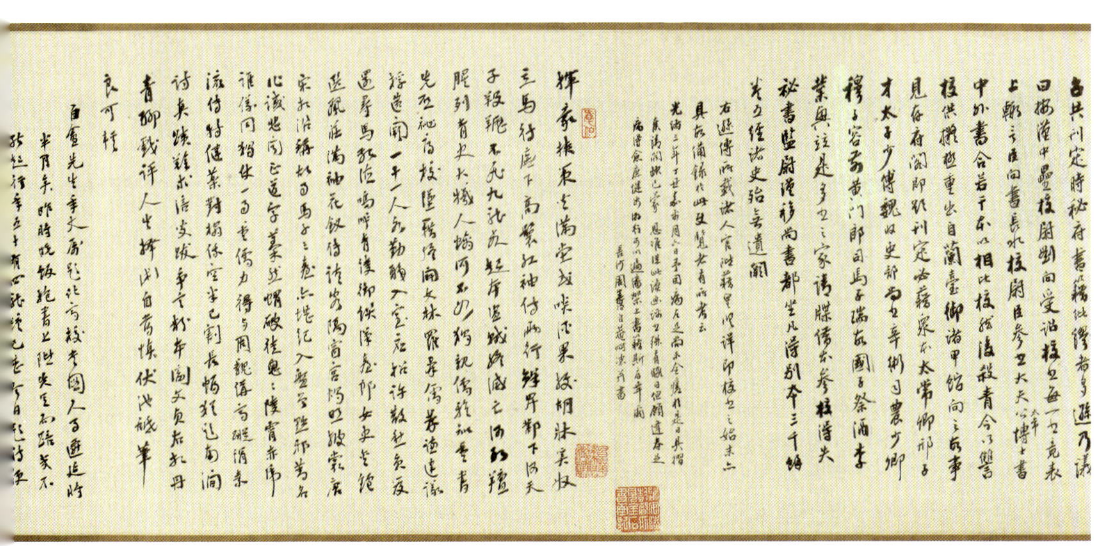

历代帝王图卷

年　代：唐

画　家：阎立本

尺　寸：纵51.3厘米，横531厘米

收藏地：波士顿美术博物馆

入藏号：31.643

阎立本（约601—673年），雍州万年（今陕西西安）人。曾任刑部侍郎、工部尚书，高宗时升至右相。阎立本擅长道释、人物、山水画，尤精于人物画，是初唐最享盛名的画家。

本图绘十三名历代帝王，依次为西汉昭帝刘弗陵、东汉光武帝刘秀、魏文帝曹丕、吴王孙权、蜀王刘备、晋武帝司马炎、陈文帝陈蒨、陈废帝陈伯宗、陈宣帝陈顼、陈后主陈叔宝、北周武帝宇文邕、隋文帝杨坚、隋炀帝杨广。每一帝王均有随侍，图前均楷书榜题，各图相对独立。图中帝王均身躯伟岸，而随侍则相对矮小，以突出主要人物。绘画技巧娴熟，线描凝重有力，色彩妍丽。特别是每一帝王都被刻画得极具个性而不流于程式化。当是作者依据史传所载

不同人物的经历、气质、作为，反复揣摩的创作。画中人物虽未被置于带有情节的场景中，仍具有很强的感染力，体现出唐代人物肖像画创作达到了很高的水平。

本图亦称《古帝王图》，历来传说为阎立本所作，近年经波士顿美术馆专家研究并对所用朱红颜色作化学分析，认为此图卷是数段拼接起来的，非出于同一作者之手。其中以陈宣帝部分为最早，出于唐人之手，余则稍晚。此作历经宋杨褒、周必大之侄收藏，继入南宋内府、元内府，入清为李梅公、蔡世松、林寿图先后收藏，后流入美国。孙承泽《庚子消夏记》、吴修《青霞馆论画绝句》、李思庆《爱吾庐书画记》、李佐贤《书画鉴影》著录。

晋武帝司馬炎

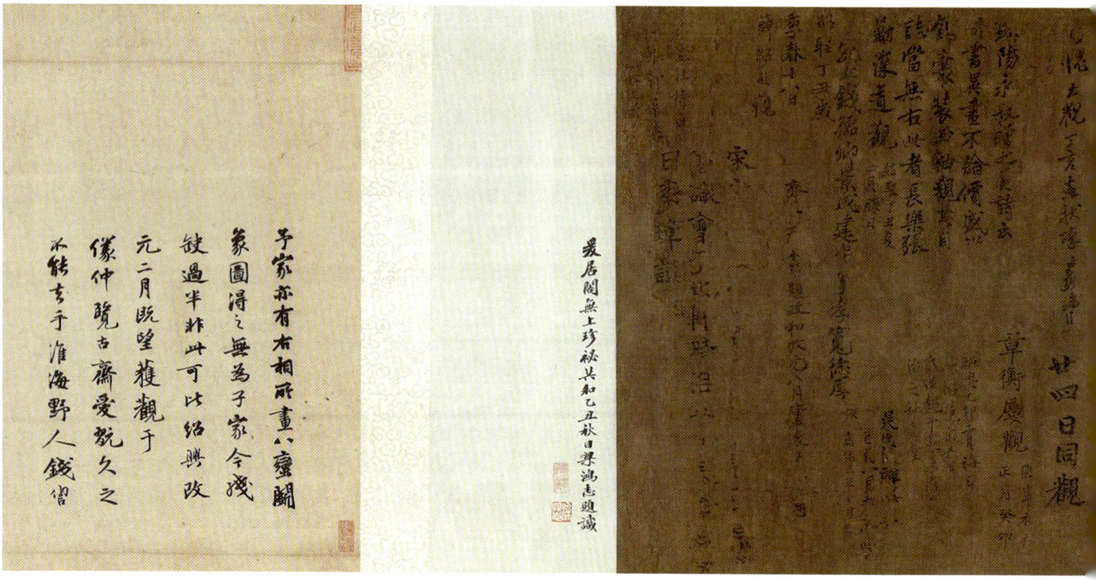

廿四日同觀

愛居閣無上珍祕共和乙丑秋日梁鴻志題識

予家亦有右相所畫八蠻闘
象圖得之無為子家今殘
缺過半非此可比紹興改
元二月既望獲觀于
儀仲覽古齋愛翫久之
不能去手淮海野人錢㬚

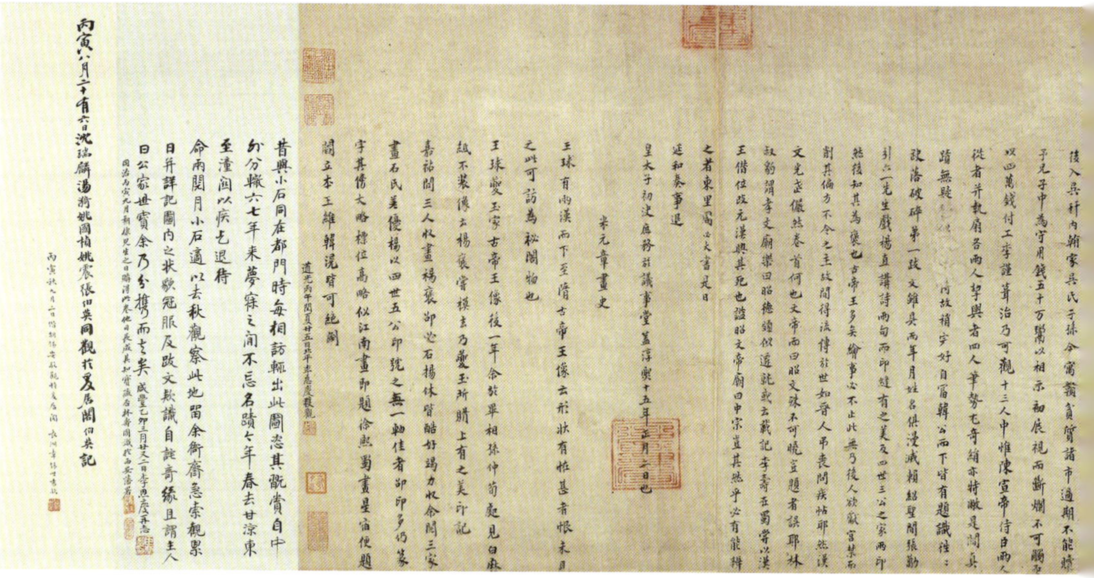

後入吳軒內翰家吳氏子孫今窮窶貨寶諸市適期不能贖
予兄子中為守用錢五十万購以相示初展視兩斷爛不可觸
以四萬錢付工李謹葺治乃可觀十三人中惟陳宣帝侍臣兩人
從者并執扇各兩人擧輿者四人筆勢尤奇絹亦特潔是閻
蹟無疑　內故補字好自冨韓公而下皆有題識往々
致落破碎第一跋文雖具而年月姓名俱漫滅賴紹聖間張勤
引六一先生戲楊直講詩兩句而印證有之美及四世三公之家兩印
然後知其為褒也古帝王多矣繪事必不止此無乃後人欲獻宮禁而
削其偏方不令之主故聞得流傳於世如晉人弔喪問疾帖耶然漢
文光武儼然卷首何也文帝而曰昭文殊不可曉豈題者誤耶林
叔豹謂李文廟諱曰昭德鍾似遊魏或云載記李壽在蜀嘗以漢
王借位改元漢興其死也謚昭文帝廟曰中宗豈其然乎必有能辨
之者東里周必大書見日
延和奏事退
皇太子初決庶務於議事堂蓋淳熙十五年正月二日也

米元章畫史
王球有兩漢而下至隋古帝王像云形狀有帖甚奇帳末
之此可訪為秘閣物也
王球夔玉家古帝王像後一年余跋單相孫仲荀處見白麻
紙不裝傳寫楊褒嘗模去乃夔玉所購上有之美印記
嘉祐間三人收畫楊褒卻也石揚休皆酷好竭力收余閱三家
畫石氏差優楊以四世五公印號之無一軸佳者卻印多仍篆
字其僧文略標位高略似江南畫即題徐熙蜀畫星宿便題
閻立本王維韓滉皆可絕倒

道光丙午閏夏廿五日北平李恩慶觀

昔與小石同在都門時每相訪輒出此圖恣其翫賞自中
外分轍六七年來夢寐之間不忘名蹟今年春去甘涼東
至潼關以疾乞退待
命兩閱月小石適以去秋觀察此地留余衙齋急索觀累
日并詳記圖內之狀貌冠服及跋文款識自詑奇緣且謂主人
曰公家世寶余乃今獲而玄之矣　咸豐乙卯三月廿又二日李恩慶再志

丙寅八月二十有六日沈瑞麟湯綺姚國楨姚震張伯英同觀於愛居閣伯英記

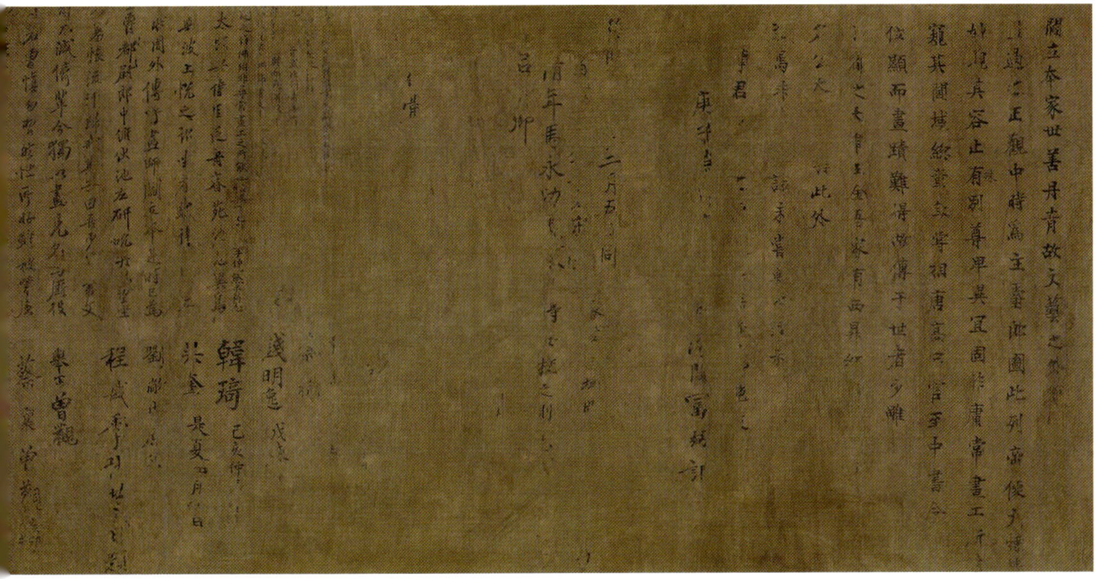

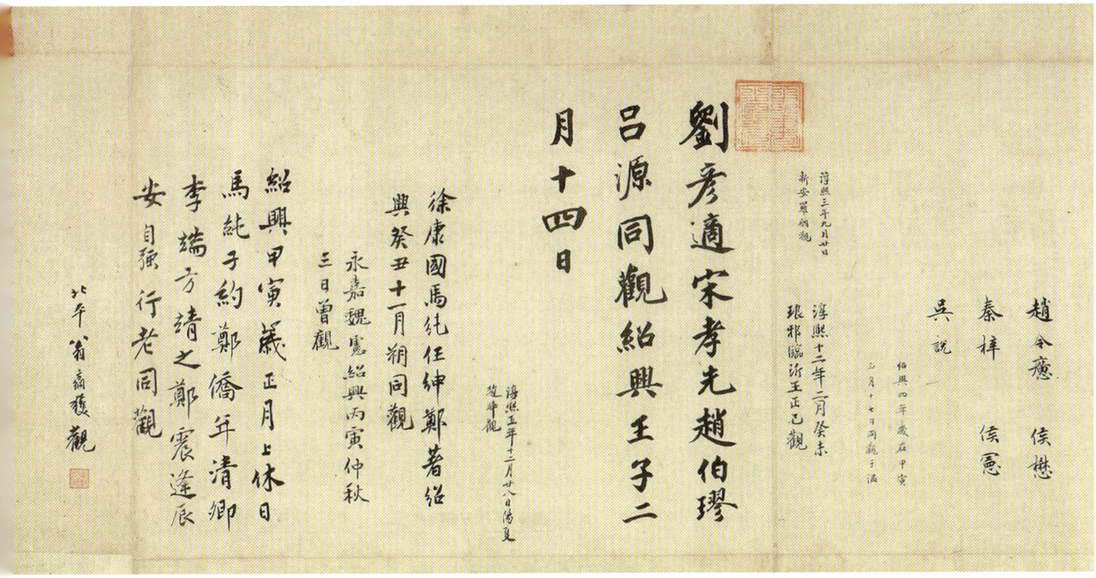

趙令穮 侯懋
秦梓 侯憲
吳説
紹興四年歲在甲寅三月十七日同觀于泗
淳熙十二年二月癸未琅邪臨沂王正己觀
淳熙三年九月廿日新安胡綃觀
劉彥適宋孝先趙伯璆
呂源同觀紹興壬子二
月十四日
淳熙五年十二月廿八日陽夏楚舉觀
徐康國馬純任紳鄭著紹
興癸丑十一月朔同觀
永嘉魏憲紹興丙寅仲秋
三日曾觀
紹興甲寅歲正月上休日
馬純子約鄭僑年清卿
李端方靖之鄭震逢辰
安自強行老同觀
北平翁[illegible]獲觀

五星二十八宿神形图卷

年　代：唐

画　家：梁令瓒

尺　寸：纵27.5厘米，横489.7厘米

收藏地：大阪市立美术馆

入藏号：无

梁令瓒，生于载初元年（690年），唐朝画家、算术家、天文仪器制造家。蜀（今四川）人。官率府兵曹参军。开元九年（721年），唐玄宗命僧一行改造新历《大衍历》，而无黄道游仪测候；令瓒因创制游仪木样。一行称其所造能契合自然，对推步大有帮助。后又与一行创制浑天铜仪。亦工篆书，擅画人物。

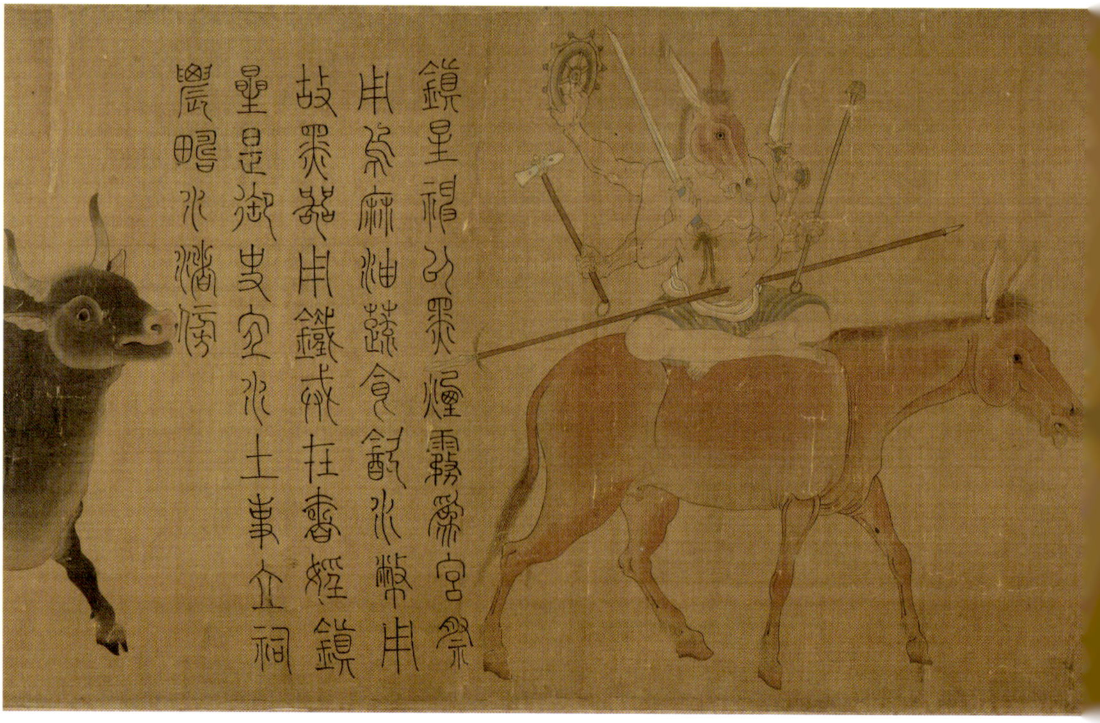

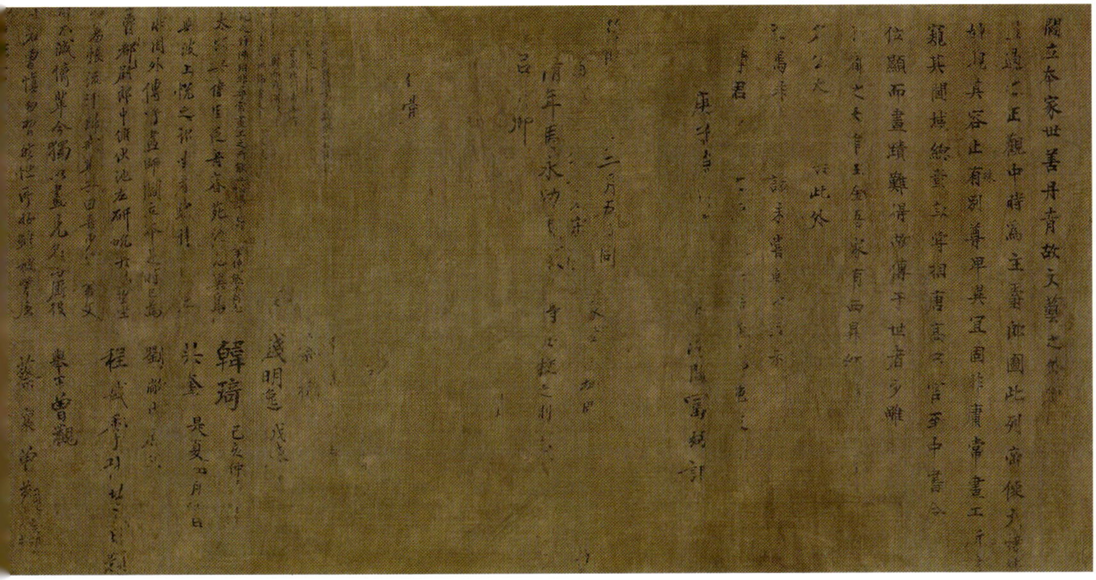

閻立本家世善丹青故文藝之……
……過二正觀中時為主爵郎中此列帝便大……
……寫真容止有別尊卑異宜因非畫常畫工……
窺其閫域總章以宰相專高六官至中書令
位顯而畫蹟難得故傳于世者少矣

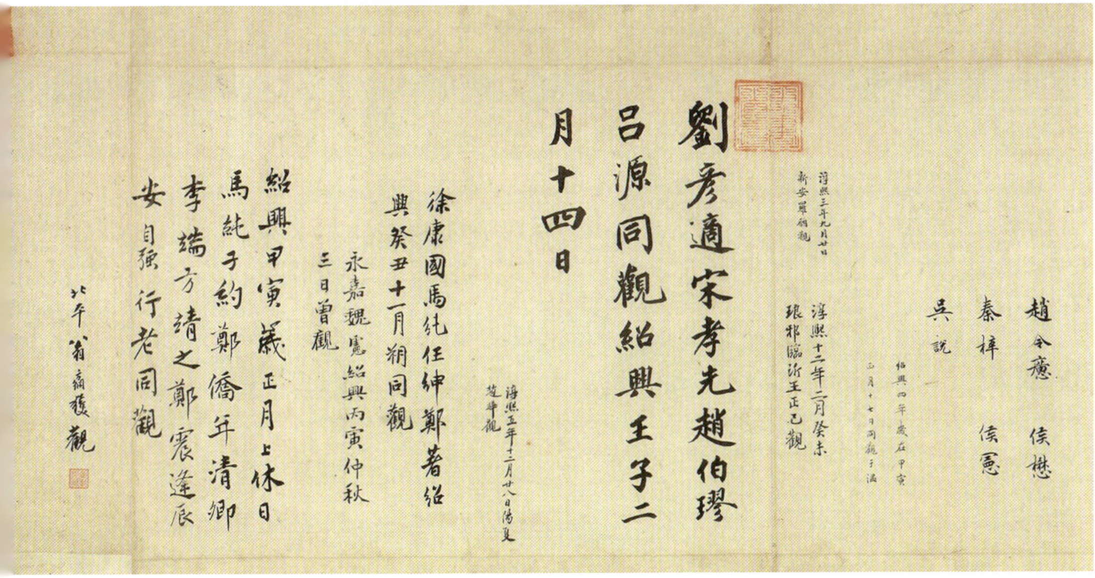

趙令𢣷 侯懋
秦梓 侯憲
吳説
紹興四年歲在甲寅正月十七日同觀于海
淳熙十二年二月癸未琅邪臨沂王正己觀
淳熙三年九月廿日新安羅願觀
劉彥適宋孝先趙伯璆呂源同觀紹興壬子二月十四日
淳熙五年十二月廿八日陽夏范成大觀
徐康國馬純任紳鄭著紹興癸丑十一月朔同觀
永嘉魏憲紹興丙寅仲秋三日曾觀
紹興甲寅歲正月上休日馬純子約鄭僑年清卿李端方靖之鄭霦逢辰安自強行老同觀

《五星二十八宿神形图》描绘五星以及二十八星宿所对应的人物神怪图像，并以篆书说明星神的名字、性格以及祭祀等内容，今仅存其中十七段。幅中各星神形像或人或兽，或人身兽首，形貌奇异。作者画风谨严，显示高超的创作水平。此卷年代与作者，一说是南朝张僧繇（479 年—？），另说出自后人临摹。因卷首题“奉义郎陇州别驾集贤院待制仍太史臣梁令瓒上”，一般认为是梁令瓒的作品。

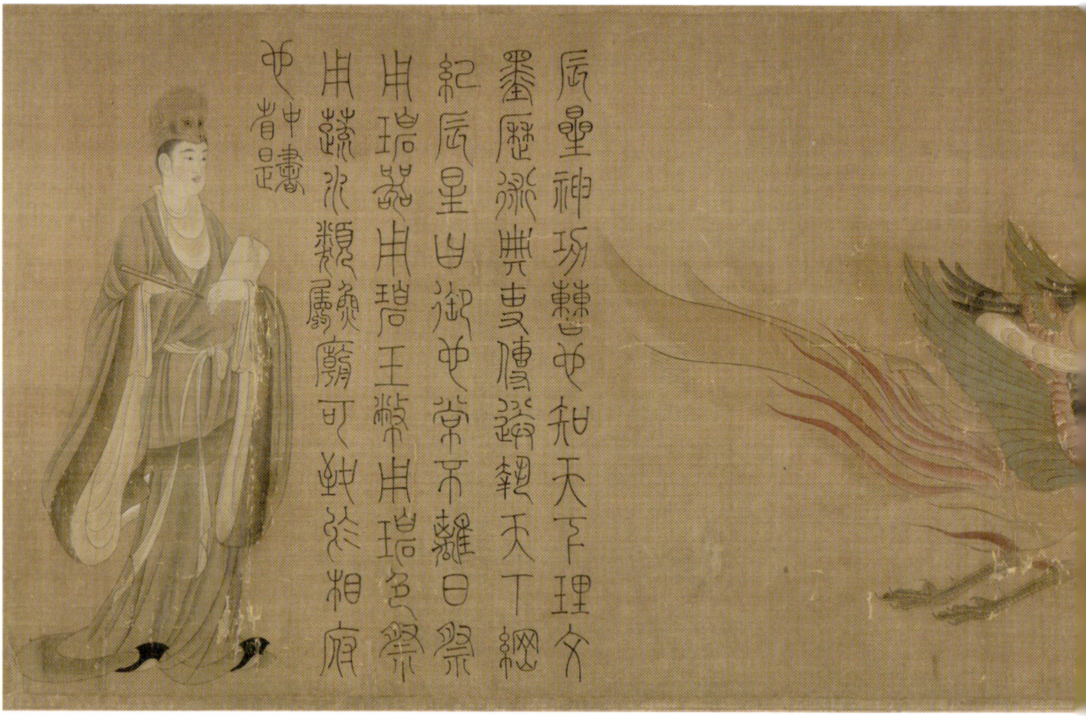

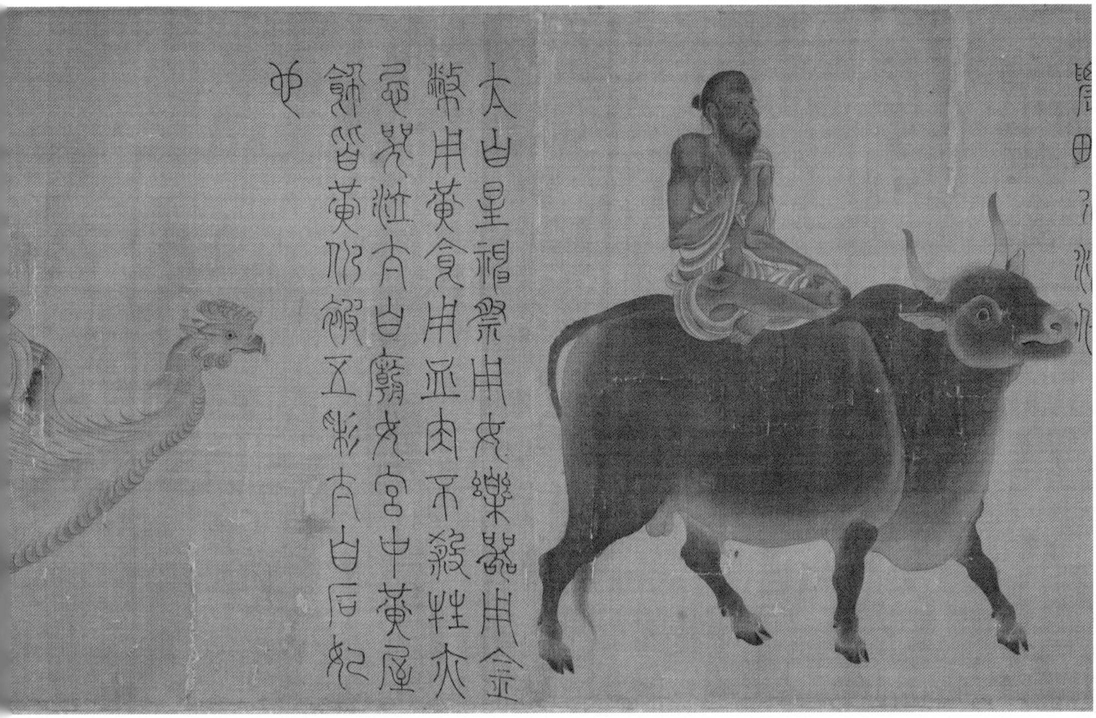

二十八宿神形圖

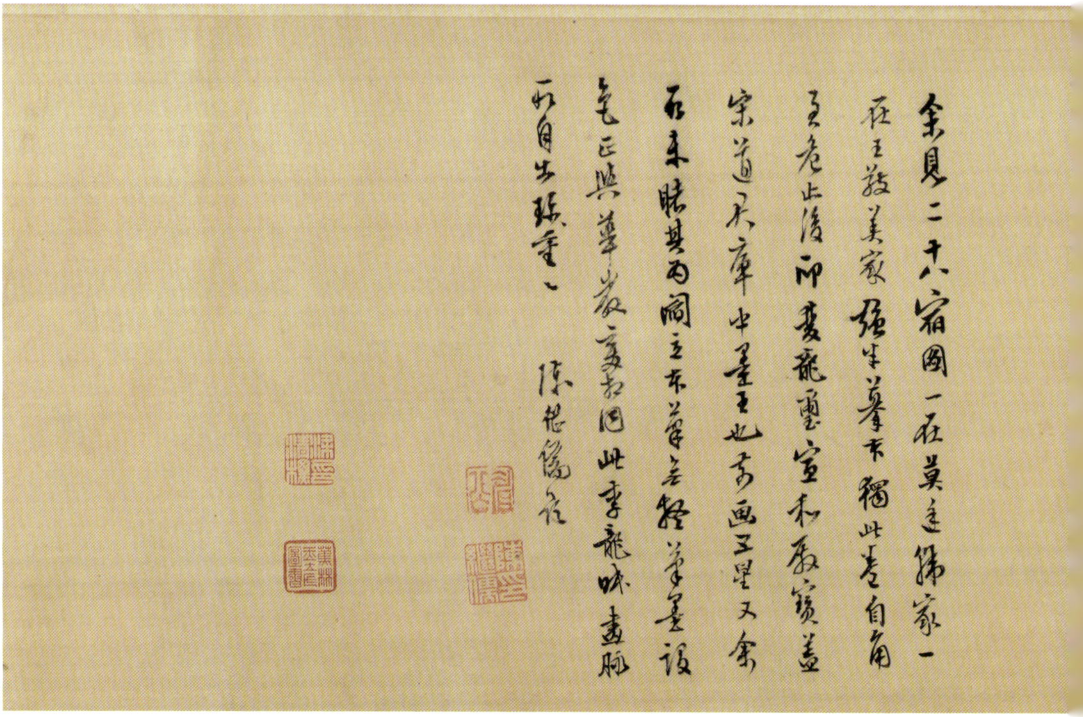

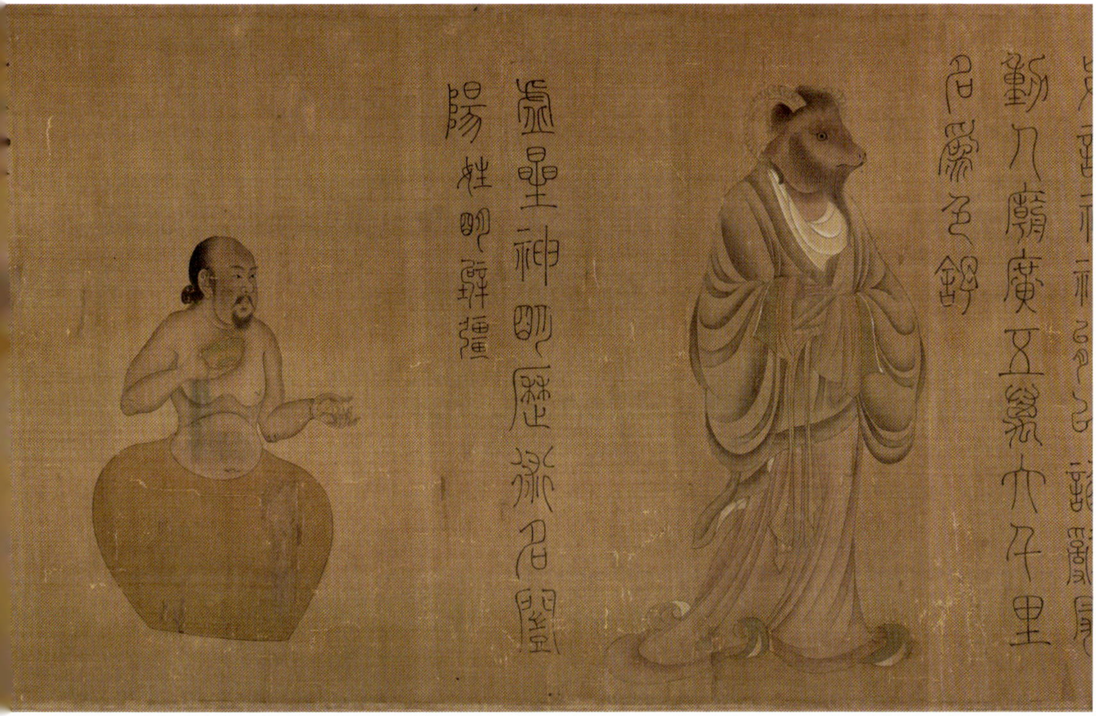

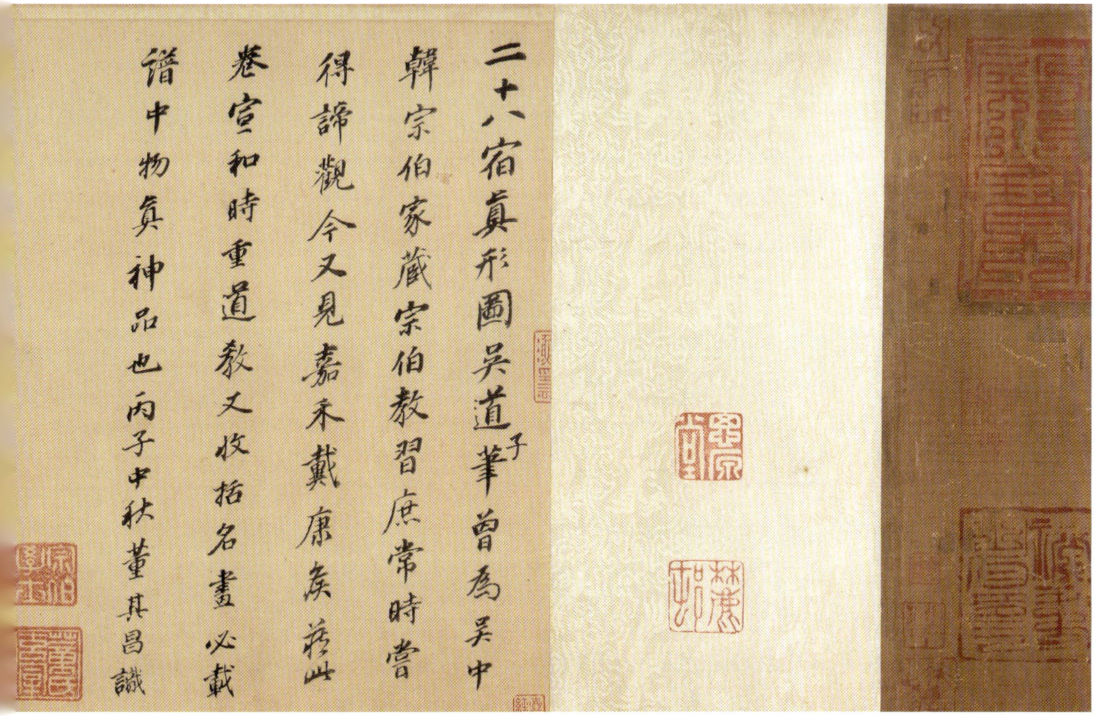
二十八宿真形圖吳道子筆曾為吳中
韓宗伯家藏宗伯教習庶常時嘗
得諦觀今又見嘉禾戴康侯孝山
卷宣和時重道教又收括名畫必載
譜中物真神品也丙子中秋董其昌識

照夜白图卷

年　代：唐

画　家：韩幹

尺　寸：纵35.4厘米，横1140厘米

收藏地：美国大都会艺术博物馆

入藏号：1977.78

韩幹，唐代画家。京兆（今陕西西安）人，一作大梁（今河南开封）人。少时为酒店雇工，收酒钱于王维家，戏画地为人马，维奇之，乃岁与钱二万，使习画十余年而艺成。天宝初，召入供奉，官至太府寺丞。擅画肖像、人物、鬼神、花、竹，尤工画马，师曹霸，重视写生。

此图中的照夜白是韩幹于唐天宝年间所画的唐玄宗最喜爱的一匹名马。

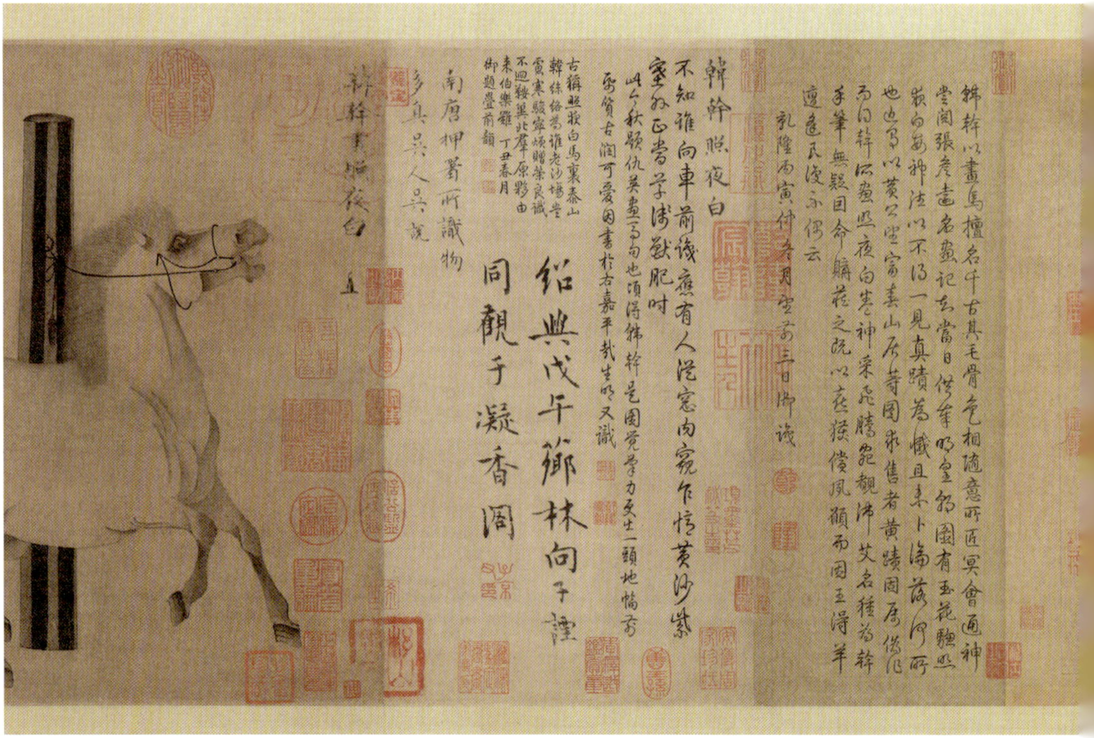

图中被拴在马柱上的照夜白仰首嘶鸣，奋蹄欲奔，神情激昂，充满生命的动感。马的体态肥壮矫健，唐韵十足。据专家考证，马的头、颈、前身为真迹，而后半身为后人补笔，马尾巴已不存。图后有南唐后主李煜所题“韩幹照夜白”五字，又有唐代著名美术史家张彦远所题“彦远”二字。卷前有何子湮、吴说题首。卷后有危素及沈德潜等十一人题跋。

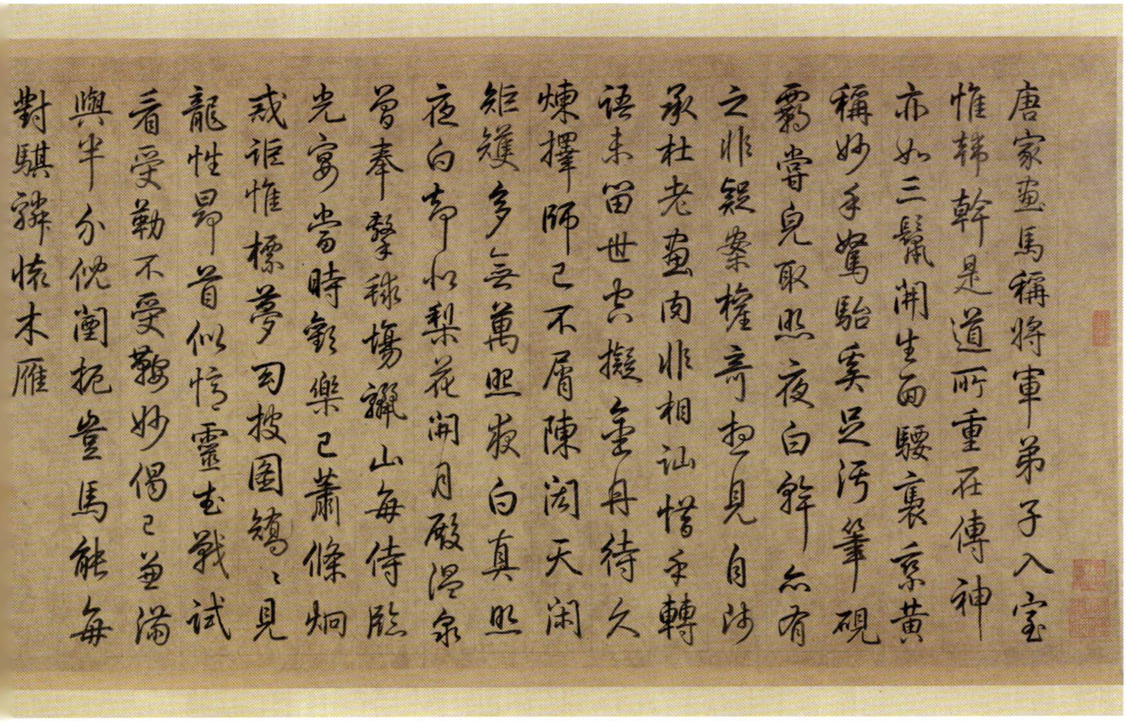

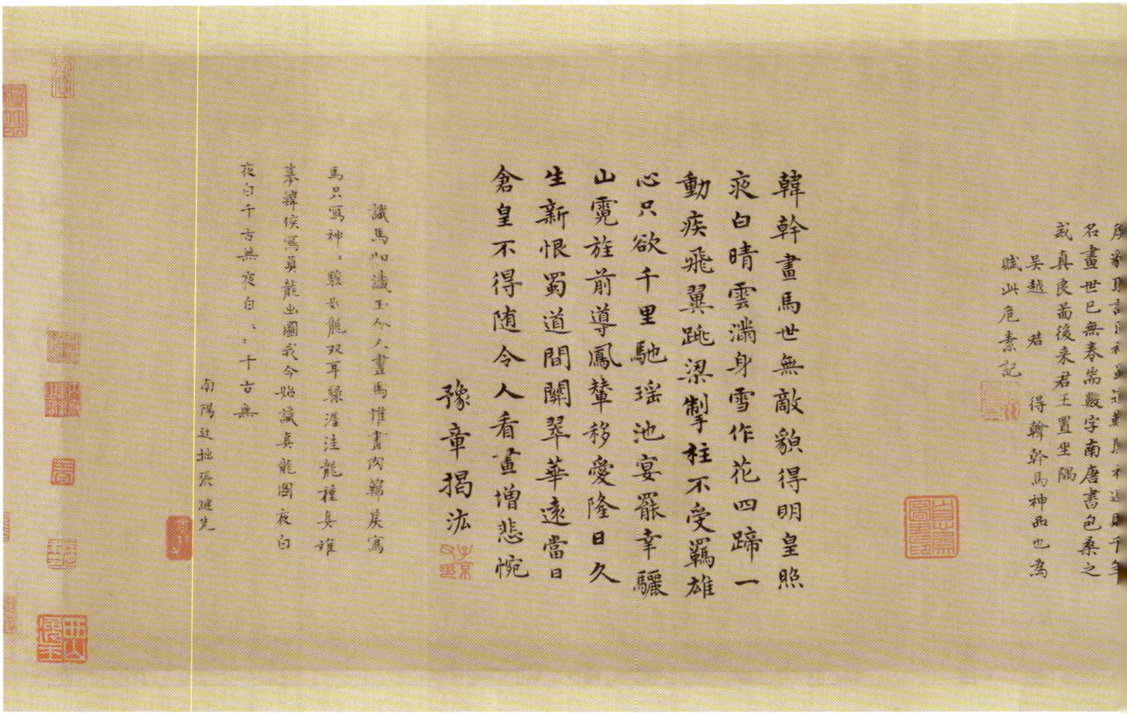
名畫世已無春崙數字南唐書色桑之
哉真良畫後來君王置坐隅
吳越　君　得韓幹馬神品也爲
賦此危素記
韓幹畫馬世無敵貌得明皇照
夜白晴雲滿身雪作花四蹄一
動疾飛翼跳梁掣柱不受羈雄
心只欲千里馳瑤池宴罷牽驪
山霓旌前導鳳輦移愛隆日久
生新恨蜀道間關翠華遠當日
倉皇不得隨令人看畫增悲惋
豫章揭汯
識馬知識玉今人畫馬惟畫肉韓侯寫
馬只寫神神駿非龍双耳聳渥洼龍種真難
摹韓侯寫真龍出圖我今始識真龍圖夜白
夜白千古無夜白夜白千古無
南陽过拙張继先

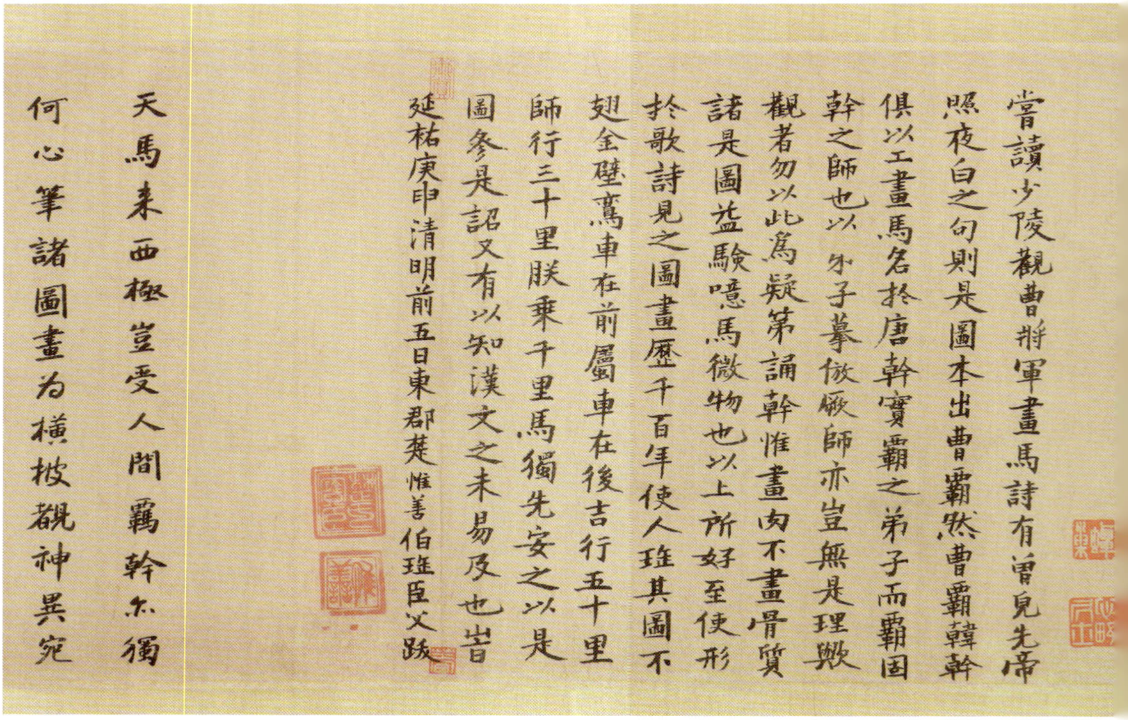
嘗讀少陵觀曹將軍畫馬詩有曾見先帝
照夜白之句則是圖本出曹霸然曹霸韓幹
俱以工畫馬名於唐幹實霸之弟子而霸固
幹之師也以弟子摹倣厥師亦豈無是理歟
觀者勿以此爲疑第誦幹惟畫肉不畫骨質
諸是圖益驗噫馬微物也以上所好至使形
於歌詩見之圖畫歷千百年使人玩其圖不
翅金璧鸞車在前屬車在後吉行五十里
師行三十里朕乘千里馬獨先安之以是
圖參是詔又有以知漢文之未易及也旹
延祐庚申清明前五日東郡楚惟善伯琏臣父跋
天馬來西極豈受人間羈幹不獨
何心筆諸圖畫為橫披觀神異宛

韓幹畫照夜白

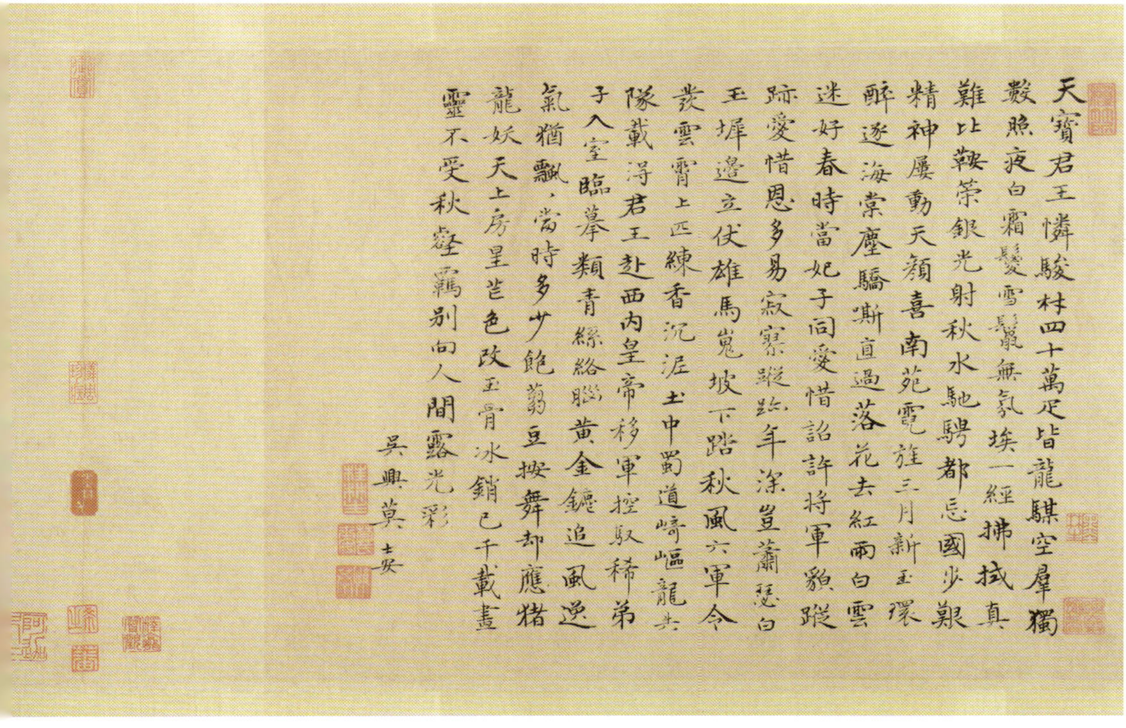
天寶君王憐駿材四十萬疋皆龍騏空羣獨
數照夜白霜鬉雪鬣無氛埃一經拂拭真
難比鞍荣銀光射秋水馳騁都忘國步艱
精神屢動天顏喜南苑霓旌三月新玉環
醉逐海棠塵驕嘶直過落花去紅雨白雲
迷好春時當妃子同愛惜詔許將軍貌蹤
跡愛惜恩多易寂寞蹤跡年深豈蕭瑟白
玉墀邊立伏雄馬嵬坡下踏秋風六軍令
散雲霄上匹練香沉泥土中蜀道崎嶇龍尖
隊載渴君王赴西內皇帝移軍控馭稀弟
子入室臨摹類青絲絡腦黃金鐙追風逸
氣猶飄飄當時多少飽芻豆按舞却應猪
龍妖天上房星芒色改玉骨冰銷已千載畫
靈不受秋塵羈別向人間露光彩
吳興莫士安

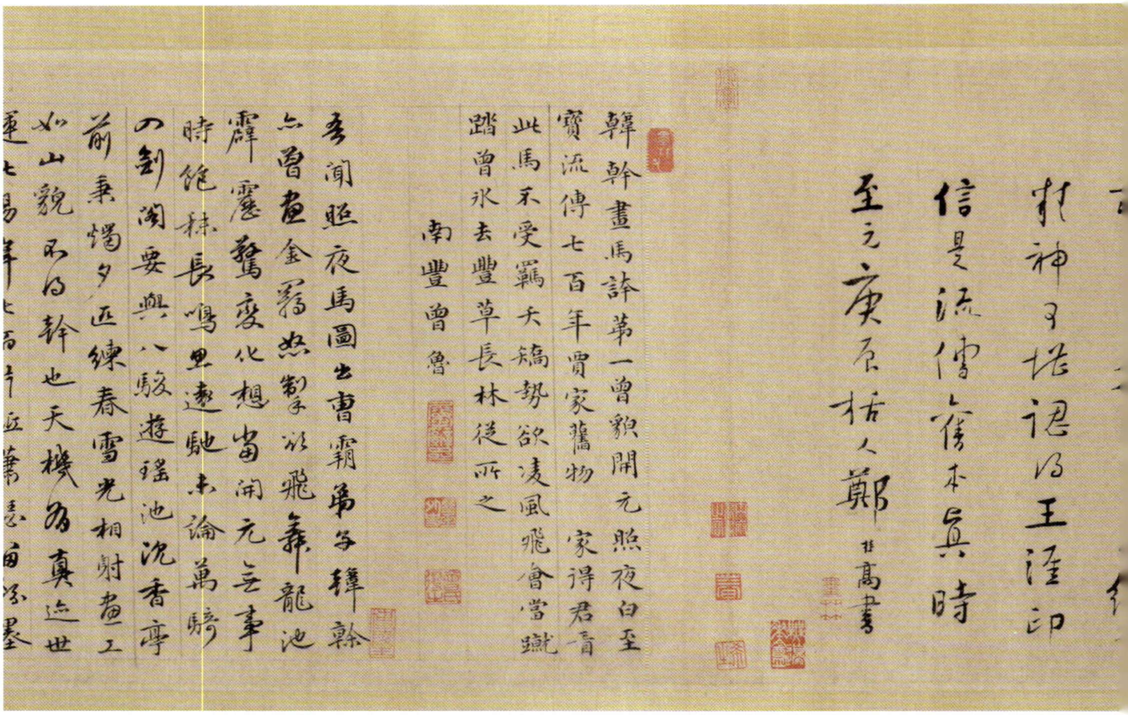
信是流傳舊本真時
至元庚辰括人鄭
韓幹畫馬許第一曾觀開元照夜白至
寶流傳七百年賈家舊物 家得君看
此馬不受羈天矯勢欲凌風飛會當蹴
踏曾冰去豐草長林從所之
南豐曾魯
吾聞照夜馬圖出曹霸弟子韓幹
亦曾畫金羈然掣欲飛舞龍池
霹靂驚變化想當開元無事
時絕秣長鳴思遠馳未論萬騎
乃劍閣要與八駿遊瑤池沈香亭
前秉燭夕匹練春雪光相射畫工
如山貌不得幹也天機爲真近世

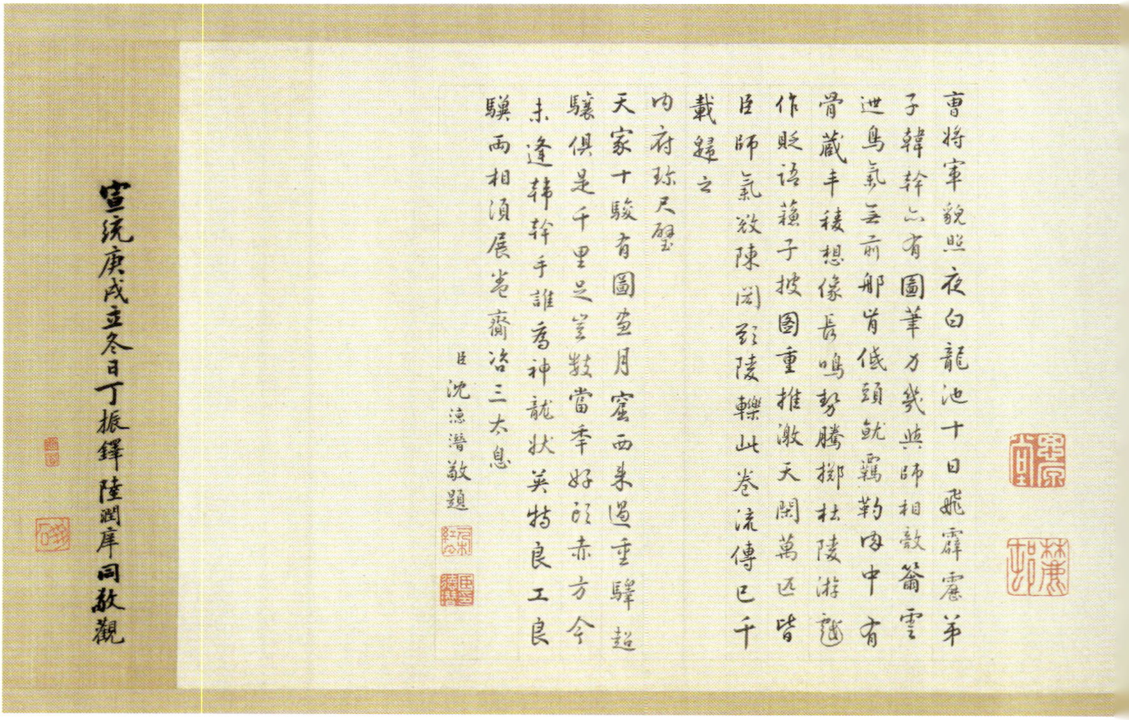
曹將軍貌照夜白龍池十日飛霹靂弟
子韓幹亦有圖筆力幾與師相敵
作貶語薛子披圖重推激天閑萬匹皆
臣師氣致陳閎到陵轢此卷流傳已千
載疑之
內府珍尺璧
天家十駿有圖畫月窟西來過重驛超
驤俱是千里足宮駿當年好頭赤方今
未逢韓幹手誰爲神龍狀英特良工良
驥兩相須展卷薦咨三太息
臣沈德潛敬題
宣統庚戌立冬日丁振鐸陸潤庠同敬觀

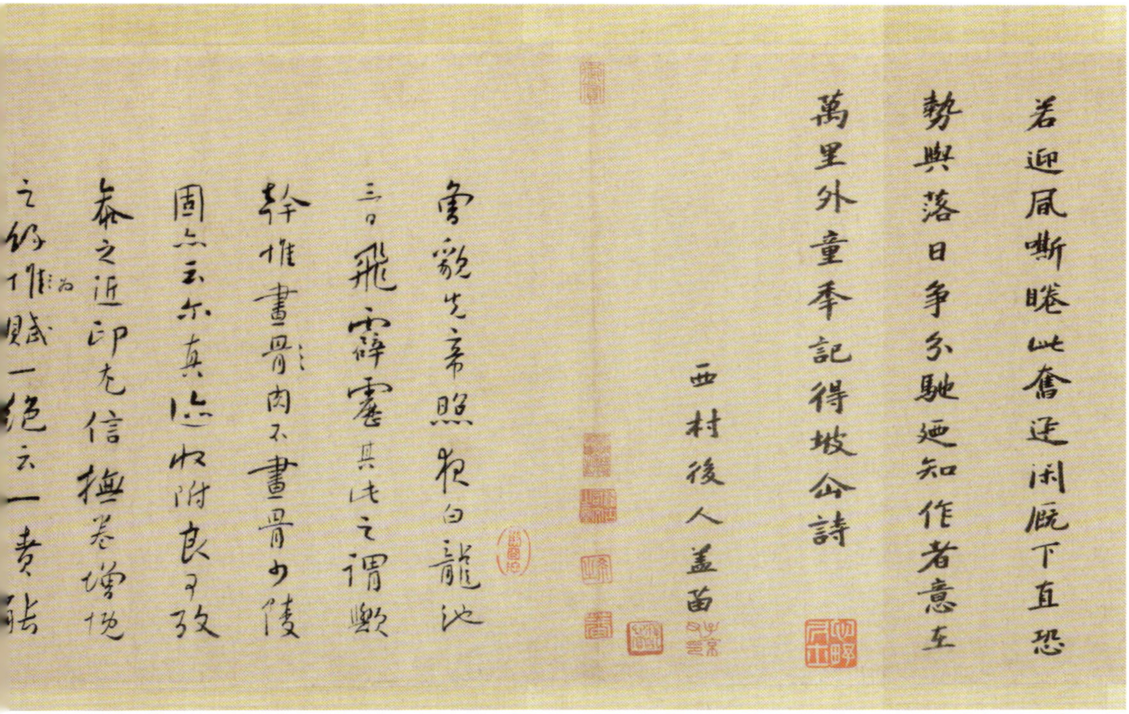
勢與落日爭分馳迺知作者意在
萬里外童季記得坡公詩
西村後人盖苗

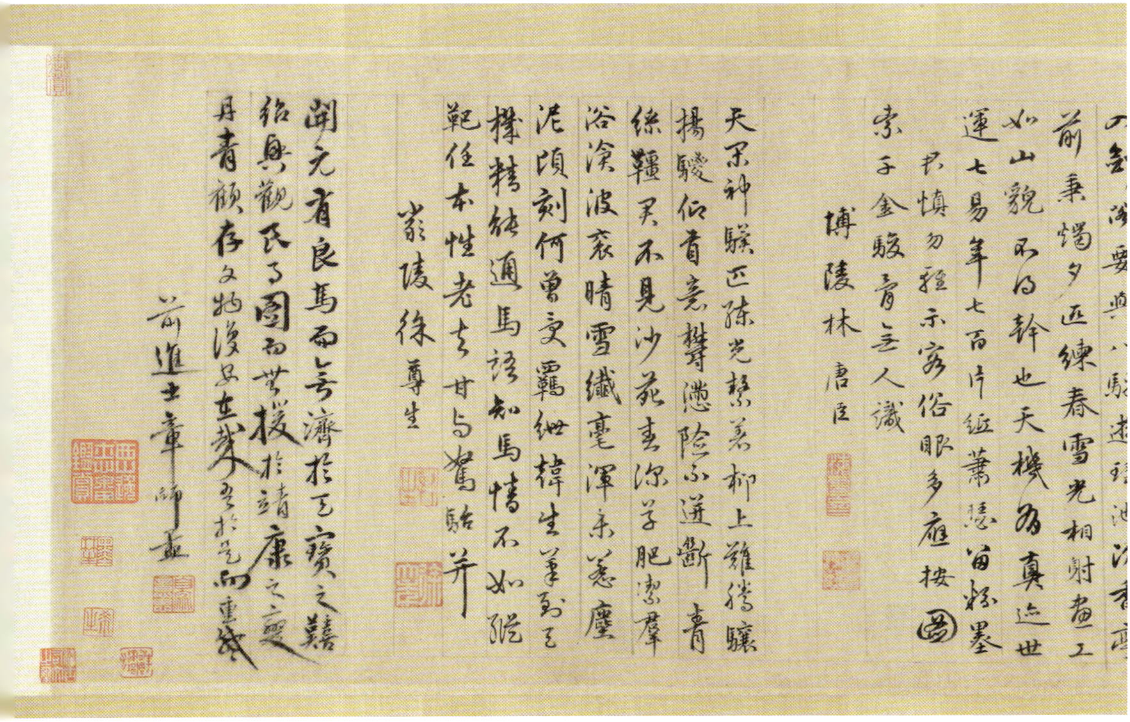
博陵林唐臣

八公图卷

年　代：唐

画　家：陈闳

尺　寸：纵25.08厘米，横82.23厘米

收藏地：美国纳尔逊—阿特金斯艺术博物馆

入藏号：49–40

陈闳，唐代画家。生卒年不详，会稽（今浙江绍兴）人。曾任永王府长史，以善画而被召入宫廷。擅画人物、肖像、鞍马，所画帝王肖像被誉为“冠绝当代”。

全画原有 8 人，损坏甚为严重，卷首 2 人已失去，现存左起第一人的人物画仅头部、帽、胸部和双手保持原样，其余部分都进行过补笔修缮，其余 5 位人物尚较完好。卷上每个人物头的上部原题姓名，但有很多错误，有人认为是

南宋时期无名氏因对所画人物不甚了解而妄加添写的，结果造成很大的混乱，成为古画一谜，令人费解。题字和人物如此不统一，所以这幅画目前的考证确实是唐笔，但人名题字是后人加上去的。

初詔宏與南平公嵩等坐止車門
右聽理機事世號八公豈唐時尚有
其像閻得而摹進之耶今唐
像傳世絕少予所見者惟秦府
寶像及此耳此卷前後鈿縫
有宣政小璽蓋是秘府之物
也
萬曆己卯仲夏七日
茂苑文嘉題

陳閎與閻立本齊名為韓幹師茲所圖
八公像筆意古勁神氣赫奕固知唐人
筆自是與晚近迥別休承以八像為北
魏名人果爾不應以嵩為萵以頵為

臣等謹按北魏明元帝即位初詔南平公
長孫嵩山陽侯奚斤北新侯安同白馬侯
崔宏等八人坐止車門右聽理萬幾故世
號八公事見北史長孫嵩傳資治通鑑載
元城侯拓跋屈預於八人之列八公名字
可考者僅此五人其三人則偏覈北史魏
書通鑑諸籍皆無之此圖為開元時陳閎
所繪神采衣紋絹色傳采皆古穆渾厚信
是唐蹟不知何時為不學者標名有羅結
王倫高頵等按羅結傳稱一百七歲領三
十六曹事而已未聞其列於八公也而王
倫南齊文臣高頵開皇佐命時代相去數
十年且百數十年又訛嵩為萵頵為頴其
謬更不待辨矣舊文嘉跋能知止車門事
而訛萵頵為魏人張鳳翼跋駁之而槩以
崔宏為名將皆鹵莽失考之過耳
皇上幾餘鑒賞直指標名跋尾之謬
命詳考史傳具識於後足以見古人最重圖像
為其與史事相表裏蓋皆有關於政治學
問云臣王杰臣董誥臣金士松臣沈初臣
彭元瑞臣王保臣阮元恭跋

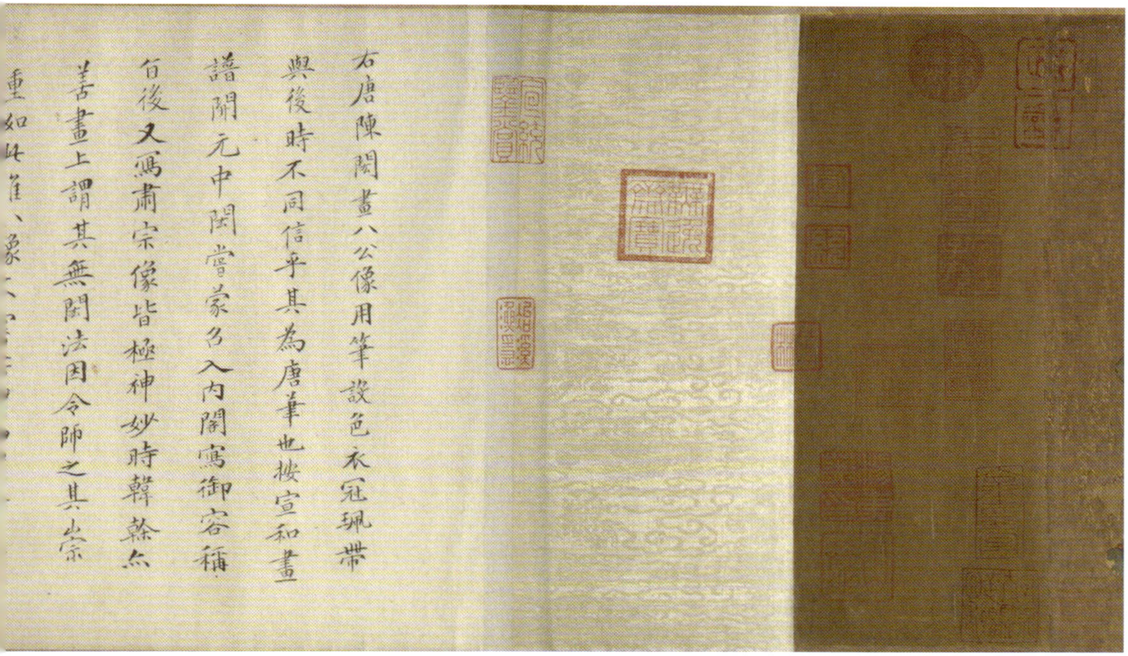
右唐陳閎畫八公像用筆設色衣冠珮帶
與後時不同信乎其為唐筆也按宣和畫
譜開元中閎嘗蒙召入內閣寫御容稱
旨後又寫肅宗像皆極神妙時韓幹亦
善畫上謂其無閎法因令師之其崇
重如此雀、象、

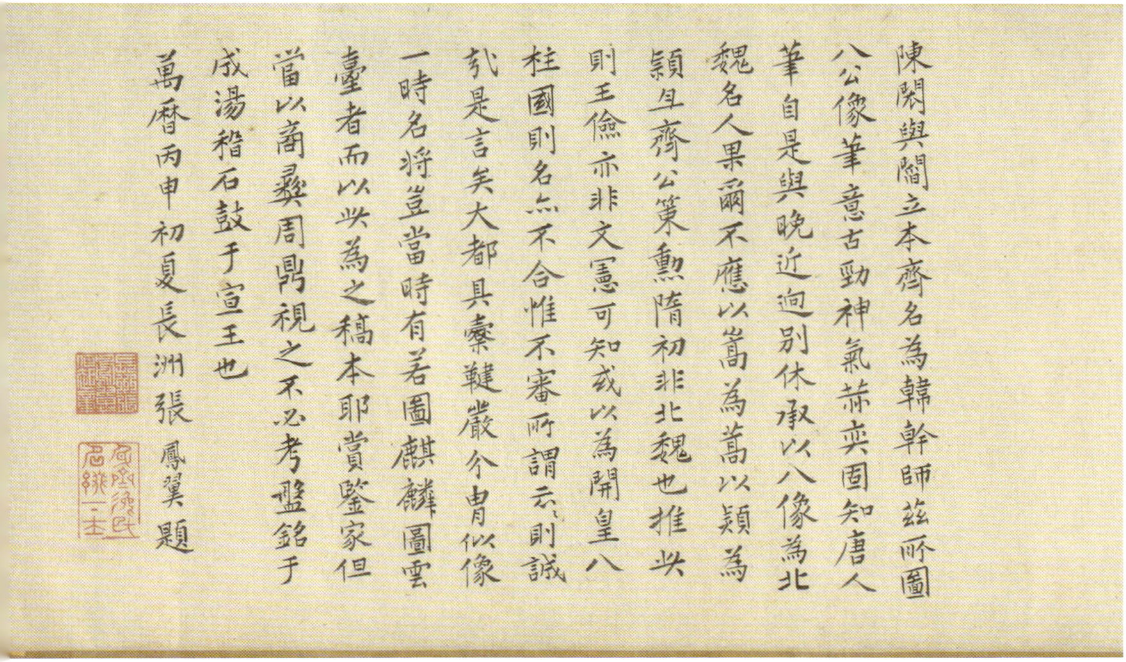
陳閎與閻立本齊名為韓幹師茲所圖
八公像筆意古勁神氣赫奕固知唐人
筆自是與晚近迥別休承以八像為北
魏名人果爾不應以嵩為嵩以熲為
穎且齊公策勳隋初非北魏也推此
則王儉亦非文憲可知或以為開皇八
柱國則名亦不合惟不審所謂云云則誠
哉是言矣大都具褒韃嚴介冑似像
一時名將豈當時有若圖麒麟圖雲
臺者而以此為之稿本耶賞鑒家但
當以商彝周鼎視之不必考盤銘于
成湯稽石鼓于宣王也
萬曆丙申初夏長洲張鳳翼題

送子天王图卷（宋摹本）

年　代：唐

画　家：吴道子

尺　寸：纵35.5厘米，横338.1厘米

收藏地：大阪市立美术馆

入藏号：无

吴道子（685—758年），又称吴道元，字道子，后改名为道玄，画史尊称“吴生”。阳翟（今河南禹州）人。唐代著名画家，被称为“百代画圣”。吴道子的绘画具有独特风格，所画人物衣褶，飘飘欲举，线条遒劲，潇洒秀逸，当时人将他和北朝齐时代著名画家曹仲达相提并论，称他们为“吴带当风，曹衣出水”。

全图分为三个部分：第一段描绘一位王者气度的天神端坐中间，两旁文臣、

仙女，以及武将、力士面对一条由二神降伏的巨龙。第二段画的是一个踞坐在石头之上的四臂披发尊神，神像形貌诡异，颇具气势，左右两边是手捧法器的天女神人。第三段即《释迦牟尼降生图》，内容是印度净饭王的儿子出生的故事。从画面上，可以看到释迦牟尼降生时，他的父亲抱着他到寺庙谒见自在天神的情景。明代书画收藏家张丑《清河书画舫》："吴道子《送子天王图》，纸本，水墨真迹，是韩氏（存良）名画第一，亦天下名画第一。"

右送子天王降生畫甚奇建康曾仲吉拜閲時昇元戊申夏五望日也

调琴啜茗图卷

年　代：唐

画　家：周昉

尺　寸：纵27.9厘米，横75.2厘米

收藏地：美国纳尔逊—阿特金斯艺术博物馆

入藏号：32–159/1

周昉生卒年不详，字仲朗。京兆（今陕西西安）人。唐代画家，官至宣州长史。善画“浓丽丰肥”的贵族仕女，因风格自成一家而有“周家样”的说法。《历代名画记》则说他“妙创水月之体”。唐德宗曾召他为章敬寺绘制壁画。还曾绘制过《水月观自在菩萨》。宋徽宗曾收藏过他的72幅作品，其中半数是仕女画。

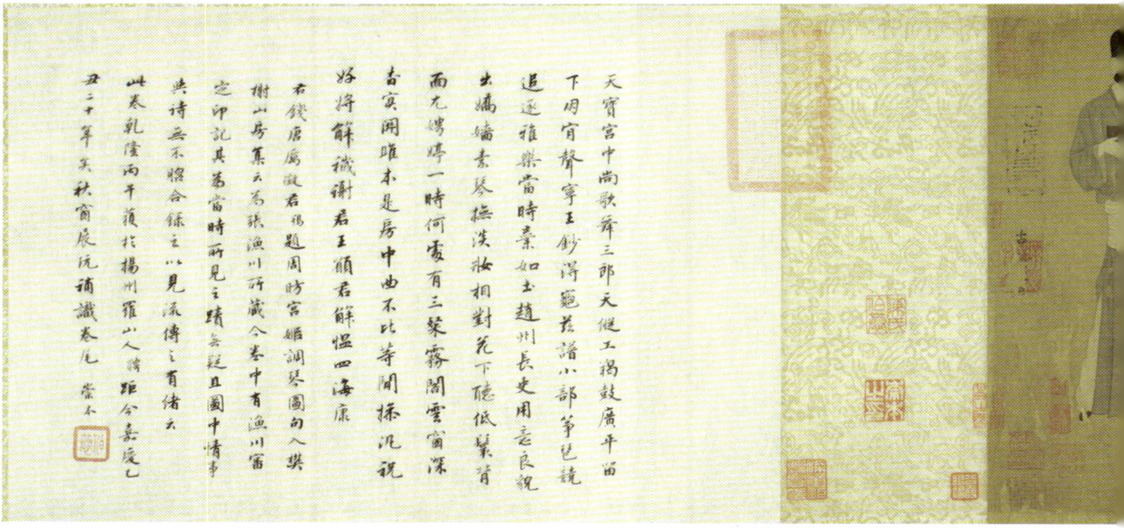

图中共绘五人，中间三人为贵妇，一人石上调琴，另外二人一边啜茗，一边侧耳倾听琴声。两侧为侍女，一人手端茶托，一人手持茶杯。人物神态端庄，画面布局疏密得体，很好地展现了唐代女性的生活。据考证此图或是宋人摹本。

溪岸图轴

年　代：五代

画　家：董源

尺　寸：纵220.3厘米，横109.2厘米

收藏地：美国大都会艺术博物馆

入藏号：2016.750

董源生年不详，卒于约962年，南唐画家。名源，一作元，字叔达，钟陵（今江西进贤西北）人。中主李璟（916—961年）时任后苑副使，后苑即北苑，世称“董北苑”。工龙、牛、虎、人物，最擅山水。后世将其与巨然并称“董巨”，称为“南方山水画派之祖”；与李成、范宽并称为“北宋三大家”；又与荆浩、巨然、关仝并称“五代、北宋间四大山水画家”。

此图以立幅构图，表现山野水滨的隐居环境。上端绘崇山峻岭，耸立的山口间露出一股溪流蜿蜒而下，山间又有流泉瀑布，在山脚汇聚，山麓有竹篱茅舍，岸边水榭中高士闲坐。此画以墨色染出山石体面，溪水波纹以细笔画出，在传世董画中颇为少见。

溪山兰若图轴

年　代：五代

画　家：巨然

尺　寸：纵184.5厘米，横56.1厘米

收藏地：美国克利夫兰艺术博物馆

入藏号：1959.348

巨然，生卒年不详，江宁（今江苏南京）人。五代僧人，画家。擅画山水，师法董源，专以江南山水入笔墨，所作山顶多作矾头，林麓间多卵石，其作品的野逸清净之趣，深受文人喜爱。巨然与董源并称“董巨”，对元明清乃至近代山水画影响巨大。

此图绘主峰突兀，山岩溪畔林木蓊郁，山脚林间筑有楼阁，近景平坡临水的丛树下构有一亭，当是江南夏日时的景象。山石用披麻皴,皴笔均用淡墨，用浓墨点苔，峰顶多矾头，用笔秀润。图右上角画有“巨五”二字,画上钤明初“典礼稽察司印”半印。明吴廷，清梁清标、安歧，清内府等鉴藏印，清安歧《墨缘汇观》、郡松年《古缘萃录》著录。

晴峦萧寺图轴

年　代：北宋

画　家：李成

尺　寸：纵111.7厘米，横55.9厘米

收藏地：美国纳尔逊-阿特金斯艺术博物馆

入藏号：47-71

此图上半部分两座高峰重叠，左右山峰低小淡远，其中一座楼阁突出，萧寺下及右三四座小山冈，皆有树生其上。画的最下处是从山中流出的溪水，一木桥架其上，山脚下有亭馆数间，人群来往。用笔坚实有力，画山上亭馆及楼塔之类，皆仰画飞檐，勾勒而形极层叠，皴擦甚少而骨干自坚，都是李成画的特点。画原为明末清初梁清标旧藏。

山水图轴

年　代：北宋

画　家：李公年

尺　寸：纵129.6厘米，横48.3厘米，

收藏地：普林斯顿大学艺术博物馆

入藏号：y1946-191

李公年，生卒年不详，活动于北宋末期，曾担任提点浙江刑狱公。擅画山水，作品多水云余思。

这幅作品树用蟹爪，山石皴法渲染细腻，层次分明，平远构图，远山仅见山腰或山顶，下层为云雾遮断，意境幽深。

番王礼佛图卷

年　代：北宋

画　家：赵光辅

尺　寸：纵28.6厘米，横103.5厘米

收藏地：美国克利夫兰艺术博物馆

入藏号：1957.358

赵光辅，活动于宋太祖、太宗、真宗间（公元10世纪中—11世纪初）。北宋耀州华原（今陕西耀县）人，五代南唐时布衣，北宋宋太祖时为图画院学生，乡里呼为“赵评事”，生卒年不详。工道释人物，兼精蕃马走兽，亦工竹木花卉，笔锋劲利，名“刀头燕尾”。所作线条流畅，人物形象清楚，骨骼厚重，刻画细致入微，设色典雅沉稳，有唐吴道子遗风。

此图画中国周边少数民族酋长、番王朝拜佛祖的形象。佛祖高坐莲台，诸番王作礼拜、贡献之状，服饰皆异域装束。画面气势宏大，人物安排疏密有致，表情各异，生动自然，是宋代人物画的一幅杰作。此作亦名《蛮王礼佛图》卷。

落花游鱼图卷

年　代：北宋

画　家：刘寀

尺　寸：纵26.4厘米，横255.3厘米

收藏地：美国圣路易斯艺术博物馆

入藏号：97:1926.1

刘寀，生卒年不详，字道源，一作弘道。神宗时期官至朝奉郎。善画鱼，为士大夫所推赞。

《落花游鱼图》开始先画盛开的杏花，伸向水面，向后展开，落花引来群

鱼争食，或聚或散，或潜游，或上浮，或回泳，翻藻戏蒲，以示水中的畅泳自然之态。其画法全用渲染，间或用没骨法，不见勾勒，活泼生动。这种表现方法独创一格，多为后人所仿效。

晋文公复国图卷

年　代：南宋

画　家：李唐

尺　寸：纵30.2厘米，横1242.2厘米

收藏地：美国大都会艺术博物馆

入藏号：1973.120.2

李唐，字晞古，河阳（今河南孟州）人，生卒年不详，北宋末南宋初画家。他于徽宗朝已入画院，南渡后复入画院为待诏，时年已八十。他擅长山水、人物，亦工画牛。李唐在宋代绘画史上是一位承前启后的重要人物，他所开创的山水画风格，给南宋山水画创作以深远的影响，我们从南宋代表性画家马远、夏圭的作品中即可明显地感受到这一点。

此图据《左传》的记载，描绘春秋时晋公子重耳流亡后，历经宋、郑、楚、

秦诸国，最后终于回到晋国，做了晋侯的故事。构图采用连环画的形式，共画了六段，人物故事描绘得细致而生动。人物用铁线描，遒劲有力，衣纹行笔大都圆转而过，很少方折之笔，画风古朴。“奉匜沃盥”一段，使人联想到顾恺之《女史箴图》的画风。坡石的画法还杂有郭熙的因素，李唐早年受郭熙画风的影响是完全可能的。每段故事画面后，有小楷书录《左传》原文，亦未署款。拖尾有元乔篑成、石岩等跋，卷中钤有明安国、吴廷及清内府鉴藏印，《云烟过眼录》《石渠宝笈初编》等书著录。

及鄭鄭文公亦不禮焉叔詹諫曰臣聞天之所
啓人弗及也晉公子有三焉天其或者将建諸
君其禮焉男女同姓其生不蕃晉公子姬出也
而至于今一也離外之患而天不靖晉國殆将
啓之二也有三士足以上人而從之三也晉鄭
同儕其過子弟固将禮焉况天之所啓乎弗聽

及宋宋襄公贈之以馬二十乘

之後其後衰者也其將由晉公子乎天將興之
誰能廢之違天必有大咎乃送諸秦

及宋宋襄公贈之以馬二十乘

之後其後衰者也其將由晉公子乎天將興之
誰能廢之違天必有大咎乃送諸秦

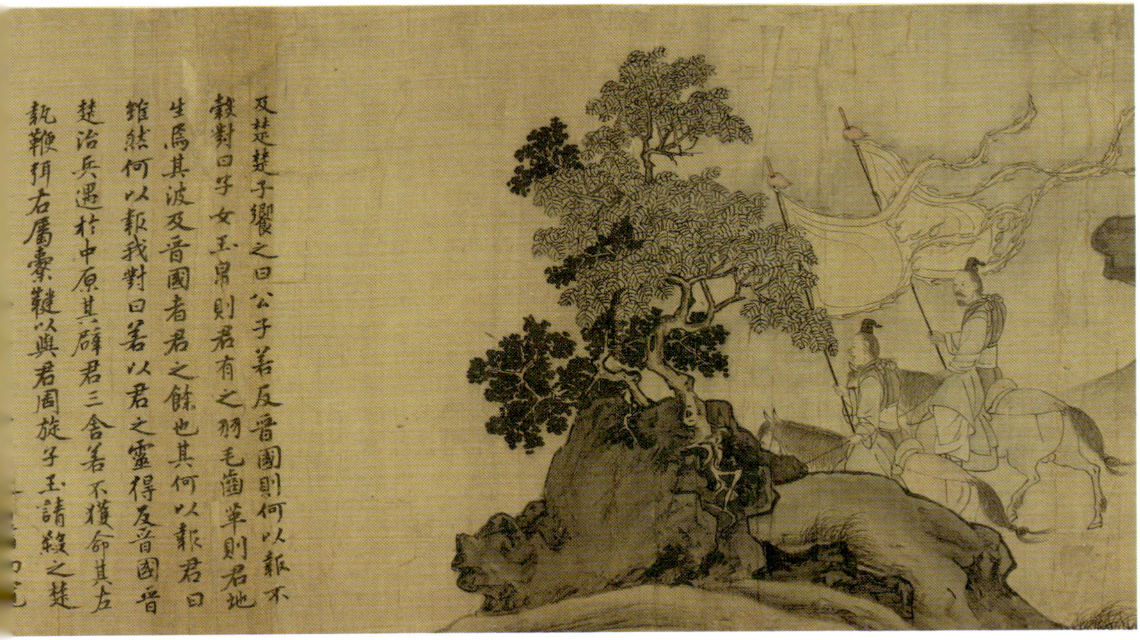
及楚楚子饗之曰公子若反晉國則何以報不
穀對曰子女玉帛則君有之羽毛齒革則君地
生焉其波及晉國者君之餘也其何以報君曰
雖然何以報我對曰若以君之靈得反晉國晉
楚治兵遇於中原其辟君三舍若不獲命其左
執鞭弭右屬櫜鞬以與君周旋子玉請殺之楚

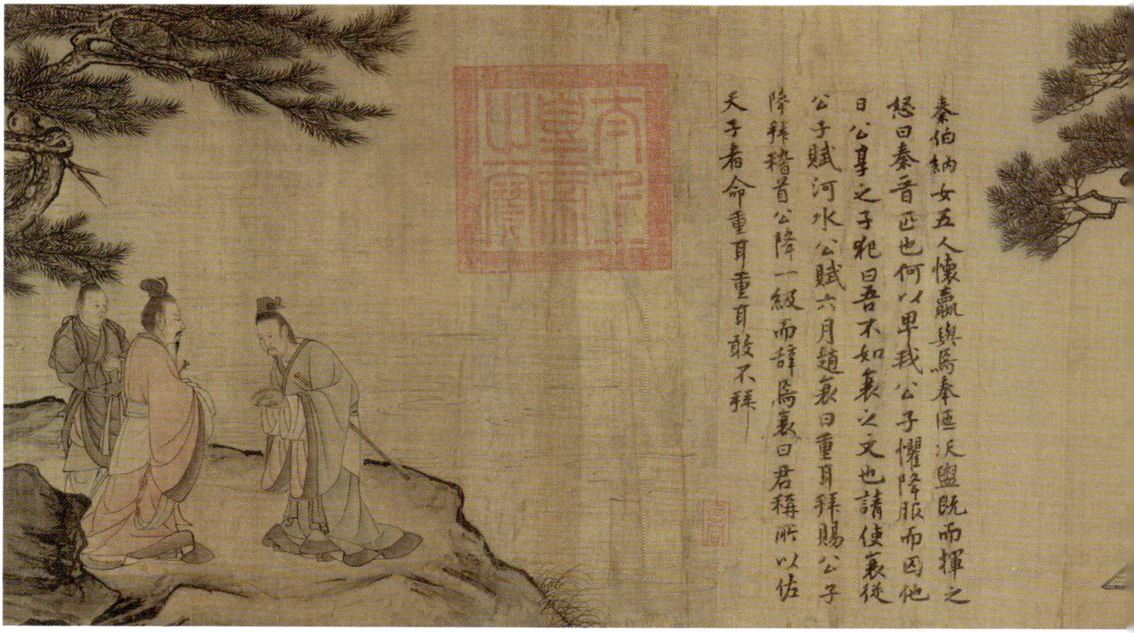
秦伯納女五人懷嬴與焉奉匜沃盥既而揮之
怒曰秦晉匹也何以卑我公子懼降服而囚他
日公享之子犯曰吾不如衰之文也請使衰從
公子賦河水公賦六月趙衰曰重耳拜賜公子
降拜稽首公降一級而辭焉衰曰君稱所以佐
天子者命重耳重耳敢不拜

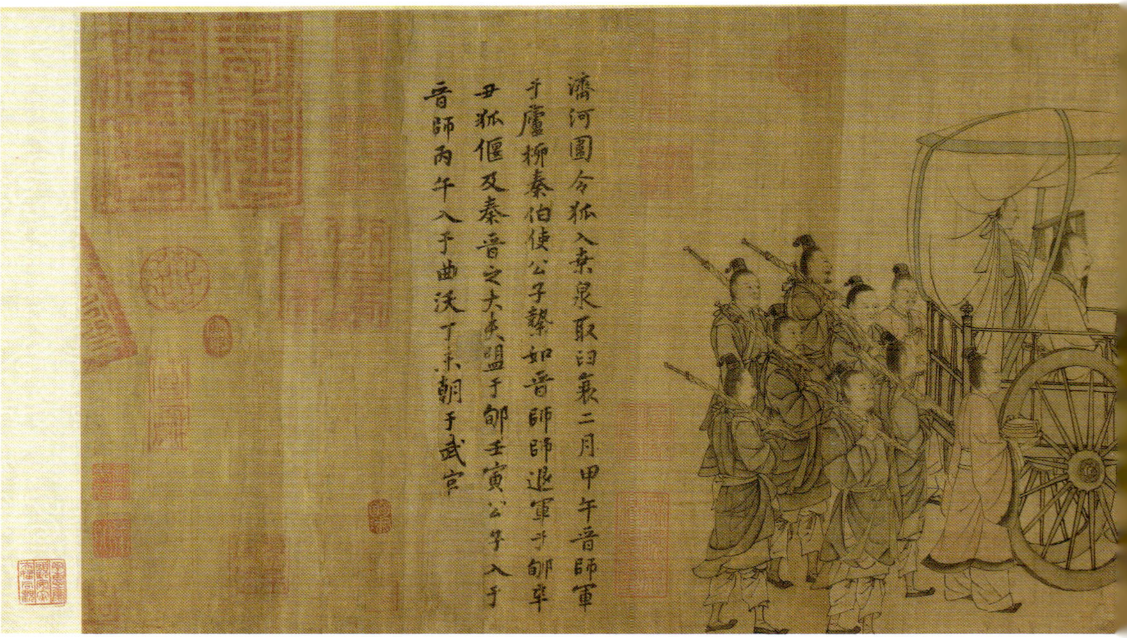
濟河圍令狐入桑泉取臼衰二月甲午晉師軍
于廬柳秦伯使公子縶如晉師師退軍于郇辛
丑狐偃及秦晉之大夫盟于郇壬寅公子入于
晉師丙午入于曲沃丁未朝于武宮

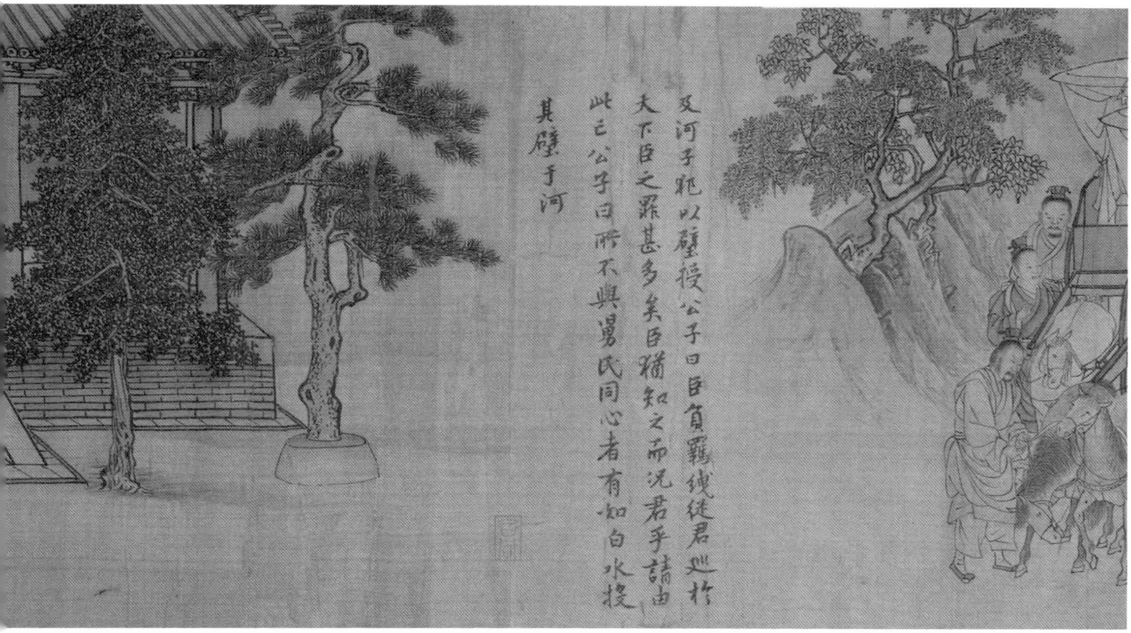
及河子犯以璧授公子曰臣負羈紲從君巡於
天下臣之罪甚多矣臣猶知之而況君乎請由
此亡公子曰所不與舅氏同心者有如白水投
其璧于河

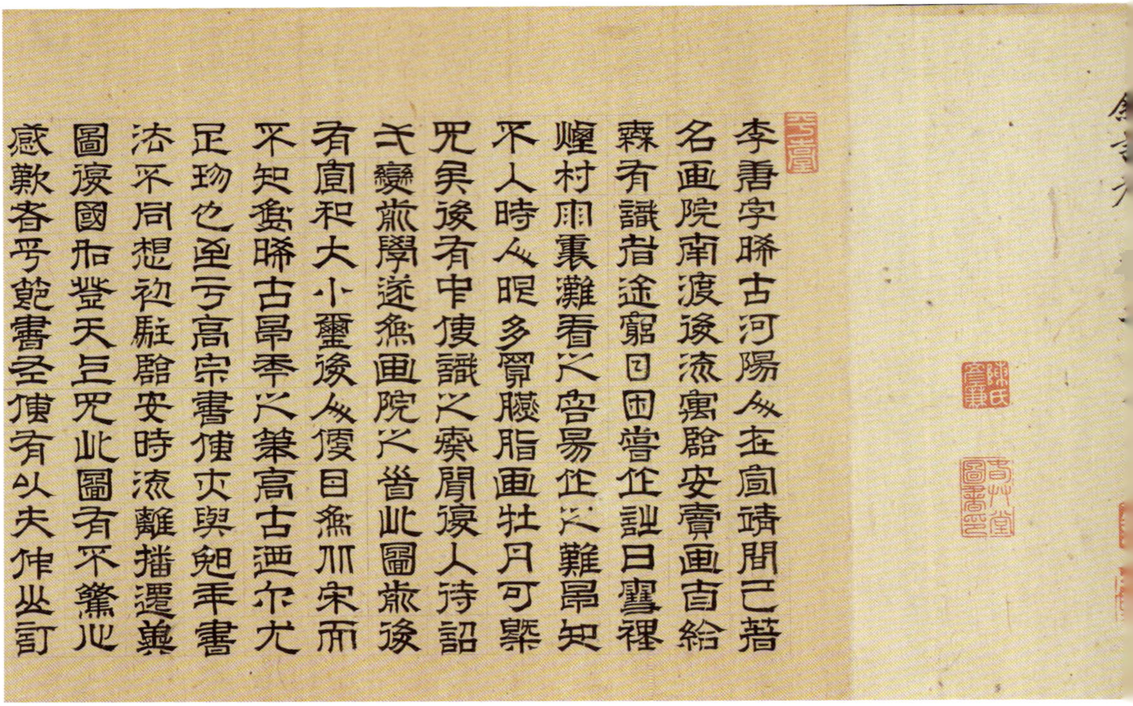
李唐字晞古河陽人在宣靖間已著
名畫院南渡後流寓臨安賣畫自給
無有識者途窮困嘗作詩曰雪裡
煙村雨裏灘看之容易作之難早知
不入時人眼多買臙脂畫牡丹可槩
見矣後有中使識之奏聞復入待詔
之變前學遂為畫院之首此圖前後
有宣和大小璽後人便目為北宋而
不知為晞古早年之筆高古洒尓尤
足珍也至于高宗書便更與晚年書
法不同想初駐臨安時流離播遷冀
圖復國而登天旦見此圖有不驚心
感歎者乎乾書每使有以夫作此訂

足稱二絶
成化六年四月望日吳寬題
六止生周子球觀

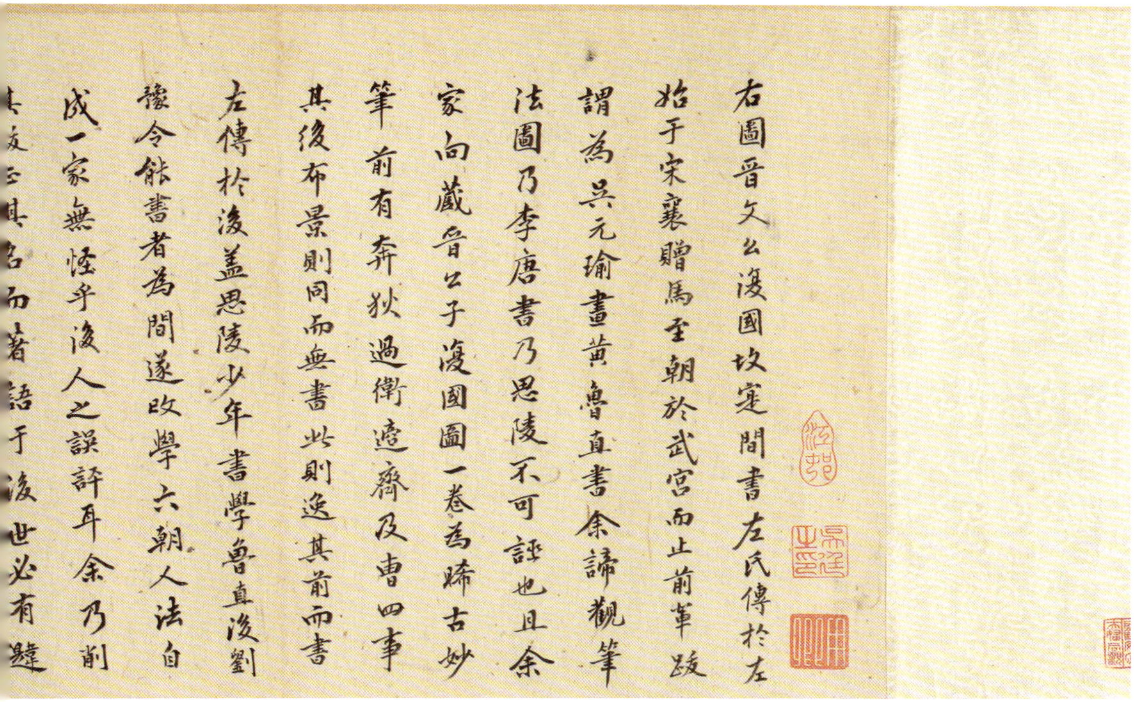
右圖晉文公復國故寔間書左氏傳於左
始于宋襄贈馬至朝於武宮而止前箪跋
謂為吳元瑜畫黃魯直書余諦觀筆
法圖乃李唐書乃思陵不可誣也且余
家向藏晉公子復國圖一卷爲晞古妙
筆前有奔狄過衛適齊及曹四事
其後布景則同而無書此則逸其前而書
左傳於後蓋思陵少年書學魯直後劉
豫令能書者爲間遂改學六朝人法自
成一家無怪乎後人之誤評耳余乃剟
其名而著語于後世必有

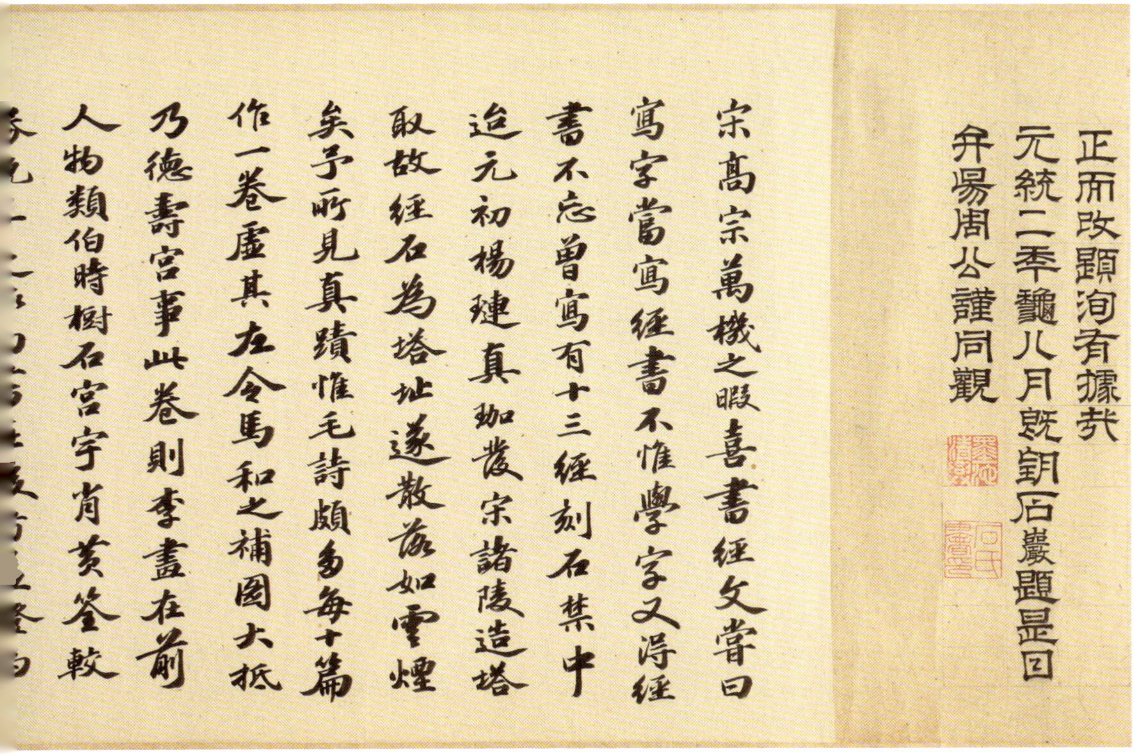
正而改題洵有據哉
元統二季龜八月既朔石巖題是圖
弁陽周公謹同觀
宋高宗萬機之暇喜書經文嘗曰
寫字當寫經書不惟學字又得經
書不忘曾寫有十三經刻石禁中
迨元初楊璉真珈發宋諸陵造塔
取故經石爲塔址遂散落如雲煙
矣予所見真蹟惟毛詩頗多每十篇
作一卷虛其左令馬和之補圖大抵
乃德壽宮事此卷則李畫在前
人物類伯時樹石宮宇肖黃筌較

洞山渡水图轴

年　代：南宋

画　家：马远

尺　寸：纵77.6厘米，横33厘米

收藏地：东京国立博物馆

入藏号：TA-138

马远（1160—1225年），字遥父，号钦山，南宋杰出画家。原籍河中（今山西永济附近），侨寓钱塘（今浙江杭州）。曾祖父马贲、祖父马兴祖、伯父马公显、父马世荣、兄马逵、子马麟都是画院待诏。马远擅长山水画，继承和发展了北派山水的画风，能自出新意，下笔遒劲严整，设色清润。他的画被当时评价为“边角之景”，人称“马一角”。他与李唐、刘松年、夏圭合称为“南宋四大家”。

洞山指的是禅宗曹洞宗的创始人良价禅师。相传良价禅师在渡河的时候，看到自己在河水中的影子，豁然顿悟。画幅展现的就是良价禅师渡水顿悟的情景，禅师右手拄着拐杖，左手提着衣服，赤足涉水，水中身影随波纹晃动，禅师面露喜色，微笑地看着水中身影。整个画面以空旷的背景衬托了大德高僧的形象，让人叹为观止。画面上方楷书题赞：“携藤拨草瞻风，未免登山涉水。不知触处皆渠，一见低头自喜。”题赞旁边钤“坤宁之殿”朱文印，可知赞语为宁宗皇后所书。

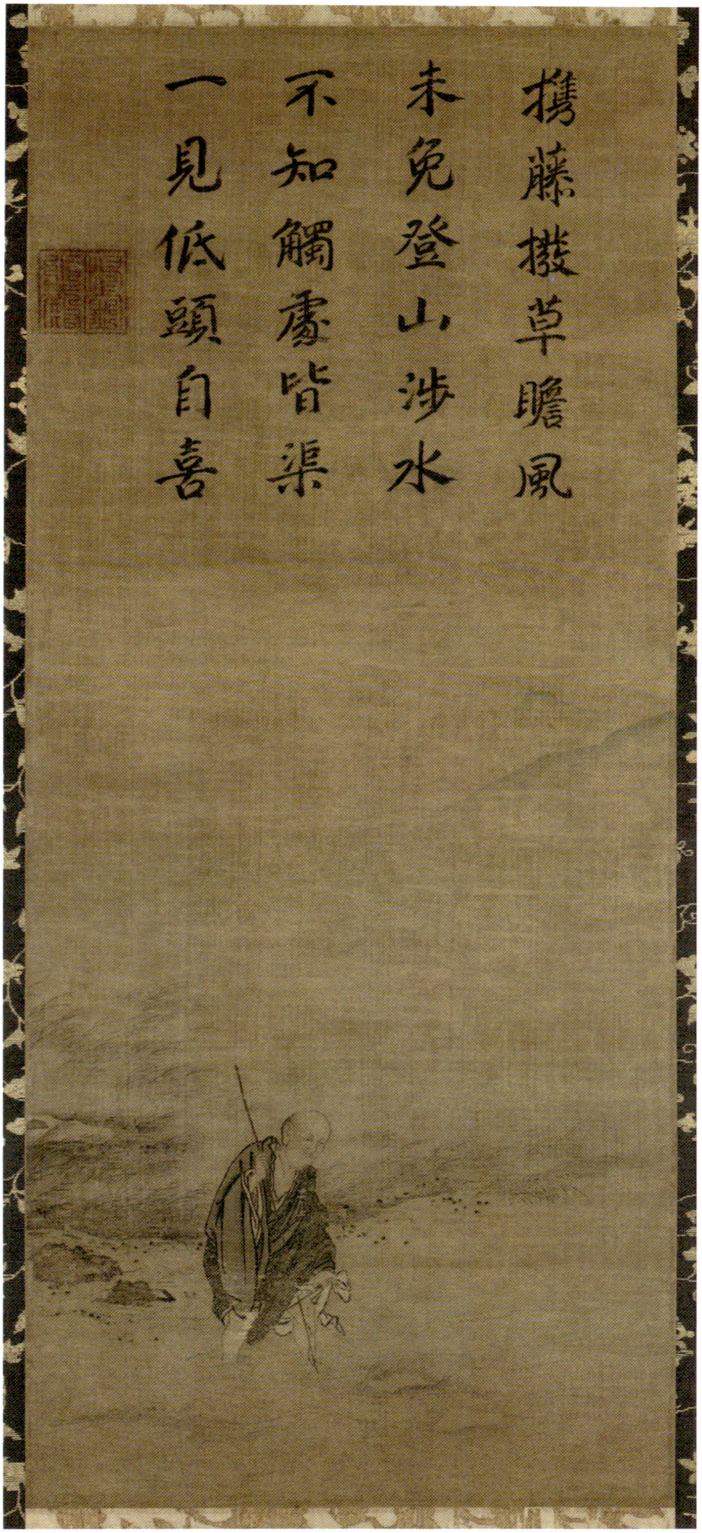
攜藤撥草瞻風
未免登山涉水
不知觸處皆渠
一見低頭自喜

十二景山水图卷

年　代：南宋

画　家：夏圭

尺　寸：纵27.3厘米，横253.7厘米

收藏地：美国纳尔逊－阿特金斯艺术博物馆

入藏号：32–159/2

夏圭，又作夏珪，字禹玉，为南宋著名画家，钱塘（今浙江杭州）人。宋宁宗时（1195—1224年）官至画院待诏，并赐金带。早年工人物画，后以山水画著称，取法李唐，画山石时用水墨皴染，用秃笔带水作大斧劈皴，称为“拖泥带水皴”。笔简意足，清旷俏丽，善于提炼剪裁，景色含蓄动人，清幽深远。所画山水取景多为“半边”“一角”之景，构图别具一格，有“夏半边”之称。是北派山水代表人物之一。

画幅描绘从早晨到傍晚的景色，共计十二景，现仅存四景即“遥山书雁”“烟

村归渡”“渔笛清幽”和“烟堤晚泊”。近山用斧劈皴，块面分明，苍劲有力。远山用淡墨晕染，空间开阔。画面中有大面积留白，创造了寂静悠远的景象。山坡、岩石间杂树丛生，松林间楼阁掩映。江面滩头，两三渔舟，数个行人，景色与人物相映衬，动静变化意境盎然。卷末署款“臣夏珪画”，卷上有宋理宗分题。此卷是夏圭传世代表作之一，弥足珍贵。卷后拖纸有邵亨贞、王谷祥、董其昌、王翚、端方等人题跋，足以证明此画流传有序。

煙堤晚泊

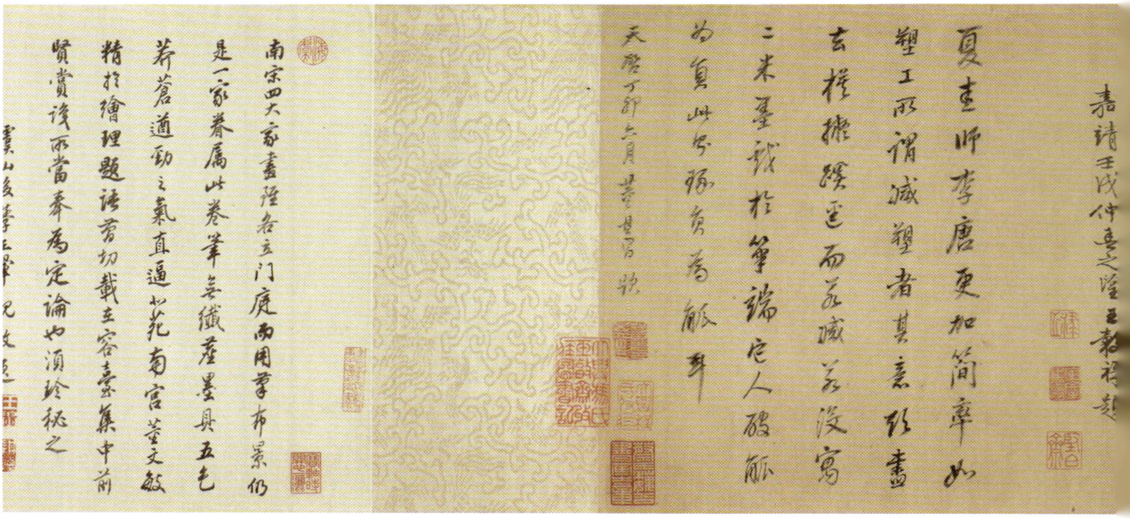
嘉靖壬戌仲春之望王穀祥題
夏圭師李唐更加簡率如
塑工所謂減塑者其意欲盡
去模擬蹊逕而若滅若沒寓
二米墨戲於筆端它人破觚
為圓此又琢圓為觚耳
天啟丁卯六月董其昌跋
南宋四大家畫雖各立門庭而用筆布景仍
是一家眷屬此卷筆無纖塵墨具五色
莽蒼遒勁之氣直逼如花南宮董文敏
精於繪理題語多切載在容臺集中前
賢賞識所當奉為定論也須珍秘之

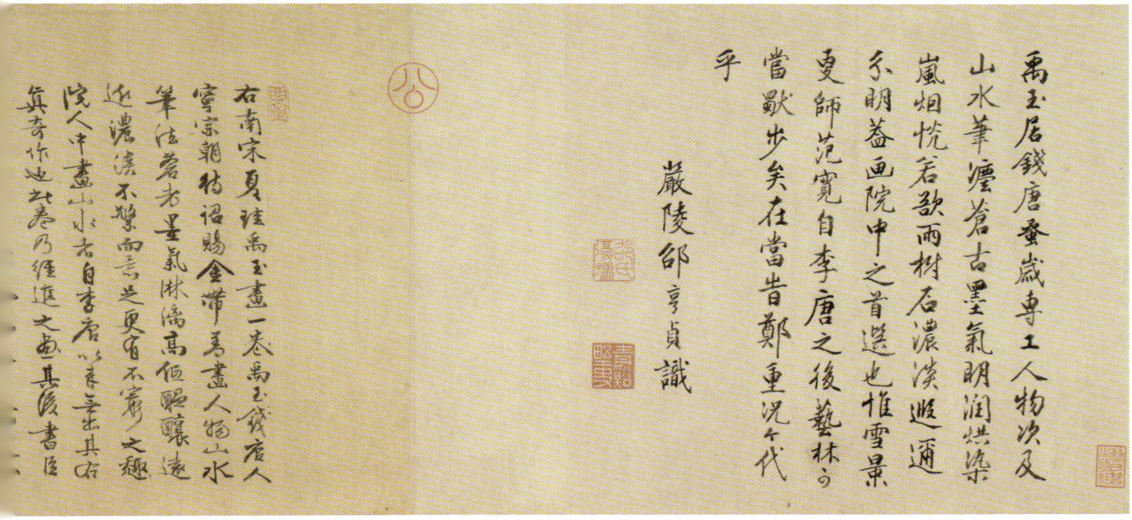

禹玉居錢唐蚤歲專工人物次及
山水筆灑蒼古墨氣明潤烘染
嵐烟恍若欲雨樹石濃淡遐邇
分明畫院中之首選也惟雪景
更師范寬自李唐之後藝林之
當獻步矣在當時鄭重況今代
乎
巖陵邵亨貞識

右南宋夏珪禹玉畫一卷禹玉錢唐人
寧宗朝待詔賜金帶善畫人物山水
筆法蒼老墨氣淋漓高低醞釀遠
近濃淡不繁而意足更有不窮之趣
院人中畫山水者自李唐以来無出其右
真奇作也此卷乃經進之物其後書臣

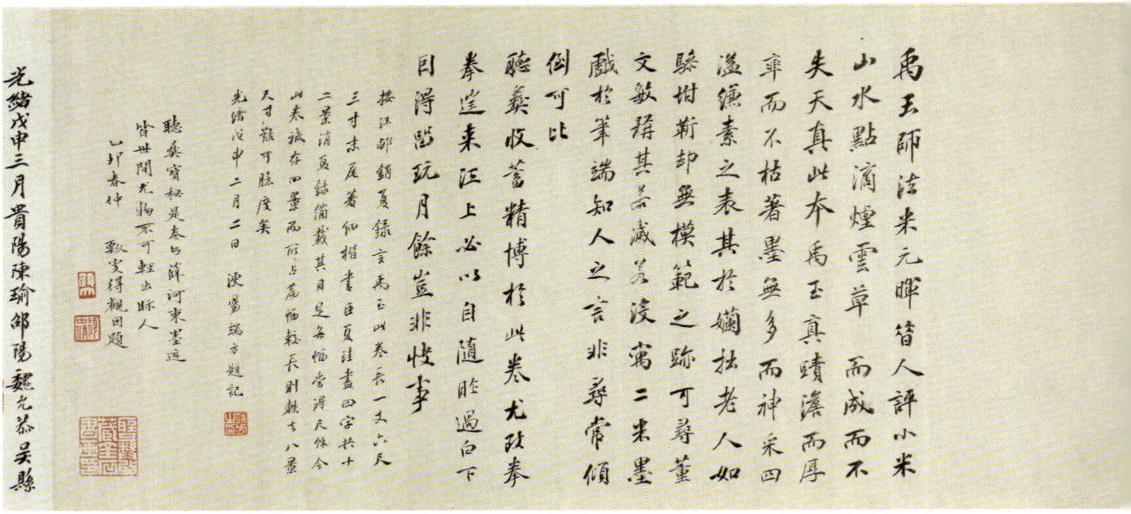
禹玉師法米元暉皆人評小米
山水點滴煙雲草草而成而不
失天真此本禹玉真蹟潑而厚
率而不枯著墨無多而神采四
溢縹素之表其於孏拙老人如
驂靳卻無模範之跡可尋董
文敏稱其萬滅萬沒寓二米墨
戲於筆端知人之言非尋常傾
倒可比
聽彝收藏精博於此卷尤珍奉
奉遂來江上必以自隨暇過白下
因得留玩月餘豈非快事
按江邨銷夏錄言禹玉此卷長一丈六尺
三寸末尾著細楷書臣夏珪畫四字共十
二景消夏錄備載其目是每幅當得尺餘今
此卷祇存四景而所占篇幅較長則較之八景
尺寸雖可臆度矣
光緒戊申二月二日 浭陽端方題記
聽彝寶秘是卷與薛河東墨迹
皆世間尤物不可輕出眎人
己卯春仲 歎實得觀因題
光緒戊申三月貴陽陳瑜邵陽魏光燾吳縣

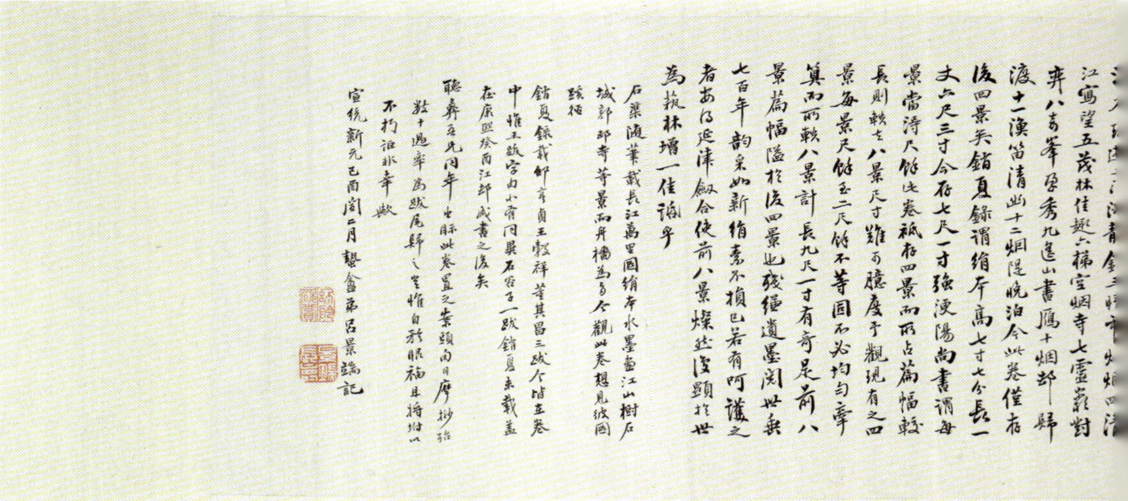
江寫望五茂林佳趣六梯空烟寺七靈巖對
弈八奇峯孕秀九遙山書雁十烟村一歸
渡十一漁笛清幽十二烟隄晚泊今此卷僅存
後四景矣銷夏錄謂綃本高七寸七分長一
丈六尺三寸今存七尺一寸強浭陽尚書謂每
景當得尺餘此卷祇存四景而所占篇幅較
長則較之八景尺寸雖可臆度予觀現有之四
景每景尺餘至二尺餘不等固不必均勻牽
算而所較八景計長九尺一寸有奇是前八
景篇幅隘於後四景也殘縑遺墨閱世無
七百年韵采如新綃素不損已若有呵護之
者安得延津劍合使前八景燦然復顯於世
為藝林增一佳話乎
石渠隨筆載長江萬里圖綃本水墨畫江山樹石
城郭郎寺等景而舟檣為多今觀此卷想見彼圖
縱橫
銷夏錄載郎亭貞王穀祥華其昌三跋今皆在卷
中惟王跋字由小有同異不容子一跋銷夏未載蓋
在康熙癸酉江邨成書之後矣
聽彝吾兄丙年古眎此卷置之案頭向日摩挲殆
数十過卒為跋尾歸之竊惟自於眼福且將嗣以
不朽泊非幸歟
宣統新元己酉閏二月馨盦弟呂景端記

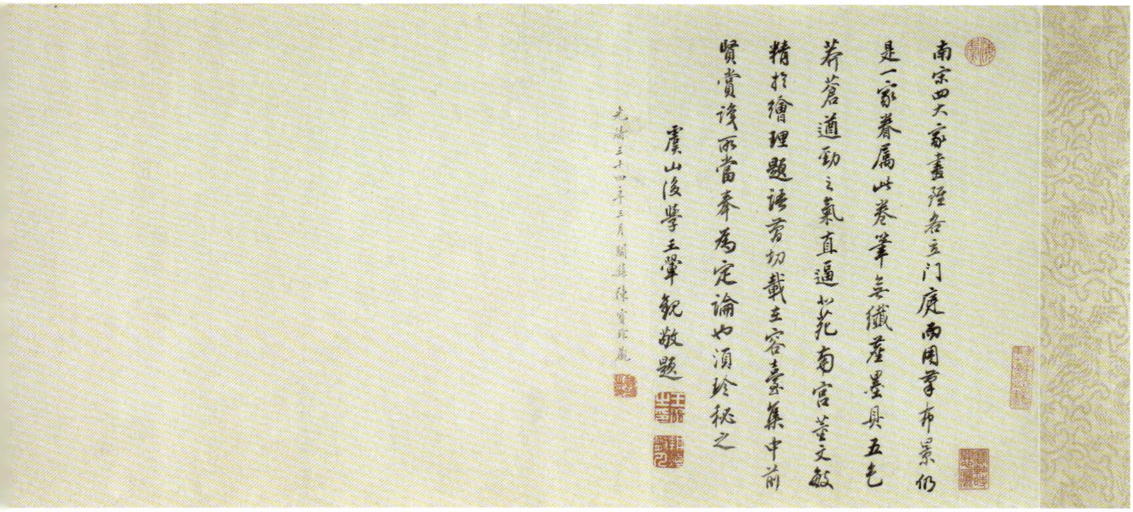
南宋四大家畫徑各立门庭而用筆布景仍
是一家眷屬此卷筆無纖塵墨具五色
莽蒼道勁之氣直逼北苑南宮董文敏
精於繪理題語剴切載在容臺集中前
賢賞識所當奉為定論也須珍秘之
虞山後學王肇鈵敬題
光緒三十四年三月關縣陳寶琛觀

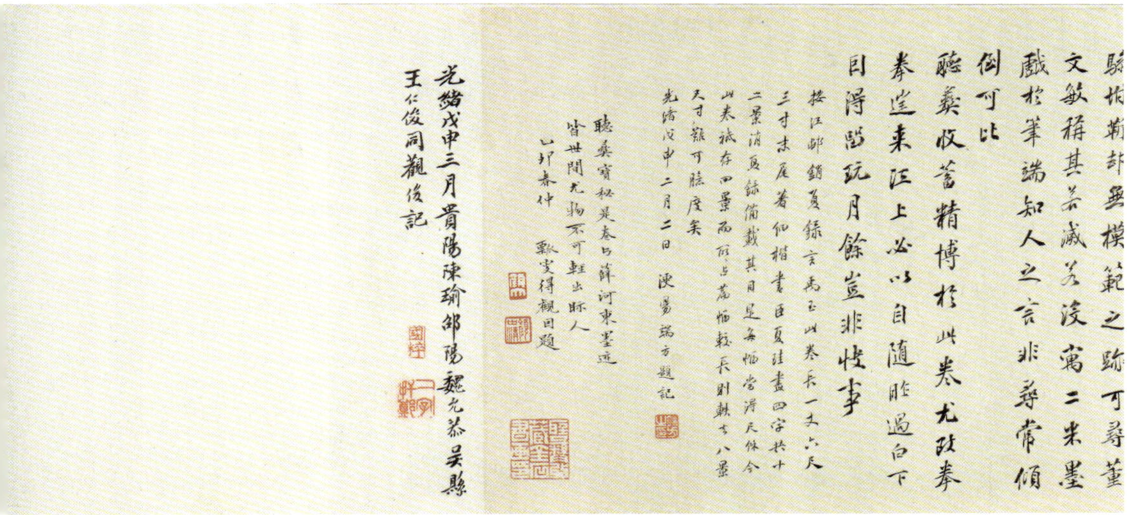
驗坊荊邱無模範之跡可尋董
文敏稱其若滅若沒寓二米墨
戲於筆端知人之言非尋常傾
倒可比
聽彝收蓄精博於此卷尤踩拳
拳蓬來江上必以自隨暇過白下
目得晤玩月餘豈非快事
按江邨銷夏錄言禹玉山卷長一丈六尺
三寸末尾著細楷書臣夏珪畫四字共十
二景消夏錄備載其目是無恒當得天休今
此卷祇存四景而所占篇幅較長則缺去八景
又寸鎔可臆度矣
光緒戊申二月二日 浭陽端方題記
聽彝寶秘是卷与薛河東墨迹
皆世間尤物不可輕出眎人
己卯春仲 鄭實得觀因題
光緒戊申三月貴陽陳瑜邵陽魏允恭吳縣
王仁俊同觀後記

松下高士图册页

年　代：南宋

画　家：马麟

尺　寸：纵25.2厘米，横26厘米

收藏地：美国大都会艺术博物馆

入藏号：47.18.63

马麟，生卒年不详，南宋画家。马麟之父马远是宋光宗、宋宁宗两朝画院待诏，马麟画承家学，擅画人物、山水、花鸟，用笔圆劲，轩昂洒落，画风秀润处过于乃父。宁宗嘉泰（1201—1204年）间授画院祗候，颇得宋宁宗赵扩、皇后杨氏等称赏，每于父子画上题句。

马麟的山水画具有家学渊源，深受其父马远的影响。这幅作品采用家传的一角取景，近景巨石磊落，殿阁半露，苍松虬劲，窈窕半空之中，松下一高士散步石阶，似乎在清修祈祷。半空中一轮圆月照耀大地，整个画面呈现出清冷幽寂之感。画幅下方巨石上署款“臣马麟”。画幅上钤有“□□□□司印”“明安国玩”“项元汴印”“子京父印”“项墨林鉴赏章”“神品”等鉴藏印。

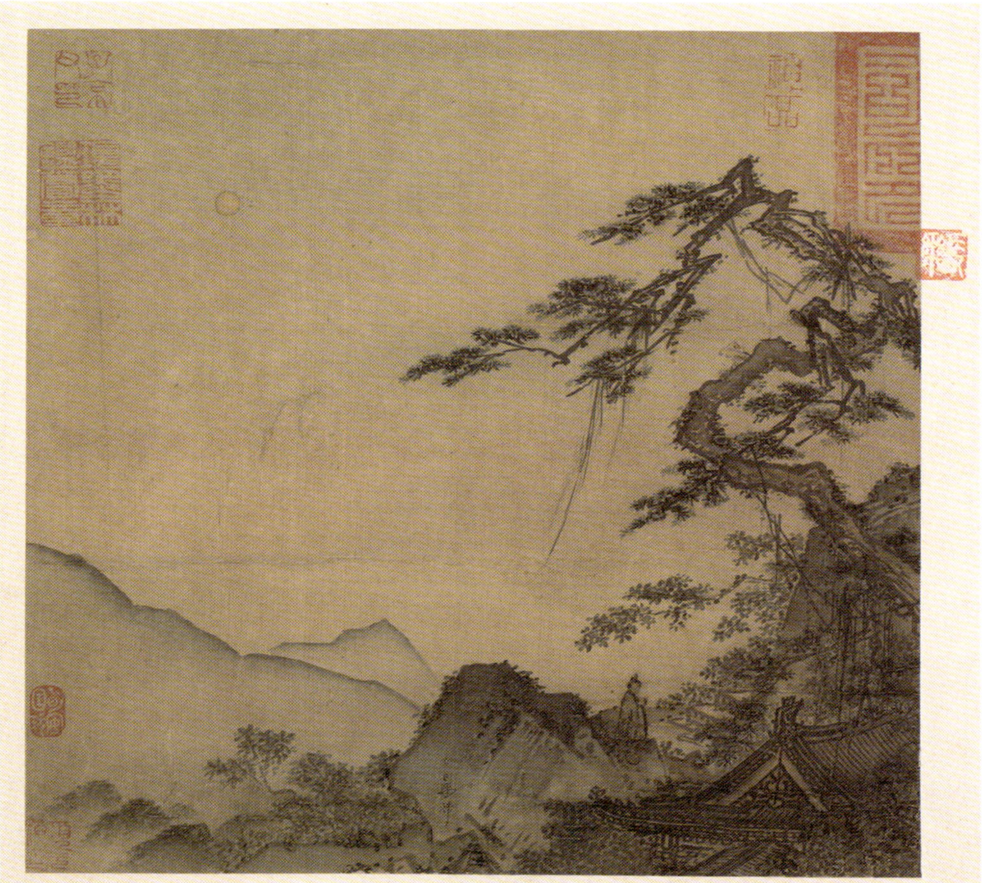

九龙图卷

年　代：南宋

画　家：陈容

尺　寸：纵46.8厘米，横1496.5厘米

收藏地：波士顿美术博物馆

入藏号：17.1697

陈容，字公储，号所翁。临川（今属江西）人。南宋画家、书法家。以画墨龙著称。现藏于波士顿美术馆的《九龙图》是他的代表作。此外传世的作品还有广东省博物馆的《云龙图》、东京国立博物馆的《五龙图卷》、故宫博物院的《行书自书诗卷》、《石渠宝笈续编》中的《六龙图》等等。

《九龙图》是陈容存世作品中最为著名的一件，乃其晚期所作。绘九龙攫珠、穿云、追逐嬉戏于白浪苍茫间，极尽腾挪变化之态。用笔亦豪纵雄健，为其传世代表作。整个画面九条龙分置于险山云雾和湍急的潮水之中，迥异之状跃然卷上。构图形式上，龙与龙之间虚实相映，犹如琴弦弹奏有张有弛，势气逼人。

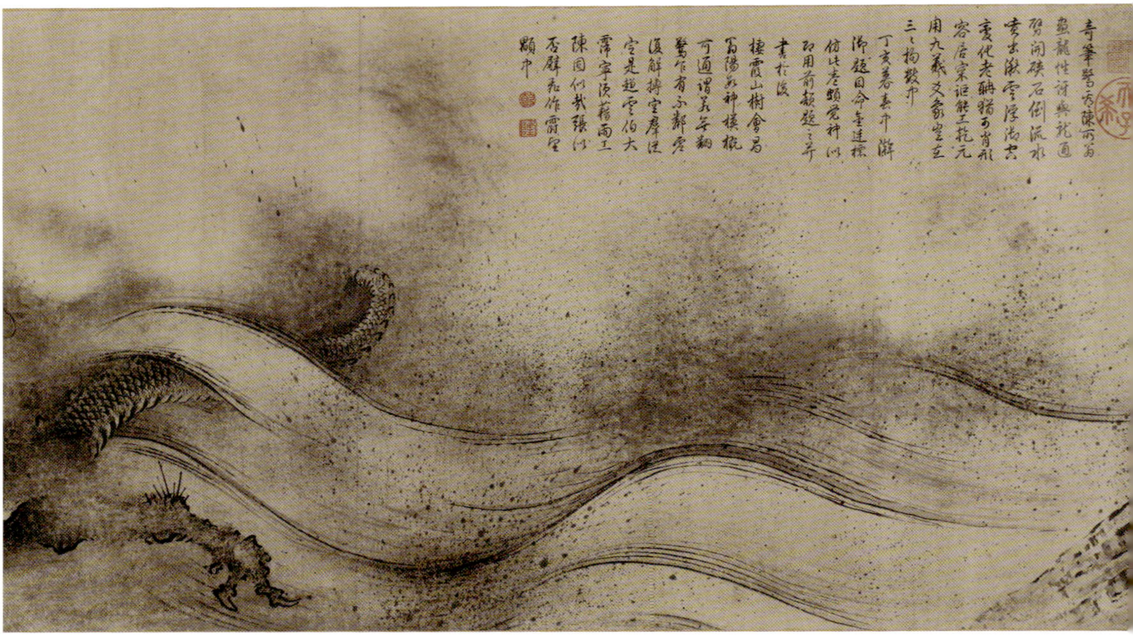

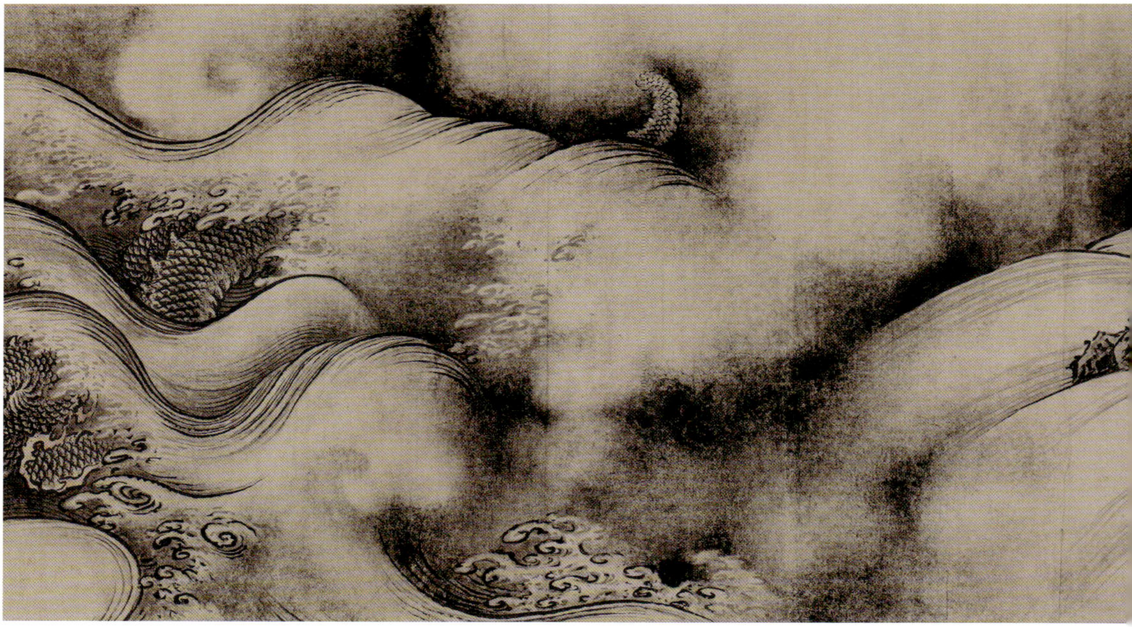

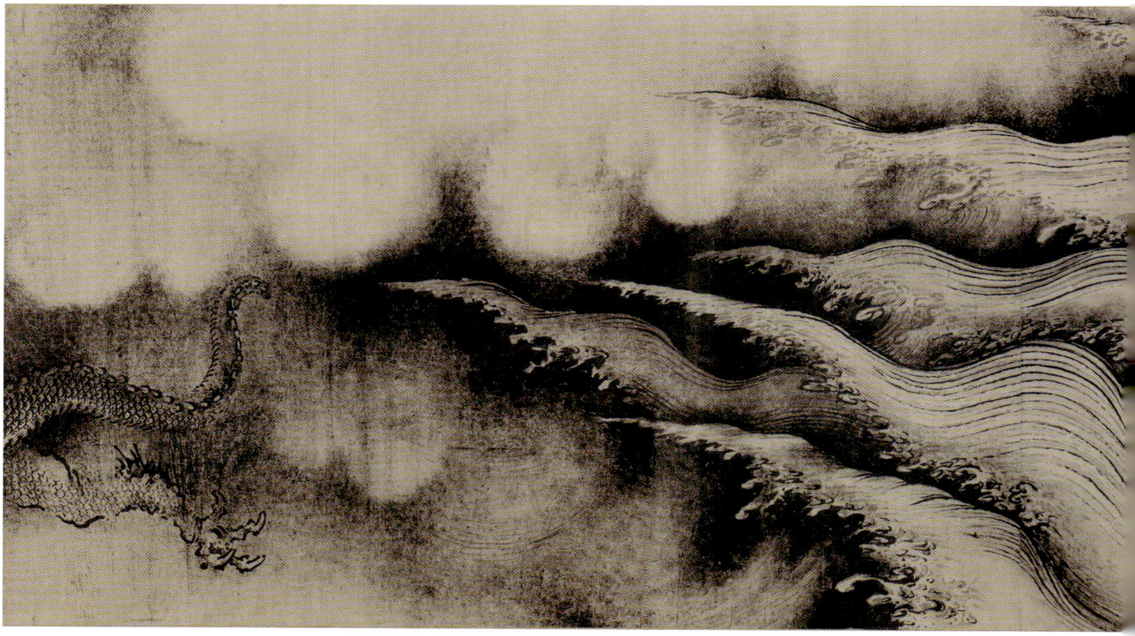

太上皇帝之寶

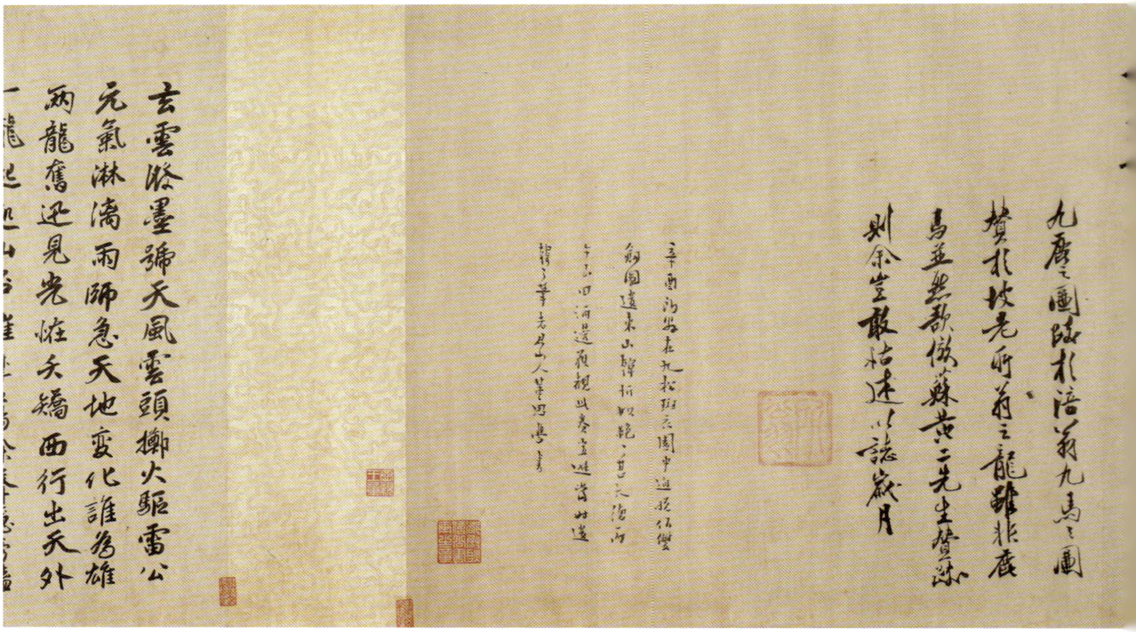
玄雲潑墨歸天風雲頭擲火驅雷公
元氣淋漓雨師急天地變化誰為雄
兩龍奮迅見光怪矢矯西行出天外

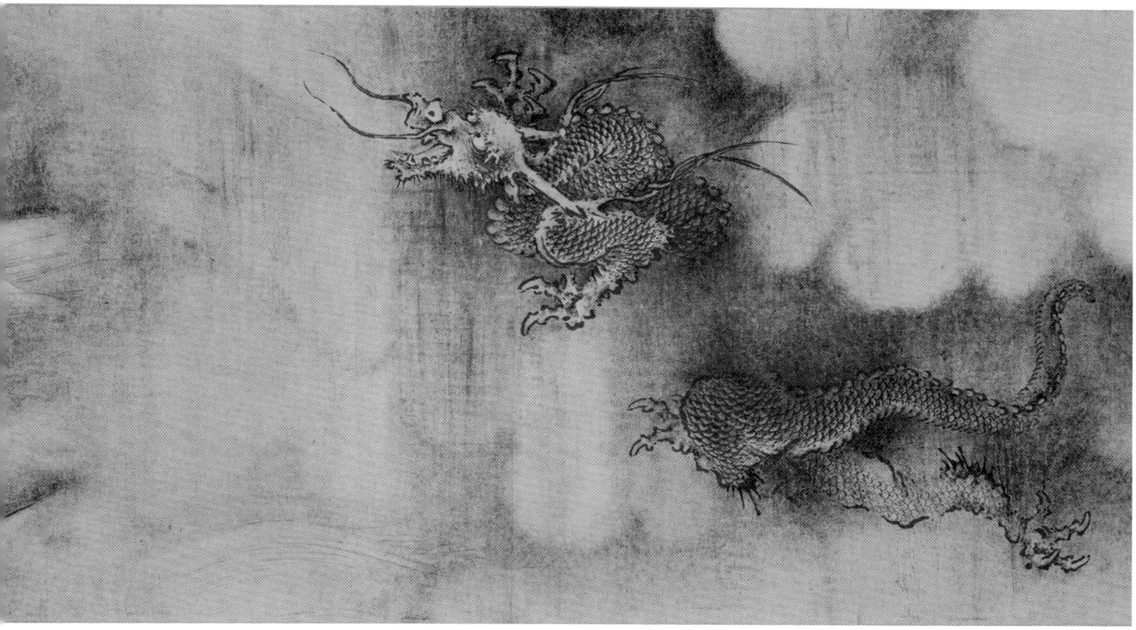

楚之中寫鑒真龍窺金陵點眼雙龍飛諸
梁材化張未去雌雄咲殺劉洞微八軸吳龍
不堪掛醉余呼出胸中畫龍所三峽浪
如山從吏濺天骰大價飛龍出峽駕春江九
河之勝不敢降一龍天池戴赤木蔺蠡徃省
雲霧那釣天奇甘又遭謫雷公擘山天
地黑五龍晬之摩蒼崖蟠坑似避陽陵
客躬魚昇睡起金蛇奔軒然頭角當海
門摩牙厲爪攫取明月天吳走奔搖
天根雲頭赦子挈金鑠第五圖中龍
最老兩龍猶活黎与燕馬髮衣半天
鄰倒桃花浪騰透三層之禹門歲業誰
敢登巖鬐髯鋒氣火燒尾十月霹靂
隨飛騰蜀侯高卧南陽武觀出全形
奇且古神功收斂待時來天下蒼生
望霖雨所翁寫出九龍圖筆端妙處
世所無遠觀雲水似飛動即之疑是神
所摹並成龍公生九子畫入先翁圖畫

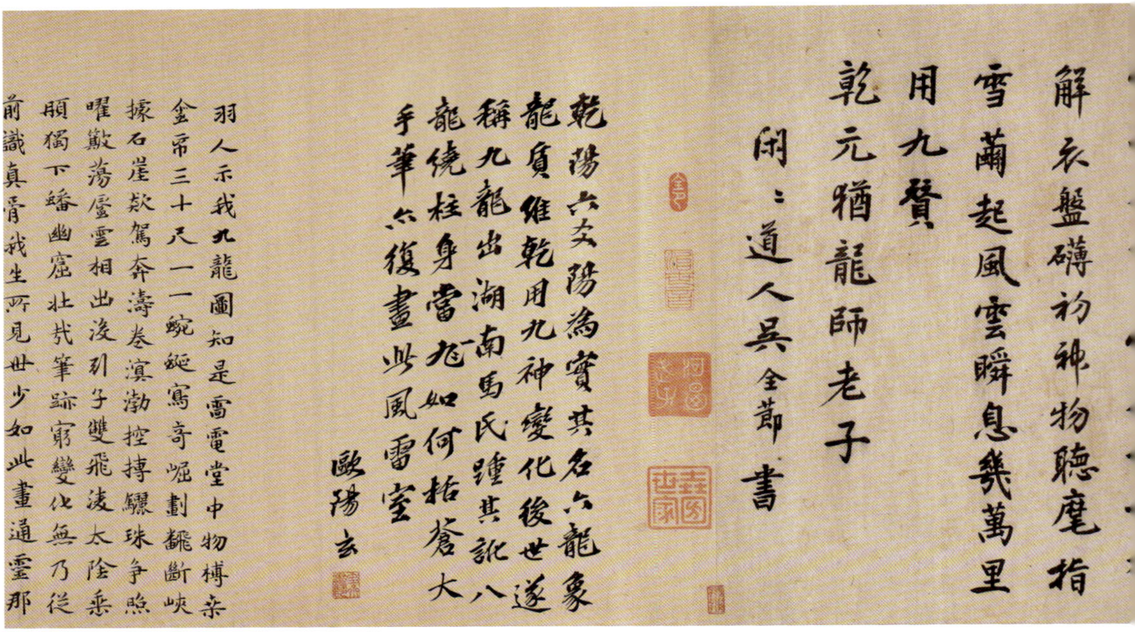

解衣盤礴礿神物聽麾指
雪藹起風雲瞬息幾萬里
用九贊
乾元猶龍師老子
閑閑道人吳全節書

乾陽六爻陽為實其名六龍象
龍負維乾用九神變化後世遂
稱九龍出湖南馬氏踵其訛八
龍繞柱身當九如何格蒼大
手筆六復畫此風雷室
歐陽玄

羽人示我九龍圖知是雷電堂中物搏朶
金帛三十尺一一蜿蜒寫奇崛劃龕斷峽
據石崖欻駕奔濤卷濱渤控搏驪珠爭照
曜歘蕩層雲相出沒引子雙飛淩太陰乘
顛獨下蟠幽窟壯哉筆跡窮變化無乃從
前識真骨我生所見世少如此畫通靈那

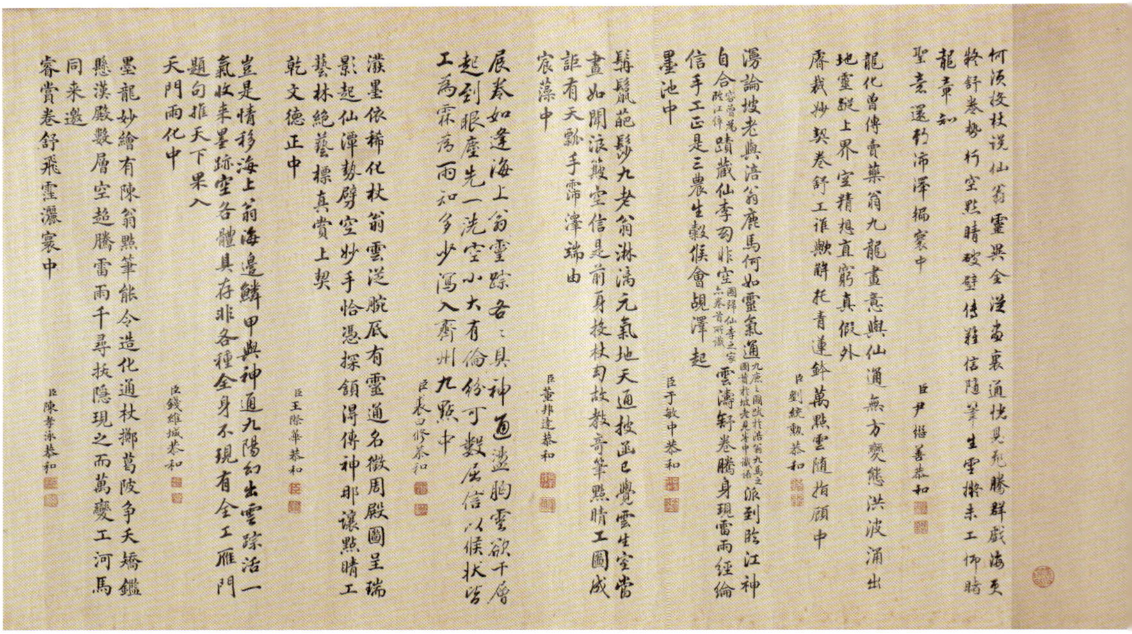

何須投杖説仙翁靈異全從畫裏通快見九騰群戲海天
擬舒卷勢朽空點睛破壁信雖信隨筆生雲擕未工仰騎
龍章和
聖意還豹沛澤徧寰中
臣尹繼善恭和

龍化曾傳費藥翁九龍畫意與仙通無方變態洪波涌出
地靈蹤上界空精想直窮真假外
齊栽妙契卷舒工誰歎群花青蓮鉢萬點雲隨指顧中
臣劉統勳恭和

湯論披老與浩翁鹿馬何如靈氣通九鹿之圖出於浩翁九馬之圖昔於坡老見卷中識語派到臨江神
自合容齋隨筆改江作蹟藏仙李句非空圖歸仙李之家亦卷首所識雲濤舒卷騰身現雷雨經綸
信手工正是三農生穀候會覘澤起
墨池中
臣于敏中恭和

髯鬣葩髟九老翁淋漓元氣地天通披函已覺雲生室嘗
畫如聞浪蹴空信是前身投杖句故教奇筆點睛工圖成
詎有天龢手霈澤端由
宸藻中
臣董邦達恭和

宸卷如逢海上翁靈蹤各各具神通盪胸雲欲千層
起到眼塵先一洗空小大有倫紛可數屈信以候狀皆
工為霖為雨知多少寫入齊州九點中
臣裘曰修恭和

潑墨依稀化杖翁雲從腕底有靈通名徵周殿圖呈瑞
影起仙潭勢闢空妙手恰憑探頷得傳神那讓點睛工
藝林絕藝標真賞上契
乾文德正中
臣王際華恭和

豈是情移海上翁海邊鱗甲與神通九陽幻出雲蹤活一
氣收來墨跡空各體具存非各種全身不現有全工雁門
題句推天下果入
天門雨化中
臣錢維城恭和

墨龍妙繪有陳翁點筆能令造化通杖擲葛陂爭夭矯鑑
懸漢殿數層空超騰雷雨千尋扶隱現之而萬變工河馬
同來邀
睿賞卷舒飛霆灑寰中
臣陳孝泳恭和

玄雲潑墨號天風雲頭擲火驅雷公
元氣淋漓雨師急天地變化誰為雄
兩龍奮迅見光焰夭矯西行出天外
一龍起處山石摧摩蕩餘聲隱磅礴
一龍不競群挑趍搏取明月脅隋珠
老龍居中最蒼古盤旋引子方自娛
一龍出水露頭角白浪如山映空作
一龍飛上蒼茫間傾倒天瓢振枯涸
最後一龍心獨閑回頭似欲歸潛淵
騰驤宛轉各異態匪龍安得知其全
洞微物化僧繇死千載神交所翁繼
觀龍不在鱗鬣精妙用應須論神氣
九陽數極變必通此物豈困纖縢中
但愁辟歷隨昏濛一旦飛去蒼旻空
至順二年孟春
天師太玄子書

羽人示我九龍圖知是雷電堂中物搏桑
金帛三十尺一一蜿蜒寫奇崛劃斷峽
據石崖欻駕奔濤卷溟渤控搏驪珠爭照
曜歘蕩層雲相出沒引子雙飛凌太陰垂
頤獨下蟠幽窟壯哉筆跡窮變化無乃從
前識真骨我生所見世少如此畫通靈那
敢忽自非羽人能制龍誰能藏之筐篋中
不然辟歷下穿壁蹴踏白日隨飄風高堂
晝闇走百怪熟視但覺煙霏濛僧繇不作
董羽死晚有若人堪水工起須為雨施九
土嗟爾意氣何其雄丈夫事業政如此一
出要掃庸奴空安能屑屑弄丹粉濩貴精
神圖草蟲
晉寧張翥

龍本神物其體純陽故變化不測畫者
取乾元用九之義以陽之極數出神物
以駭耳目其變化隱顯飛龍在天莫之
敢窺真神妙用變出物外忽使破壁躍
水亦固有之伯易觀于洪武庚申十月也
江寧王伯易

远浦归帆图卷

年　代：南宋

画　家：法常

尺　寸：纵32厘米，横110厘米

收藏地：东京国立博物馆

入藏号：A甲812

牧溪（1207—1291年），俗姓李，法名法常，号牧溪，四川人，宋末元初的禅僧、画家。生卒年月不详，南宋灭亡后圆寂。他擅长画佛像、人物、花果、鸟兽（如龙虎、猿鹤、禽鸟）、山水、树木等，拙稚粗细，自由放逸，因而后世褒贬互见。但现存作品多流落在日本，备受推崇，日本古籍《松斋梅谱》中评价牧溪的绘画“皆随笔点墨而成，意思简当，不费装缀。”牧溪甚至被评为“日本画道的大恩人”。

这幅作品充分发挥了水墨晕染表现烟波浩渺景物的优点，远浦、峰峦、平滩阴阳变化、晦明交织的色彩，均以淡墨、湿墨大片涂抹，近景亦是如此，稍微加以树木、房舍，浓墨写意，临江树木迎风飘扬的感觉和江中依稀可见的船帆相互呼应，便成佳趣。意境和谐，使人神往。

东丹王出行图卷

年　代：辽

画　家：李赞华

尺　寸：纵27.8厘米，横125.1厘米

收藏地：波士顿美术博物馆

入藏号：52.1380

李赞华（898—936年），原名耶律倍，契丹人。辽太祖耶律阿保机的长子，封东丹王。辽太宗继位后，耶律倍为避免被害而没唐，唐明宗赐名李赞华，后被明宗养子杀害。李赞华通阴阳，明音律，善画契丹人物。

画面内容为出行题材，共绘有人物六位、马七匹。画心部分钤印九枚，卷后题跋钤印为十一枚，有明代题跋三段。在画心末尾处题有“世传东丹王是也”，

后世大多是因为这七个字，认为此画作者为东丹王耶律倍（李赞华）。画中绘六人骑在骏马上，他们各具姿态，衣冠、服饰、佩带皆因身份的不同而各异。马则矫健、丰肥，左右顾盼，慢跑前行。东丹王在马背上手把缰绳，面带忧郁，若有所思，情绪正和他弃辽投后唐的处境吻合。

贵妃上马图卷

年　代：元

画　家：钱选

尺　寸：纵29.5厘米，横117厘米

收藏地：美国国立亚洲艺术博物馆

入藏号：F1957.14

钱选，生卒年不详。字舜举，号玉潭、清癯老人、巽峰，晚年更号溪翁，湖州（今属浙江）人。南宋景定（1260—1264 年）年间的进士，入元不仕，遂寄情山水，流连诗酒，隐于绘事，终其一生。他是一位技法全面的画家，花鸟、山水、人物、鞍马无一不擅，且造诣颇深，时人有“老钱丹青当世无”的赞誉。元初，与赵孟頫、王子中、陈式等人并称“吴兴八俊”。

此卷绘唐玄宗与杨贵妃上马的情景，唐玄宗骑在骏马之上，回头看着杨贵妃。杨贵妃正在侍女的协助下登上马背。图中共计十四个人，皆着唐装，人物身形饱满，姿态、动作各不相同，形象刻画生动，衣纹线描工整，连绵转折，笔法高古。敷彩虽然浓丽，但配合得体，清新雅致。卷末钱选自题七绝一首："玉勒雕鞍宠太真，年年秋后幸华清。开元四十万匹马，何事骑骡蜀道行。"款署"吴兴钱选舜举"。钤"舜举印章""舜举""钱选之印"三印。曾经清内府收藏，《石渠宝笈》著录。

筠石乔柯图轴

年　代：元

画　家：倪瓒

尺　寸：纵67.3厘米，横36.8厘米

收藏地：美国克利夫兰艺术博物馆

入藏号：1978.65

倪瓒（1301—1374年），字元镇，一字玄瑛，号云林子、幻霞生、荆蛮民、风月主人、萧闲仙卿，无锡（今属江苏）人。元代诗人、画家、书法家。倪瓒是“元四家”之一，也是元代南宗山水画的代表画家，其作品以纸本水墨为主，间用淡色。前景中的树木和空白处的楷书题款几乎成了倪瓒个人的符号。

水墨绘圆石一块，古树一棵，幽篁数丛，疏林秀美。技法上，水墨粗笔勾石块轮廓，细皴绘石块阳面；淡墨绘古树枝干，鹿角式枝杈上仰；浓墨绘细竹数丛，干直叶茂，勃勃生机。画幅右上方自题：“潇潇风雨麦秋寒，把笔临摹强自宽。尚赖吾君相慰藉，松肪笋脯劝加餐。四月十七日风雨中，茂异携酒肴相饷于晚节轩中，因为写筠石乔柯并题绝句。云林子瓒。”画幅上有陆平、袁华、赵俞、知白道人等人题诗并钤印。

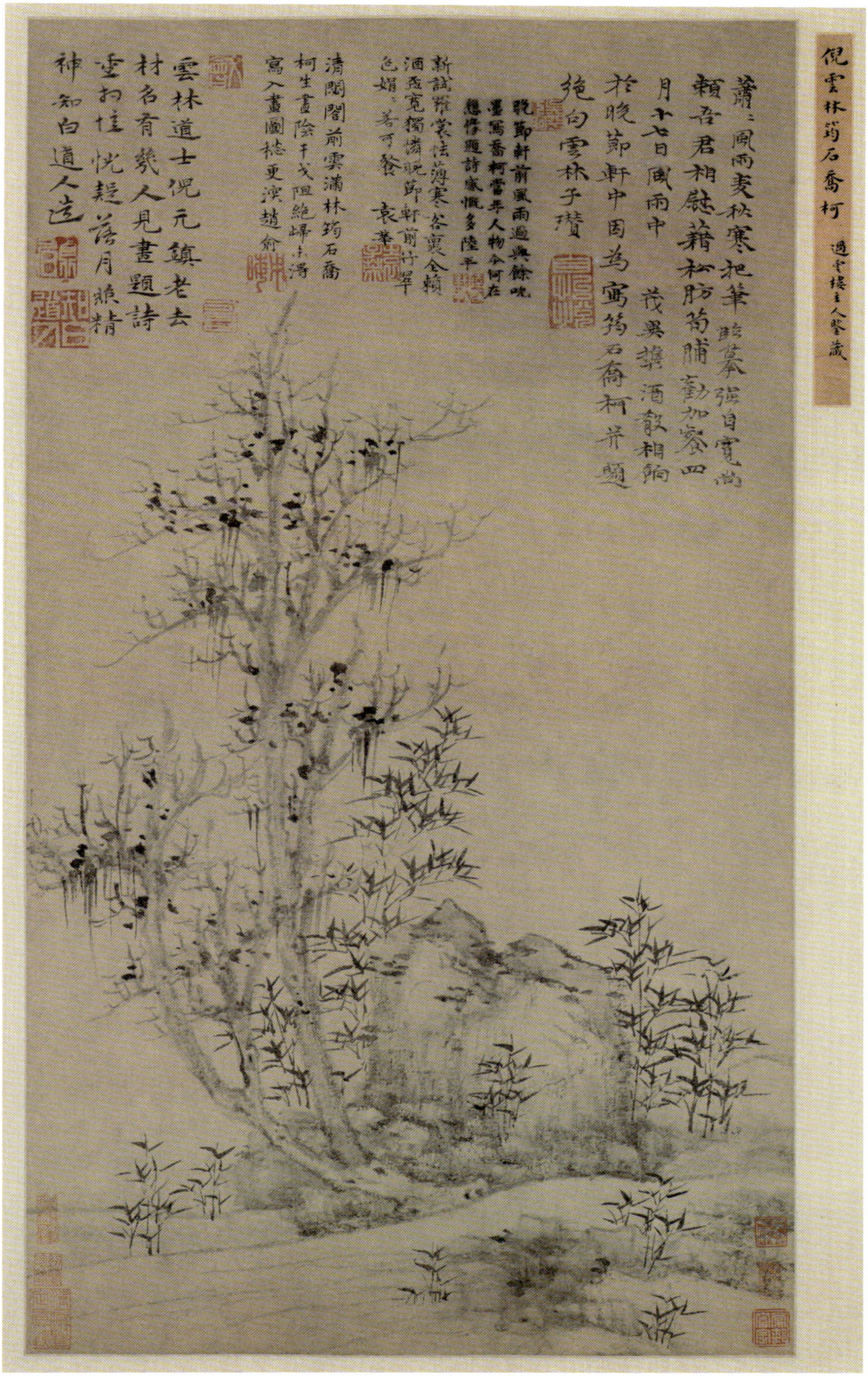
倪雲林筠石喬柯
過雲樓主人鑒藏
蕭蕭風雨麥秋寒把筆臨摹强自寬尚賴吾君相慰藉松肪筍脯勸加餐四月十七日風雨中茂異攜酒殽相餉於晚節軒中因爲寫筠石喬柯并題絶句雲林子瓚

月下梅花图轴

年　代：元

画　家：王冕

尺　寸：纵164.6厘米，横94.6厘米

收藏地：美国克利夫兰艺术博物馆

入藏号：1974.26

王冕（1287—1359年），字元章，号煮石山农、饭牛翁、会稽外史、梅花屋主等，诸暨（今属浙江）人。元朝著名画家、学者、诗人和篆刻家。王冕对中国画特别是写意花鸟画的发展，作出了重大贡献；而花鸟画中，王冕又以画梅花最为著名，画梅以胭脂作没骨体。

图绘月下梅花，梅树虬干蟠枝，瘦劲挺拔，新条挺立，繁英密萼布满枝头。梅花以细毫圈点，淡墨烘染，洁白如玉。一轮皎月悬挂空中，与梅树交相辉映。笔法浑厚，墨色蕴藉，是王冕的得意之笔。画幅左侧自题："海云初破月团团，独鹤高飞夜未残。一片笙箫湖水上，玉妃含笑倚栏杆。山农王元章作。"下钤二印。

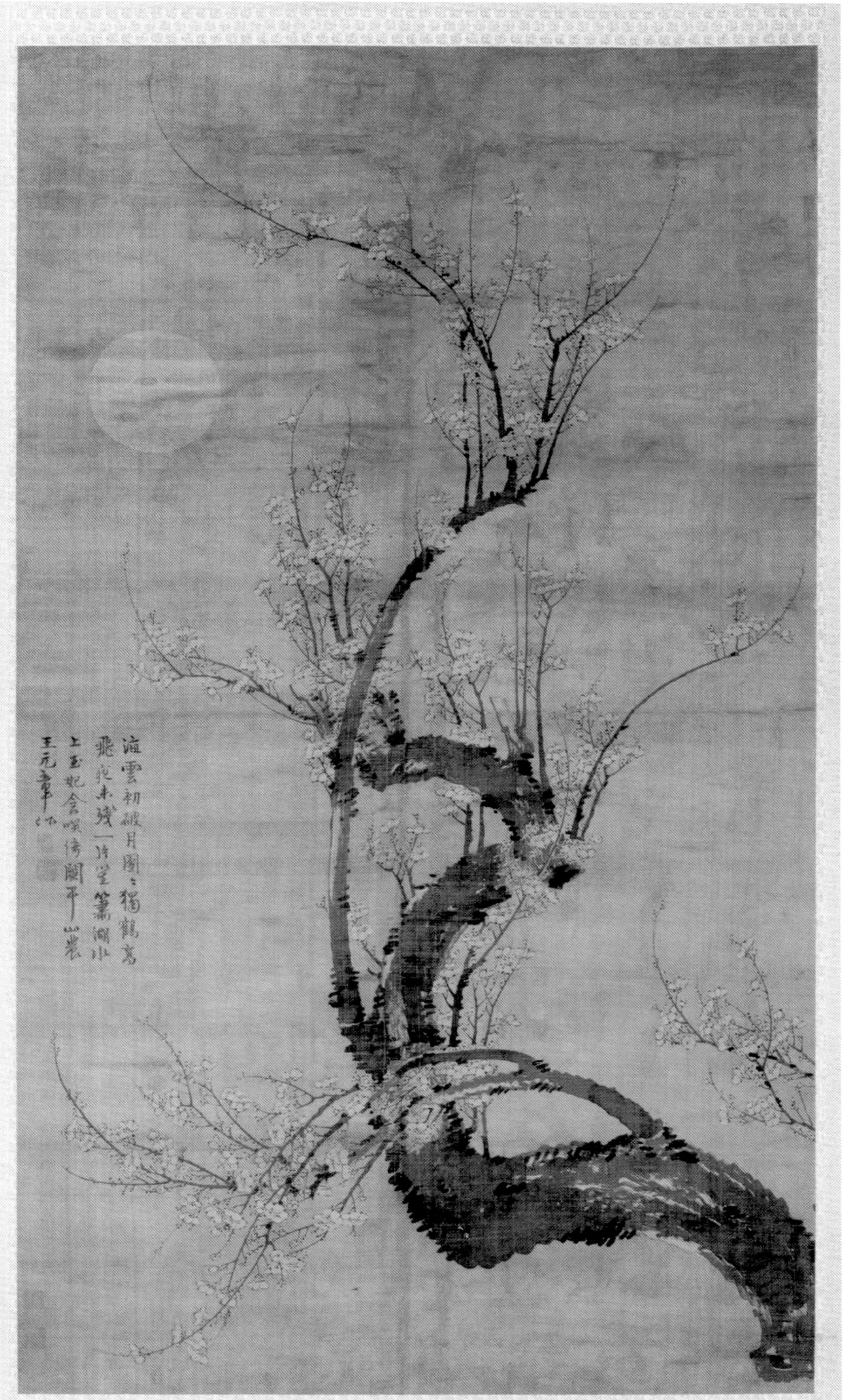
流雲初破月團〻獨鶴高
飛夜未殘一片堂簾湖水
上玉妃含笑倚闌干山農
王元章作

箕山高隐图轴

年　代：明

画　家：戴进

尺　寸：纵138.2厘米，横75.2厘米

收藏地：美国克利夫兰艺术博物馆

入藏号：1974.45

戴进（1388—1462年），字文进，号静庵、玉泉山人。浙江杭州府钱塘县人。明代画家。擅山水、人物、花果、翎毛，用笔劲挺方硬，除了兼法宋、元诸家以外，发展了马远、夏圭“院体”一派传统，也吸取北宋李成、范宽、郭熙之长，俱遒劲苍润。人物画师法唐宋传统，远师吴道子、李龙眠，自创“蚕头鼠尾描”。戴进的绘画在当时影响很大，追随者甚众，影响方钺、戴泉、夏芷、何适、谢宾举、谢时臣、汪肇、蒋嵩、夏葵、吴伟、张路、王世祥等人。因他是浙江人，人称“浙派”，是为明代前期画坛主流。

此图所取题材和画法都仿效南宋马远一派，对角线构图，斧劈皴山石、偃斜的拖枝松以及细劲顿挫的人物衣纹，都极似马麟的《静听松风图》，唯稍见简逸，反映了戴进主宗南宋“院体”一路的山水画风貌。

清风高节图轴

年　代：明

画　家：夏昶

尺　寸：纵203.4厘米，横59.7厘米

收藏地：美国大都会艺术博物馆

入藏号：1989.235.1

夏昶（1388—1470年），字仲昭，号玉峰、自在居士，昆山县（今属江苏）人。夏昶善于绘竹，其师王绂。夏昶为王绂之外当时最会画竹之人，达官贵人争购之，画竹一枝，价值一锭白银（五十两银），声名更远扬海外绝域，时称“夏卿一个竹，西凉十锭金”“绢素一出，能令朝鲜、日本、暹罗诸国悬金争购”。

此画写奇石耸立，风竹数竿。以浓淡二墨写枝撇叶，绘偃仰起伏、前后穿插之态，有条不紊地刻画出竹子在清风中飘举摇曳的情状，尤其叶梢提笔一转，如神来之笔将风竹潇洒婆娑、楚楚动人之韵尽现纸上。画上自题：“自在居士作”。下钤“东吴夏昶仲昭书画印”“容台清暇”二印。画幅上方有钱博、刘珏题诗及跋。

清風高節
自在居士作

伏生授经图轴

年　代：明

画　家：杜堇

尺　寸：纵147厘米，横104.5厘米

收藏地：美国大都会艺术博物馆

入藏号：1991.117.2

杜堇，生卒年不详，原姓陆，字惧男，号柽居、古狂、青霞亭长，江苏丹徒（今江苏镇江）人，后移居北京。成化年间中进士，善诗文，工书画，人物、山水、花鸟无一不精，尤其擅画白描人物。

此图描绘的是汉初的儒者伏生向汉朝宫廷派来的晁错讲述《尚书》经文的情景。画面绘蕉林一隅，左边有二男一女；倚坐在方席上的耄耋老者即是伏生，鬓发苍苍，老态龙钟，正在聚精会神地讲经，那超然的神态仿佛完全沉浸在讲经的气氛里；对面伏坐于书案前，专心致志地作着记录的是学生晁错。此画仅在湖石、蕉叶及左边站立人物的衣服上有所晕染，除在伏生的长袍、女人的面部及花朵上敷有白色外，其他多依靠线条表现。布势跌宕起伏，运笔迅疾顿挫，具豪迈放逸意趣。纵观全画，构图严整，用笔精劲，在“院体”的风格中融入了文人画的笔韵，较好地反映出杜堇对画境的追求。

仿王蒙山水图轴

年　代：明

画　家：沈周

尺　寸：纵121.2厘米，横60.2厘米

收藏地：美国国立亚洲艺术博物馆

入藏号：F1956.28

沈周（1427—1509年），字启南，号石田、白石翁、玉田生、有竹居主人等，长洲（今江苏苏州）人。明朝画家，吴门画派的创始人，明四家之一。沈周绘画造诣尤深，兼工山水、花鸟，也能画人物，以山水和花鸟成就突出。所作山水画，有的是描写高山大川，表现传统山水画的三远之景。而大多数作品则是描写南方山水及园林景物，表现了当时文人生活的幽闲意趣。沈周的绘画，技艺全面，功力浑朴，在师法宋元的基础上有自己的创造，发展了文人水墨写意山水、花鸟画的表现技法，成为吴门画派的领袖。

此是沈周65岁时的仿古之作。沈周年青时受吴中诸画师、尤其是杜堇，还有其伯父沈贞吉的影响，深服膺于元四家，对王蒙更是孜孜以学，此轴当是其晚年时的仿王蒙精品之作，卷毛皴运用潇洒，点苔苍劲繁密，已深得王蒙精髓。画幅左上方自题："隔溆为家路引桥，水光山色入逍遥。客筇剥啄鸟飞去，红雨拂衣吹野桃。弘治四年春三月既望，偶用黄鹤山樵笔法写此并题。沈周。"钤"启南""白石翁"二印。

黄菊丹桂图轴

年　代：明

画　家：沈周

尺　寸：纵397.1厘米，横127.4厘米

收藏地：美国克利夫兰艺术博物馆

入藏号：1997.100

此幅沈周自言仿自元代画家王渊之作，图绘菊花、桂树、芙蓉、翠竹，并一双飞鸟巨石。画面静雅，敷色清新，所绘繁多而布置深稳，是沈周习古佳作。画幅右上自题：“篱下黄花冒雨开，况依丹桂映苍苔。一樽相对浑无事，谁报敲门有客来。成化四年九月仿王澹轩笔意于有竹庄。长洲沈周并题。”下钤“石田”“沈氏启南”二印。

寒林飞雪图轴

年　代：明

画　家：文征明

尺　寸：纵129.1厘米，横46.7厘米

收藏地：印第安纳波利斯艺术博物馆

入藏号：60.39

文征明（1470—1559年），初名壁，字征明，中年后以字行，更字征仲，号衡山居士、停云生，长洲（今江苏苏州）人，祖籍湖广衡山（今湖南衡东）。明代画家，与唐寅、沈周、仇英合称为“明四家”（亦称“吴门四家”或“吴门四杰”）；并与唐寅、祝允明、徐祯卿并称“吴中四才子”。文征明的书画造诣极为全面，其诗、文、画无一不精，人称是“四绝”的全才。他虽学继沈周，但仍具有自己的风格，远学郭熙，近则取法于赵孟頫等人。他一专多能，能青绿，亦能水墨；能工笔，亦能写意；山水、人物、花卉、兰竹等无一不工。

此幅盖画唐代诗人许浑“舟横野渡寒风急，门掩深山夜雪深”诗意，而用李营丘笔意，深得“寒江寂寂，雪峰无言”之境。诗内有文彭、朱朗、王稚登、孙元发四人题识。

幽涧濯足图轴

年　代：明

画　家：文征明

尺　寸：纵65.6厘米，横33.5厘米

收藏地：英国不利颠博物馆

入藏号：1979,0625,0.1

图绘深山幽涧，高士濯足涤俗。山石皴法不作奇峭之笔，徐徐擦出，崖上之树叶全用细笔点染，全幅清气出尘，观之使人爽然。画幅左上方自题："舍舟即嵚崎，探策入窈窕。穹崖擘苍铁，直下千寻表。绝蹬悬飞梁，仰首心欲掉。阴壑多长风，六月更幽悄。秋声落井幹，翠雨滴深篠。与君富闲怀，竟日恣幽讨。都将双足尘，濯向千年沼。征明。"下钤"征明"白文印。

舍舟即嶔崎探策入
穹窿穹崖劈蒼鐵
直下千尋未絕蹬懸
飛梁仰首心欲悸陰壑
多長風六月更幽悄
秋聲沿井幹翠雨
滴深篠興君富閒棲
竟日恣幽討都將樊
之塵灌洞千年治
徵明

华山图轴

年　代：明

画　家：唐寅

尺　寸：纵116.4厘米，横41.4厘米

收藏地：美国克利夫兰艺术博物馆

入藏号：1969.116

唐寅（1470—1524年），字伯虎，又字子畏，以字行，号六如居士、桃花庵主、逃禅仙吏等，苏州府吴县(今江苏苏州)人。明代著名画家、文学家。“吴中四才子”之一，在画史上又与沈周、文征明、仇英合称“明四家”“吴门四家”。他诗画双绝，人物画色彩艳丽清雅，体态优美，亦工写意人物，笔简意赅，饶有意趣。其花鸟画长于水墨写意，洒脱秀逸。书法奇峭俊秀，取法赵孟頫。

此幅为唐伯虎三十七岁时所作。伯虎一生没去过华山，此画当是想象中之景，表达其想壮游南北的宏愿。笔法上还是用的李唐遗法而加以书写画，画史称其足任李唐偏师，此言不虚。画幅右上方自题：“白禄襕衫碧玉环，身于世事不相关。风情抵老如潘朗，颠倒骑驴过华山。唐寅画并诗，时正德改元正月。”下钤“唐子畏印”“唐伯虎”二印。

白褖襴衫碧玉環身於世事
不相關風情抵老如潘朗
顛倒騎驢過華山唐寅畫
并詩時正德改元正月

墨竹图卷

年　代：明

画　家：唐寅

尺　寸：纵29.1厘米，横150.2厘米

收藏地：美国大都会艺术博物馆

入藏号：1989.363.54

此图与大多数墨竹图不同，以倾斜式的竹子自左向右平铺开来，洒脱自然，再以新篁来补充左侧画面，浓淡相宜。整个画面二整秀丽，层次分明，竹势极为生动，展现了唐寅潇洒飘逸的风格。卷首竹枝下自题："四更月落纸窗虚，

酒醒扶头暂读书。清思迫人禁不得，十竿寒翠影扶疏。苏门唐寅为文昭沈君写意。”下钤“唐伯虎”“南京解元”二印。

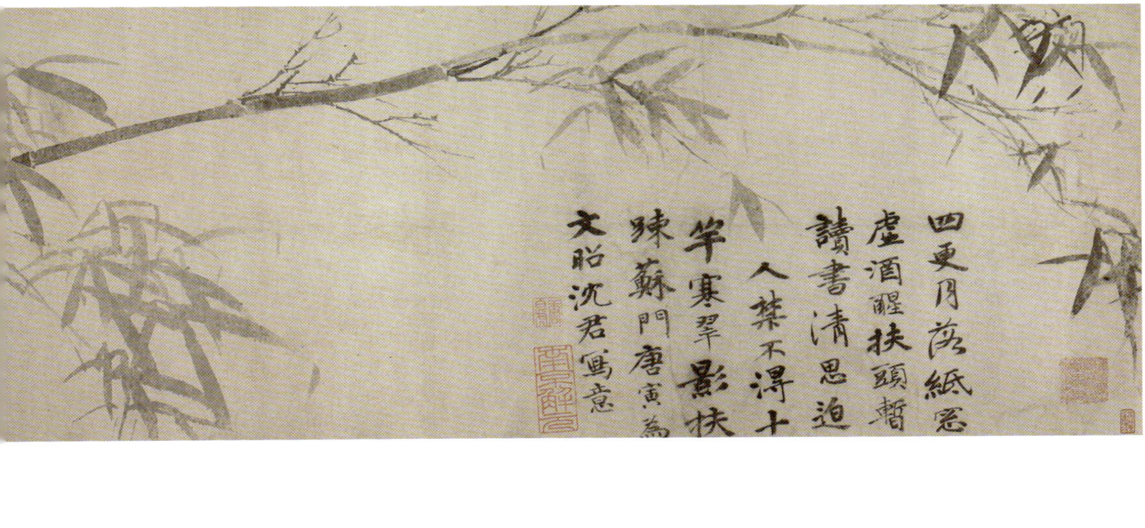

仿李唐山水图卷

年　代：明

画　家：仇英

尺　寸：纵25.4厘米，横306.7厘米

收藏地：美国国立亚洲艺术博物馆

入藏号：F1939.4

仇英（约1501—约1551年），字实父，号十洲，原籍江苏太仓，后移居苏州。仇英早年尝为漆工、画磁匠，并为人彩绘栋宇，后为文征明所称誉而知名于时。后来仇英以卖画为生，周臣赏识其才华，便教他画画。仇英临摹宋人的画作，几乎可以乱真。仇英作品题材广泛，擅写人物、山水、车船、楼阁等，尤长仕女图，擅长界画。

此图卷画法山石分面后用大斧劈皴法，是李唐家数，极明暗变化之能事。浙派学南宋，都和墨皴染，石面无“钉头”，乏老硬笔意，仇实父实得李唐画石之三昧。画面周边为崇山峻岭环绕，瀑布、急流、丛林、水居、山道、石桥布置其中，而游人则在这样的环境中恣意游览，充分展示了仇英高超的绘画手法。卷尾自题：“吴门仇英实父临宋李晞古笔。”

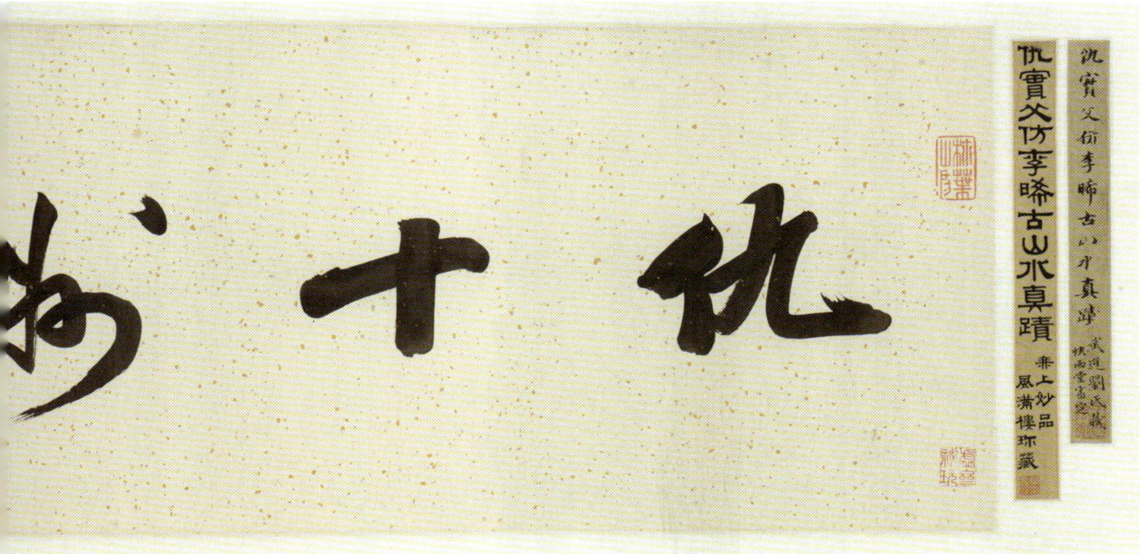

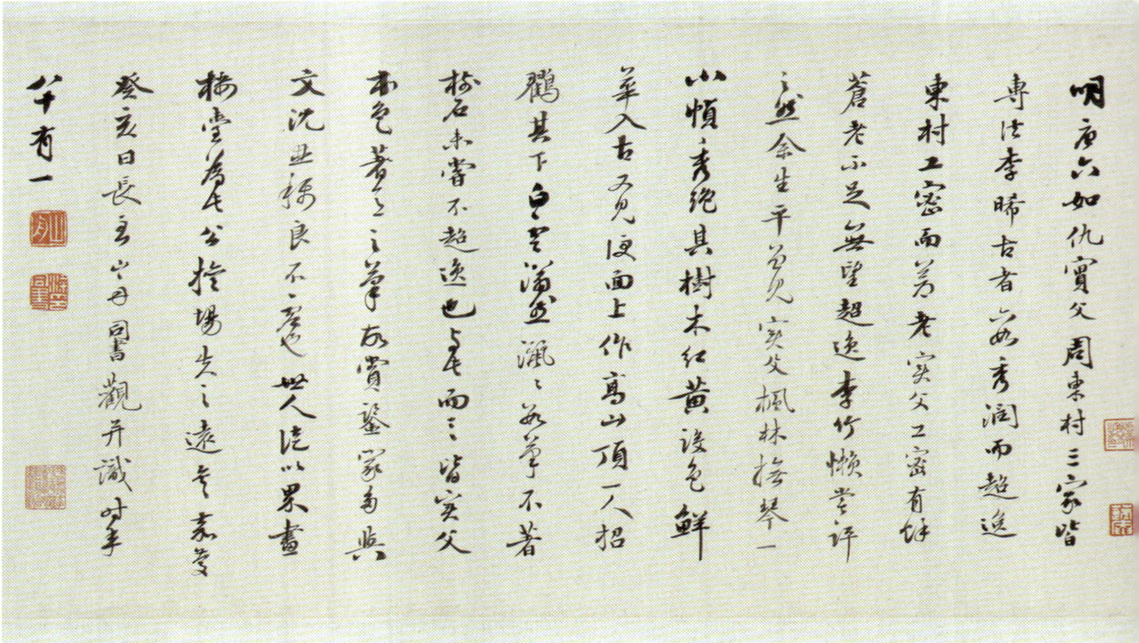
明唐六如仇實父周東村三家皆
專法李晞古者六如秀潤而超逸
東村工密而蒼老實父工密有餘
蒼老不足無望超逸李竹懶嘗評
之然余生平所見實父楓林撫琴一
幀秀絕其樹木紅黃設色鮮
華入古不見度而上作高山頂一人招
鶴其下白雲滿盈飄飄無筆不著
松石亦當不超逸也六如而三皆實父
本色蒼蒼之筆故賞鑒家為與
文沈並稱良不虛也世人徒以界畫
樓臺為仇氏擅場失之遠矣素
癸亥日長至前一日同書觀并識時年
八十有一

吳門仇英實父臨
宋李晞古筆

如媚見長

道光丙戌中秋後二日南海謝蘭生記

此小斧劈皴一筆不雜而畫境畫理使實父自運未必能到此蓋古人胸中邱壑在百年後必借後人形撰以傳也畫中輪蹄絡繹西山上兩人從容說聽可悟我動如烟我靜如鏡之理因系小詩

秋風借畫入詩腸水漸清泠木漸蒼一樣雲山遞領受山人閒處旅人忙後之斧劈李家皴貴畫形安有替人了後雲山經用好一回拈出一回新

道光戊戌八月晦日吳榮光書於福建藩署之東後書齋時年六十有六

世皆知十洲以工筆擅長此卷畫工帶

之勝蒼秀精微無一懈筆如斯卷者想其一生能作幾卷留天壤間余以二十鎰之值得之真厚幸矣今把玩五十餘月之久愛不去心寤寐弗忘惟此而已余不啻一日幾回看也憶余己卯歲在都門曾見 内府所藏王石谷重江疊嶂圖卷摹巨然筆參華原法

御識云國朝第一卷王翬第一卷今依稀猶在目中然其妙處尚不能逼真宋元名迹也而此卷實與宋人同一鼻孔出氣而加以元人韻勝之妙余風滿樓名畫雖多推此為第一卷耳尚未足形容其妙也直可名為粵中名畫之第一矣此卷倘遇前人進入 内府不知

御題榮寵更何如矣辛卯四月朔葉夢龍識

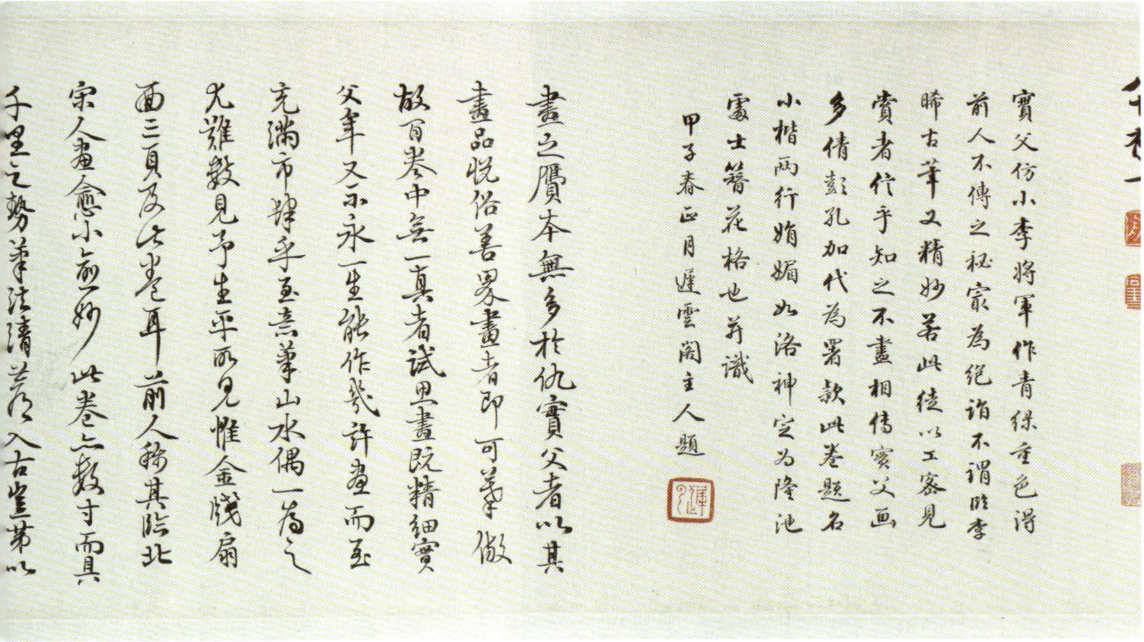
寶父仿小李將軍作青綠金色得
前人不傳之秘家爲絕詣不謂晚季
睎古筆又精妙若此後以工客見
賞者行乎知之不盡相傳寶父畫
多倩彭孔加代爲署款此卷題名
小楷兩行婉媚如洛神空爲隆池
處士簪花格也并識
甲子春正月遲雲閣主人題

畫之贋本無多於仇實父者以其
畫品悦俗善畧畫者即可筆倣
故百卷中無一真者識思畫既精細實
父年又不永一生能作幾許畫而至
充滿市肆乎至其筆山水偶一爲之
尤難數見予生平所見惟金箋扇
面三頁及此卷耳前人稱其臨北
宋人畫愈小愈妙此卷亦數寸而具
千里之勢筆法清蒼入古豈第以

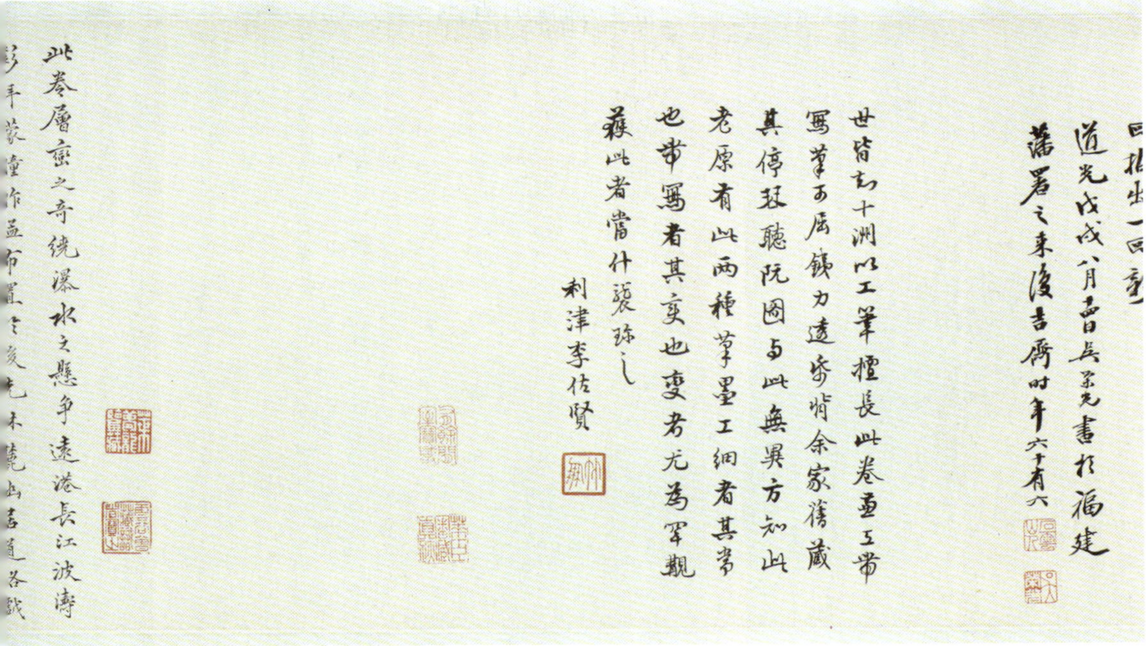
回拈出一回新
道光戊戌八月晦日吳榮光書於福建
藩署之來復吉齋時年六十有六

世皆言十洲以工筆擅長此卷畫工帶
寫筆可居鈎力遠妙皆余家舊藏
其停琴聽阮圖與此無異方知此
老原有此兩種筆墨工細者其常
也帶寫者其變也變者尤爲罕覯
獲此者當什襲珍之
利津李佐賢

此卷層巒之奇繞瀑水之懸爭遠灣長江波濤
彭年蒙童亦益布置之夜先未豈此書道各識

赵孟頫写经换茶图卷

年　代：明

画　家：仇英

尺　寸：纵20.6厘米，横78.3厘米

收藏地：美国克利夫兰艺术博物馆

入藏号：1963.102

据说赵孟頫曾为一位僧人书写《心经》来换取茶水，仇英所绘的内容就是这个故事。画面中，赵孟頫坐在书桌之前，正欲持笔书写，高僧坐在赵孟頫的对面，而赵孟頫则被童子送来的茶所吸引，另一个童子正在扇炉煮茶，卷尾处

有童子将写好的经卷送归禅房。整个画面背景是苍松茂盛，显示出静谧的景象。用笔精练纯熟，设色明丽艳逸，具有秀雅温和气息。此卷无款，卷后接纸有文征明所书《心经》，曾经清内府收藏。

流氓图卷

年　代：明

画　家：周臣

尺　寸：纵31.9厘米，横244.5厘米

收藏地：美国克利夫兰艺术博物馆

入藏号：1964.94

周臣，生卒年不详。字舜卿，号东村。明成化嘉靖年间画家。擅画山水、人物，画法严整工细。其山水师承陈暹。曾经刻苦临摹李唐、李成、郭熙、马远等宋人作品，尤得李唐之精髓。画山石坚凝，章法严谨，用笔纯熟。其人物画也异常出色，古貌奇姿，绵密萧散，各极意态。

长卷共绘人物 12 人，形状各异，穿着破烂不堪，或身背锣鼓，或手牵小动物，

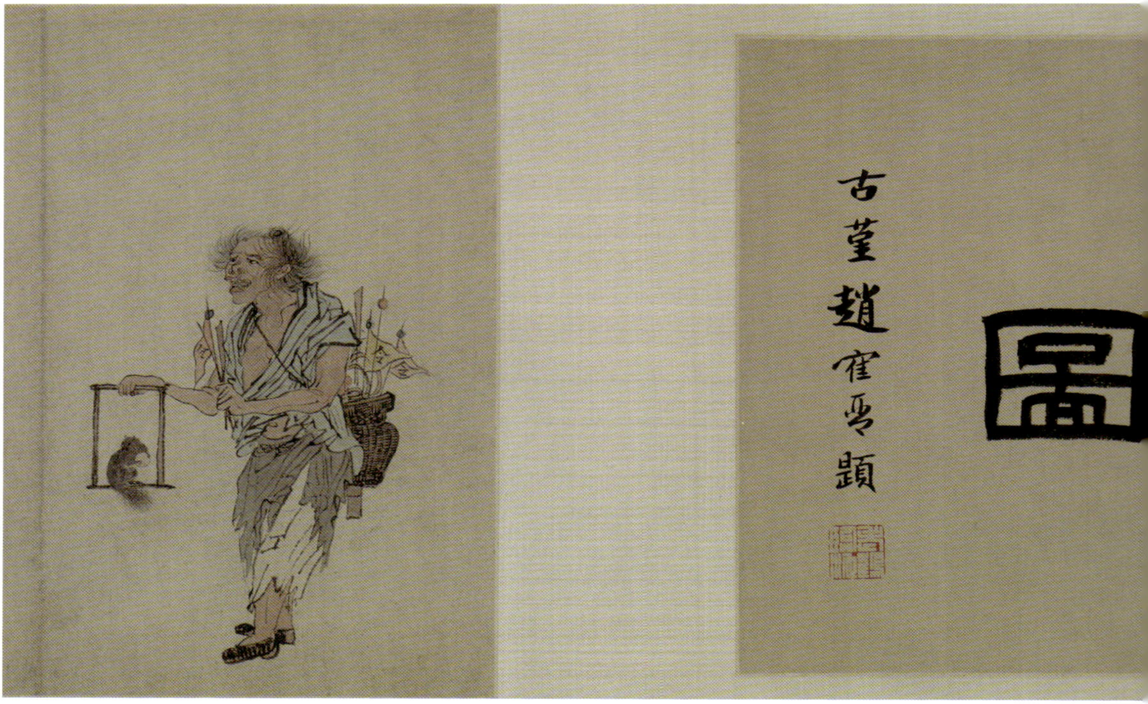

所谓的流氓是指打杂耍之类的艺人。此幅写实而充满同情，是当时东南百姓受灾后的真实景况。卷尾自题："正德丙子秋七月，闲窗无事，偶记素见市道丐者种种态度。乘笔砚之便，率尔图写。虽无足观，亦可以助警励世俗云。东村周臣记。"后钤"东村""舜卿""鹅场道人"三印。卷前赵鹤琴所题隶书"周臣流氓图"，卷后拖纸有黄姬水、张凤翼、文嘉三人题跋。

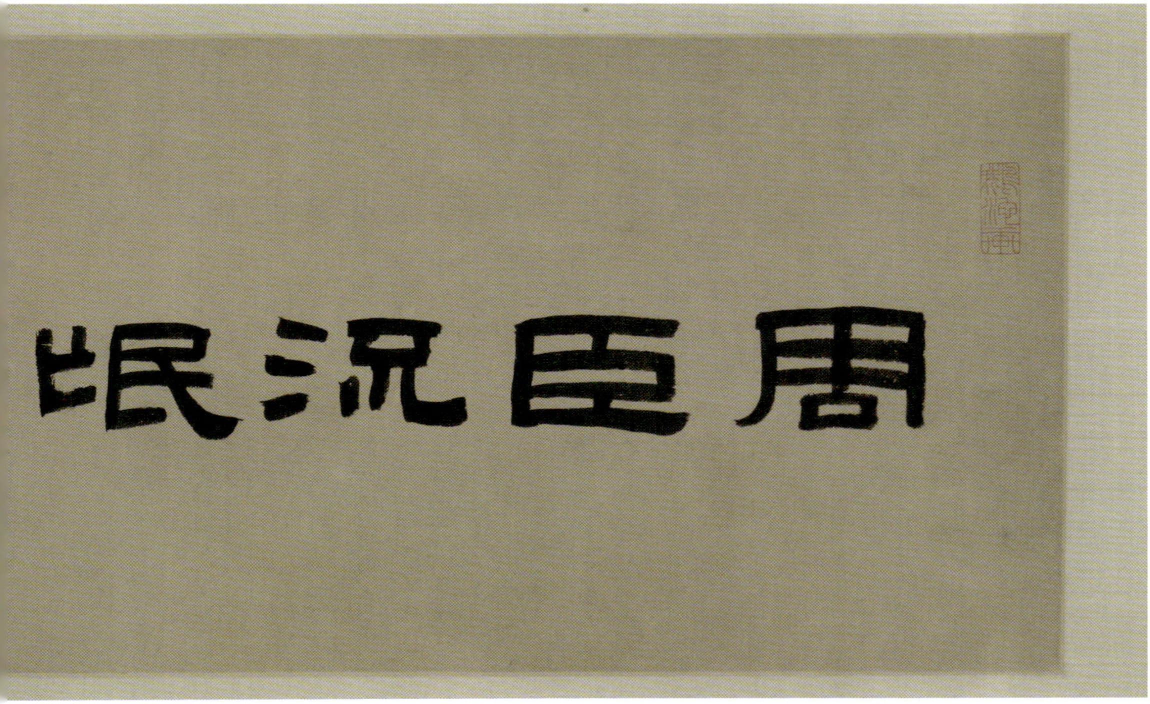

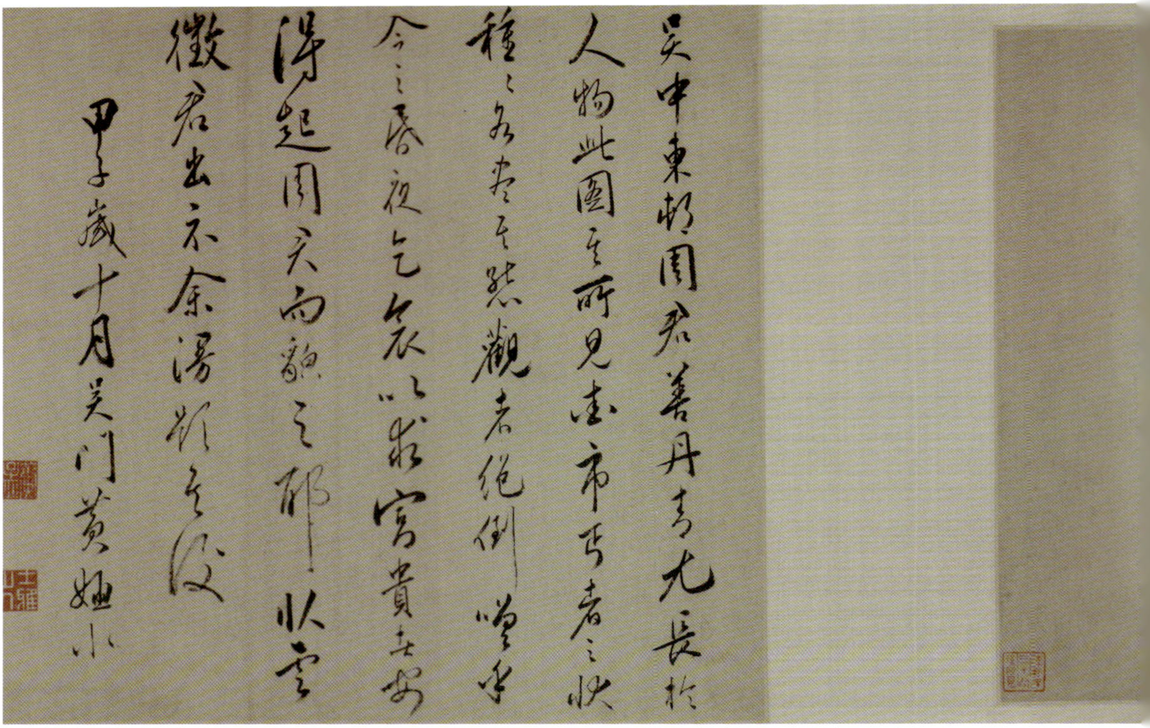
吳中東村周君善丹青尤長於
人物此圖乃所見街市丐者之狀
種種各殊觀者絶倒噫嘻
今之昏夜乞哀以求富貴者安
得起周君而貌之耶
甲子歲十月吳門黃姬水

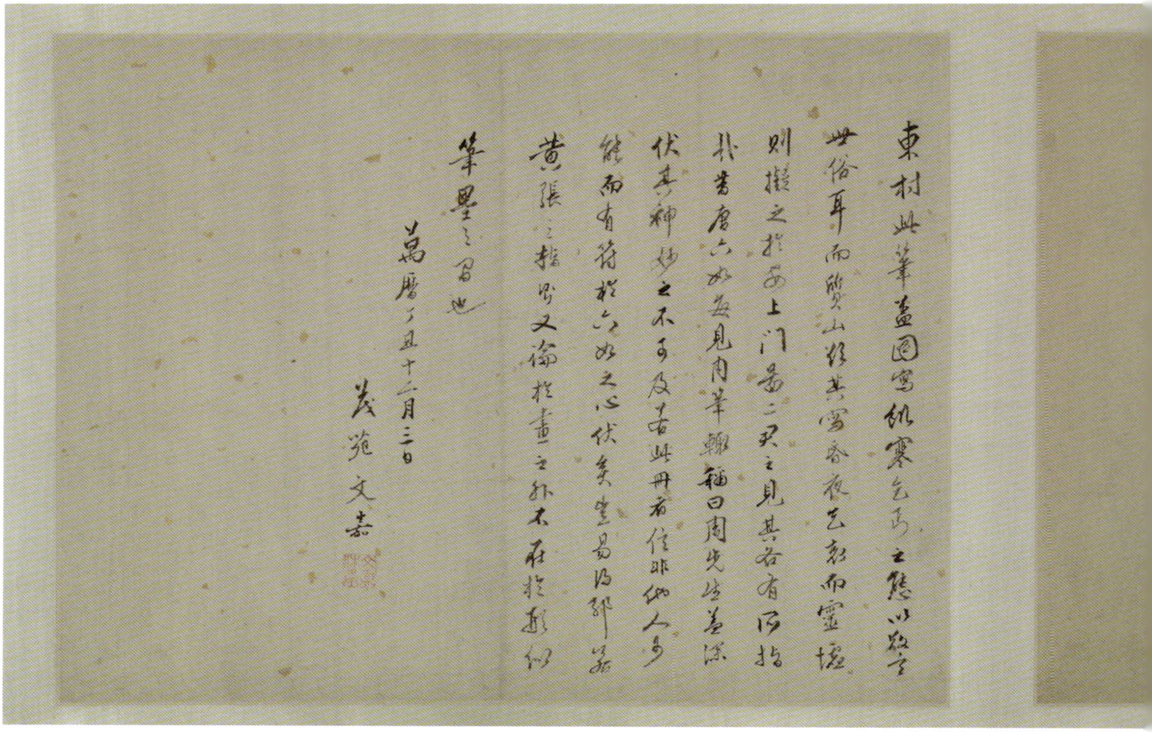
東村此筆蓋圖寫饑寒乞丐之態
筆墨之習也
萬曆丁丑十二月三日
茂苑文嘉

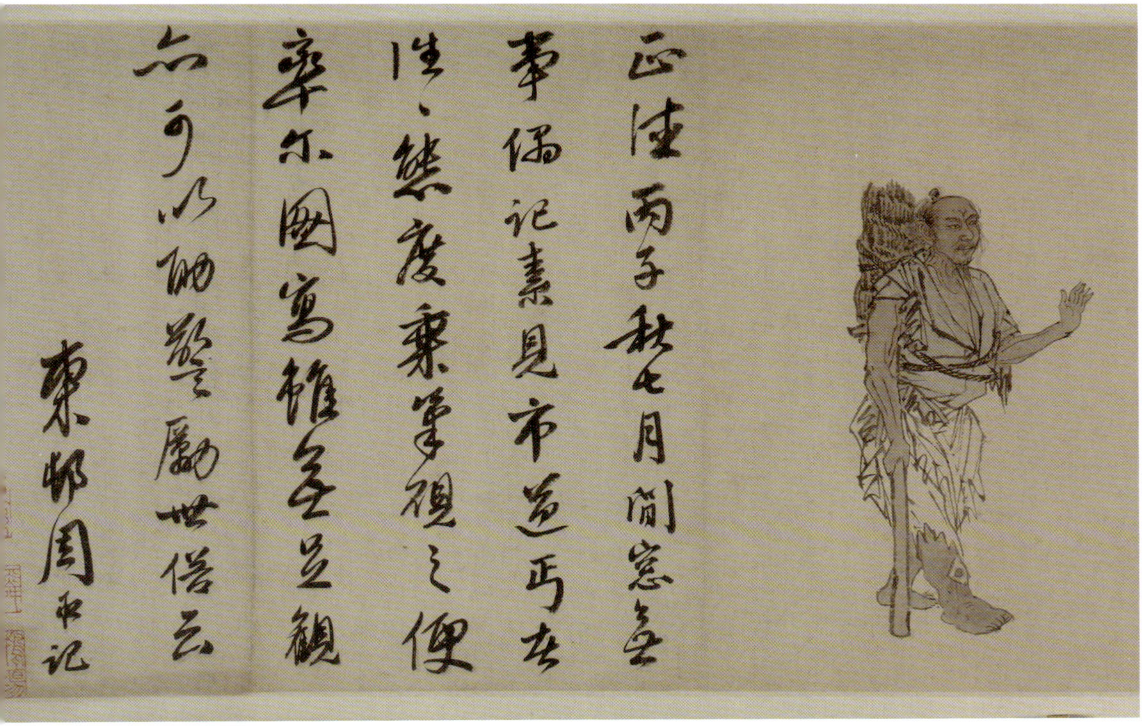
正德丙子秋七月閒窗無事偶記素見市道丐者往往態度乘筆想之率爾圖寫雖無足觀亦可以助警勵世俗云
東邨周臣記

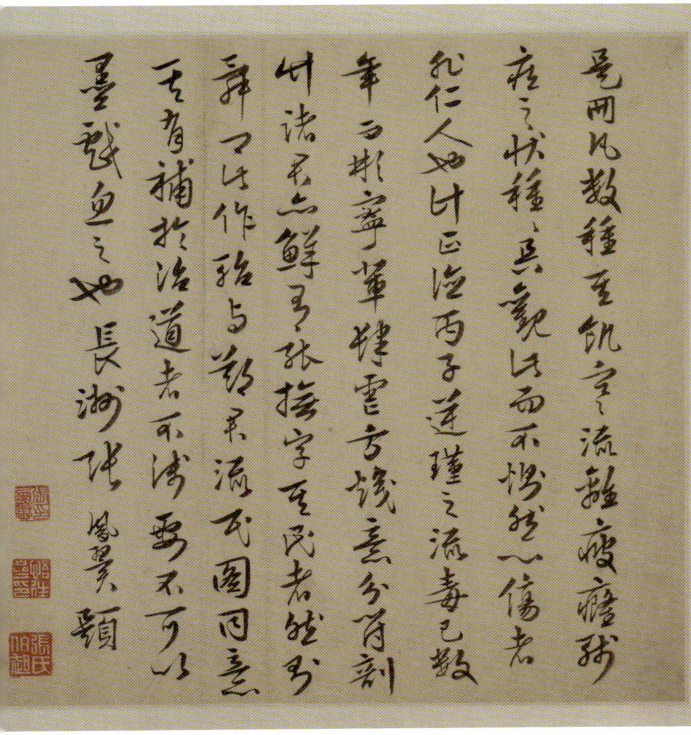
長洲張鳳翼題

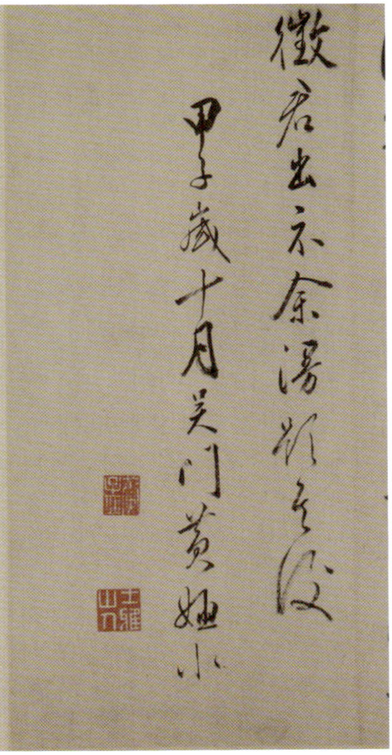
甲子歲十月吳門黃姬水

暑园图轴

年　代：明

画　家：陈淳

尺　寸：纵320.4厘米，横99.7厘米

收藏地：美国大都会艺术博物馆

入藏号：1986.266.2

陈淳（1482—1544年），名道复，更字复父，号白阳山人，长洲（今江苏吴县）人。原是文征明弟子，后不拘师法，自成一格，擅长写意花卉。中年好作山水，师法米友仁、高克恭，题材多为江南风景。陈淳的画风属于文人隽雅一派，称为“白阳”派画家，与徐渭并称为“白阳青藤”。

此图花繁叶茂，姹紫嫣红，怪石嶙峋，空灵苍秀。其后池塘莲荷，清碧如玉，如清风拂来，幽香四溢。从画家自题诗可知，此画当作于闷热难解的酷暑，却画出一片阴凉，令人观之而暑意顿消。以没骨设色绘花卉，兼用勾花点叶、点花勾叶笔法，没骨、有骨、色、线浑然一体，自成一格，群芳虽艳，却艳而不俗。画幅右上方自题：“溽暑薰蒸苦昼长，葛巾葵扇竹筐床。花阴水气相撩处，何有人间白玉堂。白阳山人道复。”下钤“大姚”“白阳山人”“陈氏道复”“笔砚精良人生一乐”四印。

溪山樾馆图轴

年　代：明

画　家：董其昌

尺　寸：纵158.4厘米，横72.1厘米

收藏地：美国大都会艺术博物馆

入藏号：1979.75.2

董其昌（1555—1636年），字玄宰，号思白，又号思翁、香光居士。万历十七年（1589年）进士，授翰林院编修，天启时官至南京礼部尚书，以阉党柄权，请告归。崇祯四年（1631）起故官，三年后上疏辞官返乡。他精于书画鉴赏，收藏诸多名家珍品，在书画理论方面论著颇多。工书法，自谓于率意中得之，对后世书法影响很大。其书画创作讲求追摹古人，但并不泥古不化。在笔墨的运用上追求先熟后生的效果，拙中带秀，体现出文人创作中平淡天真的个性。

此幅是董其昌仿董源笔法的作品，同时以书法入画法，营造出溪山清幽、馆阁静雅的艺术氛围。画幅上方自题："董北苑《溪山樾馆图》，往在北扉得观朱黄门所，因临粉本箧中，今始成此，颇有肖似。玄宰。"下钤"宗伯学士""董玄宰"二印，曾经张经、孔广陶、李子云等人收藏。

瓶花图轴

年　代：明

画　家：陈洪绶

尺　寸：纵175厘米，横98.5厘米

收藏地：英国不利颠博物馆

入藏号：1978,1009,0.1

陈洪绶（1598—1652年），字章侯，幼名莲子，一名胥岸，号老莲，别号小净名，晚号老迟、悔迟，又号悔僧、云门僧。明末清初书画家、诗人。明国子监生。明亡清兵入浙东，避难绍兴云门寺，削发为僧，一年后还俗。晚年学佛参禅，在绍兴、杭州等地鬻画为生。工人物，亦画山水、花鸟。绘画名作《九歌图》《西厢记》《鸳鸯冢》《水浒叶子》《博古叶子》，都由与他同时代的著名刻工雕刻，是明清木刻版画的代表作。著有《宝纶堂集》《避乱草》《筮仪象解》。

画幅中绘大小两个花瓶，瓶中插有秋菊和红叶。大瓶晶莹剔透，可以看出瓶中的花枝花叶，外面系着布帛。小瓶外画着古装人物。此图设色浓艳，但是古雅简洁，变化多端，体现了陈洪绶高超的艺术水准。

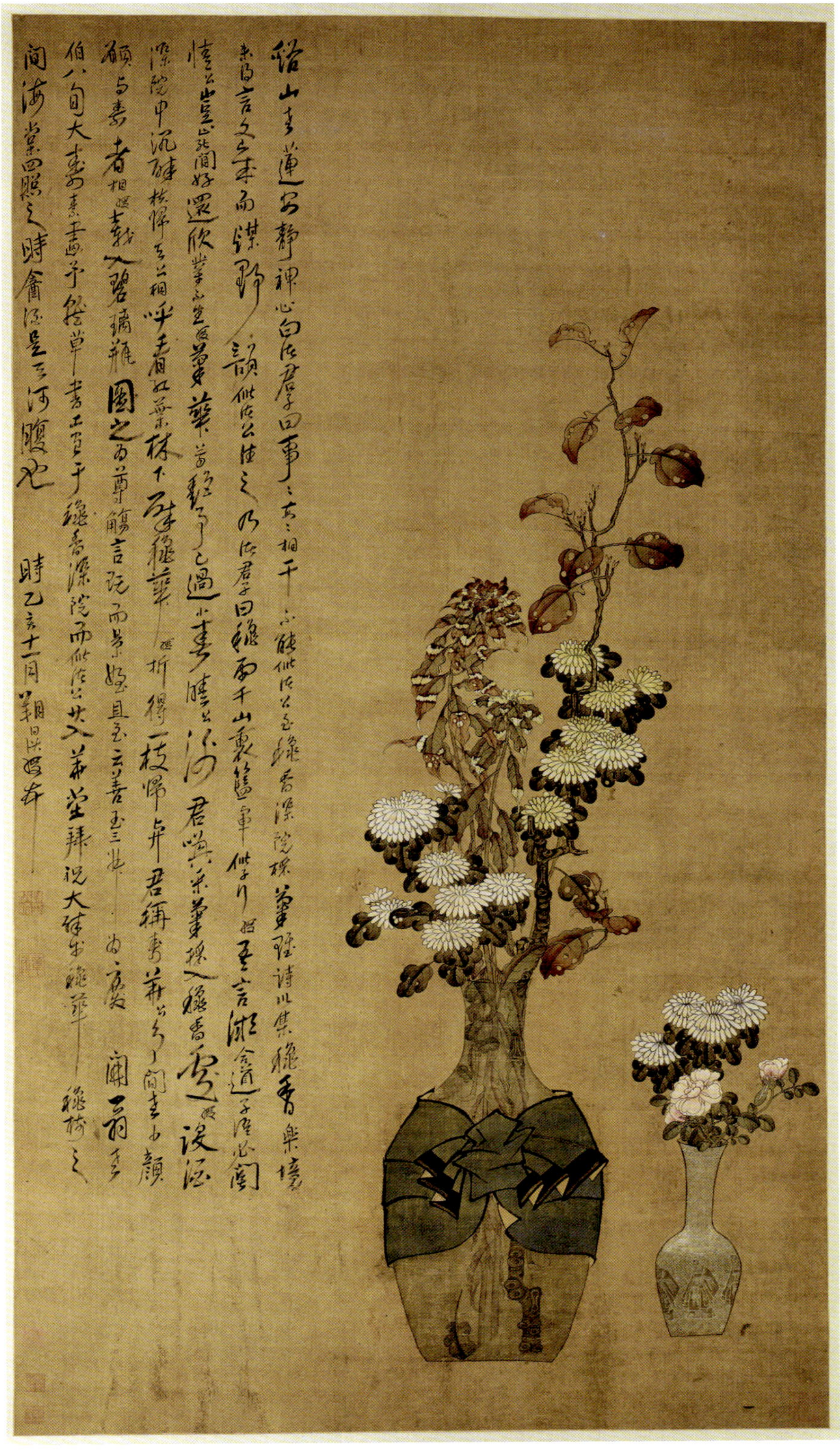

一江秋水图轴

年　代：明

画　家：蓝瑛

尺　寸：纵95.5厘米，横37.8厘米

收藏地：普林斯顿大学艺术博物馆

入藏号：y1981-44

蓝瑛（1585—约1666年），字田叔，号蜨叟，晚号石头陀、山公、万篆阿主者、西湖研民、东郭老农。明书画家。擅长山水、花卉、兰石，师法宋元名家。画风又有多种面貌，有些作品笔墨含蓄隽雅，有些作品重设色，画法工细，色调浓丽，愈老而愈工。晚年笔法益苍劲，颇类沈周。兼工人物、花鸟、兰竹，俱得古人三昧。他虽力追古法，但能融会贯通，自成风范。

此图作者自题："六朝多奇人，寄隐玄与释。支遁许（陆）道士，情意合相适，长松古岩下，高谈对终日，大志掷流水，好名联袂觅。世事世之外，千秋我自识。五云禅师道古行洁，与世无涉，喜山水喜文墨，至老神逾。（王）余与方外交，遂作支许清言图，乞为开示。蜨叟蓝瑛癸未七月杪。"钤"蓝瑛之印""田叔父"。此幅全用董巨一派笔法，墨气淋漓，当是蓝瑛用意之作。

天都晓日图轴

年　代：明

画　家：丁云鹏

尺　寸：纵212.7厘米，横55.4厘米

收藏地：美国克利夫兰艺术博物馆

入藏号：1965.28

丁云鹏（1547—1628 年）字南羽，号圣华居士，休宁（今属安徽）人。明画家。供奉内廷十余年。与董其昌、詹景凤诸人交游。书法钟繇、王羲之。画白描人物、山水、佛像，无不精妙。白描酷似李公麟，“丝发之间而眉睫意态毕具，非笔端有神通者不能也。”

安徽的天都峰西对莲花峰，东连钵盂峰，与光明顶、莲花峰并称黄山三大主峰，为三十六大峰之一，海拔 1810 米。古称“群仙所都”，意为天上都会，故取名“天都峰”。此幅绘天峰晓日，万壑争流，山间白云深涌，几位文士在观云煮茶，深得高山流水之意境。南羽以精工人物名世，不意山水也有如此造诣。

仿董巨山水图轴

年　代：清

画　家：龚贤

尺　寸：纵216.6厘米，横57.3厘米

收藏地：美国克利夫兰艺术博物馆

入藏号：1969.123

龚贤（1618—1689年），又名龚岂贤，字半千、半亩，号镜遗，又号野遗、柴丈人、钟山野老。明末清初画家。早年曾参加复社活动，明末战乱时外出漂泊流离，入清隐居不出，流寓金陵（今南京）。与同时活跃于金陵地区的画家樊圻、高岑、邹喆、吴宏、叶欣、胡慥、谢荪等并称“金陵八家”。工诗文，擅行草，师宗米芾，又不拘古法，自成一体。著有《香草堂集》。

图绘群峰高耸，树木浓荫，层峦叠嶂，变化万千。整体呈现出浓密、阴暗甚至忧郁的效果。龚贤虽云仿董源、巨然，实则是自己个人风格的一种体现，尤其在水墨的使用上表现出了独特的艺术魅力。画幅上方自题：“画家董巨，实开南宗。既无刚根之气，复无刻画之迹。后之作者或以才见，或以法称。唯董巨则几乎道矣。然逞才则离法，泥法则叛道。至道无可道。说者谓即敛才就法之谓道。问之董巨，而董巨不知，忽乎微矣。此幅余二十年前旧作。藏之新安吴氏。吴君晋明宝之若家珍。后携之金陵。命余题识。余因与晋明论画及此，并纪之。非敢曰此效法董巨而有得焉者也。庚戌冬杪半亩居人龚贤。”下钤“龚半千”“野遗贤”二印。

春景图卷

年　代：清

画　家：髡残

尺　寸：纵31.8厘米，横64.5厘米

收藏地：美国克利夫兰艺术博物馆

入藏号：1966.367

髡残（1612—约1692年），本姓刘，僧名髡残，字介丘，号石溪，别号白秃、石道人、残道者、电住道人。入清为僧，好游名山大川。后寓南京牛首祖堂山幽栖寺。擅画山水，师法王蒙，用干笔皴擦，淡墨渲染，间以淡赭，苍浑茂密，意境幽深。与石涛合称“二石”，又与朱耷、弘仁、石涛合称“清初四僧”。精山水，章法稳妥，繁复严密，景色不以新奇取胜，以真实山水为底本。

此幅构图繁密，丘壑变化多端，山林暮色，引人入胜。画幅中高远和深远相结合，将山间云雾、古木丛树、茅屋幽居等有机地贯穿在整个画面中，整体笔法苍秀醇厚，干笔皴擦，焦墨点缀，体现了髡残高超的艺术水准。

山水图轴

年　代：清

画　家：张风

尺　寸：纵96.5厘米，横34.6厘米

收藏地：美国克利夫兰艺术博物馆

入藏号：1977.173

张风，生卒年不详。字大风，号上元老人，又号升州道士、真香佛空、风道人、珠光庵主。明末清初画家。不仅山水称妙，人物、花草亦恬静闲适、神韵悠然，无一毫妩媚习气。康熙元年（1662 年）与周亮工会于高座寺，为亮工作画。康熙七年作《古道独行图》。张庚称为笔墨中之散仙。工刻印，秀远如其人。

绘高士在秋林水畔觅句，寒烟重重，密林无限，极空寂之至。画幅右上自题："寒色初凝野，秋声忽在林。遥山不能见，只为晚烟深。丁酉长至日竹窗偶笔。张风。"

天台异松图轴

年　代：清

画　家：戴本孝

尺　寸：纵169.9厘米，横76.2厘米

收藏地：美国大都会艺术博物馆

入藏号：1991.256

戴本孝（1621—1691年），字务旃，号鹰阿山樵，别号黄水湖渔父、太华石屋叟。明末清初画家。入清终身不仕，以布衣隐居鹰阿山。性喜交游，与画家、诗人渐江、龚贤、石涛等友善。擅画山水，创作上主张学古人而不拘泥于古人成法，强调要“以天地为真本”和“我用我法”。生性放达，遍游名山大川，画作精品多以黄山为素材。

此幅意写天台山水，山岩相叠，石桥飞架，怪松参差其间，飞泉直下，一老者隐居于此。巨壑皴写不繁，枯笔勾廓，以渴墨稍事皴擦，意境荒寒幽僻，深得元人气韵。虽用枯笔，然枯中带润，有“干冽秋风、润含春雨”之意趣。山岩层层叠叠，石桥飞架，清泉泄下，再加之云雾弥漫，顿生空蒙之感，意境深远，气息高古，非常人所能及。

黄山云谷寺静思图轴

年　代：清

画　家：弘仁

尺　寸：纵84.3厘米，横42.4厘米

收藏地：美国国立亚洲艺术博物馆

入藏号：F1965.13

弘仁（1610—1664年），俗姓江，名韬，字六奇；又名舫，字鸥盟。明亡后，于福建武夷山出家为僧，字渐江，死后，人称梅花古衲。安徽歙县人。为“清初四僧”之一。擅画山水，初学宋人，晚法萧云从、倪瓒等，笔法清刚简逸，意趣高洁俊雅。尤好绘黄山松石，为“新安画派”创始人，和查士标、孙逸、汪之瑞等四人并称“新安四大家”。

此幅绘山峦林翳，溪泉飞瀑，林下茅屋文人静坐之景。山峰堆叠高耸，全以细笔皴擦画出，枯影之间透出丰润，不同于弘仁常见的疏朗风格。画幅右上方自题：“渐江写于云谷寺。”下钤“弘仁”朱文印。

九龙潭图轴

年　代：清

画　家：梅清

尺　寸：纵92厘米，横43.5厘米

收藏地：美国克利夫兰艺术博物馆

入藏号：1979.50

梅清（1623—1697年），字渊公，号瞿山，安徽宣城人。石涛早期的山水受到梅清的一定影响，而梅清晚年画黄山又受石涛的影响。所以石涛与梅清，皆有“黄山派巨子”的誉称。

梅清是黄山派的代表人物。黄山地处安徽，山峦于晨暮阴晴间，景色变幻不定。在梅清简洁而洗练的笔墨下，险峻山体活现，山峰古松连贯，山间云烟呼应。他用卷云皴表现云的不同形态，如行云、闲云、瀑布云等，给人苍茫如置身仙境的感觉。画幅左上方自题：“太古蛰龙醒，蚕丛霹雳开。五溪云不去，三峡雪飞来。瞿山清。”下钤“梅”“清”“渊公”三印。

太古蟄龍醒蠶叢霹
靂開五溪雲不去三峽雪
飛來
瞿山清

仿郭忠恕山水图轴

年　代：清

画　家：八大山人

尺　寸：纵109.9厘米，横56.4厘米

收藏地：美国克利夫兰艺术博物馆

入藏号：1955.36

八大山人（1626—1705 年），即朱耷，又号雪个、个山 、人屋、驴屋，入清后改名道朗，字良月，号破云樵者。明末清初画家。明朝宗室，为南昌宁献王朱权九世孙，明亡后削发为僧，与弘仁、髡残、石涛并称“清初四僧”。后改信道教，住南昌青云谱道院。绘画以大笔水墨写意著称，并擅于泼墨，尤以花鸟画称美于世。在创作上取法自然，笔墨简练，大气磅礴，独具新意，创造了高旷纵横的风格。

图绘崇山峻岭，高士崖边远眺，自题仿自北宋郭忠恕，而只用其名，笔墨与图式皆来自董其昌，化董氏清润为清寒，八大自心之写照也。

山水图轴

年　代：清

画　家：石涛

尺　寸：纵108.6厘米，横52厘米

收藏地：美国国立亚洲艺术博物馆

入藏号：F1982.23

石涛（1641—约1718年），原名朱若极，僧名元济，一作原济，别署阿长、大涤子、钝根、石道人、苦瓜和尚、瞎尊者、清湘陈人、清湘老人、清湘遗人、零丁老人。清初画家。明靖江王之后，出家为僧。半世云游，饱览名山大川，是以所画山水，笔法恣肆，离奇苍古而又能细秀妥帖，为清初山水画大家，画花卉也别有生趣。晚年定居扬州。著有《画语录》《画谱》。

图绘高峰入云，巨岩嶙峋，松梢窈窕，秋树含丹，树下楼阁，高士临窗。皴擦有力，苔点分明，具有很高的艺术水准。画幅右上方自题："怒猊抉石，渴骥奔泉。风雨欲来，烟云万状。超轶绝尘，沉着痛快。用情笔墨之中，放怀笔墨之外。能不令欣赏家一时噱绝。己未夏日秦淮之怀谢楼。清湘苦瓜和尚济。"又题："飞涛先生笔墨知己，偶亦补款请正。戊辰十月邗江之树下石道人。"其下均钤"原济""石涛"二印。

怒猊抉石渴驥奔泉風雨欲來煙雲
萬狀超軼絕塵沉着痛快用情筆
墨之中放懷筆墨之外能不令欣賞
家一時嚇絕
己未夏日秦淮之懷謝樓
清湘苦瓜和尚濟
瑰濤先生筆墨知己偶亦補款請正

夏日山居图轴

年　代：清

画　家：王时敏

尺　寸：纵156.2厘米，横73厘米

收藏地：美国克利夫兰艺术博物馆

入藏号：1997.104

王时敏（1592—1680年），初名赞虞，字逊之，号烟客，自号偶谐道人，晚号西庐老人、西田主人、偶谐道人、归村老农。明末清初书画家。王锡爵孙，翰林编修王衡独子。崇祯初以荫官太常寺卿，故被称为“王奉常”。入清后家居不出，寄情诗文书画，家藏历代书法名画甚多。擅山水，专师黄公望，笔墨含蓄，苍润松秀，浑厚清逸，与王鉴、王翚、王原祁并称“四王”，外加恽寿平、吴历合称“清六家”。开创了山水画的“娄东派”。著有《西庐画跋》《王奉常书画题跋》。

此幅绘重峦叠嶂，树木茏葱，山溪潺湲，楼阁隐映其中，山腰雾气缭绕，山下板桥横斜，以轻笔淡墨勾勒出了夏日山中风光，是王时敏水墨山水的杰作。画幅右上方自题：“已亥清和，画似葎翁老社盟长笑正。弟王时敏。”钤“偶谐”“王时敏印”“逊之”三印。

己亥清和畫似
翁老社盟長
教正　弟王時敏

云壑松阴图轴

年　代：清

画　家：王鉴

尺　寸：纵128.2厘米，横61厘米

收藏地：美国克利夫兰艺术博物馆

入藏号：1997.105

王鉴（1598—1677年），字玄照，改字元照，号湘碧，又号染香庵主。明末清初画家。王世贞曾孙，崇祯六年（1633）举人，后仕至廉州知府，故称“王廉州”。家藏古今名迹甚富，摹古工力深厚，笔法非凡，擅长山水。与王时敏、王翚、王原祁并称“四王”，又加恽寿平、吴历为“清初六家”。著有《染香庵集》《染香庵画跋》。

图绘长松大壑，清阁临水，中有智者乐之。全用王蒙画法，用笔松秀自然，皴擦得宜，实为王鉴精品。画幅上自题：“庚子清明，仿叔明《云壑松阴图》于宜雅阁中。王鉴。”钤“王鉴之印”。

庚子清明仿井西
雲壑松陰圖於宜
雅閣中
王鑑

仙山楼阁图轴

年　代：清

画　家：王翚

尺　寸：纵175.5厘米，横36.2厘米

收藏地：美国国立亚洲艺术博物馆

入藏号：S1987.268

王翚（1632—1717年），字石谷，号臞樵，别号耕烟、耕烟散人、剑门樵客、乌目山人、清晖老人。清初画家。祖父王载仕、父亲王鉴龙均擅绘画。博览大江南北收藏家名画，论画主张“以元人笔墨，运宋人丘壑，而泽以唐人气韵。”康熙三十年（1691年）奉诏绘制《康熙南巡图》，历时三年完成，受到皇太子胤礽召见，并绘扇书以“山水清晖”四字作为褒奖。与王鉴、王时敏、王原祁合称山水画家“四王”。被视为画之正宗，追随者甚众。著有《清晖画跋》。

此幅绘溪山深远，两巨岭间隐有高耸楼阁群。王翚自言用王叔明法绘于1712年，时年81岁，属其晚年作品，用笔已有荒率之气，不复壮年之精工。画幅右上方自题：“仙山楼阁。壬辰暮春摹黄鹤山樵真本。海虞石谷子王翚。”钤“太原”“耕烟”“清晖老人时年八十有一”三印。画幅右下角钤“不二法”“来青阁”二印。

仙山樓閣
壬辰暮春摹黄鶴山樵真本
海虞石谷子王翬

仿黄公望山水图轴

年　代：清

画　家：王原祁

尺　寸：纵98.7厘米，横59.7厘米

收藏地：美国国立亚洲艺术博物馆

入藏号：F1962.5

王原祁（1642—1715年），字茂京，号麓台，又号苍润，别署石师道人。王时敏孙。康熙九年（1670）进士，官至户部侍郎，人称王司农。以画供奉内廷，任书画谱馆总裁。康熙四十四年奉旨与孙岳颁、宋骏业等编《佩文斋书画谱》。五十六年主持绘《万寿盛典图》，为康熙帝祝寿。擅画山水，继承家法，学元四家，以黄公望为宗，喜用干笔焦墨，层层皴擦，用笔沉着，自称笔端有“金刚杵”。主张好画当在不生不熟之间，自出心裁，不受古法拘束，熟不甜、生不涩、淡而厚、实而清，书卷之气盎然纸墨外。有《雨窗漫笔》《麓台题画稿》。

本幅山势的结构类似黄公望《富春山居图》，左右开合，就中起势，主峰崔巍，溪山环抱，所绘细节皆在黄公望程式之内。王原祁传世作品中以仿黄公望作品为多，可以说数十年不间断地从黄氏中汲取营养而风格却又独成一家。画幅上自题：“董巨风韵，元季四家中大痴得之最深，另开生面。明季三百年来，董宗伯仙骨天成，入其堂奥。衣钵正传，先奉常一人而已。余初秉家训，耳濡目染，略有一知半解，未敢自以为是也。悔余老先生同直畅春内苑，情好无间。容春嘱余写《证因图》长卷，余仿山樵意犹未尽，必欲拟设色子久一幅。今值暂假南归，写似赠之并正。康熙丙戌小春画并题。王原祁。”下钤“王原祁印”“麓台”二印。

董巨風韻元季四家中大癡得之
最深易開生面明季三百年來
董宗伯深得天成入其堂奧衣
鉢正傳先奉常一人而已余幼稟
家訓耳濡目染暮有一知半解未
敢自以爲是也
悟齋老先生同直
暢春内苑情好無間今春囑余寫
澄園圖長卷余擬山樵之猶未盡
必欲擬設色子久一幅亦值給假南
歸寫以贈之并
正
康熙丙戌上春畫并題
王原祁

仿王蒙山水图轴

年　代：清

画　家：吴历

尺　寸：纵66.9厘米，横32.1厘米

收藏地：美国国立亚洲艺术博物馆

入藏号：F1955.13

吴历（1632—1718年），字渔山，号墨井道人、桃溪居士。清初书画家。少时学诗于钱谦益，学画于王鉴、王时敏。康熙二十一年（1682年）入天主教，继至澳门进耶稣会，前后在嘉定、上海等处传教三十年。山水以黄公望为基，苍浑厚重。著有《墨井诗钞》《三巴集》《桃溪集》《墨井画跋》。

图绘高峰耸立，巨松苍翠，溪流婉转，楼阁掩映。吴历取法于王蒙，皴擦细腻，苔点密集，设色浓郁，很好地表现了苍松如铜、峭壁似铁的特点。画幅左上方自题："虬松绣青铜，峭壁立积铁。下有逃虚人，长啸空山裂。丁亥仲春仿黄鹤山人笔。墨井道人吴历。"钤"吴历""墨井道人"二印。

亂松繡青銅峭壁立
積鐵下有遁塵人長嘯
空山裂 丁亥仲春仿黃鶴
山人筆 墨井老人吳歷

花坞夕阳图卷

年　代：清

画　家：恽寿平

尺　寸：纵24.2厘米，横106.1厘米

收藏地：东京国立博物馆

入藏号：A甲208

恽寿平（1633—1690年），初名恽格，字寿平，一字正叔，号南田，又号寿道人、云溪外史、瓯香散人等。清诗人、书画家。创“常州派”，为清朝“一代之冠”。以潇洒秀逸的用笔直接点蘸颜色，敷染成画，讲究形似，但又不以形似为满足，有文人画的情调、韵味。其山水画亦有很高成就，以神韵、情趣取胜。

图绘夕阳西下，光线柔和，远处山脉层叠，晚霞中渐渐朦胧；湖畔边柳条

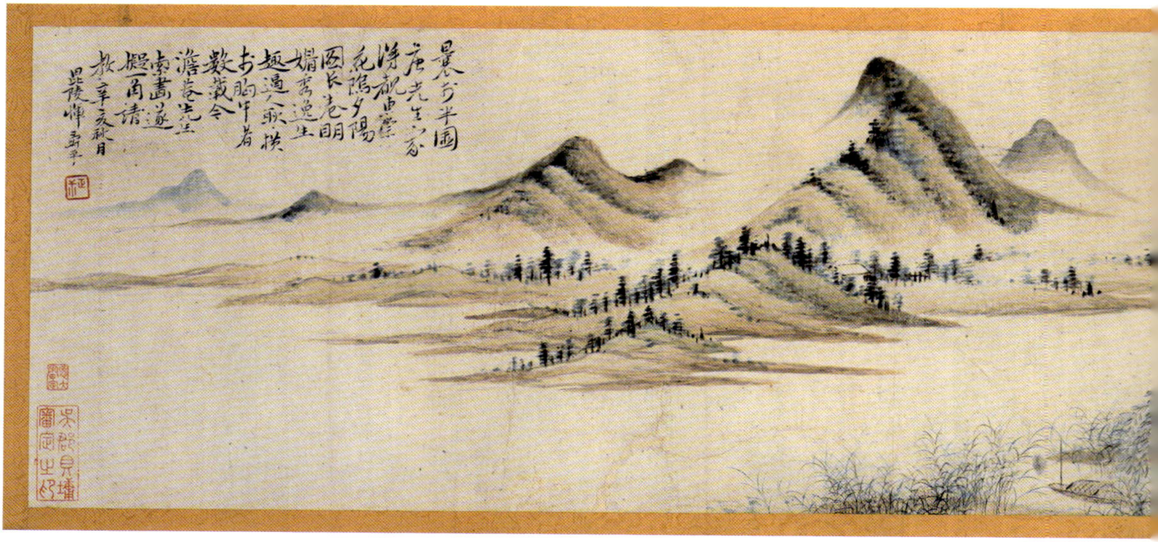

在晚风中微微摆动，岸上村落袅袅炊烟升起，夕阳下晚霞中一切归于平静。恽寿平年轻时认识王翚，感佩其山水画的成就，自以居天下第二为耻，因此从山水画转向花鸟画，但是恽寿平仍然留下优秀的山水作品。依据画家自题可知，本图乃是康熙十年（1671年），画家三十九岁时的作品，为仿宋惠崇风格之作，无论是构图、描线、赋彩皆十分温雅，细部的描写也十分细腻。

藤花山雀图轴

年　代：清

画　家：蒋廷锡

尺　寸：纵212.5厘米，横97.1厘米

收藏地：大阪市立美术馆

入藏号：无

蒋廷锡（1669—1732 年），字扬孙，号酉君，又号西谷、南沙、南河、青桐居士，御史蒋伊子。康熙四十二年（1703 年）进士，历任礼部侍郎、户部尚书、文华殿大学士、太子太傅，谥文肃。工书、擅画。未第时，与马元驭、顾雪坡游，擅长花鸟，以逸笔写生，奇正率工，敷色晕墨，兼有一幅，能自然洽和，风神生动，得恽寿平韵味。点缀坡石，偶作兰竹，亦具雅致，无不超逸。通籍后，矜重不苟作。

本幅绢本设色，画岩溪旁藤花山雀。画面中百花绽放，山雀绕枝，一派明媚春光。所绘设色工致典雅，景色宜人。款署“臣蒋廷锡恭画”。下钤“臣廷锡”“朝朝染翰”二印。上方清圣祖题書代岑参诗：“石上生孤藤，弱蔓依石长。不逢高枝引，未得凌空上。何处堪托身，为君长万丈。”

石上生孤藤弱蔓依石
長不逢高枝引未得淩
空上何處挂託身為君
長萬丈

九成宫图十二屏

年　代：清

画　家：袁江

尺　寸：纵207厘米，横563.2厘米

收藏地：美国大都会艺术博物馆

入藏号：1982.125a–l

袁江，生卒年不详。字文涛，号岫泉。雍正时，召入宫廷为祗侯，工山水楼阁界画。在清康熙、雍正、乾隆时期，山水当以其最有名。擅画山水、楼台，师法宋人。山水画主要学宋代闫次平，画石多鬼皴，楼阁主要学郭忠恕，工整严密。绘画素材多为古代宫苑，尤长于界画。

此十二巨屏绘《九成宫图》，崇山巨岭中布置雕栏玉砌之宫室楼台，全幅界画严整，景色通幽，是袁江传世界画精品。幅末自题："九成宫。邗上袁江拟古。时康熙辛未小阳月。"钤"袁江之印""文涛"二印。

乾隆皇帝帝后嫔妃卷

年　代：清

画　家：郎世宁

尺　寸：纵53.8厘米，横1154.5厘米

收藏地：美国克利夫兰艺术博物馆

入藏号：1969.31

郎世宁（1688—1766 年），原名朱塞佩·伽斯底里奥内，意大利人。清康熙五十四年（1715 年）作为天主教耶稣会的修道士来中国传教，随即入宫进入如意馆，成为宫廷画家。曾参加圆明园西洋楼的设计工作，历任康、雍、乾三朝宫廷画师，在中国从事绘画达 50 多年，先后受到了康熙帝、雍正帝、乾隆帝的重用。人物、肖像、走兽、花鸟、山水无所不涉，无所不精，成为雍正帝、乾隆帝时宫廷绘画的代表人物。

全卷为乾隆与其十二位妃嫔着龙袍肖像画，从右至左分别是乾隆皇帝、皇后、贵妃、纯妃、嘉妃、令妃、舒妃、庆嫔、颖嫔、忻嫔、惇嫔、顺妃、循嫔。其中皇后就是乾隆皇帝一生珍爱的孝贤纯皇后，而令妃则是嘉庆皇帝的生母。据传乾隆及皇后、贵妃三位为郎世宁所画，而纯妃至忻嫔为郎世宁弟子所画，后三位为宫廷画家所画。画家笔下的皇帝及后宫佳丽面部皆清秀俊朗，神采奕奕。在技法上中西画法互用，阴阳凹凸，极富立体感，一改传统的写真画风，是乾隆时期宫廷肖像画中的杰作。

慶嬪
舒妃

循嬪
順妃

令妃
嘉妃
纯妃

惇妃
忻嫔
颖嫔

鹤鹿长春十二屏

年　代：清

画　家：沈铨

尺　寸：每幅纵280.4厘米，横114.2厘米

收藏地：东京国立博物馆

入藏号：TA-641

沈铨（1682—约 1760 年），字衡之，字南蘋。远师宋代皇家画院派，近承明代吕纪，工写花卉翎毛、禽兽，设色妍丽，工致精丽、赋色浓艳，极尽构梁之巧。画人物得不传之秘。注重写实，画风谨严工细，造型准确生动。雍正九年（1731 年）应日本天皇之聘，偕弟子郑培、高钧等东渡日本，历时三年，形成“南蘋派”写生画，深受日人推崇，被称为“舶来画家第一”。从习画者颇多，日本江户时代长崎画派即在其影响下形成，尤以圆山应举最为著名。

此十二屏可以分为“鹤图”和“鹿图”两组，右六幅绘山坡溪流，苍松茂盛，山坡上有十只梅花鹿，大小不同，姿态各异。最右侧自题：“乾隆己未清和月华人沈铨抚北宋笔。”左六幅绘巨石嶙峋，桃枝、松枝从岩石上方向下斜伸，山岩和松枝上站着几只姿态各异的仙鹤，或梳理羽毛，或两两相依，或引吭高歌。岩石下水流翻滚，与右侧画面相接。最左侧自题：“乾隆四年五月浙西沈铨摹宋人笔。”

朱雀图轴

年　代：清

画　家：华嵒

尺　寸：纵126.8厘米，横59.5厘米

收藏地：普林斯顿大学艺术博物馆

入藏号：y1984-54

华嵒（yán）（1682—1756年），字德嵩，更字秋岳，一字空尘，号新罗山人，又号白沙道人、离垢居士、东园生、布衣生。福建上杭人，侨寓杭州。工诗擅画，山水、花鸟、人物皆精，尤以人物见长，随意点染，无不佳妙。

图绘一只朱雀立于竹枝之上，竹枝依石生长，石旁有秋菊绽蕊，杂花盛开。用笔大胆，浓淡干湿并重，笔墨气韵流动，尤其是朱雀的绘制，使得整个画面鲜活了起来。画幅左上方自题："秋菊有佳色，裛露掇其英。况此忘忧物，远我遗世情。一觞虽独进，杯尽壶自倾。日入群动息，归鸟趋林鸣。啸傲东轩下，聊复得此生。新罗山人，并录陶句。"下钤"华嵒""秋岳"二印。

秋菊有佳色裛露掇其英汎此忘憂物
遠我遺世情一觴雖獨進杯盡壺自傾日
入群動息歸鳥趨林鳴嘯傲東軒下聊復得此生

五松图轴

年　代：清

画　家：李鱓

尺　寸：纵160.2厘米，横89厘米

收藏地：东京国立博物馆

入藏号：TA–327

李鱓（shàn）（1686—1762 年），又名李觶（zhì），字宗扬，号复堂，别号懊道人。江苏兴化人。工诗文书画。与郑燮关系最为密切，故郑有“卖画扬州，与李同老”之说。早年画风工细严谨，颇有法度，中年始转入以破笔泼墨作画，形成自己任意挥洒、“水墨融成奇趣”的独特风格，其作品对晚清花鸟画有较大的影响。

此幅构图饱满，气势逼人，干坚似石，腾耸凌云，使观者拓舒襟怀。五松或立或侧，或仰或卧，错落有致，松枝长短、粗细、浓淡、乱整，皆处理精当，神姿毕现。尤为独到的是画家打破常规中“前松浓而后松淡”的一般画法，而是反其道而行之，仍具空间感，因为在阳光照耀下，便呈此景，足见李鱓对生活和自然深刻敏锐的洞察力。

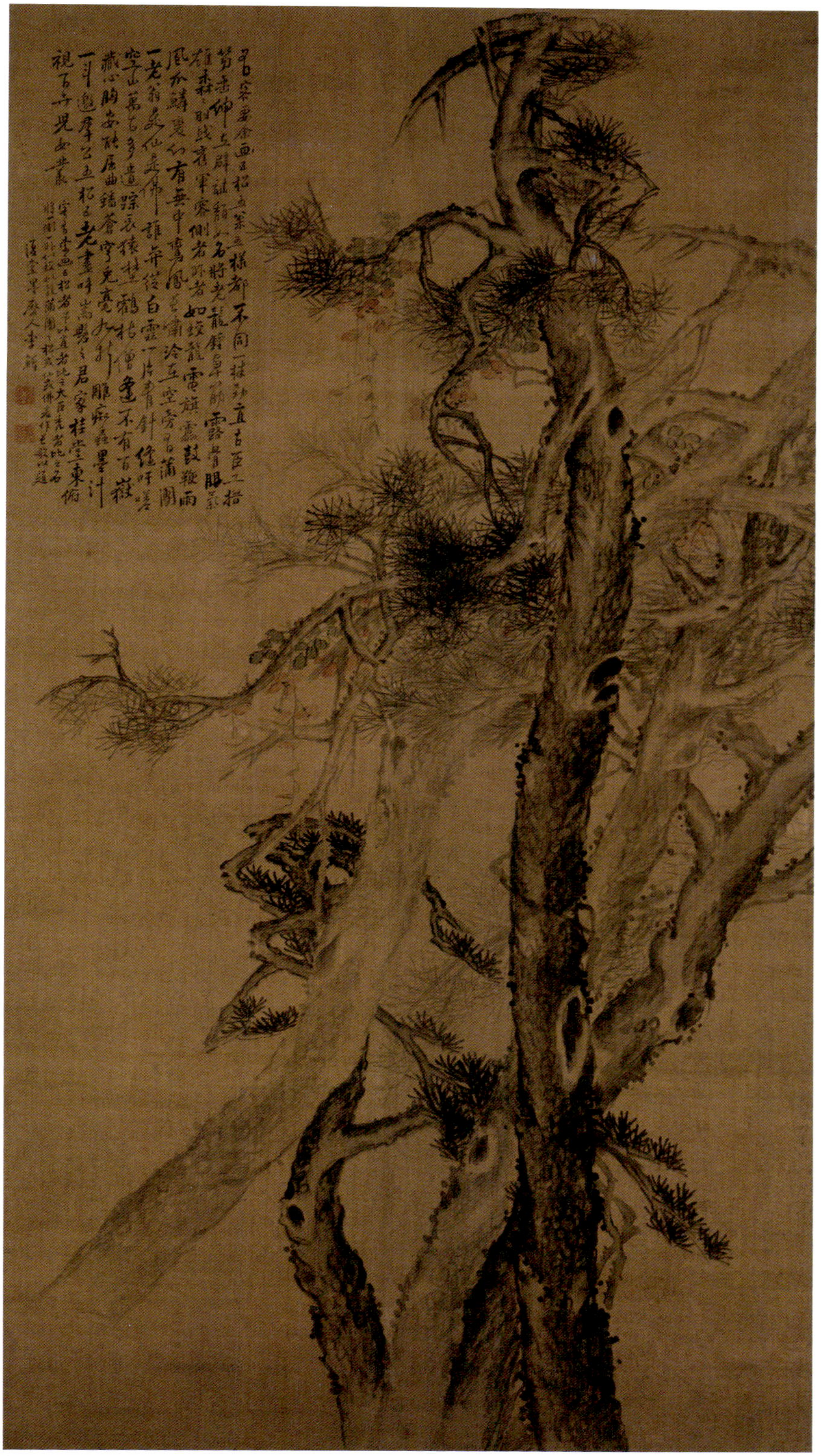

梅花图轴

年　代：清

画　家：汪士慎

尺　寸：纵142.7厘米，横75.5厘米

收藏地：美国克利夫兰艺术博物馆

入藏号：1985.366

汪士慎（1686—约1762年），字近人，号巢林、溪东外史。安徽休宁人，寓居扬州，为“扬州八怪”之一。工分隶，擅画梅，神腴气清，墨淡趣足。暮年一目失明，仍能为人作书画。

此幅以粗笔写重墨梅干，以细笔勾勒梅花，曲折婉转，淡梅素蕊，别具清冷之姿。画幅下方汪士慎自题：“寻梅有约喜新晴，觉得青鞋布袜轻。古寺门前好林木，翩翩如在画中行。一声清磬破山中，六代群雄千载空。领取僧窗闲白昼，梅花枝上占东风。小石桥头一径西，短筇支处是隋堤。游人只爱栖灵寺，海鹤惊飞骏马嘶。十载重来一粟庵，古梅不在院东南。良宵负却香花供，明月无聊到佛龛。与友人探梅，由铁佛寺步至平山一粟庵四绝句。巢林汪士慎写。”钤“汪士慎”“近人氏”二印。

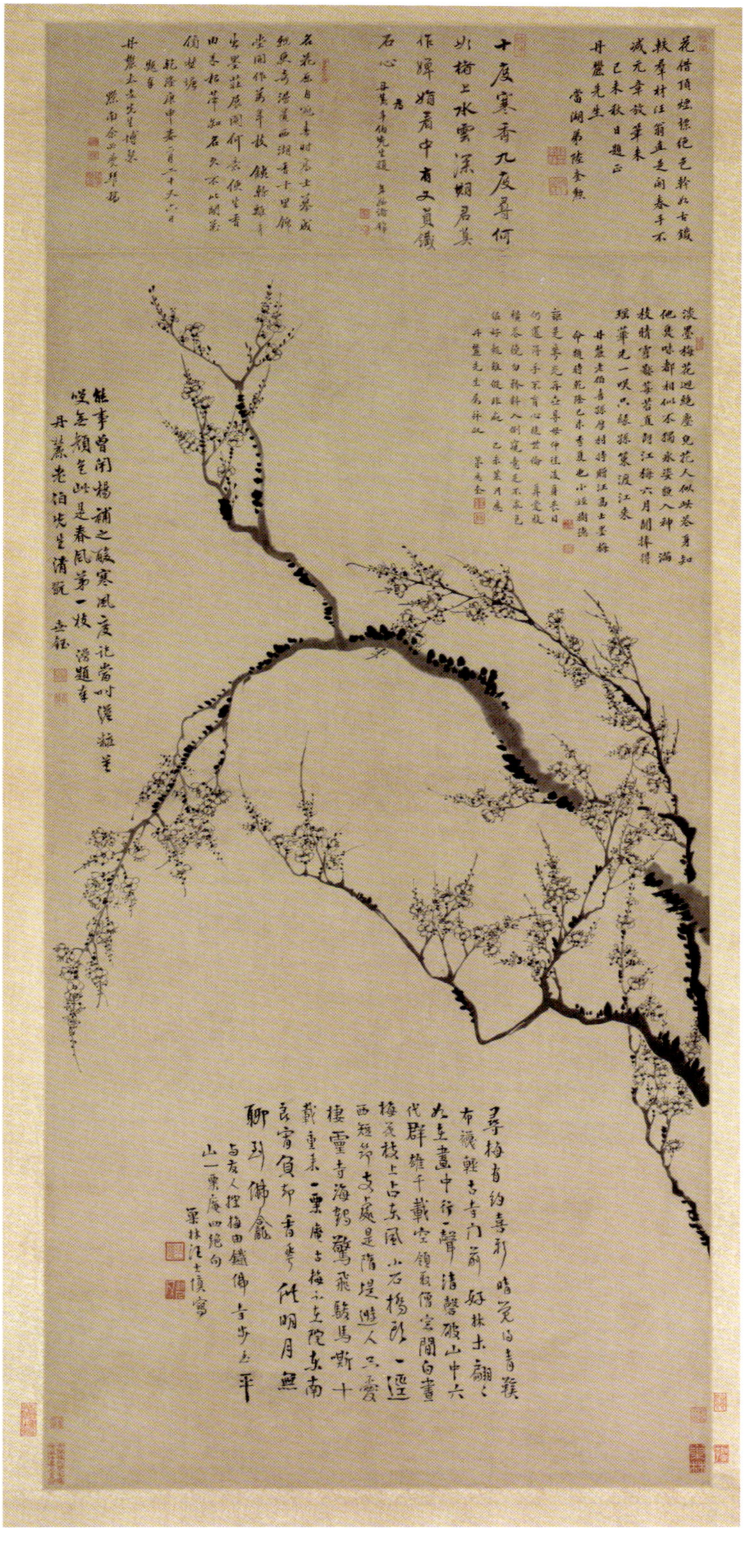

盛梅图轴

年　代：清

画　家：金农

尺　寸：纵116.2厘米，横41.5厘米

收藏地：耶鲁大学艺术陈列馆

入藏号：1976.26.2

金农（1687—1763年），字寿门、司农、吉金，号冬心先生、稽留山民、曲江外史、昔耶居士、龙梭仙客、百二砚田富翁、心出家庵粥饭僧等。“扬州八怪”之首，五十三岁后才工画。其画造型奇古，擅用淡墨干笔作花卉小品，尤工画梅。

图绘老干如玉，繁花似雪，以浅笔淡墨描绘，表现了梅花冰清玉洁的姿态。仅有三五苍苔、细萼以浓墨点缀，别开生面。梅花枝干虬曲成合抱之势，于中间空白处金农自题：“乾隆元年应举至都门，与徐亮直翰林过张司寇宅。司寇出观赵王孙墨梅小立轴，冷香清艳，展视撩人，大似予缁尘涴素衣也。今二老仙去，予亦衰颓，追写寒葩，不觉黯然自失，恨不令二老见我横枝满幅。含豪作蔄斋诗句一题其上也。七十五叟农画记。”钤“吉金”“金农印信”二印。

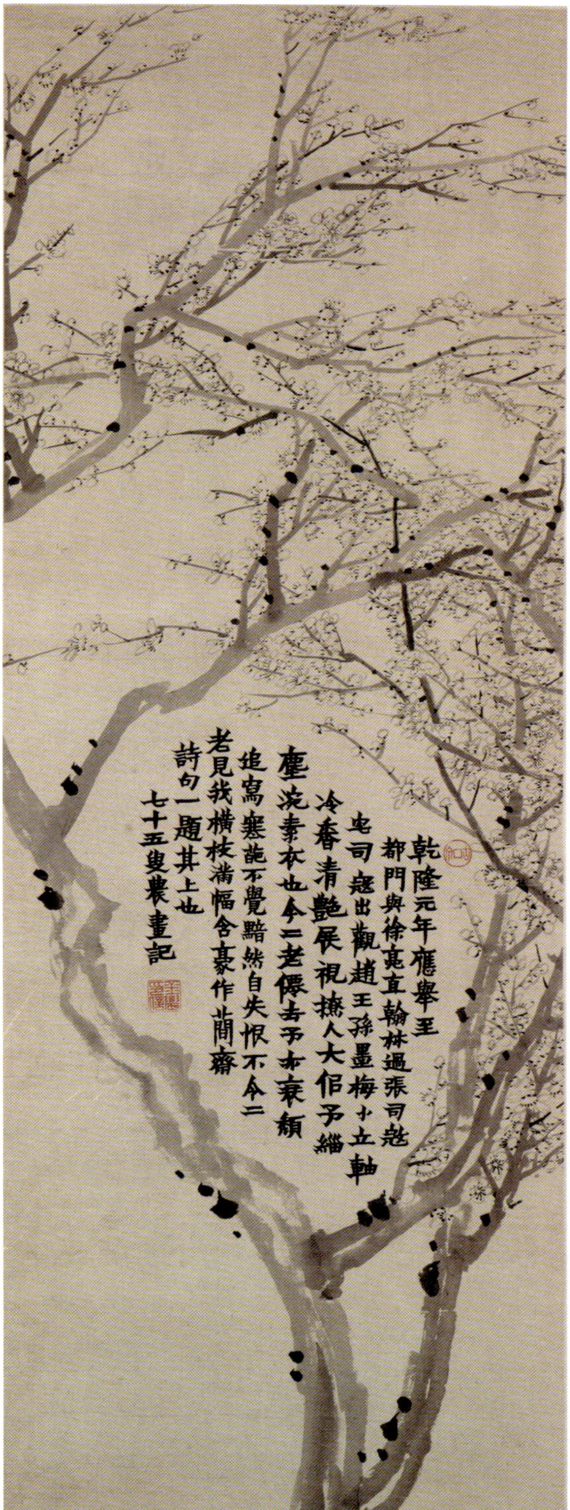

乾隆元年應舉至
都門與徐蒐直翰林過張司憩
忠司憩出觀趙王孫墨梅小立軸
冷香清艷展視撩人大侶予緇
塵浣素衣也今二老俱去予亦衰頹
追寫寒葩不覺黯然自失恨不令二
老見我橫枝滿幅含豪作簡齋
詩句一題其上也
七十五叟農畫記

竹石图轴

年　代：清

画　家：郑燮

尺　寸：高185.5厘米，横102.5厘米

收藏地：美国克利夫兰艺术博物馆

入藏号：1982.54

郑燮（1693—1766年），字克柔，号理庵，又号板桥。江苏兴化人。“扬州八怪”的主要代表，工诗词，擅书画。诗词不屑作熟语。画擅花卉木石，尤长兰竹。兰叶之妙以焦墨挥毫，借草书中之中竖，长撇运之，多不乱、少不疏，脱尽时习，秀劲绝伦。书亦有别致，隶、楷参半，自称“六分半书”。间亦以画法行之。

此图以简劲笔锋勾勒突兀的山石，在整个坚硬瘦石转折处略施以小斧劈皴，峻嶒之态顿出；竹竿细之又细，但细而不弱，竹叶少而腴，不乏葱翠富强；一竿修竹顶天立地，其他竹子则交错纷杂有致，虚实、浓淡、高低、远近相呼应，在妙趣横生间又生一种孤傲之气。画幅右下方自题：“绕膝龙孙好节柯，屋中柱石老嵯峨。春风夏雨清光满，历到秋冬翠更多。乾隆乙酉春。板桥郑燮。”钤“郑燮印”“橄榄轩”二印。

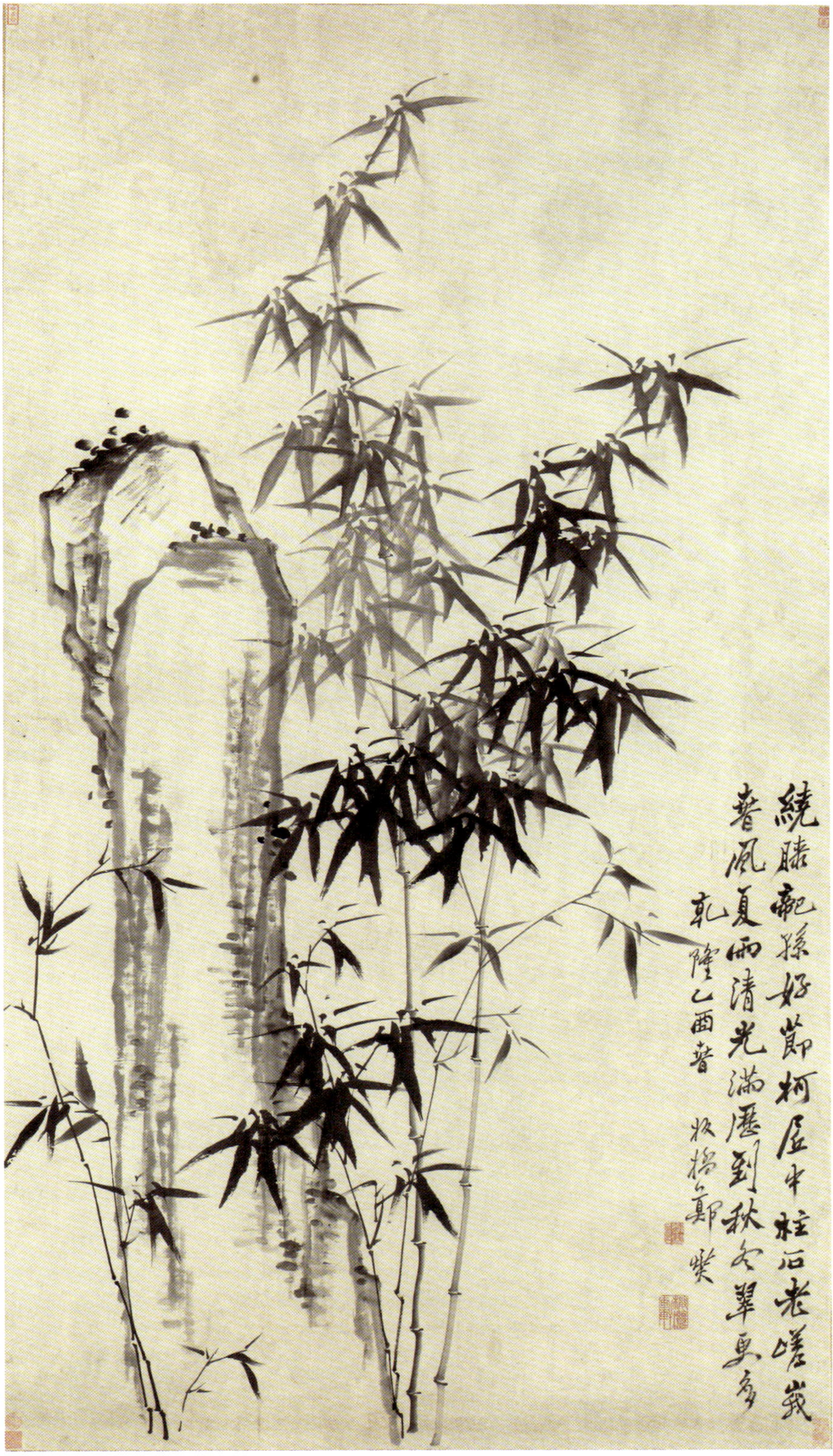
繞膝兒孫好節柯屋中柱石老嵯峨
春風夏雨清光滿歷到秋冬翠更多
乾隆乙酉春
板橋鄭燮

篠园饮酒图轴

年　代：清

画　家：罗聘

尺　寸：纵80厘米，横54.6厘米

收藏地：美国大都会艺术博物馆

入藏号：13.220.34

罗聘（1733—1799年），字遯夫，号两峰，又号花之寺僧、金牛山人、蓼洲渔父、竹叟、衣云和尚、两峰子、喜道人。祖籍安徽歙县，其先辈迁居扬州。“扬州八怪”中最年轻者。二十四岁时，拜金农为师，学诗习画，三十岁时在扬州画界崭露头角。乾隆三十六年（1771年）携画至京师拜谒名流，所作八幅《鬼趣图》最受注意。后又两上京师，卖画收入颇丰，被其挥霍一空。

此幅是罗聘第一次在北京逗留期间绘制的，描绘了他与友人共度元宵佳节的场景。图中的“篠园”则是他与老师金农曾经游览的扬州名胜，在北京而写扬州，说明了罗聘的思乡之情。此图构图清晰，设色雅致，已经脱离了金农风格，开始形成自己的风貌。画幅左下方自题：“癸巳上元日饮篠园，两峰罗聘作。”下钤“聘”字印。

梦游天台图卷

年　代：清

画　家：钱杜

尺　寸：纵29.8厘米，横72厘米

收藏地：美国克利夫兰艺术博物馆

入藏号：1975.75

钱杜（1763—1844 年），初名钱榆，字叔枚，一作叔美，号松壶，又号壶公、元素先生。仁和（今浙江杭州）人。花卉、人物之外，擅画山水，宗法赵令穰、赵孟頫、王蒙、文征明等，以细笔和浅设色为主，运笔松秀缜密，所画山石、人物形象，能寓巧密于朴拙之中，颇有装饰意趣。偶用金碧青绿法，鲜妍雅丽。深通画理，兼能篆刻，章法、刀法，纯粹浙派风格。

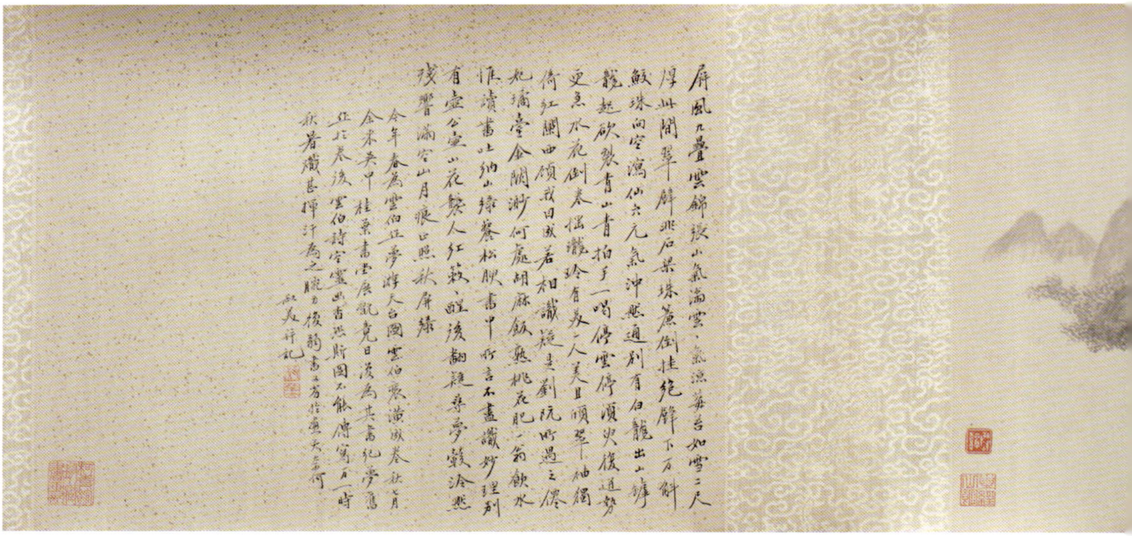

此卷钱杜自言学唐伯虎笔意，实则是画家本身画法，得力于文征明，以细笔和浅设色为主，运笔松秀缜密。卷上自题 :“梦游天台图。余旧藏子畏《赤城仙馆》卷子，仅尺余而具千岩万壑之势。甲戌三月，戏为云伯临作。行看子钱壮美并识。”钤“壶公”一印。

枇杷图轴

年　代：清

画　家：虚谷

尺　寸：纵112.5厘米，横52厘米

收藏地：美国克利夫兰艺术博物馆

入藏号：1999.6

虚谷（1823—1896 年），俗姓朱，名怀仁，僧名虚白，字虚谷，别号紫阳山人、倦鹤。早年为清军参将，后出家为僧，侨居扬州，为晚清“海上画派”代表人物。擅画花卉、蔬菜、禽鱼、山水。喜用干笔偏锋，尤擅以破笔作松鼠、金鱼等。章法奇特，造型 、赋色淡雅，风格冷而韵味无穷。

图绘枇杷一枝，通天彻地，画家有意将树枝延伸到纸外，而累累硕果则愈发繁盛。设色清雅而用墨飘逸，体现了虚谷高超的绘画技艺。画幅左侧自题：“友山仁兄大人属，即教之。虚谷。”钤“虚谷书画”一印。

宜富当贵图轴

年　代：清

画　家：赵之谦

尺　寸：纵147.5厘米，横57.3厘米

收藏地：东京国立博物馆

入藏号：TA-627

赵之谦（1829—1884年），初字益甫，号冷君；后改字撝叔，号梅庵、无闷等。浙江绍兴人。赵之谦的篆刻成就巨大。在绘画上，吴昌硕、齐白石等大师都从他处受惠良多。

此幅绘一块黝黑的巨石上生长着数棵牡丹，牡丹枝壮叶密，五朵花儿尽情绽放，二粉、二白、一红，花朵硕大，花瓣重叠，敷色鲜艳，彰显富贵大方。画家以写代描，水墨绘制，不拘小节，粗旷潇洒。画幅左上方自题："宜富当贵。幼安大公祖大人钧鉴。部民赵之谦。"钤"赵之谦"一印。

宜富當貴
幼安大公祖大人鈞鑒
部民趙之謙

桃源问津图轴

年　代：清

书法家：任颐

尺　寸：纵139厘米，横46厘米

收藏地：美国国立亚洲艺术博物馆

入藏号：F1980.155

任颐（1840—1895 年），原名小属，初名润，字小楼，后号次远，字伯年，常被称作任伯年。山阴（今浙江萧山）人，故画面署款多写“山阴任颐”。任伯年结合中国画传统画法、民间画法和西洋画速写、彩色法，确立了独自的画风。擅花鸟画，兼工人物画，尤精肖像画，亦画山水画，能塑像。

此幅取材于陶渊明《桃花源记》，山石耸立，桃花盛开，在落英缤纷之中，一个白发渔翁手持船桨，抬头眺望，眼神迷离，似乎再也找不到去桃花源的道路。人物服饰描绘精细，造型刻画细腻。画幅右上方自题：“光绪丙戌中秋后二日，山阴任颐伯年甫。”